Andreas Englisch

Gottes Spuren

Die Wunder
der katholischen Kirche

GOLDMANN

Hinweis

Sämtliche Bibelstellen in diesem Buch werden nach der Einheitsübersetzung zitiert, die im Neuen Testament und in den Psalmen
»ökumenischer Text« und für den Gebrauch beider Konfessionen
bestimmt ist. Auch die Schreibweise biblischer Orts- und
Eigennamen folgt der Einheitsübersetzung.

FSC

Mix

Produktgruppe aus vorbildlich
bewirtschafteten Wäldern und
anderen kontrollierten Herkünften

Zert.-Nr. SGS-COC-1940
www.fsc.org
© 1996 Forest Stewardship Council

Verlagsgruppe Random House FSC-DEU-0100
Das FSC-zertifizierte Papier München Super für Taschenbücher
aus dem Goldmann Verlag liefert Mochenwangen Papier

1. Auflage
Taschenbuchausgabe Mai 2008
Wilhelm Goldmann Verlag, München,
in der Verlagsgruppe Random House GmbH
Copyright © der Originalausgabe 2006
by C. Bertelsmann Verlag, München,
in der Verlagsgruppe Random House GmbH
Umschlaggestaltung: Design Team München
unter Verwendung eines Motivs von buchcover.com/F. Rothe
Redaktion: Robert Fischer (www.vrb-muenchen.de)
KF · Herstellung: Str.
Druck und Bindung: GGP Media GmbH, Pößneck
Printed in Germany
ISBN: 978-3-442-15499-9

www.goldmann-verlag.de

ANDREAS ENGLISCH

Gottes Spuren

Buch

Gibt es Wunder? Hinterlässt das unerklärliche Wesen, das wir Gott nennen, auf der Erde Spuren? Beweisen diese Wunder, dass Gott existiert? Andreas Englisch nimmt den Leser mit auf eine Reise an die Grenzen des Vorstellbaren. Neugierig und skeptisch zugleich traf sich der Autor mit Zeugen, die Wunder erlebt haben wollen, sprach mit Menschen, die Madonnenstatuen Blut weinen sahen oder die Auferweckung einer Toten bezeugen, begegnete Teufelsaustreibern und Menschen, die als Heilige gelten. Andreas Englisch beobachtete, wie Papst Johannes Paul II. vermeintliche Wunder wissenschaftlich untersuchen ließ, und verfolgte erstaunt, wie Papst Benedikt XVI. auf dem Petersplatz die Exorzisten der katholischen Kirche empfing und sie für ihren Einsatz gegen den Satan lobte. Doch was sein Buch über die profunde Recherche an Orten wie Lourdes, Fátima, Medjugorje, Guadalupe, La Salette und Civitavecchia hinaus zu etwas Besonderem macht, ist seine persönliche Haltung, bei der er sich eine offene Wahrnehmung für Signale Gottes bewahrt – auch an ihn selbst.

Autor

Der Journalist Andreas Englisch arbeitet seit 1987 als Korrespondent im Vatikan. Er stand in engem Kontakt zu Papst Johannes Paul II., den er auf vielen seiner Auslandsreisen begleitete. Auch seit der Wahl des deutschen Papstes Benedikt XVI. gehört er dank seiner exzellenten Verbindungen zu den am besten informierten Journalisten im Vatikanstaat. Seine Biografien »Johannes Paul II.« (2003) und »Habemus Papam« (2005) standen monatelang auf den Bestsellerlisten.

Im Goldmann Verlag ist von Andreas Englisch
außerdem erschienen:

Habemus Papam (15415)

Inhalt

»Für die, die mit echtem Glauben beten,
wirkt der Herr auch heute noch Heilwunder.«

Johannes Paul II.

»Der Glaube an Gott und sein Wort unterscheidet
sich von allem menschlichem Glauben, Vertrauen, Meinen.
Die Gewissheit, dass Gott redet, gibt mir die Sicherheit,
dass ich der Wahrheit selbst begegne, und damit eine
Gewissheit, die in keiner menschlichen Form von Erkenntnis
sonst vorkommen kann. Es ist die Gewissheit,
auf die ich mein Leben baue und der ich im Sterben traue.«

Benedikt XVI.

»Spuren sind verheißungsvoll, denn wenn wir entdecken,
dass sie uns wirklich zu Gott, dem Herrn, führen,
wenn wir entdecken, dass sie von ihm kommen,
dass es Winke sind in unser Leben hinein,
in den Alltag unseres Lebens hinein, dann schauen wir
mit anderen Augen in die Welt und blicken auch mit
anderen Augen unsere Mitmenschen an.
Dann entdecken wir plötzlich, wie schön die Welt ist,
auch wenn wir durch manche Verkrustungen
hindurchschauen müssen.
Dann sehen wir im Lachen eines Kindes Spuren Gottes,
auch in der Schönheit eines menschlichen Antlitzes.
Ein solches Antlitz kann auch – und gerade deshalb –
eine eigene Schönheit haben, wenn es alt ist,
Runzeln hat und Falten wirft. Man muss lernen,
die Augen aufzumachen, Spuren zu sehen, Spuren zu lesen. Dann entdecken wir immer wieder im Leben ganz
unscheinbare Dinge, die wir sonst achtlos übergehen –
Signale Gottes an uns.«

Kardinal Karl Lehmann

Prolog

Ich kann mich genau an den Tag erinnern, an dem die Geschichte dieses Buches beginnt, denn ich war damals mit meinem Sohn Leonardo von Papst Johannes Paul II. zu einer Privataudienz empfangen worden. Auf dem Rückweg versuchte ich ihm im Auto zu erklären, wer Petrus war – ein guter Freund von Jesus, der Kranke heilen und andere Wunder wirken konnte.

Mein Sohn war damals fünf Jahre alt. Der Besuch in dem großen Haus bei dem Papst in Weiß hatte ihn ganz aufgewühlt. Er hörte sehr genau zu und sagte dann: »Ach so, Petrus konnte also zaubern? So wie Glöckchen?«

»Glöckchen? Wer ist noch mal Glöckchen?«

»Na, Glöckchen, die Fee von Peter Pan. Sie kann zaubern.«

Ich wusste nicht, was ich antworten sollte, aber ich spürte, dass er damit im Grunde genau das gefragt hatte, was auch mich mein ganzes Leben lang beschäftigt hatte:

Wirkt Gott in dieser Welt Wunder?

Greift das unerklärliche Wesen, das wir Gott nennen, in unser Leben ein, immer wieder und überall auf der Welt?

Kann man durch diese Wunder beweisen, dass Gott existiert?

Rettet uns Gottes Schutz manchmal das Leben?

Ist es ein Eingreifen Gottes, das Sterbenskranke doch überleben und unfruchtbare Paare dennoch ein Kind bekommen lässt?

Nichts hat mich je so gefesselt wie die Frage nach dem konkreten Wirken des Überirdischen in dieser Welt. Nichts fand ich je so spannend wie die Frage, ob es Wunder gibt, denn Wunder scheinen mir nichts anderes als eine Spur Gottes zu sein: Mit jedem Eingriff in das irdische Geschehen hinterlässt dieses rätselhafte Wesen so etwas wie einen Fingerabdruck des Unerklärlichen.

In meiner Kindheit und Jugend hielt ich Wunder für seltsame Ereignisse, die sich vor unvorstellbar langer Zeit zugetragen hatten: damals, als Jesus von Nazaret noch auf der Erde lebte, und vielleicht auch noch einige Zeit unmittelbar danach. Ich wuchs auf mit der Vorstellung, dass die Zeiten, in denen Wunder geschehen, endgültig vorbei seien. In meinem Alltag war ein Wunder für mich schlicht nicht mehr vorstellbar. Wer sollte noch heute über das Wasser gehen sowie mit drei Broten und zwei Fischen fünftausend Menschen speisen können?

Doch meine Meinung änderte sich schlagartig, als ich im Jahr 1987 nach Rom kam, um meinen neuen Job als Auslandskorrespondent anzutreten. Auf den ersten Blick schien Rom eine ganz normale Stadt zu sein. Zwar mochte es hier mehr Sehenswürdigkeiten geben als anderswo, mehr Touristen, mehr Hotels – aber ansonsten war es doch eine ganz normale Stadt. Tatsächlich dauerte es einige Monate, bis ich begriff, dass dieser Eindruck völlig falsch war. Die Wahrheit versteckte sich nämlich gut: Rom gab sich alle Mühe, um mit seinen Bürohäusern und den Staus auf den Straßen wie eine ganz normale Großstadt auszusehen, aber anders als in Lissabon oder Paris etwa war das hier alles nur Fassade. In Wirklichkeit bestand die komplette Innenstadt aus einem einzigen gigantischen Kloster, und hinter den Mauern war noch immer das Mittelalter lebendig. Immer noch gehörten der katholischen Kirche fast alle Gebäude – die moderne Stadt Rom hatte nur versucht, sich dazwischenzuquetschen und mit ihren Geschäften und Mietshäusern die wenigen Lücken auszufüllen, die das seit Ewigkeiten betende Rom der Moderne ließ. Ja, Rom glich mehr einer Zauberstadt als einer richtigen Metropole: Es kam mir so vor, als sei die Zeit hier stehen geblieben. Die Menschen wirkten seltsam gebannt von der Allgegenwart unvorstellbar geheimnisvoller Schätze: In der ganzen römischen Innenstadt schienen seit Jahrhunderten Menschen vor dem Unerklärlichen zu knien. Ich entdeckte Mönche, die die Reliquien des Heiligen Kreuzes Jesu Christi in der Basilika Santa Croce in Gerusalemme eifersüchtig hüteten und für viele Jahrhunderte nur am Karfreitag zuließen, dass Menschen staunend davor standen in der Hoffnung, geheilt zu werden. Ich sah betende Kranke, die auf Knien die Heilige Stiege am Lateranspalast hinaufrutschten, und sprach mit Menschen, die meinten, tatsächlich geheilt worden zu sein. Ich entdeckte Patres, die am Tiber die Spuren von dem Fegefeuer entronnenen und auf die Erde zurückgekehrten Menschen bewahren wollten, und ich fand schließlich die vatikanische Behörde für Wunder, die Congregatio de Causis Sanctorum, in der unerklärliche Wunder daraufhin untersucht werden, ob sie tatsächlich ein Einwirken Gottes bezeugen. Und wenn ich mit Bischöfen sprach, die die Kongregation davon überzeugen wollten, dass sie selbst ein Wunder erlebt hatten – weil sie etwa eine Muttergottesstatue in der Hand gehalten hatten, die blutige Tränen weinte –, dann lag das Unfassbare für mich vor allem darin begründet, dass es sich nicht um Wunder handelte, die vor langer Zeit geschehen waren, sondern um solche, die heute geschehen: Wunder, die derjenige, der davon berichtete, selbst gesehen und bestaunt haben wollte.

Meine Aufgabe am Hof der Päpste brachte mich plötzlich und ohne dass ich etwas davon geahnt hätte, in einen direkten, unmittelbaren Kontakt mit Wundern. Ich wusste natürlich, was ein Papst ist – dass er den für einen Menschen schier unbegreiflichen Titel »Vertreter Gottes auf Erden« trägt. Aber ich hatte mir bis dahin nur wenig Gedanken darüber gemacht, was das bedeuten sollte. Als ich in Rom anfing, regierte Johannes Paul II. im Vatikan, und ich erlebte immer wieder, dass dieser Mensch Karol Wojtyła absolut sicher war, mit dem ewig unerklärlichen Gott – dessen bloße Existenz von Milliarden Menschen auf der Erde bestritten wird – in einen direkten Kontakt treten zu können. Es gab viele Episoden, die das belegten, aber an einem Tag erklärte Johannes Paul II. deutlicher denn je, was er meinte. Da war er schon alt, der Mann aus Wadowice, und von der Parkinson-Krankheit gezeichnet, aber bezwungen hatte ihn das Leiden noch nicht. Er kämpfte, und er war ärgerlich an diesem Tag, dem 29. Mai 1994, an dem er nach dem Angelusgebet mit entschlossenem Gesicht der Welt entgegenschrie: »Versteht das doch endlich; versteht, warum der Papst so leiden muss.«

Mir lief damals ein Schauder über den Rücken, denn der alte Mann meinte damit klipp und klar, dass er gerade selbst ein Wunder erlebte: dass Gott beschlossen hatte, ihn, den Menschen Wojtyła, leiden zu lassen, weil die Menschen nicht nach den Gesetzen Gottes lebten.

Aber war das wirklich so? Spürte Karol Wojtyła den allmächtigen Gott? Konnte er mit ihm sprechen? Können Päpste im Vatikan Wunder nachweisen lassen? Gab es so etwas überhaupt, oder war das nichts weiter als eine gewaltige Lüge, eine Scharlatanerie, eine Illusion?

Dann wurde ein neuer Papst gewählt, und vor den überraschten Augen der Welt bestieg ein Deutscher den Thron Petri.

Ich hätte angenommen, dass der eher intellektuell veranlagte Joseph Ratzinger sehr viel vorsichtiger und nüchterner an die ganze Sache herangehen, dass er Wundern und Erscheinungen, den Spuren Gottes also, mit einiger Skepsis begegnen würde, doch dann kam es ganz anders. Ausgerechnet dieser Papst aus Deutschland entschloss sich zu einem spektakulären Schritt, der die ganze Welt in Fassungslosigkeit stürzte: Als erster Papst der Geschichte empfing Benedikt XVI. die Exorzisten der katholischen Kirche auf dem Petersplatz und bestärkte sie in ihrer Arbeit.

Was hatte das zu bedeuten?

Glaubte dieser bedeutende Theologe und herausragende wissenschaftliche Lehrer wirklich an die Macht der Gebete über das Böse? An den Fluch und die konkrete Gefahr, die von Satan auf der Erde ausgeht? An Dämonen und Besessenheit? An das Wunder der Befreiung von bösen Geistern und somit an die Macht des Exorzismus?

Nur wer ihn näher kannte, wunderte sich nicht über die Haltung des neuen Papstes. Familien, die im Borgo Pio jahrzehntelang zu seinem direkten Lebensumfeld gehört hatten, berichteten in diesem Zusammenhang, dass Joseph Ratzinger selbst von einem ganz bestimmten Wunder zutiefst beeindruckt worden sei – von einem Wunder, das sich in seiner unmittelbaren Nachbarschaft zugetragen habe und über das man nur hinter vorgehaltener Hand sprach.

Und so war es auch Papst Benedikt XVI., der mich darin bestärkte, mich weiter mit jener Frage nach dem Unerklärlichen zu beschäftigen, die mich schon als jungen Korrespondenten in Rom bewegt hatte und die mich schließlich zu so etwas wie einem Detektiv in Sachen Wunder werden ließ. Das Ergebnis meiner Spurensuche halten Sie mit diesem Buch in den Händen. Und nicht zuletzt war ich auch meinem Sohn Leonardo noch eine Antwort schuldig auf seine Frage, ob Petrus tatsächlich so zaubern könne wie die Fee von Peter Pan.

1

Die höchste Schule der Liebe

Wirklich wichtige Treffen oder Konferenzen im Vatikan haben immer etwas Rührendes. Wenn die Mächtigen der Welt in den Vatikanstaat kommen, um die globale Ordnung zu diskutieren, wenn etwa der Präsident der US-Regierung sich mit dem Papst über Krieg und Frieden im Nahen Osten berät oder die Meinung des Vatikans in der Frage der Entwicklung Chinas gefragt ist, geschieht immer das Gleiche: Die Mitglieder solcher Gesprächsrunden können es einfach nicht fassen, wie winzig der Vatikan ist.

Oft habe ich dabei zugesehen, wie die langen, gepanzerten Autokolonnen durch die Pforten des Vatikanstaates verschwanden und deren Fahrer sich wunderten, dass es hinter den hohen Mauern nicht einmal genug Parkplätze für die Staatschefs gab. Mitglieder von Delegationen, die es gewöhnt sind, wie selbstverständlich die modernste Technik heutiger Kongresszentren zu nutzen, erlebten verständnislos, wie im winzigen Kongressgebäude von Radio Vatikan noch vierzig Jahre alte Projektoren sowie krächzende Lautsprecher und Mikrofone aus den 1970er-Jahren eingesetzt wurden.

In diesem Zusammenhang erinnere ich mich an ein Gespräch mit Jan Eliasson, dem damaligen Präsidenten der UN-Generalversammlung, am 17. Juni 2006. Nach seiner Unterredung mit Papst Benedikt XVI. zeigte er sich beeindruckt von genau diesem Gegensatz: dem Zwergstaat Vatikanstadt auf der einen Seite und der internationalen Dimension des päpstlichen Einflusses auf der anderen Seite.

Die katholische Kirche vertritt ihre Interessen nahezu überall auf der Welt. Noch die entlegensten Winkel der Erde – ob in den Wüsten Afrikas oder im Urwald von Sumatra – gehören zu irgendeiner Diözese. Die katholische Kirche hat den kompletten Globus in Kirchenbezirke aufgeteilt. Mit zwei Ausnahmen – dem Nord- und dem Südpol – gibt es überall auf der Welt, wo ein Mensch geboren wird, auch ein Bistum, das sich um ihn kümmern kann.

Diese internationale Dimension beeindruckt vor allem die Organisatoren von Großveranstaltungen. Denn mit dem Vatikan ist es wie mit der Geschichte vom Hasen und vom Igel: Er ist immer schon vor Ort, überall auf der Welt.

Was das für einen Unterschied macht, lässt sich an einfachen Beispielen verdeutlichen: Wenn etwa Tom Cruise einen neuen Action-Film wie »Mission: Impossible III« im italienischen Caserta dreht, dann muss der komplette Apparat aus Hollywood nach Italien verschifft werden. Die US-amerikanische Produktionsfirma bringt ihre eigenen Kameraleute mit, die eigenen Handwerker, Köche, Stuntmen und dergleichen. Es ist, als würde eine ganze Kleinstadt hinter Tom Cruise herziehen. Nötig ist der Aufwand, weil die Erfahrung gezeigt hat, dass sich erfolgreiche Hollywoodfilme nur mit solchen Leuten bewerkstelligen lassen, die zur Produktionsmaschinerie von Hollywood gehören. Vor Ort wird dann meist nur der Lkw für die Stromproduktion gemietet.

Das Gleiche gilt für Rockkonzerte. Wenn die Rolling Stones auf Welttournee gehen, fliegen Hunderte von Bühnenarbeitern vor und hinter den Stones her, um das ganz besondere Gefühl eines Stones-Konzerts technisch zu ermöglichen.

Der Vatikan aber – und *nur* der Vatikan – kann bei seinen Großveranstaltungen wie den durchschnittlich 1,5 Millionen Besucher anziehenden Weltjugendtagen auf ein eingespieltes organisatorisches Netzwerk überall auf der Welt vertrauen. Päpste könnten sich einfach vor die riesige Weltkarte stellen, die im dritten Stock des apostolischen Palastes die Wand des Staatssekretariats schmückt, und mit dem Finger auf den Ort tippen, an dem das Event organisiert werden soll: Buenos Aires oder Denver, Paris, Sydney, Köln oder Toronto, kein Problem. Das dortige Bistum baut dann mit einem ganzen Heer von Freiwilligen die Kulisse für ein gigantisches Ereignis auf, zu dem aber nicht die Diözese selbst, sondern der Papst in Rom eingeladen hat.

Dieses weltumspannende Netzwerk kommt aber nicht nur der Planung und Organisation von Großveranstaltungen zugute. Die katholische Kirche betreibt eigene Krankenhäuser, Schulen, Kliniken oder Altenheime. Überall auf der Welt bekommen täglich Hunderte von Millionen Menschen kirchliche Hilfeleistungen in Form von Nahrungsmitteln oder Medikamenten, Ausbildung oder Heilung – nicht zuletzt aber auch in Form von Trost und Beistand. Das alles hat natürlich einen enormen Effekt: Es bindet eine Milliarde Katholiken an ihre Kirche, und diese Bindung ist trotz aller kirchlicher Krisen in der Regel viel enger als die Bindung eines Wählers an seine Partei oder eines Bürgers an seinen Staat.

Diesen gigantischen Einsatz für das Gute könnte sich kein anderer Staat auf der Welt leisten. Aus einem ganz simplen Grund: Er wäre unbezahlbar. Aber das System der katholischen Kirche funktioniert. Und zwar deshalb: Fast alle Mitarbeiter arbeiten gratis. Die Krankenschwestern und Kindergärtnerinnen der Kirche, die katholischen Ärzte und all diese Abermillionen Menschen, die direkt oder indirekt für die katholische Kirche arbeiten, machen das in der Regel ohne Rücksicht darauf, was das für ihren Lebensstandard bedeutet. Sie alle haben, wenn überhaupt, die kleineren Häuser und kleineren Autos; sie wohnen, wenn sie das Ordensleben gewählt haben, in winzigen, meist schlecht geheizten (oder, in heißen Ländern, schlecht gekühlten) Zimmern, und der Grund dafür, dass diese Leute das alles auf sich nehmen, das ist das wahre Wunder.

Warum freut sich eine Ordensfrau, die als Krankenschwester in einem katholischen Krankenhaus arbeitet, wo sie von Patienten herumkommandiert wird und nach zwölf Stunden unbezahlter Schicht todmüde in ihr Bett fällt, auf den nächsten Arbeitstag? Sie freut sich, weil sie gesehen hat, wie es Kranken allmählich wieder besser ging – weil eine Kranke zum ersten Mal wieder etwas gegessen hat, weil ein Kind zum ersten Mal nach einer Operation wieder aufstehen konnte –, und weil sie diese Menschen liebt. Und genau das ist das Erstaunliche an der katholischen Kirche: Sie basiert auf dem Prinzip Liebe.

Aber vielleicht ist das ja auch gar nicht so erstaunlich: Menschen sind eben nicht dann am glücklichsten, wenn sie in einem Sportwagen an einer Traumküste entlangfahren zu einem Galadiner, wo sie den Nobelpreis bekommen werden – sondern dann, wenn sie lieben. Jeder, der wirklich verliebt ist oder es einmal war, weiß, dass man nicht einmal eine Parkbank braucht, dass man auf dem nackten Boden sitzen und unendlich glücklich sein kann, weil der geliebte Mensch neben einem sitzt. Menschen können unendlich glücklich sein, wenn sie einen geliebten Menschen nur ansehen. Oft genügt es auch schon, an den geliebten Menschen zu denken. Aber keine Traumvilla, kein Luxusurlaub kann so glücklich machen wie der Blick eines geliebten Menschen. Natürlich stockt Menschen der Atem, wenn sie etwa beruflich befördert werden, sich ein Traumauto leisten können oder im Lotto gewinnen – aber das alles ist nichts, verglichen mit jenem Moment, in dem Menschen aus einem ganz anderen Grund der Atem stockt: weil nach längerer Zeit ein glühend vermisster, wirklich geliebter Mensch endlich anruft oder an der Tür klingelt. Viele Menschen warten hartnäckig darauf, dass sie sich endlich das Traumhaus, den Traumurlaub oder das Traumkleid leisten können – aber was ist das für eine Hartnäckigkeit, verglichen mit jener, mit der Liebende auf einen Geliebten warten: jahre-, jahrzehnte-, manche ihr ganzes Leben lang?

Ja, das größte Wunder der katholischen Kirche ist die Liebe.

Ich habe viele Reden von Staatschefs oder Präsidenten großer Organisationen an den Papst gehört, und bis zu diesem Punkt, dass die katholische Kirche auf selbstloser Liebe beruht, können eigentlich alle noch folgen. Was zu tiefster Verunsicherung führt, ist der Schritt danach: Es geht der Kirche nämlich um die Liebe Gottes. Wenn die katholische Kirche recht hat, dann liebt der unerklärliche Gott seine Geschöpfe, die Menschen, und jetzt sind wir bei dem Punkt, um den es eigentlich geht: Ist es vorstellbar, dass der unerklärliche Gott aus Liebe zu seinen Geschöpfen direkt in das, was auf der Erde geschieht, eingreift? Die katholische Kirche glaubt, ja, und hier unterscheidet sich der Vatikan vollständig von allen anderen großen Organisationen: Päpste glauben, dass an der Seite der Kirche nicht eine Ideologie oder eine Botschaft steht, sondern ein unermesslich mächtiges Wesen, von dem wir keine Ahnung haben, was es wirklich ist.

Als ich im Jahr 1987 nach Rom kam, umgab eine seltsame Aura den Vatikan. Gott schien ein tätiger Gott zu sein, der auf der ganzen Welt in rascher Folge eingriff und Wunder wirkte. Ein Grund für diese eigenartige Atmosphäre war die Zahl der Selig- und Heiligsprechungen durch Papst Johannes Paul II., die jede bis dahin vorstellbare Rekordmarke übertraf. Bis zum Ende seines Pontifikats sollte Johannes Paul II. in 198 Zeremonien 1338 Verstorbene selig- und 482 Kandidatinnen und Kandidaten heiligsprechen, und sofern es sich nicht um Märtyrer handelt, muss nach der Rechtsprechung der katholischen Kirche für jede Selig- oder Heiligsprechung ein Wunder zwingend nachgewiesen werden.

Das klingt genauso unglaublich, wie es ist: Der Vatikan überprüft in solchen Fällen tatsächlich mit aller ihm gebotenen Sorgfalt, ob der unerklärliche Gott in die Welt eingegriffen hat oder nicht. Konkret bedeutet das, dass eine Gruppe anerkannter Wissenschaftler unabhängig von der katholischen Kirche attestieren muss, dass etwas geschehen ist, das sich mit dem Kenntnisstand der Wissenschaft weder vereinbaren noch erklären lässt. Oft rufen – für unheilbar erklärte – Kranke in ihrer Not einen der verstorbenen Seligsprechungskandidaten um himmlische Hilfe an, und wenn sich später eine unerklärliche Heilung einstellt, wird der Vorfall daraufhin untersucht, ob es sich dabei wirklich um ein Wunder gehandelt haben könnte. Tausende solcher Vorkommnisse prüfte die katholische Kirche unter Johannes Paul II.; in kilometerlangen Gängen bogen sich die Regale unter den Akten der geprüften, der verworfenen und der anerkannten Wunder. Dieser Papst schien wirklich davon überzeugt gewesen zu sein, dass Gott dank der Fürsprache von Seligen und Heiligen eine Vielzahl von Wundern bewirkt.

Um die oben erwähnten Zahlen einordnen zu können, muss man sie in das richtige Verhältnis setzen: Seit der Schaffung des

Verfahrens für Heiligsprechungen durch Papst Sixtus V. am 22. Januar 1588 bis zum Amtsantritt Papst Johannes Pauls II. am 16. Oktober 1978 waren insgesamt 302 Verstorbene heiliggesprochen worden. Johannes Paul II. allein fügte mit den 482 Heiligen seiner Amtszeit also mehr Heilige hinzu, als zuvor in fast 400 Jahren dazu erklärt worden waren. Tatsächlich hatten die meisten Päpste während ihres gesamten Pontifikats vielleicht zwei Kandidaten heiliggesprochen – Johannes Paul II. aber war dem Unerklärlichen mit unermüdlichem Eifer auf der Spur.

Dort oben im dritten Stock des päpstlichen Palastes an der nördlichen Ecke des Petersdoms lag damals also eine Wohnung, deren Bewohner sich in einer direkten Verbindung mit Gott stehen sah. Johannes Paul II. betonte das sogar immer wieder: Er glaubte tatsächlich, dass Gott vor seinen Augen und auch durch ihn, den Papst, wirkte.

Johannes Paul II. zelebrierte Teufelsaustreibungen, versuchte Menschen zu heilen, sah in einem kräftigen Wind, der am 25. Januar 1998 über Kuba wehte, das Eingreifen des Heiligen Geistes, der seine Pilgerreise auf die Insel unterstützte. Doch dann kam der 19. April des Jahres 2005. Johannes Paul II. war gestorben, ein neuer Papst wurde gewählt, und ich hielt es für sicher, dass Joseph Ratzinger sehr viel rationaler und kühler an diesen Aspekt der katholischen Kirche herangehen würde. Ich hielt den neuen Papst Benedikt XVI. für einen in erster Linie wissenschaftlich denkenden Theologen, für den dieser Teil der Geschichte des Christentums, in dem immer wieder einmal unerklärliche Vorfälle geschehen konnten, längst abgeschlossen war. Und meine Einschätzung schien sich zu bestätigen, als Benedikt XVI. wissen ließ, dass er viel weniger Menschen selig- und heiligzusprechen gedenke als sein bewunderter Vorgänger. Außerdem wolle er selbst keine Seligsprechungen im Petersdom zelebrieren – das sollten von nun an Kardinäle oder Bischöfe übernehmen –, sondern nur noch Heiligsprechungen.

Diese Entscheidungen schienen in Einklang mit jenem Joseph Ratzinger zu stehen, der sich sein ganzes Leben lang mit theologischen, historischen und philosophischen Fragen auseinandergesetzt hatte. Musste jemandem, der sich vor allem an Fakten und Begriffen orientierte, nicht allein schon die Vorstellung »unerklärlicher« Ereignisse befremdlich erscheinen? Mussten ihm Spekulationen über ein direktes Eingreifen Gottes auf Erden nicht suspekt vorkommen? Wie ein Rückfall in mittelalterlichen Zauberglauben?

Doch dann sagte ein Bekannter zu mir: »Papst Benedikt XVI. verteidigt Wunder, die selbst für andere Päpste Humbug waren. Denn Joseph Ratzinger hat etwas Seltsames erlebt. Unmittelbar in der Nähe seiner alten Wohnung erfuhr er durch einen Nachbarn von einem unglaublichen Wunder: der Wiedererweckung einer Toten. Das muss ihn stark geprägt haben.«

Ein Nachbar des langjährigen Präfekten der Glaubenskongregation, Kardinal Joseph Ratzinger, der die Wiedererweckung einer Toten erlebt hatte?

Ich hatte nie davon gehört und nicht den blassesten Schimmer, um wen es sich dabei handeln könnte.

Meine Spurensuche begann.

Mir war klar, dass ich sehr vorsichtig vorgehen musste und möglicherweise auch überhaupt nichts herausfinden würde. Denn es war gut möglich, dass dieser Mann aus der Nachbarschaft des Joseph Ratzinger, wer immer es auch war, die Einzelheiten dieses Wunders, die er ihm bereitwillig erzählt hatte, nicht vor einem Unbekannten wie mir ausbreiten würde. Es war also gut möglich, dass ich eventuell sogar den richtigen Mann finden, mir dieser aber nichts sagen würde – vielleicht auch nichts sagen durfte. Wenn für den heutigen Papst dieses Wunder ganz persönlich so wichtig war, dann hatte er möglicherweise darum gebeten, Stillschweigen zu bewahren – auch sein Vorgänger Johannes Paul II. hatte häufig so gehandelt.

Joseph Ratzinger wohnte vor seiner Wahl an der Piazza delle Mura Leoniane. Direkt unten im Haus befindet sich eine stadtbekannte Bar, die einstmals eine wahre Goldgrube war. Jahrzehntelang lag sie unmittelbar an der Endhaltestelle der wichtigsten Buslinie von Rom, der Linie 64, die vom Bahnhof

Termini zum Petersdom und zurückfuhr. Generationen von Pilgern stärkten sich in dieser Bar, um danach von hier aus den Bus zurück zum Bahnhof zu nehmen, doch im Jahr 1999 wurde die Bushaltestelle verlegt, um den Platz für das Heilige Jahr 2000 neu und schöner zu gestalten. Damit blieben die Heerscharen, die bisher in die Bar gepilgert waren, aus, und Kardinal Joseph Ratzinger konnte hier relativ ungestört frühstücken. Ich sprach mit einer reizenden jungen Frau, die ihm immer einen Cappuccino zubereitet hatte, doch als ich sie danach fragte, ob sie einen Mann aus der Nachbarschaft kenne, der mit dem Papst bekannt gewesen sei und mit ihm über ein außergewöhnliches Ereignis, ein Wunder, gesprochen habe, sah sie mich an, als zweifelte sie an meinen geistigen Fähigkeiten. Damit war erst mal Schluss, weiter kam ich nicht.

Daraufhin beschloss ich, einfach den Weg nachzugehen, den der Kardinal Joseph Ratzinger so viele Jahre lang eingeschlagen hatte. Wenn er aus dem Haus kam, ging er zuerst nach links über die Straße, unter dem sogenannten Passetto hindurch (jahrhundertelang konnten die Päpste über diesen auf hohen Stützmauern von der Straße aus unerreichbar errichteten Fluchtweg vom Petersdom aus in ihre Festung, die Engelsburg, gelangen). Am Passetto gibt es eine internationale Buchhandlung, die Joseph Ratzinger regelmäßig besucht hatte, doch das Ergebnis meiner Nachforschungen enttäuschte mich: Joseph Ratzinger war zwar regelmäßig vorbeigekommen, hatte Neuerscheinungen in zahlreichen Sprachen bestellt – doch an dem Büchertisch gleich am Eingang, auf dem jene Werke auslagen, in denen es um Wunder ging, war er nicht ein einziges Mal stehen geblieben. Auch von einem Mann aus der Nachbarschaft, der ein Wunder erlebt haben wollte, wusste hier keiner etwas. Deshalb befragte ich andere Priester, die diesen Buchladen ebenfalls besucht und Kardinal Joseph Ratzinger gekannt hatten – aber auch von ihnen wusste niemand etwas über diese Geschichte. Daraufhin verlagerte ich meine Spurensuche auf die anderen Läden, an denen der Kardinal Joseph Ratzinger unterwegs vorbeigekommen war.

Alle wichtigen Geschäfte, die man braucht, wenn man am

oder im Vatikan wohnt, befinden sich in der Fußgängerzone des Borgo Pio. Täglich pünktlich um 17.00 Uhr ging Kardinal Ratzinger hier vorbei. An der Ecke liegt ein Optiker. Ich fragte nach, und tatsächlich hatte Ratzinger hier seine Brillen reparieren lassen. Er brachte sie entweder selbst vorbei oder ließ sie von seiner Haushälterin Ingrid Stampa vorbeibringen – das war aber auch schon alles, was ich hier erfuhr.

Auf seinem weiteren Weg kam er bei einem Gemüsehändler vorbei, der ihm immer die besten Äpfel für seinen geliebten Apfelstrudel beiseitelegte. Aber von einem Wunder wusste man hier ebenso wenig wie in seinem Lieblingsrestaurant »Cantina Tirolese«, wo er in einer mit alten Geschirrtüchern dekorierten Nische auf einer Holzbank gesessen und das einfache Mittagessen genossen hatte. Auch in seinem zweiten Lieblingslokal – »Quattro Mori«, ein sardisches Restaurant, in dem der Besitzer noch heute zu bedauern scheint, dass Ratzinger meist Fleisch bestellte, obwohl man doch auf Fisch spezialisiert sei – erfuhr ich nichts Näheres. Dann aber, an einem heißen Sommertag im Jahr 2005, fand ich endlich die richtige Spur…

Zuletzt hatte ich noch die Kaffeebars ohne jeden Erfolg abgeklappert, die auf Ratzingers täglichem Weg lagen, als ich plötzlich vor einem Elektroladen stand. Allerdings schien es sich eher um die Sammlung eines Liebhabers von Elektroschrott zu handeln als um einen richtigen Laden – die Vitrinen waren mit unterschiedlichstem elektronischem Gerät vollgestopft, Teile von Lampen und kaputte Leuchtstoffröhren lagen auf dem Boden; der ganze Laden hatte etwas Chaotisches und passte somit überhaupt nicht zu dem systematisch-akribischen, stets »aufgeräumt« wirkenden Joseph Ratzinger.

Hinter der Theke saß ein schlanker, weißhaariger Mann und reparierte irgendetwas, als ich ihm die übliche Frage herunterratterte, ob er denn zufällig Kardinal Ratzinger gekannt und mit ihm über Wunder geredet habe. Danach wartete ich auf den üblichen Blick, mit dem ich daraufhin von oben bis unten gemustert wurde wie jemand, von dem man annahm, er habe wohl seinen Verstand verloren. Aber diesmal kam alles ganz anders.

Der Mann stand auf, gab mir freundlich die Hand und meinte: »Ja, sicher. Ich kenne Benedikt XVI. Ich habe ihm von dem großen Wunder erzählt.«

»Was ist das denn für ein Wunder?«, fragte ich weiter, und der Mann erwiderte: »Eine seltsame Geschichte. Kommen Sie mit mir nach hinten, wenn ich sie Ihnen erzählen soll.«

Mit diesen Worten stand er auf, ging zur Tür und pfiff einen Jungen herbei, der auf den Laden aufpassen sollte. Dann führte er mich an den vollgestopften Regalen vorbei nach hinten, wo wir uns inmitten des Elektrogerümpels auf zwei Stühle setzen und in Ruhe unterhalten konnten.

Dort stellte er sich als Angelo Mosca vor. Dass er bereits neunundsechzig Jahre alt war, sah man ihm, der in seiner Freizeit die Kinderfußballmannschaften der Pfarrgemeinde am Vatikan trainierte, nicht an. Er machte noch immer einen muskulösen, durchtrainierten Eindruck und wirkte auf mich wie ein etwas in die Jahre gekommener Schauspieler, der sich auf die Rolle von Collegelehrern und Leichtathletiktrainern spezialisiert hatte. Als ich in sein offenes Gesicht sah, lief in meinem Kopf ein Film ab, in dem Mosca die Rolle eines zu Unrecht verurteilten Marathonläufers übernommen hatte, der im Gefängnis wieder trainiert und nach der Entdeckung seiner Unschuld den wichtigsten Lauf seines Lebens gewinnt. Tatsächlich aber hatte er sein Leben lang als Elektriker gearbeitet und vor vierzig Jahren einen pleitegegangenen Elektroladen am Vatikan übernommen, ohne zu ahnen, dass er dort eines Tages Nachbar des zukünftigen Papstes werden würde.

»Kardinal Ratzinger kam öfter zu mir«, begann Angelo Mosca jetzt zu erzählen. »Ich sehe ihn noch in der Tür stehen. Eines Tages, ich glaube, es war 1999, bat er mich, in seiner Wohnung ein paar Glühbirnen auszutauschen. Dabei habe ich ihm alles erzählt. Ich habe ihm auch alle Unterlagen gegeben, und er hat mir sehr aufmerksam zugehört. Ich glaube, ich habe ihn überzeugt.«

»Wovon?«, fragte ich.

»Von dem Wunder, das ich selbst erlebt habe, dank Pater Pio.«

Bei der Nennung dieses Namens zuckte ich zusammen. Ausgerechnet Pater Pio, dachte ich und erinnerte mich an den Geruch modriger Wohnungen, der mir viele Male in die Nase gestiegen war, als ich 1987/88 auf der Suche nach einem Zimmer Dutzende römischer Adressen abgeklappert und dabei den oft erstaunlichen Gegensatz zwischen äußerem Schein und innerer Wirklichkeit in der schönen Stadt Rom kennengelernt hatte. So herrlich die Fassaden dieser Stadt in der Regel auch sind, so schön noch die Außenmauern der hässlichsten Mietshäuer im römischen Licht leuchten können, so schrecklich düster sind oftmals die Wohnungen dahinter. Das hat zum einen damit zu tun, dass die Römerinnen und Römer erst einmal alle Fenster verriegeln – je dunkler es in ihrer Wohnung ist, desto besser finden sie es –, und zum anderen liegt es an der Wahl des von ihnen bevorzugten Mobiliars, zu dem neben wuchtig-soliden dunkelbraunen oder schwarzen Schränken, denen man zutraut, dass sie sich des Nachts in alles verschlingende Ungeheuer verwandeln könnten, an Gefängnisfilme erinnernde Drahtgestellbetten gehören. Die Wohnungen reicher Römerinnen und Römer unterschieden sich damals, als Ikea in Italien noch nicht wirklich Fuß gefasst hatte, nur unwesentlich von denen der Mittelschicht – außer dass die Wände der vornehmeren Behausungen mit dunklen Stoffen bespannt waren und die Lichter hier auch tagsüber brannten (die Fenster blieben selbstverständlich auch hier stets geschlossen, um das offenbar als feindlich empfundene Sonnenlicht nur ja nicht ins Innere der Wohnung zu lassen). Und nie hatte ich eine Wohnung betreten, in der nicht das Bild von Pater Pio hing: das Bild eines Kapuzinermönchs mit grauem Bart und ebensolchen Haaren, dessen Hände mit Lappen umwickelt waren. Ich wusste, dass wegen Betrugs gegen ihn ermittelt worden war, dass er womöglich nichts anderes als ein Scharlatan war; trotzdem hatte er es irgendwie geschafft, in Italien wie ein Heiliger verehrt zu werden. Dieser rätselhafte Volksheilige aber und der seriöse Joseph Ratzinger – das passte beim besten Willen nicht zusammen.

Angelo Mosca sah mich scharf an, als witterte er meine Skepsis, und sagte: »Ich habe Pater Pio selber kennengelernt, wissen

Sie. Es war im Februar 1964. Das Schicksal muss uns zusammengeführt haben. Vor Aufregung zitternd betrat ich am frühen Nachmittag dieses Tages den Beichtstuhl und ahnte natürlich nicht, dass ich eines Tages einem künftigen Papst erzählen würde, wie ich diesen Heiligen mit eigenen Augen gesehen und erlebt habe.«

Ein Augenzeuge, dachte ich, natürlich: Das war es, was Joseph Ratzinger interessiert haben musste. Wenn Angelo Mosca wirklich Pater Pio noch zu dessen Lebzeiten gesehen und gesprochen hatte, konnte er vielleicht etwas zur Aufklärung der Frage beitragen, ob Gott tatsächlich in dem apulischen Dorf San Giovanni Rotondo, wo Pater Pio in seinem Kloster lebte, ein Wunder bewirkt hatte oder ob die katholische Kirche dort nur das Opfer eines aufsehenerregenden Betrugs geworden war.

Ich stellte mir vor, wie Angelo Mosca den Beichtstuhl betrat, wie er auf die von schmutzigen Lappen umhüllten Hände des alten Mönchs blickte und an das Geheimnis dachte, das unter diesen blutigen Stofffetzen verborgen lag. Saß hier einer der seltsamsten Betrüger in der Geschichte der katholischen Kirche vor ihm? Ein Mann, der seit Jahrzehnten konsequent alle Gläubigen, Mitbrüder und Äbte belog? Oder war dies ein echter Heiliger? Einer, der in direktem Kontakt mit Gott stand?

Hatte sich dieser Mönch in der Nacht des 20. September 1918 so lange mit einem Messer und groben Hölzern die Hände aufgekratzt, bis sie nur noch ein blutender Brei waren? Hatte er Jodtinktur hineingerieben, damit die Wunde noch auffälliger schien? Oder hatte Gott selbst sich entschlossen, die Handflächen dieses Mannes in Erinnerung an den Kreuzestod seines Sohnes Jesus von Nazaret zu verwüsten?

Immer wenn ich über diese Frage nachdachte, konnte ich mich nicht entscheiden, was mir noch unwahrscheinlicher erschien: dass ein einfacher Mönch die ganze katholische Welt mit einem gefälschten Wunder jahrzehntelang hereingelegt haben soll oder dass ein Wesen, das wir Gott nennen, sich dazu entschieden haben könnte, die fünf Wundmale Christi auf dem Körper des armen Mannes erscheinen zu lassen, ihn aus der

Seite, den Händen, den Füßen bluten zu lassen und erst im Augenblick des Todes diese Wunden für immer zu schließen.

Angelo Mosca schien ein entschiedener Verfechter der Heiligkeit des Paters zu sein, deshalb beschloss ich, ihn nicht allzu sehr zu provozieren.

»Pater Pio machte auf Sie wahrscheinlich einen nachhaltigen Eindruck«, sagte ich zu ihm. »Es heißt, er sei ein ungewöhnlich sanfter Mensch gewesen.«

»Nein, nein«, sagte Angelo Mosca. »Er war alles andere als sanft an diesem Tag, als ich ihn besuchte. Ich hatte einen ganz anderen Eindruck. Ich weiß noch, wie enttäuscht ich war, weil mir so viele Menschen davon erzählt hatten, wie erschüttert sie bei ihrem ersten Zusammentreffen mit dem Kapuzinermönch waren. Aber als ich den Beichtstuhl betrat und ihn dort sitzen sah, spürte ich davon wenig. Ich war nur ein wenig aufgeregt, aber aus einem ganz anderen Grund: In Wirklichkeit ging es mir nämlich gar nicht darum, mir die Beichte abnehmen zu lassen. Das war nur ein Vorwand, und ich hatte Angst vor dem Augenblick, in dem der Pater das merkte. Irgendwann würde ich ihm reinen Wein einschenken und ihm sagen müssen, dass ich in Wirklichkeit nicht gekommen war, um zu beichten, sondern um seinen Segen zu erbitten. Ich wusste, dass der Pater nur sehr selten seinen Segen gewährte, aber ich brauchte Hilfe – ich war schon seit vier Jahren verheiratet, und immer noch hatten wir keine Kinder.«

So war es also gewesen. Angelo Mosca, dessen kleiner Elektroladen zufällig in der Nachbarschaft des deutschen Präfekten der Glaubenskongregation lag, stand damals unter einem enormen Druck. Zu seiner eigenen Enttäuschung und der seiner Frau kam noch die der ganzen Familie, die auf den ersehnten Nachwuchs wartete. Deshalb hatte er also die weite Reise nach Apulien unternommen zu jenem Mönch, der im Ruf stand, entweder ein großer Heiliger oder ein großer Scharlatan zu sein. Deshalb hatte er sich eingereiht in eine jener langen Menschenschlangen, die damals die Klosterkirche Santa Maria delle Grazie in San Giovanni Rotondo füllten. Täglich zwischen 14.30 Uhr und 15.30 Uhr standen die Menschen hier an, um sich von Pater Pio die

Beichte abnehmen zu lassen. Alle hofften natürlich, dass Pater Pio wirklich derjenige war, der er vorgab zu sein: ein Heiliger, der im direkten Kontakt mit dem ewigen Gott stand und Wunder wirken konnte. Und wie sie alle kannte auch Angelo Mosca in groben Zügen die Geschichte von Pater Pio, der am 25. Mai 1887 als Francesco Forgione, Sohn von Grazio Forgione und Maria Giuseppa De Nunzio, in Pietrelcina bei Benevent (Süditalien) geboren worden war.

Am 6. Januar 1903 trat der Sohn einer einfachen Bauernfamilie im Alter von erst sechzehn Jahren als Novize in den Kapuzinerorden (ein Reformorden der Franziskaner) in Morcone ein, wo er am darauffolgenden 22. Januar eingekleidet wurde und den Ordensnamen »Bruder Pio« erhielt. Nach dem Noviziatsjahr legte er die einfachen Gelübde ab und am 27. Januar 1907 die ewigen Gelübde. Damit verband er sein Leben definitiv und für immer mit den Kapuzinern. Am 10. August 1910 wurde er in der Kathedrale von Benevent zum Priester geweiht. Während des Ersten Weltkriegs zog ihn die italienische Armee als Feldgeistlichen ein, aber wegen seiner angeschlagenen Gesundheit – Pio litt an Tuberkulose – war er meist ans Bett gefesselt und lebte zu Hause bei seinen Eltern in Pietrelcina. Aufgrund dieser Krankheit gab ihm der Orden eine Sondererlaubnis, sodass er auch als Kapuzinermönch meist bei seiner Familie bleiben durfte. Erst im September 1916 wurde er dann in das Kloster San Giovanni Rotondo geschickt, wo er bis zu seinem Tod blieb.

Pio war ein besonders frommer junger Mann, der sein Armutsgelübde sehr ernst nahm. Um seine Schuhe zu schonen, lief er im Sommer fast immer barfuß über die Felder, auch wenn er sich auf dem steinigen Kalkboden die Füße blutig aufriss. Von seiner Krankheit abgesehen unterschied ihn wenig von den anderen jungen Mönchen dieser Zeit, doch dann geschah etwas, das sein Leben von Grund auf verändern sollte: In der Nacht vom 5. auf den 6. August 1918 wurde der fromme Mann von einer Serie schrecklicher Albträume geplagt. Unter anderem träumte er mehrmals, von Lanzen durchbohrt zu werden, und als er dann am Morgen des 6. August erwachte, entdeckte er an seinem Körper eine Wunde, als sei er tatsächlich von einer Lanze versehrt worden.

Diese Wunde entzündete sich nicht, aber sie wollte sich auch nicht schließen. Noch Jahre später rätselte eine ganze Ärztegeneration darüber, was in dieser Nacht tatsächlich geschehen war. Hatte sich dieser kränkelnde Mönch etwa selbst mit einem spitzen, scharfen Messer in die Brust gestochen? Hatte er sich das Messer bis auf die Rippenknochen in das Fleisch gebohrt und anschließend Chemikalien in die Wunde gerieben, um zu verhindern, dass sie sich wieder schloss? War die Wunde ein Symptom seiner Krankheit, eine zufällige Verletzung, oder hatte tatsächlich der ewige Gott im Himmel in dieser Augustnacht beschlossen, an diesem Mönch ein Wundmal erscheinen zu lassen, in Erinnerung an seinen Sohn?

Das *Johannes-Evangelium* (Kapitel 19, Verse 33 und 34) beschreibt, wie einst dem toten Körper des Jesus von Nazaret diese Wunde zugefügt wurde: »Als sie aber zu Jesus kamen und sahen, dass er schon tot war, zerschlugen sie ihm die Beine nicht, sondern einer der Soldaten stieß mit der Lanze in seine Seite, und sogleich floss Blut und Wasser heraus.«

Die Ärzte fanden keine Erklärung für die Wunde an Pater Pios Seite. Ihre Form deutete darauf hin, dass die Haut mit einem relativ klobigen metallischen Gegenstand verletzt worden war – nicht mit einem scharfen Messer also, sondern mit einem unförmigen, aber scharf geschliffenen Stück Metall. Spürte Pater Pio in dieser Nacht vom 5. auf den 6. August 1918 wirklich das kalte Metall einer grob geschliffenen Lanzenspitze auf seiner Brust, wie römische Soldaten diese vor zweitausend Jahren im Kampf benutzten? Spürte er wirklich den Ruck, mit dem die Lanzenspitze in sein Fleisch eindrang? Ist es also vorstellbar, dass Gott in dieser süditalienischen Sommernacht im August 1918 dieses Wunder vollbrachte? Eine Stigmatisation, wie das sich jeglicher ärztlicher Therapie entziehende plötzliche Auftreten der Leidensmale (Stigmata) Jesu am Leib eines lebenden Menschen genannt wird, die zuerst beim heiligen Franz von Assisi aufgetreten sein sollen? (Nach vierzigtägigem Fasten auf dem Berg La Verna soll dem Ordensgründer im Jahr 1224 der

Gekreuzigte in Gestalt eines Seraphs, eines himmlischen Wesens mit sechs Flügeln, Händen und einer menschlichen Stimme, erschienen sein. Daraufhin, so die erste bezeugte Stigmatisation der Kirchengeschichte, sei Franziskus vom Leidenserlebnis Christi durchdrungen gewesen und habe die Wundmale an Händen, Füßen sowie an der Seite gehabt. Allerdings verheimlichte er diese, sodass sie erst bei seinem Tod erkannt wurden.) Sein Ordensnachfolger Pater Pio aber hielt sich am Vormittag des 20. September 1918 im Chor der zu seinem Kloster gehörenden Kirche Santa Maria delle Grazie auf, um vor einem Kruzifix aus dem 16. Jahrhundert zu beten, als plötzlich auch seine Hände und Füße zu bluten begannen. Erneut sahen die Wunden so aus, als stammten sie von einem relativ groben Metallgegenstand, der mit großer Kraft in das Fleisch des Paters getrieben worden war. Gemahnten sie also wirklich an die Hammerschläge längst verstorbener römischer Soldaten, die grobe Nägel in die Hände und Füße Jesu getrieben hatten? Spürte Pater Pio quasi am eigenen Leib, wie seine unsichtbaren Peiniger das kalte Metall auf seinem Fleisch ansetzten und dann zuschlugen, sodass er aufschrie vor Schmerz? Oder zerschnitt er sich unbemerkt von den Mitbrüdern mit Glassplittern und alten Messern die Hände und Füße? Sicher ist nur, dass Pater Pio seine unaufhörlich blutenden Wunden bis zum Tag seines Todes behielt und dass er sie anders als der heilige Franz von Assisi vor seinem Tod nicht verheimlichen konnte. Vor diesem Gezeichneten saß also im Februar 1964 ein aus Rom angereister Elektriker und gestand seine Sünden.

Angelo Mosca wohnte im Nordosten von Rom, an der Pineta Sacchetti, in der Nähe des gewaltigen Krankenhauskomplexes des Vatikans, der durch Johannes Paul II. weltberühmt wurde. Als erster Papst der Geschichte ließ sich der am Parkinson-Syndrom leidende Johannes Paul II. mehrmals dort einliefern. Jedes Mal, wenn der Papst ins Krankenhaus kam, bauten die Fernsehteams aller großen Sender ihre Übertragungswagen davor auf, weshalb die Römer den sich vor dem Hospital erhebenden Hügel bis heute »Antennenhügel« nennen. Von seinem Krankenzimmer aus betete Johannes Paul II. an Sonntagen vor laufenden Kameras das Angelusgebet und sandte Grußbotschaften. Der Papst sagte immer, dass es drei Vatikane gebe – den Vatikan selbst, den Sommersitz der Päpste, Castelgandolfo, und das Gemelli-Krankenhaus. Der Arzt Agostino Gemelli aber, nach dem dieses Krankenhaus benannt ist, spielte eine entscheidende Rolle in der Leidensgeschichte von Pater Pio.

Doch bevor Gemelli dem Stigmatisierten zum ersten Mal begegnete, untersuchte am 15. und 16. Mai 1919 ein anderer Arzt Pater Pio: Professor Luigi Romanelli fand keine Erklärung für die Wunden des Paters. Mittlerweile pilgerten Hunderttausende zu dem Mönch nach San Giovanni Rotondo, der im Ruf stand, ein Heiliger zu sein. Benedikt XV. (eigentlich Giacomo della Chiesa, Papst zwischen den Jahren 1914 und 1922), den diese Ereignisse beunruhigt hatten, ordnete weitere medizinische Untersuchungen an – zunächst durch Amico Bignami, dann durch Giorgio Festa. Im Jahr 1920 machte sich dann Pater Agostino Gemelli auf den Weg nach Süditalien. (Pater Gemelli war von Kardinal Merry del Val auch deshalb für diese Reise vorgeschlagen worden, weil der angesehene Arzt und Psychologe als Experte für übersinnliche Phänomene galt.) Doch als Pater Gemelli darum bat, Pater Pio genauer untersuchen zu dürfen, lehnte dieser ab. Daraufhin stellte Pater Gemelli klar, dass ihn das Sanctum Ufficium[1], Kardinal Merry del Val und der Papst persönlich entsandt hatten, doch Pater Pio ließ sich nicht umstimmen. Pater Gemelli schrieb einen empörten Brief an das Sanctum Ufficium mit Kopie an den Papst, in dem er feststellte: »Es ist ein Bluff. Pater Pio besitzt die Charakteristiken eines hysterischen Psychopathen. Die Verletzungen, die er am Körper hat, fügt er sich selbst zu. Es handelt sich um Wunden, die durch Zerstörung der Haut und der Sehnen entstehen. Pater Pio ist ein selbstzerstörerischer Psychopath und ein Betrüger.«

---

1 Heiliges (Lehr-)Amt – die Kurzform eines früheren Namens jener 1542 gegründeten Kongregation der römischen Kurie, die ursprünglich mit vollem Namen *Congregatio Romanae et universalis Inquisitionis* und ab 1908 *Sacra congregatio Sancti Officii* hieß. Seit 1965 heißt diese in den Jahren 1981 bis 2005 von dem damaligen Kardinal Joseph Ratzinger und heutigen Papst Benedikt XVI. geleitete kirchliche Institution *Congregatio pro doctrina fidei* (Kongregation für die Glaubenslehre).

Zu dieser Diagnose passte das Urteil des neapolitanischen Arztes Vincenzo Tangaro, der meinte, die »angeblichen Stigmata« seien »ganz oberflächliche Wunden«; sie sähen »größer aus, als sie sind, durch den Gebrauch von Jodtinktur«.

Damit stand für den Vatikan fest: Pater Pio ist ein Betrüger. Als der Nachfolger des am 22. Januar 1922 gestorbenen Papstes Benedikt XV., Achille Ratti, ein enger Freund von Pater Agostino Gemelli und vom 12. Februar 1922 bis zum 10. Februar 1939 Papst Pius XI., den Thron Petri bestiegen hatte, beschloss man einzugreifen. Ab dem 2. Juni 1922 war Pater Pio untersagt, die Gläubigen zu treffen und zu segnen. Am 31. Mai 1923 ließ das Heilige Uffizium verlautbaren, dass die Verletzungen des Paters Pio nicht auf übernatürliche Ereignisse zurückzuführen seien. Der Vatikan beschloss, den Pater regelrecht auszuspionieren – vermutlich wurde er sogar im Beichtstuhl abgehört. Am 17. Juni 1923 wurde der Pater angewiesen, nur noch allein im Kloster die Messe zu lesen, ohne Gläubige. Am 23. Mai 1931 verbot der Papst Pater Pio, den Gläubigen die Beichte abzunehmen sowie Hochzeiten oder Taufen zu zelebrieren. Von nun an waren ihm jegliche öffentliche Auftritte untersagt. Doch als der Vatikan den Pater in ein Kloster nach Ancona versetzen wollte, verhinderten Gläubige die Umsetzung dieser Anweisung aus Rom. Den Massen galt Pater Pio als »Apostel des Beichtstuhls«, seine prophetische Gabe wurde weithin gerühmt, und nun widersetzte er sich dem Verbot: Am 16. Juli 1933 kam Pater Pio zum ersten Mal wieder in die Klosterkirche von San Giovanni Rotondo, um verbotenerweise die Messe zu lesen. Von jetzt an war er ein Rebell.

Welchen persönlichen Eindruck hatte Angelo Mosca, als er Pater Pio gegenübersaß, von diesem Mann? War er ein Heiliger oder ein Betrüger? »Was glaubten Sie?«, fragte ich ihn.

»Ich habe zuerst einmal gar nichts geglaubt«, antwortete Mosca. »Ich war entsetzt. Ich hatte endlich meine Sünden gebeichtet und bat um seinen Segen. Da geschah etwas Schreckliches: Er weigerte sich, mir die Sünden zu vergeben. ›Kinder sind ein Geschenk Gottes, um so etwas kann man einen Priester nicht bitten‹, blaffte er mich an.«

Noch immer stand Angelo Mosca der Schreck ins Gesicht geschrieben, als er sich daran erinnerte, wie Pater Pio ihn behandelt hatte. Damit entwickelte sich die Reise nach Apulien zu einem Desaster: Weder würde er mit der erhofften guten Nachricht nach Rom zurückkehren können, noch hatte er auch nur den Segen des Paters erhalten. Was sollte er jetzt zu Hause erzählen? Gab es irgendeine Hoffnung für ihn und seine Frau, doch noch Kinder zu bekommen?

»Ich war verzweifelt«, erzählte Angelo Mosca. »Aber nachdem mich Pater Pio weggeschickt hatte, geschah etwas sehr Seltsames. Zufällig hörte ich von einem anderen Mönch, der in der Region sehr verehrt wurde, einem gewissen Bruder Daniele. Ich fuhr in sein Kloster, und da geschah es: Bruder Daniele stand im Garten seines Klosters und arbeitete. Wir hatten uns noch nie gesehen, er musste mich für irgendeinen der Besucher des Klosters halten, für einen Touristen oder Pilger. Doch als ich vor ihm stand, blickte er auf, sah mir in die Augen, und auf einmal lief ein Lachen über sein ganzes Gesicht. Bevor ich auch nur ein Wort zu ihm sagen konnte, sprach er mich schon an: ›Bei dir hat Pater Pio den Stock benutzt. Aber keine Angst, hier kannst du beichten.‹ Während er das sagte, hatte er immer noch dieses verschmitzte Lächeln in seinem Gesicht, und ich fragte mich verdutzt, woher er wissen konnte, was geschehen und weshalb ich zu ihm gekommen war. Danach nahm er mir die Beichte ab, erteilte mir die Absolution, und dann gab er mir zum Abschied noch ein Kirschbonbon für meine Frau mit. Ich bedankte mich artig und wollte das Bonbon gerade entgegennehmen, da hielt er einen Moment in der Bewegung inne, als müsse er sich kurz besinnen. Gleich darauf steckte er es wieder ein und gab mir dafür ein anderes, eines mit Pfefferminzgeschmack (meine Frau hasst Kirschgeschmack, aber wie konnte Bruder Daniele das wissen?): ›Gib das deiner Frau‹, sagte er dazu, ›und mach dir keine Sorgen, sie wird bald schwanger werden.‹

Bevor ich den Beichtstuhl verließ, fragte er mich: ›Wann wirst du wiederkommen?‹

Ich erwiderte, dass ich sehr wenig Zeit hätte, doch er fiel mir empört ins Wort: ›Du wirst doch wohl kommen, um Pater Pio für die Geburt deines Kindes zu danken?‹

Verwirrt fuhr ich nach Hause. Und das Wunder geschah: Nachdem mein Sohn Daniele geboren worden war, fuhr ich nach San Giovanni Rotondo, um mich dafür zu bedanken. Ich ahnte nicht, dass ich Pater Pio noch um ein viel größeres Wunder würde bitten müssen: darum, eine Tote wieder zum Leben zu erwecken.«

Angelo Mosca stand auf, wühlte in einem Schrank, nahm eine Akte mit verschiedenen Unterlagen heraus und schlug sie vor mir auf: Es waren medizinische Befunde, Atteste, Schriftstücke aus dem Gemelli-Krankenhaus. »Am 12. März 1982«, erzählte er mir, während er mir diese Unterlagen zeigte, »war ich mit meiner Frau Wanda in Fregene bei Rom am Strand. Sie war damals 45 Jahre alt. Wir wollten spazieren gehen, doch plötzlich fiel sie hin und zuckte auf eine merkwürdige Weise am ganzen Körper. Zuerst dachte ich, dass sie einen epileptischen Anfall habe, und brachte sie, so schnell ich konnte, in die Gemelli-Klinik. Die Ärzte sagten mir gleich, dass Wanda in einer verzweifelten Lage war. Sie litt an einer Hirnblutung. Ihr Zustand verschlechterte sich von Tag zu Tag, ich betete jeden Tag an ihrem Krankenbett, doch sie sprach nicht mehr, erkannte mich nicht einmal mehr. Am 19. März 1983 verschwanden die letzten Lebenszeichen von Wanda. Die Ärzte hielten sie für tot und brachten ihren Körper in einen besonderen Raum, in dem die Gestorbenen aufgebahrt wurden. Verzweifelt fuhr ich nach Hause und wusste, dass mir jetzt nur noch ein Wunder helfen konnte.«

Die Erinnerung an diese schrecklichen Tage setzten Angelo Mosca auch jetzt noch sichtlich zu. Er versuchte, betont ruhig und gleichmäßig zu atmen, und fuhr fort: »In diesem Jahr leitete der Heilige Stuhl das Verfahren zur Seligsprechung von Pater Pio ein, der mir schon einmal geholfen hatte. Jetzt betete ich unaufhörlich zu ihm: ›Pater Pio, du musst mir helfen. Ein Wunder muss geschehen.‹ In dieser Nacht fand ich keine Ruhe. Ich konnte nicht schlafen, bereitete mich in Gedanken schon auf die Beerdigung meiner Frau vor, und schließlich hielt ich es in meinem Bett nicht mehr aus. Kurz nach Mitternacht stand ich auf und fuhr zurück in das Krankenhaus, als hätte meine tote Frau nach mir gerufen. Ein Arzt kam mir gleich entgegen, nahm mich in den Arm und sagte: ›Etwas Unglaubliches ist geschehen. Eine Krankenschwester berührte zufällig die Füße Ihrer Frau, und daraufhin begann sie sich zu bewegen. Sie ist also gar nicht tot – oder ein Wunder hat sie wieder aufgeweckt.‹«

Im Koma hatte Moscas Frau schwere Schäden erlitten. Sie war gelähmt, und man erklärte ihm, dass nur eine Operation seine Frau retten konnte. Allerdings würde diese Operation sehr gefährlich sein.

Die Ärzte sprachen sehr offen mit ihm. Es bestand die Gefahr, dass seine Frau die Operation nicht überlebte oder dass sie danach zu einem Pflegefall werden würde: ein menschliches Wrack; unfähig, auch nur einen Finger zu bewegen, ein an den Rollstuhl gefesselter, betäubter, kaum mehr etwas erkennender Geist, eingesperrt in einen verfallenden Körper wie in einem Gefängnis.

Angelo Mosca stimmte der Operation dennoch zu. Am 10. April 1983 wurde seine Frau in den Operationssaal geschoben: »Wanda hatte nach Einschätzung ihrer behandelnden Ärzte eine Chance von eins zu hundert. Ich durfte mir keine Illusionen machen: Es war nur zu wahrscheinlich, dass sie diesen Tag nicht überlebte. Mehrmals sah ich Ärzte aus dem Operationssaal herauskommen, und jedes Mal gaben sie mir zu verstehen, dass es sehr schlecht um meine Frau stand. In meiner Verzweiflung versuchte ich mich abzulenken, griff mir eine Zeitschrift, die auf einem Tisch herumlag, und als ich sie aufschlug, sah ich ein Bild von Pater Pio, wie er Kranke segnete. Dabei machte er das Victory-Zeichen, als wäre das auch eine Botschaft für mich. Bald darauf kamen die Ärzte aus dem Operationssaal, und meine Frau wurde wieder vollkommen gesund. Bis heute danken wir Pater Pio jeden Tag dafür, denn die Krankenakte meiner Frau wurde schon mehrfach von Fachleuten untersucht, und sie kamen alle zu dem gleichen Ergebnis: Wissenschaftlich ist das nicht erklärbar. Schon damals haben die Ärzte zu mir gesagt: ›Was hier geschehen ist, können wir nicht verstehen. Wenn Sie an Gott glauben, dann beten Sie zu ihm.‹ Ich bin mir sicher, dass Pater Pio im Himmel mir geholfen hat.«

»Und diese Geschichte haben Sie Kardinal Joseph Ratzinger erzählt?«, fragte ich Angelo Mosca.

»Der Kardinal wollte nur ein paar Glühbirnen kaufen, als er in meinen Laden kam. Aber ich sagte ihm, dass ich selbstverständlich auch gern beim Auswechseln der Birnen behilflich sei. So kam ich in seine Wohnung, und als ich ihm erzählte, dass ich Pater Pio selbst kennengelernt hätte, bat er mich, in seinem Wohnzimmer Platz zu nehmen.«

Ich konnte mir gut vorstellen, wie Angelo Mosca da gesessen hat, zwischen all den Büchern über Gott, voller Respekt und sehr vorsichtig, nur ja nichts Falsches zu sagen – hier der einfache Elektriker und da der bedeutende Theologieprofessor und Kardinal: seine Eminenz, Joseph Ratzinger.

Angelo Mosca wusste durchaus, dass es vermutlich niemanden auf der Erde gab, der so viele Schriften über Jesus von Nazaret und das Christentum studiert hatte wie dieser Theologieprofessor Kardinal Ratzinger. Seine Schüchternheit war nur allzu verständlich, aber sie wäre gar nicht nötig gewesen. Denn das, was er über Gott zu berichten hatte, das stand in keinem der Bücher des Professors. Angelo Mosca hatte keinen wissenschaftlichen Aufsatz über den lieben Gott beizutragen, er hatte das Gefühl, er habe ihn erlebt.

Genau deshalb hörte ihm Kardinal Joseph Ratzinger in diesem Sommer des Jahres 1999 wohl auch so aufmerksam zu: Hier saß ein Mann, der etwas Licht in das Dunkel um den »Apostel des Beichtstuhls« bringen konnte; ein Mann, der Pater Pio selbst gesehen und erlebt hatte. Immer noch quälten viele offene Fragen die Spitze der katholischen Kirche. Wie war es möglich gewesen, dass ein so anerkannter Experte wie Agostino Gemelli sich dermaßen geirrt hatte? Warum hatte er nicht den geringsten Zweifel daran gelassen, dass der Kapuzinermönch sich die Wunden selbst beigebracht hatte? Agostino Gemelli muss sich seiner Sache vollkommen sicher gewesen sein, sonst hätte er Pater Pio kaum als Betrüger bezeichnet. Hätte er auch nur den geringsten Zweifel gehabt, wären seine Formulierungen vermutlich viel vorsichtiger ausgefallen. Und wie konnte es geschehen, dass auch andere untersuchende Ärzte zu dem gleichen Ergebnis kamen, dass Pater Pio ein Betrüger war? Gleich zwei Päpste mussten sich in ihrer Einschätzung getäuscht haben – Benedikt XV. und Pius XI. –, denn beide hatten den Bauernsohn aus Apulien schwer bestraft: Pater Pio wurde in seinem Kloster isoliert wie in einem gewaltigen steinernen Sarg, und während ihn manche schon damals für den größten Mystiker des 20. Jahrhunderts hielten, bezeichnete die Kirche ihn als Hysteriker, verbot ihm dreizehn Jahre lang, von 1922 bis 1934, das Lesen der Messe und sogar das Beantworten von Seelsorgebriefen. All das aber wäre doch sicher nicht geschehen, wenn die Kurie auch nur den geringsten Zweifel daran gehabt hätte, dass der angeblich stigmatisierte Mönch von Pietrelcina mit seiner angeblich prophetischen Gabe nichts als ein Scharlatan sei.

Nur die Menschen, die in Massen zum Kloster von San Giovanni Rotondo pilgerten, vertrauten ihm immer. Nicht einmal nach seinem Tod riss der Pilgerstrom ab, und als es so weit war, hatte ein gütiges Schicksal auch seine offizielle Rehabilitierung offenbar schon längst vorgesehen…

Weit weg von Apulien, hinter dem damals noch unüberwindlich scheinenden Eisernen Vorhang, erkrankte eines Tages die Mitarbeiterin des Erzbischofs von Krakau, Wanda Poltawska, sehr schwer. Die Mutter von vier Töchtern, die im Krieg vier Jahre lang in einem deutschen Konzentrationslager gewesen war, litt an einem unheilbaren Tumor im Hals. Deshalb bat der Erzbischof in einem lateinisch geschriebenen Brief vom 17. November 1962 Pater Pio, für sie zu beten, damit sie geheilt werde. Schon wenige Tage später, am 28. November 1962, stellten die Ärzte fest, dass der Tumor auf völlig unerklärliche Weise verschwunden war. Der Erzbischof aber, der sich an Pater Pio gewandt hatte, wurde später zum 264. Papst gewählt und nahm den Namen Johannes Paul II. an. Er war es auch, der den am 23. September 1968 verstorbenen Pater Pio am 2. Mai 1999 selig- und am 16. Juni 2002 heiligsprach. Wie wichtig ihm die Rehabilitierung des Kapuzinermönchs aus Pietrelcina war, erkannte man auch daran, dass noch nie in der neueren Kirchengeschichte ein Mensch so kurz nach seinem Tod heiliggesprochen worden war. Und wie sehr Papst Johannes Paul II. mit seiner Entscheidung auch die Herzen der Menschen erreichte, erkannte man an den – bei beiden Ereignissen – in Massen zum Petersplatz pilgernden Gläubigen: Bei der Heiligsprechung waren es fast eine Million Menschen.

In seiner Predigt am 2. Mai 1999 auf dem Petersplatz verriet Papst Johannes Paul II. auch etwas, das bis dahin nur wenigen bekannt gewesen war. Er sagte nämlich: »Als ich Student hier in Rom war, hatte ich selbst einmal Gelegenheit, ihn persönlich kennenzulernen, und ich danke Gott, der mir heute die Möglichkeit gibt, ihn in das Buch der Seligen einzutragen.«

Damit bestätigte er eine Geschichte, die er viele Jahre zuvor, 1981, zwei polnischen Kapuzinerbrüdern erzählt hatte und nach der er selbst im Jahr 1947 Pater Pio in San Giovanni Rotondo besucht haben soll.

Vor diesem Hintergrund bekommt die Schilderung des Mannes aus Apulien, wie sie Johannes Paul II. in seiner Predigt zur Seligsprechung auf dem Petersplatz gab, eine ganz besondere Note:

»Wer sich nach San Giovanni Rotondo aufmachte, um an seiner Messe teilzunehmen, ihn um Rat zu bitten oder bei ihm zu beichten«, sagte Johannes Paul II. an diesem Sonntag im Mai 1999, »erkannte in ihm ein lebendiges Abbild des leidenden und auferstandenen Christus. Im Gesicht von Pater Pio erstrahlte das Licht der Auferstehung. Sein von den Wundmalen gezeichneter Körper zeigte jene enge Verbindung zwischen Tod und Auferstehung, von der das Ostergeheimnis geprägt ist. Die Teilnahme an der Passion nahm für den Seligen aus Pietrelcina ganz besonders durchdringende Züge an: Die einzigartigen Gaben, die ihm zuteil wurden, und die innerlichen und mystischen Schmerzen, die diese Gaben begleiteten, ließen für ihn ein ergreifendes und ständiges Erleben der Leiden des Herrn in der unerschütterlichen Gewissheit zu, dass ›der Kalvarienberg der Berg der Heiligen ist‹.«

Gleich im nächsten Abschnitt dieser Predigt ging der Papst auch auf die Kritik ein, die dem Kapuzinermönch so lange von den Kirchenoberen entgegenschallte: »Nicht weniger schmerzlich, und in menschlicher Hinsicht vielleicht noch herber, waren die Prüfungen, die er – man würde fast sagen, infolge seiner einzigartigen Charismen – über sich ergehen lassen musste. In der Geschichte der Heiligkeit kommt es manchmal vor, dass der Auserwählte – aufgrund eines besonderen Zulassens Gottes – auf Unverständnis stößt.«

In diesem Fall führten die Prüfungen offenbar zu jener Erkenntnis, die Johannes Paul II. ebenfalls in seiner Predigt am 2. Mai 1999 zur Seligsprechung von Pater Pio in den folgenden Worten formulierte: »Ja, das Kreuz Christi ist die höchste Schule der Liebe. Noch mehr: Es ist der ›Quell‹ der Liebe selbst. Vom Schmerz geläutert, führte die Liebe dieses treuen Jüngers die Herzen der Menschen zu Christus und zu seinem fordernden Evangelium des Heils. Gleichzeitig ergoss sich seine Liebe wie Balsam auf die Schwächen und Leiden seiner Brüder. So verband Pater Pio seine Sorge um die Seelen mit dem Offensein für das menschliche Leid: In San Giovanni Rotondo setzte er sich für die Gründung eines Krankenhauses ein, das er ›Casa Sollievo della Sofferenza‹ [›Haus der Linderung des Leids‹] nannte. Er wollte, dass es ein erstklassiges Krankenhaus sei, vor allem aber lag ihm daran, dass dort eine wirklich ›humane‹ Medizin angewendet werde, bei der die Beziehung zum Kranken von besonderer Fürsorge und herzlicher Aufnahme geprägt ist. Er wusste sehr wohl, dass Kranke und Leidende nicht nur eine korrekte Anwendung therapeutischer Maßnahmen brauchen, sondern auch und vor allem ein menschliches und geistiges Klima, das es ihnen ermöglicht, in der Begegnung mit der Liebe Gottes und mit der Fürsorge der Brüder sich selbst wiederzufinden. Mit der ›Casa Sollievo della Sofferenza‹ wollte er beweisen, dass die ›gewöhnlichen Wunder‹ Gottes sich durch unsere Nächstenliebe vollziehen. Man muss zum Teilen und zum großherzigen Dienst an den Brüdern bereit sein und dabei alle verfügbaren Hilfsmittel der medizinischen Wissenschaft und der Technik einsetzen.«

Auch diese Worte bekommen vor dem Hintergrund der persönlichen Erfahrung Johannes Pauls II. eine ganz besondere Bedeutung. Bei seiner Begegnung mit Pater Pio im Jahr 1947 soll der Kapuzinermönch den aus Rom angereisten polnischen Studenten Karol Wojtyła lange angesehen und dann zu ihm gesagt haben: »Du wirst eines Tages Papst werden, aber ich sehe auch viel Blut in deinem Leben.«

Den beiden polnischen Kapuzinerbrüdern zufolge, denen der spätere Papst einst diese Geschichte erzählt hat, erwiderte Karol Wojtyła damals: »Da ich ohnehin nie Papst werde, macht mir auch das Blut in der Prophezeiung keine Angst.«

Nun aber stand Johannes Paul II. in Rom auf dem Petersplatz und dachte mit Sicherheit an seine persönliche Begegnung mit dem Stigmatisierten, an dessen prophetische Worte wie an die wundersame Genesung der Wanda Poltawska, an das blutige Attentat vom 13. Mai 1981 wie an das Wunder der göttlichen Vorsehung, die ausgerechnet ihn, den einstigen studentischen Pilger, dazu bestimmt hatte, Papst zu werden, das Attentat zu überleben und nun Pio da Pietrelcina zuerst selig- und bald darauf heiligzusprechen.

Ja, Papst Johannes Paul II. muss fest daran geglaubt haben, dass Pater Pio ein Heiliger war.

Doch wie verhielt es sich mit Seiner Eminenz, Kardinal Joseph Ratzinger?

Nach allem, was wir über den damaligen Kardinal zu wissen glauben, gehen wir davon aus, dass er der Erzählung von Angelo Mosca nur mit einiger Skepsis gelauscht haben kann. Als Chef der Glaubenskongregation hatte er nie einen Hehl daraus gemacht, dass er an eine Vielzahl angeblicher Wunder, die in der katholischen Welt viele Menschen in Erstaunen und tiefe Frömmigkeit versetzen, selbst gar nicht glaubte. So untersagte er mehrfach die Verehrung angeblicher Reliquien, verbot etwa die Anbetung der vermeintlich Blut weinenden Muttergottes von Cagliari. Aber wie verhielt es sich nun mit der Geschichte des Pater Pio, den die Kirche und auch der von Joseph Ratzinger besonders verehrte Papst Benedikt XV. für einen Betrüger gehalten hatten?

»Wie hat der Kardinal Ihre Geschichte aufgenommen?«, fragte ich Angelo Mosca.

»Ich bin mir sicher, dass er mir glaubte, dass Pater Pio ein Heiliger war«, antwortete Mosca. Dann sah er mich an: »Und was glauben Sie?«

Ja, was hielt ich von dieser seltsamen Geschichte?

Hatte der allmächtige Gott sich tatsächlich entschieden, einem Mann aus Pietrelcina in Süditalien die Haut an Händen und Füßen und an der Brust aufzureißen, weil sein Sohn genau an den gleichen Stellen geblutet hatte?

Gab es tatsächlich so etwas wie einen »göttlichen Fürsprecher«?

Hörte der unerklärliche Gott wirklich auf jemanden wie Pater Pio, wenn der um die Rettung einer Schwerkranken bat?

Hörte er auf ihn und erfüllte er ihm seine Bitten, während das Flehen anderer im Himmel unerhört blieb?

Wurde das Leben derjenigen, für die Pater Pio Fürsprache hielt, manchmal sogar noch über einen medizinisch eindeutig diagnostizierten Tod verlängert, während andere, für die es keinen göttlichen Fürsprecher gab, starben?

Das Ganze kam mir zwar absurd vor, aber an der Geschichte von Pater Pio war zweifellos etwas dran. Ich hatte Johannes Paul II. persönlich gut genug gekannt, um zu wissen, dass er davon überzeugt war, dass Gott Menschen für die Sünden anderer leiden lässt. Er selbst, Karol Wojtyła, erklärte auch seine eigene Erkrankung immer damit, dass er leiden müsse für die Sünden der Welt. Das Kreuz Christi als die höchste Schule der Liebe, ja als »Quell« der Liebe selbst, wie er dies in seiner Predigt zur Seligsprechung von Pater Pio ausgedrückt hatte. Und vielleicht meinte er ja nicht nur den apulischen Kapuzinermönch, sondern auch sich selbst, den von den Folgen des Attentats wie von seiner Krankheit gezeichneten Papst, als er damals auf dem Petersplatz in Rom gesagt hatte: »Vom Schmerz geläutert, führte die Liebe dieses treuen Jüngers die Herzen der Menschen zu Christus und zu seinem fordernden Evangelium des Heils.«

Die Vorstellung, dass Gott einen Menschen wie Pater Pio

einerseits leiden ließ, ihm andererseits aber auch Wünsche erfüllte, passte vollkommen zur Ideenwelt Karol Wojtyłas.

Außerdem interessierte mich noch ein ganz bestimmtes Detail. Eine Geschichte hatte ich nie verstanden, die mir der Sekretär Johannes Pauls II. erzählte: Als der Krakauer Erzbischof Karol Wojtyła am 28. September 1978 am Küchentisch saß und die Nachricht vom Tod Johannes Pauls I. hörte, soll ihm das Besteck aus der Hand geflogen und klirrend auf den Boden gefallen sein. Der Sekretär erzählte mir, dass er den Eindruck gehabt habe, dass Karol Wojtyła in derselben Sekunde, in der er davon erfuhr, dass Johannes Paul I. gestorben war, wusste, dass *er* jetzt an der Reihe sein werde; dass er, Karol Wojtyła, zum nächsten Papst gewählt werde.

Ich kannte den Sekretär gut genug, um ihm diese Geschichte zu glauben, aber ich verstand nie, warum Karol Wojtyła sich so sicher war, dass er nun gewählt werden würde. Schließlich hatte er während des vorangegangenen Konklaves, in dem Johannes Paul I. gewählt worden war, nur ein paar Stimmen bekommen.

Nun aber fügte sich für mich das Bild erst wirklich zu einem Ganzen: Wenn Angelo Mosca recht hatte, dass Pater Pio ein Heiliger war, dann hatte Karol Wojtyła Pater Pio im Jahr 1968 nicht nur um ein Wunder gebeten, sondern das Wunder war wirklich geschehen, und die Mitarbeiterin des Erzbischofs von Krakau hatte den unheilbaren Tumor überlebt. Wenn Pater Pio aber einen direkten Kontakt zu Gott hatte, dann war es doch sehr wahrscheinlich, dass sich auch seine alte Prophezeiung aus dem Jahr 1947 bewahrheiten würde: Die Erinnerung an Pater Pios Satz zu dem polnischen Studenten – »Du wirst Papst werden« – muss Karol Wojtyła wie ein Blitz getroffen haben, als er, an seinem Küchentisch sitzend, vom Tod Johannes Pauls I. erfuhr.

»Also«, wiederholte Angelo Mosca seine Frage, »was glauben Sie?«

»Ich weiß es nicht«, antwortete ich zögerlich, »ich muss erst darüber nachdenken.«

Dann bedankte ich mich bei ihm für die Geduld und ging aus dem dunklen Laden hinaus in den heißen Sommertag zu meinem

Mofa. Von der Erzählung des Elektrikers schwirrte mir noch der Kopf, und ich musste mich erst wieder in der Gegenwart dieses ereignisreichen Jahres zurechtfinden. Am 2. April 2005 war Papst Johannes Paul II. nach unsagbar langem, unsagbar schwerem Leiden gestorben; siebzehn Tage später, am 19. April, wurde Kardinal Joseph Ratzinger zum Papst gewählt. Bald danach hatte ich mich auf meine Spurensuche gemacht, und was Benedikt XVI. anging, so hatte ich immer noch meine Zweifel, ob er wirklich von der Heiligkeit Pater Pios überzeugt sein konnte. Doch in dieser Einschätzung sollte ich mich gründlich irren: Wenige Wochen nach meinem Besuch bei Angelo Mosca zählte ebendieser Papst während einer feierlichen Ansprache am 18. September 2005 vor dem Petersdom die wichtigsten Priester der katholischen Kirche auf. Um jene Priester ging es, die das innerste Geheimnis der Kirche, die Eucharistie, am meisten verehrt hatten – die als wahrhaft, wirklich und wesentlich verstandene Gegenwart des erhöhten Gottmenschen Jesus Christus. Ein Vorbild für alle sollten diese Priester sein, und einer der von Benedikt XVI. ausdrücklich namentlich Erwähnten war jener Pater Pio aus Pietrelcina, der so lange verfemt worden war, ehe ihn Benedikts Vorgänger Johannes Paul II. zuerst selig- und dann heiligsprach. Ein einfacher Elektriker aber, der von seinem Laden in der Nähe des Petersdoms aus die Worte des Papstes über die Lautsprecher hören konnte, lächelte in diesem Moment zufrieden.

2

Gibt Gott dem Bösen eine Chance?

Die katholische Kirche lehrt, dass Gott in das Geschehen auf der Erde eingreift, wann und wo es ihm gefällt. Dies geschieht auf eine Art und Weise, die wir nicht einmal im Ansatz verstehen können: Zerstörtes Gewebe verwandelt sich in lebendiges, bösartige Tumore verschwinden, für unheilbar krank erklärte Menschen genesen auf unerklärliche Weise. Um ein solches Geschehen wenigstens in Worte fassen zu können, sprechen wir von einem Wunder. Dass es solche Wunder gibt, wird in der katholischen Kirche kaum bestritten. Manche Gruppen messen ihnen große Bedeutung bei, andere weniger. Aber es gibt eine zweite Art von »Wundern«, um die innerhalb der katholischen Kirche sehr wohl – und sehr heftig – gestritten wird: Dabei geht es um jene Fälle, die Gott nicht von seiner liebevollen, gütigen, heilenden Seite zeigen, sondern von seiner streitbaren, kämpferischen, manchmal auch zerstörerischen.

Eines der berühmtesten Beispiele dafür ist die Schlacht an der Milvischen Brücke. Am 28. Oktober des Jahres 312 n. Chr. zog Konstantin der Große mit etwa 40 000 Soldaten in Richtung Rom, um die Stadt zu erobern. Auf dem Weg dorthin soll ihm ein Kreuz am Himmel erschienen sein, und eine Inschrift, so heißt es, habe »In hoc signo vinces« verkündet – »In diesem Zeichen wirst du siegen!« Angesichts dieser Prophezeiung befanden sich die etwa 120 000 Soldaten des mit Konstantin dem Großen um die Oberherrschaft im Römischen Reich konkurrierenden Kaisers Maxentius in einer ziemlich verzweifelten Lage, denn an der Seite des Kriegsherrn Konstantin stand somit der allmächtige Gott. Tatsächlich gewann Konstantin dann auch die Schlacht um Rom, obwohl sein Gegenüber nicht nur über die größeren Truppen verfügte, sondern sich auch hinter jenen hohen Mauern verschanzen konnte, die zum Schutz vor einfallenden Germanen um die Stadt gezogen worden waren.

Ein anderes Beispiel für einen streitbaren, kämpferisch Partei ergreifenden Gott erlebte Papst Leo I., als er sich im Jahr 452 den einfallenden Hunnen unter Attila entgegenstellte: Bei ihrer Begegnung in Mantua, in der Lombardei, dürfte Attila der Legende nach einen gehörigen Schreck bekommen haben, als er neben dem ebenso mutig wie würdevoll auftretenden Papst auf einmal Paulus und Petrus mit gezücktem Schwert erblickte. Was hat Attila damals gesehen? Tatsache ist, dass der Hunnenkönig abzog, ohne mit seinen Reiterhorden Italien weiter zu verwüsten. Irgendwer hatte ihm ganz massiv gedroht. War es wirklich der unerklärliche Gott, der Schöpfer der Welt gewesen?

Die Vorstellung des christlichen Gottes kommt ohne »das Böse« nicht aus: Ohne dieses »Böse« ergäbe die Kreuzigung Christi keinen Sinn, ohne Sünde gäbe es keine Vergebung – der Gegensatz von Gut und Böse gehört wesentlich zum Konzept der christlichen Religion. »Das Böse« schlechthin aber verkörpern in der Kirchentradition wie im Evangelium nicht Feldherren wie Attila oder andere Feinde der Christen, sondern der Teufel. Seitdem er in Gestalt der Schlange Eva und Adam verführte, vom Baum der Erkenntnis zu essen, ist »das Böse« aus der Bibel wie aus der Kirchengeschichte nicht mehr wegzudenken. Im *Lukas-Evangelium*, Kapitel 4, Verse 1 bis 13, wird eine direkte Begegnung zwischen dem Sohn Gottes und dem Teufel geschildert:

1 Erfüllt vom Heiligen Geist, verließ Jesus die Jordangegend. Darauf führte ihn der Geist vierzig Tage lang in der Wüste umher,
2 und dabei wurde Jesus vom Teufel in Versuchung geführt. Die ganze Zeit über aß er nichts; als aber die vierzig Tage vorüber waren, hatte er Hunger.
3 Da sagte der Teufel zu ihm: Wenn du Gottes Sohn bist, so befiehl diesem Stein, zu Brot zu werden.
4 Jesus antwortete ihm: In der Schrift heißt es: Der Mensch lebt nicht nur von Brot.

5 Da führte ihn der Teufel (auf einen Berg) hinauf und zeigte ihm in einem einzigen Augenblick alle Reiche der Erde.
6 Und er sagte zu ihm: All die Macht und Herrlichkeit dieser Reiche will ich dir geben; denn sie sind mir überlassen, und ich gebe sie, wem ich will.
7 Wenn du dich vor mir niederwirfst und mich anbetest, wird dir alles gehören.
8 Jesus antwortete ihm: In der Schrift steht: Vor dem Herrn, deinem Gott, sollst du dich niederwerfen und ihm allein dienen.
9 Darauf führte ihn der Teufel nach Jerusalem, stellte ihn oben auf den Tempel und sagte zu ihm: Wenn du Gottes Sohn bist, so stürz dich von hier hinab;
10 denn es heißt in der Schrift: Seinen Engeln befiehlt er, dich zu behüten;
11 und: Sie werden dich auf ihren Händen tragen, damit dein Fuß nicht an einen Stein stößt.
12 Da antwortete ihm Jesus: Die Schrift sagt: Du sollst den Herrn, deinen Gott, nicht auf die Probe stellen.
13 Nach diesen Versuchungen ließ der Teufel für eine gewisse Zeit von ihm ab.

Dreimal führt der Teufel Jesus also in Versuchung – ohne Erfolg. Dass er dann »für eine gewisse Zeit« von ihm ablässt, weist darauf hin, dass er Jesus bis zu dessen Tod am Kreuz noch mehrmals peinigen wird.

In der Theologie scheint der Teufel heute – anders als in der medialen Öffentlichkeit – etwas aus der Mode gekommen zu sein. Auch im Vatikan, der sich ja auf Jesus von Nazaret beruft, der laut Matthäus 10,8 und Markus 16,17 gesagt haben soll: »Treibt Dämonen aus!«, spielt der Kampf gegen den Teufel offenbar nur eine untergeordnete, kaum noch wahrnehmbare Rolle: Nahezu alle Päpstlichen Räte, die komplette Kurie, beschäftigen sich entweder mit der Verwaltung der katholischen Kirche, mit der Führung von Priestern und Bischöfen oder aber mit »dem Guten«: Vor allem kümmert man sich im Vatikan darum, das Leid auf der Welt zu lindern. Dafür gibt es zahlreiche Behörden wie das »Sozialministerium«, den Päpstlichen Rat Cor Unum, zu dem Hilfsorganisationen wie die Caritas gehören. Auch die Kongregation zur Evangelisierung der Völker verbreitet nicht nur den Glauben auf der Welt, sondern kümmert sich auch um den Bau von Schulen und Kindergärten, Krankenhäusern und Altenheimen überall auf dem ganzen Globus. Aber keine einzige vatikanische Behörde befasst sich mit »dem Bösen«. Nur eine winzige Gruppe beschäftigt sich in Form von »Teufelsaustreibungen« (»Exorzismus«) mit dem Kampf gegen die Mächte des Bösen. In einfacher Form findet Exorzismus zum Beispiel bei der Taufe oder bei der Weihe des Weihwassers statt. Von einem »Großen Exorzismus« spricht die katholische Kirche, wenn mit Gebeten und rituellen Handlungen unter Anrufung der Macht Gottes die Abwehr des Bösen bei einem »besessenen« Menschen vorgenommen wird. Grundlage dafür ist das im Jahr 1614 unter Papst Paul V. (Camilo Borghese) veröffentlichte *Rituale Romanum*, ein liturgisches Handbuch für die katholische Kirche, in dem sich auch genaue Angaben zum Exorzismusritual befinden. Der den Exorzismus betreffende Teil des nun schon fast vierhundert Jahre alten Handbuchs – *De Exorcismis et Supplicationibus Quibusdam*, eine Sammlung von Gebeten, Litaneien, Segens- und Beschwörungsformeln, mit deren Hilfe Dämonen ausgetrieben werden sollen – wurde unter Pius XII. 1954 zum ersten Mal und dann in den Jahren 1989 bis 1998 erneut vom Vatikan überarbeitet, am 1. Oktober 1998 durch Papst Johannes Paul II. approbiert und im Januar 1999 der Öffentlichkeit vorgestellt. Anlässlich dieser Vorstellung sagte der damalige Präfekt der Kongregation für den Gottesdienst und die Sakramentenordnung, Kardinal Jorge Arturo Medina Estévez (er verkündete der Öffentlichkeit nach dem Konklave 2005 auch die Wahl Joseph Ratzingers zum Papst), der Exorzismus beruhe auf dem kirchlichen Glauben an die Existenz des Teufels und anderer böser Dämonen. Dabei handle es sich um »gefallene Engel«, die aufgrund ihrer Sünden verstoßen worden seien und über Macht, nicht aber über unbegrenzte Macht verfügen würden. Mit dieser Macht versuchten sie, den Menschen vom Heilsweg abzubringen und ihn dem Einfluss Gottes zu entreißen.

Als Kennzeichen für die Besessenheit solcher fehlgeleiteter Menschen wurde »das Sprechen unbekannter Sprachen, die Beschwörung von geheimen und entfernten Dingen und eine Körperkraft« genannt, »die mit dem Alter und der Gesundheit der betroffenen Person unvereinbar« sei. Hinzu komme eine »irrationale Abneigung« gegen Gott. Aber selbst beim Vorliegen aller dieser Symptome sei noch immer nicht sicher, ob der Teufel von einer Seele Besitz ergriffen habe oder eine krankhafte psychische Störung vorliege. Deshalb werden in der überarbeiteten Fassung des Exorzismusrituals humanwissenschaftliche Aspekte besonders betont, und strenge Auflagen sollen vor Missbrauch schützen: Bevor es zu einem Exorzismus kommt, sind zuerst einmal alle Möglichkeiten von Medizin und Psychologie auszuschöpfen. (In keinem Fall darf Exorzismus ein Ersatz für ärztliche Bemühungen sein, heißt es dazu auch im Katechismus der katholischen Kirche.) Bei der Ausführung eines Exorzismus darf eine medizinische Behandlung nicht unterbrochen werden. Lehnen Angehörige eine medizinische Behandlung ab, darf kein Exorzismus vollzogen werden. Außerdem ist jeder einzelne Exorzismus von der Beauftragung eines entsprechend ausgebildeten Priesters durch den Bischof abhängig.

Allerdings gibt es in vielen Ländern, so auch in Deutschland, gar keine Exorzisten mehr. Auch in den USA weigern sich Bischöfe, Exorzisten zu ernennen. In Frankreich gibt es dagegen in jeder Diözese mindestens einen, in Italien werden mittlerweile jährlich etwa 200 Priester neu als offizielle Exorzisten eingesegnet – in Lateinamerika, Afrika und Südostasien fällt der Exorzismus ohnehin auf einen von Wunderheilern, Medizinmännern, Voodoogläubigen und dergleichen längst bereiteten Boden.

Die deutsche Zurückhaltung hat entscheidend mit dem letzten hierzulande – vom Würzburger Bischof Josef Stangl – erlaubten offiziellen Großen Exorzismus zu tun, der als »Fall Klingenberg« bekannt wurde und den der Salvatorianerpater Arnold Renz, unterstützt durch den Pfarrer Ernst Alt und mit Einwilligung ihrer Eltern, an der damals 23 Jahre alten Pädagogikstudentin Anneliese Michel vollzog: Am 1. Juli 1976, nach 67 exorzistischen Sitzungen von rund zwei Stunden Länge, die auf 51 Tonbändern festgehalten wurden, starb die zu diesem Zeitpunkt nur noch 31 Kilo wiegende junge Frau, die zuletzt jede Nahrungsaufnahme verweigert hatte, wahrscheinlich an Entkräftung und einer gefährlichen Entgleisung des Flüssigkeitshaushalts. Zwei Jahre später wurden die Exorzisten sowie die Eltern von Anneliese Michel vom zuständigen Richter Elmar Bohlender vor dem Landgericht in Aschaffenburg wegen fahrlässiger Tötung durch Unterlassung zu je sechs Monaten Gefängnishaft verurteilt – auf drei Jahre zur Bewährung ausgesetzt.

Begonnen hatte diese tragische Geschichte im unterfränkischen Klingenberg am Main mit – zunächst weder von Anneliese Michel noch von ihren Eltern als »dämonischen Ursprungs« interpretierten – Phänomenen, die seit 1969 von sieben Ärzten verschiedener Fachrichtungen untersucht worden waren. Dabei hatte man zunächst eine Epilepsie diagnostiziert, später auch eine Schizophrenie sowie einen mit Wahnvorstellungen und Halluzinationen einhergehenden Verlust des Realitätsbezugs. Der anstehenden Zwangsbehandlung in einer Heil- und Pflegeanstalt – in der Anneliese Michel nach Aussage des gerichtlich bestellten Gutachters medikamentös ruhiggestellt, zwangsernährt und mit Elektroschocks behandelt worden wäre – widersetzte sich die junge, aber volljährige Frau. Ihr grausamer Tod wurde später auch als Folge einer mangelnden Kommunikation von Religion und Humanwissenschaft gedeutet: Während von den behandelnden Ärzten offenbar die enorme Bedeutung religiöser Inhalte in den Berichten der Studentin unterschätzt wurde, verurteilte man die beiden beteiligten Geistlichen und die Eltern nicht zuletzt deshalb, weil diese trotz des erkennbar lebensbedrohlichen Gesundheitszustandes der jungen Frau keine ärztliche Hilfe mehr geholt hatten. Der entsetzliche Tod der Anneliese Michel führte dann dazu, dass sich gerade die Deutsche Bischofskonferenz maßgeblich für eine Reform des Exorzismusrituals einsetzte, wie sie Kardinal Jorge Arturo Medina Estévez schließlich der Öffentlichkeit präsentierte.

Die Bedenken gegen den Exorzismus wurden damit aber nicht ausgeräumt. Und sie sind nicht unbegründet. Die meisten Gläubigen vor allem in den Industrienationen halten Exorzismus für Hokuspokus. Wenn Filme wie zuletzt Scott Derricksons »Der Exorzismus von Emily Rose« und Hans-Christian Schmids »Requiem« – beiden liegt die Geschichte der Anneliese Michel zugrunde – das Thema aufgreifen, verstärken sie die Abneigung vieler Menschen gegen eine als rückständig empfundene Kirche. Exorzismus, das bedeutet für die meisten finsterstes Mittelalter, Hexenverfolgung und Aberglauben.

Erstaunlich ist vor diesem Hintergrund nur die große Zahl der »Exorzismus-Willigen« – Menschen, die davon überzeugt sind, dass sie selbst, Angehörige oder Bekannte vom Teufel besessen seien. Der Freisinger Psychotherapeut und Pallotinerpater Jörg Müller wurde in diesem Zusammenhang mit den Worten zitiert: »Wir erhalten jährlich rund 400 Anfragen, in denen Menschen wegen Besessenheit um Hilfe bitten.« In etwa 90 Prozent der Fälle erkenne man schon auf den ersten Blick, dass die geschilderte Problematik in keinem Zusammenhang mit dem Phänomen der Besessenheit stehe. Bei den wenigen anderen wäre in interdisziplinärer Zusammenarbeit zu klären, in welcher Weise hier medizinisch, psychotherapeutisch und seelsorgerisch am besten zu helfen sei.

Auch die Zahl solcher Anfragen steigt wohl noch in zunehmendem Maße, je mehr das Thema Exorzismus in den Medien ist. Gleichwohl könnte die katholische Kirche mit Sicherheit viele Sympathien gewinnen, wenn sie den Ritus der Teufelsaustreibung ein für alle Mal über Bord werfen würde.

Warum tut sie es nicht?

Der Exorzismus ist ein Sonderfall der Theologie. Viele Probleme der katholischen Kirche, wie etwa das Zölibat, ließen sich einfach lösen, weil die Bibel keine genauen Anweisungen gibt. So schreibt Paulus in seinem ersten *Brief an die Korinther* (Kapitel 7, Vers 25): »Was die Frage der Ehelosigkeit angeht, so habe ich kein Gebot vom Herrn.« Es gibt also keine Weisung Gottes, dass Priester ehelos leben müssen. Aus theologischer

Sicht könnte die Ehelosigkeit der Priester sofort abgeschafft werden. Was den Exorzismus angeht, liegen die Dinge etwas anders. Denn der Gründer des Christentums, Jesus von Nazaret, nimmt nach der Schilderung in den Evangelien selbst gleich mehrfach Exorzismen vor. Am bekanntesten ist die Geschichte der Teufelsaustreibung von Gadara. Im *Matthäus-Evangelium* (Kapitel 8, Verse 28 bis 33) liest sich das so:

28 Als Jesus an das andere Ufer kam, in das Gebiet von Gadara, liefen ihm aus den Grabhöhlen zwei Besessene entgegen. Sie waren so gefährlich, dass niemand den Weg benutzen konnte, der dort vorbeiführte.
29 Sofort begannen sie zu schreien: Was haben wir mit dir zu tun, Sohn Gottes? Bist du hergekommen, um uns schon vor der Zeit zu quälen?
30 In einiger Entfernung weidete gerade eine große Schweineherde.
31 Da baten ihn die Dämonen: Wenn du uns austreibst, dann schick uns in die Schweineherde!
32 Er sagte zu ihnen: Geht! Da verließen sie die beiden und fuhren in die Schweine. Und die ganze Herde stürzte sich den Abhang hinab in den See und kam in den Fluten um.
33 Die Hirten flohen, liefen in die Stadt und erzählten dort alles, auch das, was mit den Besessenen geschehen war.

Eine Kirche, die sich auf Jesus von Nazaret als ihren Gründer beruft, kann kaum etwas verbieten, das ihr Gründer selbst und mehrfach getan hat: So sehen das die Befürworter des Exorzismus in der katholischen Kirche. Die Gegner aber stellen in diesem Zusammenhang grundsätzlich die Authentizität der Worte und Taten Jesu, wie sie in den vier biblischen Evangelien übermittelt werden, infrage: Tatsächlich wurden ja alle Texte des Neuen Testaments erst lange nach dem Tod des Jesus von Nazaret aufgezeichnet, der selbst vermutlich keine schriftlichen Zeugnisse hinterlassen hat. Und den Evangelisten, darin sind sich so gut wie alle Theologen einig, ging es dabei weniger um historische Zuverlässigkeit als vielmehr darum, die Botschaft einer Heilsgeschichte zu übermitteln. Aufgezeichnet wurde diese von Christen, die Jesus selbst vermutlich nicht gekannt haben, aber von seiner Auferstehung überzeugt waren und ihn als Messias verkünden wollten.

Das führt zu der kniffligen Frage, welche der biblischen Geschichten Begebenheiten erzählt, die sich tatsächlich zugetragen haben, und welche nur eine tiefere Bedeutung haben sollen, also gleichsam als Parabel gemeint sind, als Vergleich.

Besonders deutlich wird das Problem der historischen Authentizität an der biblischen Darstellung der Weihnachtsgeschichte: Theologen, darunter fast alle Theologen der evangelischen Kirchen, werten diese als eine Art Gleichnis, nicht als Tatsachenbericht. Denn Jesus von Nazaret war vermutlich nie in seinem Leben in Betlehem. Er kam auch wohl kaum in einem Stall auf die Welt, und es gab höchstwahrscheinlich keine Hirten, die nachts zur Krippe gingen, um das neugeborene Jesuskind anzubeten.

Betrachtet man die Weihnachtsgeschichte aus historisch-kritischer Sicht, so erkennt man ihre Widersprüche schon an manchen Details. So heißt es im *Lukas-Evangelium* (Kapitel 2, Verse 8 bis 16):

8 In jener Gegend lagerten Hirten auf freiem Feld und hielten Nachtwache bei ihrer Herde.

9 Da trat der Engel des Herrn zu ihnen, und der Glanz des Herrn umstrahlte sie. Sie fürchteten sich sehr,

10 der Engel aber sagte zu ihnen: Fürchtet euch nicht, denn ich verkünde euch eine große Freude, die dem ganzen Volk zuteil werden soll:

11 Heute ist euch in der Stadt Davids der Retter geboren; er ist der Messias, der Herr.

12 Und das soll euch als Zeichen dienen: Ihr werdet ein Kind finden, das, in Windeln gewickelt, in einer Krippe liegt.

13 Und plötzlich war bei dem Engel ein großes himmlisches Heer, das Gott lobte und sprach:

14 Verherrlicht ist Gott in der Höhe / und auf Erden ist Friede / bei den Menschen seiner Gnade.

15 Als die Engel sie verlassen hatten und in den Himmel zurückgekehrt waren, sagten die Hirten zueinander: Kommt, wir gehen nach Betlehem, um das Ereignis zu sehen, das uns der Herr verkünden ließ.
16 So eilten sie hin und fanden Maria und Josef und das Kind, das in der Krippe lag.

Im Andenken an diese rührende Geschichte werden überall auf dem Globus zu Weihnachten Krippen aufgestellt, wird der Hirten auf dem Feld gedacht, die bei der Herde lagerten und den Engel des Herrn sahen, der ihnen die Geburt Jesu verkündete. Eine schöne Geschichte ist das, die in so vielen Wohnzimmern der Welt an Weihnachten erzählt wird, die das Herz so vieler Menschen erfreut und ihre Seele wärmt. Sie hat nur einen einzigen Fehler: Sie erzählt mit Sicherheit nicht das, was sich bei der Geburt des historischen Jesus von Nazaret wirklich zugetragen hat. Und zwar aus einem ganz einfachen Grund: Betlehem liegt sehr hoch, exakt 778 Meter hoch, und die Hügel rund um den Ort sind zu Weihnachten mit Schnee bedeckt. Deshalb lagerten hier niemals um die Weihnachtszeit nachts Hirten mit ihren Herden unter freiem Himmel auf den Feldern: Sie wären jämmerlich erfroren.

Tatsächlich kennt man weder den genauen Tag noch das Jahr von Jesu Geburt. Dass Betlehem als Geburtsort angegeben wird, obwohl der Gründer des Urchristentums in der Bibel ausnahmslos Jesus von Nazaret, niemals Jesus von Betlehem genannt wird und nach Meinung der Historiker entweder in Nazaret, dem Wohnort seiner Familie, oder in Kafarnaum, dem Ort seines ersten und wiederholten Auftretens, geboren wurde, verdeutlicht die bewusste Legendenbildung derjenigen, die Jesus als Messias verkünden wollten: Nazaret war eine völlig unbedeutende Stadt, die im Alten Testament kein einziges Mal erwähnt wird – es konnte doch nicht sein, dass der Messias aus einem solchen Kaff stammte. In Betlehem aber, der Stadt König Davids, sollte nach einer biblischen Weissagung der Messias geboren werden. Das passte sehr viel besser zur gewünschten Legendenbildung um den Retter der Menschheit, und deshalb soll Jesu Geburt von Nazaret nach Betlehem verlegt worden sein.

Dem gleichen Effekt der Legendenbildung diente wohl auch der ebenfalls historisch nicht zu belegende Kindermord des Herodes, mit dem an den Kindermord des Pharaos vor Israels Auszug aus Ägypten erinnert und Jesus wie Moses als Befreier des Gottesvolks dargestellt werden sollte. Und der Stern von Betlehem sollte von Jesus als kosmischem Erlöser künden.

Die Frage aber, welche Darstellung der Evangelisten nun im historischen Sinne wahr und welche nur als Parabel gemeint ist, macht nicht einmal vor den essenziellsten Aussagen des Christentums halt: So gibt es viele moderne Theologen, die selbst die Auferstehungsgeschichte für ein Gleichnis halten, mit der die Heilsbotschaft des Christentums veranschaulicht werden sollte.

Mit dem Exorzismus des Jesus von Nazaret verhält es sich nicht anders. Giuseppe Barbaglio, ein Mitarbeiter des Vatikans und einer der angesehensten Bibelwissenschaftler der Welt, erläuterte mir die oben zitierte Geschichte der Teufelsaustreibung von Gadara einmal so: »Die jüdische Tradition kannte Dämonen, das sehen wir im Alten Testament. Die Geschichte der Besessenen, deren Dämonen Jesus in die Schweine fahren lässt, bedeutet aber keineswegs, dass Jesus selbst tatsächlich einen Exorzismus ausgeübt hat. Stattdessen soll sie nur verdeutlichen, dass selbst die mit übernatürlichen Kenntnissen ausgestatteten Dämonen in Jesus sofort den Sohn Gottes erkannten und ihn als Messias verherrlichten.«

Professor Barbaglio zufolge kann man aus dieser Geschichte nicht ableiten, dass die Kirche Exorzismen vornehmen soll. Trotzdem tut sie es.

Warum?

Während meiner Kindheit und Jugend in Deutschland hatte ich nie etwas mit Exorzismus oder Ähnlichem zu tun gehabt. »Das Böse« spielte bis dahin nie wirklich eine Rolle in meinem Leben. Natürlich hatte ich wie jeder Mensch Ungerechtigkeiten erlebt, Unglück erfahren – den Tod meiner geliebten Großeltern etwa –, aber niemals hatte ich das Gefühl gehabt, wirklich mit »dem Bösen« in Berührung gekommen zu sein. Erst als ich 1987 nach Rom ging, begann mich das Thema Exorzismus zu interessieren. Denn was den Glauben an böse Geister und dergleichen anging, glich eine Reise über die Alpen damals noch einer Reise in eine andere Welt. Hunderte von Zauberern boten »Dienstleistungen« an, die dem deutschen Neuankömmling sehr seltsam erschienen. Besonders begehrt war es offenbar, den »bösen Blick« abfangen zu lassen. So etwas gab es in Deutschland nicht. Nie hatte ich dort auch nur eine einzige Anzeige von einem Zauberer gesehen – in Italien waren die Zeitungen und Zeitschriften voll davon. Ich hatte auch noch nie mit einem deutschen Priester über Verwünschungen und Flüche gesprochen und hätte nie gedacht, dass sich die katholische Kirche überhaupt mit solchen Themen beschäftigen würde. Tatsächlich sprach man im Vatikan auch nur sehr selten und nur hinter vorgehaltener Hand über den Teufel und seine Macht. Ich wusste zwar, dass es irgendwo im Vatikan heimlich agierende Exorzisten geben musste – Priester, die aus welchem Grund auch immer sich dazu berufen fühlten, »das Böse« zu bekämpfen –, und ich hatte 1991 den afrikanischen Erzbischof Emmanuel Milingo getroffen, der fest davon überzeugt war, mit der Gabe der Heilung gesegnet zu sein und Dämonen austreiben zu können. Aber erst im Winter 1992 sollte ich erstmals mit eigenen Augen einem Exorzisten bei seiner Arbeit zusehen…

Damals tobte in Italien ein wütender Mafiakrieg. Als Italienkorrespondent schien man manchmal förmlich durch Blut waten zu müssen. Zu meinem Job gehörte es, in hässlichen unterirdischen Gerichtsbunkern zu sitzen, nachts in den Autos verängstigter Polizeistreifen über leer gefegte Straßen zu fahren – da kam mir ein Ausflug nach Venedig gerade recht. Ich sollte etwas über das wunderschöne Kloster San Giorgio Maggiore schreiben. Angesichts der vielen Mafiastorys kam mir ein solcher Auftrag fast wie Urlaub vor. Dennoch beschlich mich schon bald eine seltsame Vorahnung.

Es war kalt in Venedig, als ich mit dem Flugzeug dort landete. Bald darauf kämpfte sich mein Vaporetto durch das bleigraue

Wasser der Lagune bis zur Anlegestelle »Riva degli Schiavoni«. In der folgenden Nacht schlief ich schlecht und wachte viel zu früh auf. Da ich nicht mehr einschlafen konnte, beschloss ich, schon früher zum Kloster zu fahren und mich dort zuerst einmal umzusehen. Um 7.00 Uhr morgens legte mein Vaporetto in Richtung San Giorgio Maggiore ab – meinen Termin beim Abt hatte ich erst um elf.

Im dichten Nebel schien das Vaporetto in einem milchig weißen Nichts zu verschwinden. Nur schemenhaft sichtbar wurde die große Autofähre, die vom Festland zum Lido fuhr – eine fast alle Kirchtürme Venedigs überragende Kathedrale aus Stahl. Mir kam es fast wie ein Wunder vor, dass sich der Steuermann meines Vaporettos einen Weg durch diese undurchdringlich scheinende Wand mit unaufhörlich tutenden Warnsirenen und hier und da aufblitzenden Nebelscheinwerfern zu bahnen wusste. Ich hatte die Klosterinsel im Sommer zum letzten Mal gesehen und erwartete irrigerweise, dass kurz vor unserer Ankunft der Nebel aufreißen müsse und die Sonne jene phantastische Kulisse mit der mächtigen Kirche San Giorgio Maggiore beleuchten würde, die mir immer wie die theatralischste aller Opernbühnen erschienen war – als sei sie nur dazu errichtet worden, um hier vor Venedigs grandioser Silhouette ein umso grandioseres Stück aufzuführen.

Erst als das Vaporetto krachend gegen den Anleger schlug, die Motoren rückwärts liefen, die Hanfseile gespannt wurden, merkte ich, dass wir am Ziel der kurzen Überfahrt angekommen waren. Doch als ich über den Steg an Land ging, kam es mir so vor, als wären wir nicht in San Giorgio Maggiore gelandet, sondern an irgendeinem anderen Anleger; einen, den ich in Venedig bisher übersehen hatte oder den es gar nicht wirklich gab – einen Geisteranleger. Verwirrt blickte ich auf das Schild an der Haltestelle, um mich zu orientieren. Da stand wirklich »San Giorgio Maggiore«, auch wenn von der gewaltigen Kirchenfassade im grauweißen Nirgendwo nichts zu sehen war.

Gab es etwa eine zweite Insel San Giorgio Maggiore?

Eine, die nur dann aus dem Meer auftauchte, wenn dichter Nebel über Venedig lag?

Was ging hier vor sich?

Während ich mich langsam, Schritt für Schritt, vorwärtstastete, tauchte nach und nach eine gespenstische Szene vor mir auf. Als hätte der Nebel sie geboren, drängten sich graue Gestalten vor den langsam deutlicher werdenden Umrissen der mächtigen Kirchenfassade. Ich trat ganz dicht an sie heran und erschrak, als ich auf einmal in die Augen einer Frau blickte, die keine Pupillen zu haben schien – man sah nur das Weiße. Jetzt hörte ich auch Stimmen, ein Gewirr von Sprachen – Spanisch, Englisch, Portugiesisch... Manche brummten wohl auch nur vor sich hin, stöhnten leise oder stießen ab und zu aus unerfindlichen Gründen laute Schreie aus, die mir durch Mark und Bein gingen.

Als ich diese merkwürdige Versammlung eine Weile lang beobachtet hatte, fiel mir auf, dass sie alle etwas gemeinsam hatten: mindestens eine kleine Nachlässigkeit an ihrer Kleidung, einen fehlenden Mantelknopf, einen abgewetzten Ärmel, und seltsamerweise drängte sich mir der Eindruck auf, dass es sich dabei nicht um die ganz normalen Nachlässigkeiten handeln könnte, um die kleinen Missgeschicke des Alltags, die uns allen immer wieder mal passieren, sondern um solche, die das ganze Drama der hier versammelten Menschen verrieten, ihre unglückliche Existenz, die viele einen großen Bogen um sie machen ließ, als könnte ihr Schicksal ansteckend sein. Ihnen allen schien die endgültige, die absolute Leere begegnet zu sein, und es kam mir so vor, als hätten sie jede Hoffnung verloren, noch einmal aus eigener Kraft heraus das Glück der tausend Kleinigkeiten empfinden zu können, das unser Leben ausmacht: die Augen zu schließen und eine wärmende Sonne auf der Haut zu spüren, ein kühles Eis genießerisch auf der Zunge zergehen zu lassen, Hand in Hand auf einer Parkbank zu sitzen.

Diese bedauernswerten Kreaturen aber machten alle den Eindruck, als seien sie hier in diesem Nebel gefangen und fänden nie wieder aus ihm heraus. Ja, es schien mir sogar, als würden sie dieses graue Nichts erst selbst produzieren, und ich weiß noch, wie ich zusammenzuckte, als mir klar wurde, dass es für einen anderen Beobachter dieser Szenerie so aussehen musste, als würde auch ich dazugehören, als wäre auch ich einer von diesen Nebelmenschen – ich mit meinem hochgeschlagenen

Mantelkragen, wie ich so dastand, frierend und steif –, und plötzlich schoss mir der Gedanke durch den Kopf, dass es auch anders sein könnte, dass nicht *ich* zu dieser Szenerie gehörte, sondern sie zu mir; dass das etwas war, was ich jetzt zum ersten Mal sehen konnte und vielleicht *nur* ich: diesen grauen, stummen Schrecken, der da in mir steckte, die verborgensten Ängste meiner Seele. »Vielleicht siehst nur du diese Menschen«, dachte ich, »weil sie in dir das ersetzt haben, was die Farben deines Lebens waren.«

Andererseits hörte ich diese Menschen doch wirklich sprechen. Ich sah, wie sie sich unruhig auf dem Vorplatz hin und her bewegten, wie manche gestützt werden mussten und andere getragen – als habe ein Schiff vor San Giorgio Maggiore festgemacht, dessen Passagiere eigentlich wegen einer rätselhaften Krankheit unter Quarantäne standen, aber heimlich ausgeladen worden waren. Und noch während ich das dachte, öffnete sich auf einmal eine Tür, und ein Pater erschien. Instinktiv erwartete ich, dass er erschrocken zurückweichen würde – jeder Mensch musste sich doch unweigerlich zu Tode erschrecken, wenn er diese seltsame Versammlung sah –, doch dieser Pater blieb ungerührt, als hätte er die Menge schon erwartet. Gleich darauf ließ er sie in das Kloster eintreten, und ich sah, wie sich die Menge auf das Kloster zuschob, mit freudlosen Gesichtern und automatisch wirkenden Bewegungen – es kam mir so vor, als würde sie aufgesogen von der offen stehenden Tür, und ich ging einfach mit, ohne groß darüber nachzudenken, warum; ließ mich von der Menschenmenge in das düstere Innere jenseits der Klosterpforte treiben.

Wahrscheinlich gibt es kein schöneres Kloster auf der Welt als San Giorgio Maggiore: Wie eine eigens für das Gebet errichtete Stadt erhebt sich die Insel aus der Lagune, nur Gott und seine Männer haben auf ihr Platz. Der Mönch führte uns in einen großen, hohen Raum, er ging voran wie bei einer Prozession. Schwere, dunkle Eichenschränke standen an den Wänden und wuchtige Holzbänke. Kaum hatten wir den Raum betreten, geschah etwas für mich ganz und gar Unfassbares. Eine junge

Frau warf sich auf den Boden und schrie herzzerreißend. Dann zog sie blitzschnell die Schuhe aus und warf sie nacheinander gegen ein Kruzifix, das an der Wand hing. Die Schuhe prallten von der Wand ab, doch sie hob sie auf und warf sie immer wieder gegen das Kreuz; traf es beinah, sodass ich fürchtete, es könne herunterfallen; dabei schrie sie unflätige Ausdrücke auf Deutsch. Vier Männer stürzten zu ihr, knieten neben ihr, und ich dachte zuerst, sie wollten sie beruhigen. Aber sie sprachen gar nicht mit ihr, sondern hielten sie nur fest, während sich nun auch alle anderen um die Frau drängten. Ich bot ebenfalls meine Hilfe an, weil ich dachte, es seien Deutsche, aber der Ehemann der Unglücklichen erwiderte mir auf Italienisch, er komme aus Florenz, seine Frau sei nie in Deutschland gewesen und könne auch kein einziges Wort Deutsch. »Es spricht irgendjemand anderes aus ihr«, sagte er. Er schien mir ein aufrichtiger Mann zu sein, der keinen Grund hatte, mich anzulügen. Gebannt beobachtete ich die Szene und fragte mich: Warum tut diese Frau das? Hat sie etwa hinter dem Rücken ihres Mannes diese derben deutschen Schimpfwörter gelernt? Warum wirft sie sich auf den Boden und zieht so eine Show ab, sobald sie ein Kruzifix sieht? Braucht sie mehr Aufmerksamkeit von ihrem Mann? Will sie sich einfach in den Vordergrund spielen? Dabei sah diese schreiende, fluchende, wild um sich schlagende Frau, die von vier Männern kaum gebändigt werden konnte, im Grunde aus wie eine ganz normale Italienerin. Und zwar wie eine, die bereits verheiratet war, ein oder zwei Kinder bekommen hatte und jetzt die Verwandlung erlebte, die die meisten italienischen Frauen durchmachen: von der »femme fatale« zur Hausfrau und Mama. Anders als viele ihrer nordeuropäischen Geschlechtsgenossinnen machen nämlich die meisten Italienerinnen die gleiche Metamorphose durch: Kaum erwachsen geworden, haben sie es quasi wie von selbst gelernt, sich wie junge Diven zu kleiden und wie junge Diven zu geben. In dieser Lebensphase verwandeln die Nachfolgerinnen von Anna Magnani, Sophia Loren, Monica Bellucci und vielen anderen das Land unter der südlichen Sonne in einen permanenten Laufsteg der Lust. Junge Italienerinnen wissen anscheinend instinktiv, wie sie richtig stehen, richtig gehen, richtig schauen müssen, um alle Aufmerksamkeit auf sich zu ziehen. Sinnlichkeit steht ihnen nicht nur ins Gesicht geschrieben, und Frauen aus Nordeuropa können es in der Regel nicht fassen, wenn sie in ihren Sandalen durch Rom latschen, wie »unemanzipiert« Italienerinnen sich offen zum Objekt der Begierde machen. Aber im Land der blühenden Limonen gehört das nun mal zum Spiel der Geschlechter, und bald nach der Hochzeit – spätestens nach dem ersten Kind – ist es schlagartig zu Ende. Statt des Minirocks tut es jetzt auch die nicht mehr ganz saubere Jogginghose, statt der gewagten Frisur reicht es auf einmal, sich ab und zu die Haare zu waschen, statt des teuren Lippenstifts und Abdeckpuder genügt nun ein einfacher Labellostift. Die sich auf dem Boden wälzende Frau hatte diese Metamorphose bereits hinter sich: Sie trug keineswegs die neuesten Turnschuhe, eine abgewetzte Jogginghose und einen Schlabberpulli, und sie hatte sich irgendwann blonde Strähnchen in die Haare färben lassen, die inzwischen unvorteilhaft herausgewachsen waren. Zweifellos war sie immer noch sehr hübsch, schien aber das Interesse an ihrem Äußeren verloren zu haben: alles in allem ein ganz normaler Vorgang im Leben vieler Italienerinnen. Und doch war offenbar etwas ganz Besonderes mit ihr geschehen: »Was schreit sie da eigentlich?«, fragte mich ihr Ehemann, und ich übersetzte ihm die am wenigsten schlimmen Wörter so gut ich konnte. Es war kaum zu glauben, wie die vier Männer sich anstrengen mussten, um die zierliche Frau am Boden zu halten – sie schien ungeahnte Kräfte zu bekommen. Dabei warf sie den Kopf hin und her, ihre Augen glühten wie Feuer, und dann spuckte sie auf einmal irgendetwas aus, das weit durch den Raum flog und schließlich mit einem lauten »Klack« auf dem Boden landete. Ich dachte zuerst, die Arme habe sich eine Plombe herausgebrochen während ihrer wilden Bewegungen. Aber dann hob eine Frau den Gegenstand auf und zeigte ihn uns: eine große, rostige Schraube.

Was um Gottes willen brachte diese Frau dazu, Metallteile zu verschlucken, deutsche Schimpfwörter zu schreien und sich wie eine Verrückte zu gebärden?

War sie psychisch krank?

Gehörte sie in ihrem Zustand nicht sofort in ein Krankenhaus?

In diesem Moment wurde die Tür aufgeschlossen, und der Pater deutete den Männern an, sie könnten die Frau jetzt hereinbringen. Dabei entkam sie ihnen kurz, sprang wie ein Panther auf und zerkratzte ihrem Mann das Gesicht. Erst nachdem sie die Frau erneut gebändigt und ihr die Arme auf den Rücken gedreht hatten, konnten sie sie in das Nebenzimmer bringen. Und erst jetzt wurde mir auch klar, was hier los war: Es gab hier offenbar einen Exorzisten. Das war das ganze Geheimnis – deswegen diese vielen seltsamen Menschen vor der Klosterpforte im Morgengrauen.

Während sich das Geschrei der Frau hinter der geschlossenen Tür allmählich entfernte, wurde es hier in dem großen Raum ganz still. Betreten blickten die Menschen zur Seite oder auf den Boden, manche fielen auf die Knie und begannen zu beten, einige versuchten merkwürdig zuckende Männer und Frauen zu beruhigen. Ich blieb in meiner Ecke stehen und weiß nicht, wie viel Zeit verging. Ab und zu öffneten sich Türen, dann winkte der Pater eine weitere Menschengruppe zu sich. Die meisten folgten ihm still, manche auch unter lauten Gebeten oder unverständliche Schreie ausstoßend. Die vergitterten Fenster in dem großen Raum ließen kaum Licht ins Innere, und es schien heute gar nicht mehr Tag werden zu wollen. Ich sah auf die Uhr – mein Treffen mit dem Abt würde erst in einer Stunde stattfinden. Dann war der Raum auf einmal leer, die Tür sprang auf, und ein weißhaariger Pater kam herein. Er war kleiner als ich, ein schmächtiger Mann, der jetzt die Ärmel hochgekrempelt hatte, als hätte er sich gerade die Hände gewaschen. Auf seiner Kutte waren ein paar Blutflecken – kleine rote Spritzer hatten ausgerechnet die weiße Kordel auf seinem Bauch getroffen –, und ich erschrak.

»Wer sind Sie, und was wollen Sie? Was machen Sie hier drin?«, fragte er mich.

»Sie sind ein Exorzist, habe ich recht?«

Er hörte meinen Akzent, und ich sah, wie es in ihm arbeitete: »Sie sind Deutscher, richtig?«

»Ja«, antwortete ich und fügte hinzu: »Ich arbeite als Journalist.«

»Es kommen viele Deutsche zu mir«, erwiderte er. »Das ist alles die Schuld eurer Bischöfe, weil sie in Deutschland keine Exorzisten mehr ernennen wollen. Das zwingt die Leute dazu, eine weite Reise zu machen, bis hierher nach Venedig zu kommen – selbst arme Leute müssen diese weite und teure Reise machen, wenn sie die Hilfe eines Exorzisten suchen.«

»In Deutschland ist man sehr skeptisch, was das Thema Exorzismus angeht.«

»Meint ihr etwa, der Teufel bliebe nur hier bei uns und käme nicht auch über die Grenze? So ein Quatsch! Schreiben Sie, dass die Bischöfe endlich erlauben sollen, dass Exorzisten dem Volk Gottes helfen.«

»Ich weiß nicht, ob das richtig wäre«, sagte ich.

»So?«, sagte er und musterte mich mit einem durchdringenden Blick. Dann forderte er mich auf, mit ihm zu kommen. Er führte mich ein paar Gänge entlang bis in sein Zimmer. Nun erfuhr ich auch seinen Namen: Pater Pelegrino Ernetti.

Irgendjemand hatte offenbar gerade etwas vom Boden aufgewischt, es roch nach Putzmitteln. Pater Pelegrino Ernetti setzte sich an seinen Schreibtisch, doch als ich auf einem Stuhl ihm gegenüber Platz nehmen wollte, winkte er nur kurz ab und zeigte auf einen weiteren Stuhl an seiner Seite. »Setzen Sie sich dahin«, forderte er mich auf und fragte: »Haben Sie einen Rosenkranz?«

»Nein«, erwiderte ich.

»Nehmen Sie den«, sagte er, stand auf und gab mir seinen Rosenkranz. »Halten Sie ihn gut fest, und wenn Sie können, dann beten Sie.«

Das Telefon klingelte einige Male, er antwortete nur kurz, sprach ab und zu ein Gebet, dann legte er gleich wieder auf. Ich erinnere mich noch daran, wie überrascht ich war, weil er eines der ersten schnurlosen Telefone hatte, die ich zu Gesicht bekam. Mir war nicht klar, worauf wir warteten, aber dann klopfte plötzlich jemand an der Tür. Ein Pater ließ eine junge Frau herein. Sie war eine ausgesprochene Schönheit, mit rot geschminktem Kussmund, einem großen, festen Busen unter einem knallgelben, überaus knapp sitzenden T-Shirt und unendlich langen schlanken Beinen unter einem sehr roten und sehr kurzen Rock, der knapp unter ihrem Schambein zu enden schien. Sie war eine erotische Sensation und die pure sexuelle Provokation. Aufreizend lächelte sie mir zu, und in diesem Moment hätte ich vermutlich alles für sie getan. Verträumt blickte ich auf ihre glatt rasierten, sonnengebräunten Beine, und erst nach einer ganzen Weile fiel mir das Offensichtlichste auf: Ihr musste doch unglaublich kalt sein. Wie konnte sie an einem so eisigen Wintertag so dünne Sommerklamotten tragen? Hatte sie wenigstens einen Mantel dabei? Warum zitterte sie nicht vor Kälte, als sie hier in dem unbeheizten Zimmer des Mönchs stand? Es herrschten sicher nicht mehr als zehn Grad in dem Zimmer, doch die junge Frau benahm sich, als ginge sie über einen Tropenstrand – sie hatte nicht einmal eine Gänsehaut. Nun setzte sie sich auf den Stuhl vor dem Pater, und ich musterte ihn verwundert. Mit hochgezogenen Augenbrauen, ein Kruzifix in der Hand, blickte er auf den Schreibtisch und betete leise. Erst als sein Gebet verstummt war, hob er etwas den Blick, als traute er sich nicht, die aufreizende Frau anzusehen – und da begriff ich erst, warum er sich so seltsam benahm: Der Pater hatte Angst. Voller Furcht sah er auf diese bildhübsche junge Frau, an der nichts ungewöhnlich wirkte außer der Tatsache, dass sie an einem eiskalten Wintertag nahezu unbekleidet herumlief, ohne zu frieren.

Jetzt stand der Pater auf und begann laut zu beten. Dabei hielt er das Kruzifix wie eine Waffe drohend auf sie gerichtet.

»Lass das, du geiler Bock, das macht mir gar nichts aus«, sagte die junge Frau mit einer unglaublich tiefen Stimme – es hörte sich an wie die Stimme eines alten Manns, nur dass diese nicht aus ihrem Mund zu kommen schien, sondern von irgendwoher aus ihrem Inneren. Nun wurde *mir* eiskalt, als sie mich von der Seite ansah: Ihre Augen funkelten mich an, sodass ich kaum wagte, mich zu bewegen, und ich hatte eher das Gefühl, ein reißendes Tier blicke mich an als diese attraktive Frauengestalt.

Während der Pater unaufhörlich weiterbetete, spritzte er ab und zu etwas Weihwasser auf die junge Frau und sagte schließlich: »Ich befehle dir, unreiner Geist, verlasse den Körper dieser Frau!«

Daraufhin wand sie sich auf dem Stuhl, als hätte sie Schmerzen, bis sie plötzlich mit einer katzengleichen Bewegung blitzschnell aufsprang, um den Schreibtisch herumlief und sich in gebückter Haltung wie ein angreifender Ringer vor den Pater stellte, der ihr mit beiden Händen das Kruzifix entgegenhielt. Sie schien ihn regelrecht anfallen zu wollen, und ich zitterte allein bei dem Gedanken, eingreifen zu müssen, aber als der Pater vor ihr auf die Knie sank, lachte sie plötzlich mit der Stimme eines betrunkenen alten Mannes auf und verschwand gleich darauf eilig aus dem Zimmer. Verwirrt sah ich zuerst hinter ihr her und dann zu dem Pater, der immer noch neben dem Schreibtisch kniete. Sein Gesicht war kreidebleich, und erst jetzt sah ich, dass das Kruzifix in zwei Teile gebrochen war.

»Sie haben es zerbrochen«, sagte ich mehr zu mir selbst, als der Pater aufstand und sich in seinen Sessel fallen ließ. Er rang um Luft und schien völlig erschöpft zu sein.

»Er hat es zerbrochen«, sagte er mit stockendem Atem, »der in dem Mädchen sitzt.«

»Vielleicht haben Sie es nur zu fest gehalten«, erwiderte ich.

»Nein«, antwortete er leise. »Ich habe seine Kraft gespürt. Er hat mir die Arme zusammengedrückt.«

Immer noch hochgradig verwirrt blickte ich ihn an. Was war eigentlich gerade geschehen? Hatte ich mir das nicht nur eingebildet?

»Sie haben sie doch gesehen«, sagte der Pater, als erriete er meine Gedanken. »Haben Sie es nicht gespürt?«

»Sie ist in der Tat ein seltsames Mädchen«, gab ich zu.

Er lächelte: »Sie ist das Opfer eines Dämons. Glauben Sie mir: Was von ihr noch übrig ist, kauert irgendwo zu Tode erschrocken tief in ihrem Inneren, gefangen genommen von einer Bestie. Gegen diesen Kerkermeister kann sie allein nichts ausrichten, bis ich ihn vertreibe und er endlich abzieht oder bis sie stirbt.«

»Ich hatte das Gefühl, Sie haben Angst vor ihr«, sagte ich, worauf er einen Moment lang schwieg und dann erwiderte: »Ja, ich habe Angst vor ihr. Was immer in ihr ist, es ist sehr mächtig. Aber ich habe Angst vor ihnen allen.«

»Wie meinen Sie das?«

»Sie werden es mir vermutlich sowieso nicht glauben, aber es ist trotzdem so: Nachts fallen mich die Dämonen an. Sie rächen sich an mir. Ich spüre Schläge im Gesicht und auf dem Körper, Schlangen tauchen in meiner Zelle auf. Ich spüre ganz genau, dass sie mich umbringen wollen.«

Müde blickte er mich an: »Gehen Sie jetzt. Sie haben genug gesehen. Vergessen Sie es nicht. Ich muss mich etwas ausruhen.«

Bei meinem anschließenden Gespräch mit dem Abt war ich noch so verwirrt, dass ich ihn nicht einmal auf das ansprach, was ich eben in seinem Kloster erlebt hatte. Die Ereignisse in Venedig bewegen mich bis heute. Ich denke oft daran, etwa wenn Papst Benedikt XVI. bei einer Generalaudienz im September 2005 die Teilnehmer eines Treffens italienischer Priester begrüßt, die beauftragte Exorzisten sind. Wenn dieser Papst, für den Exorzisten einen wichtigen Dienst für die Kirche leisten, die Geistlichen dazu ermutigt, unter der wachsamen Aufmerksamkeit ihrer Bischöfe ihren Dienst zu versehen. Ich versuche zu verstehen, was in dem deutschen Papst vorgeht, wenn ich lese, was er schon 1984 in einem Bericht über die Lage des Glaubens ausgeführt hat. Für den damaligen Kardinal Joseph Ratzinger war der Teufel eine rätselhafte, aber reale, nicht nur eine symbolische Präsenz. »Eine mächtige Wirklichkeit ist er (›der Fürst dieser Welt‹, wie das Neue Testament ihn bezeichnet, wo immer wieder auf seine Existenz verwiesen wird), eine übermenschliche und Gott entgegengesetzte Unheilsmacht, wie eine realistische Betrachtung der Geschichte mit ihrem Abgrund ewig neuer und allein durch den Menschen nicht erklärlicher Gräueltaten zeigt.«

Ich glaube nicht, dass sich an dieser Einschätzung des Kardinals durch seine Wahl zum Papst etwas geändert hat. Vermutlich ist er noch immer fest davon überzeugt, was er ebenfalls in dem zitierten Bericht über die Lage des Glaubens schrieb: »Aus eigenem kann sich der Mensch von diesen Herrschaftsmächten nicht befreien. Aber der Teufel ist nicht eine Art Gegengott. Vor Gott ist er machtlos. Deshalb bedeutet die Gemeinschaft mit Jesus, dem Sohn, die Überwindung der Furcht, die Befreiung des Menschen. Christus ist der nahe Gott, der mächtig und willens ist, uns zu erlösen, und deshalb ist das Evangelium wirklich eine Frohbotschaft.«

Von Pater Pelegrino Ernetti aber hörte ich erst zwei Jahre nach unserer Begegnung in San Giorgio Maggiore wieder etwas: Ich erinnere mich noch genau daran, wie ich erschrak, als ich die Nachricht las. Er war gestorben. Die Todesursache konnte nie genau geklärt werden. Aber ich sprach mit dem Arzt, der ihn untersucht hatte. Er ging von einem Herzanfall aus und meinte zu mir: »Ich hatte den Eindruck, dass er sich vor irgendetwas unheimlich gefürchtet hat.« Dann sah er mich sehr ernst an und ergänzte: »Ich glaube, im Fall von Pater Ernetti kann man sagen, er hat sich zu Tode gefürchtet.«

3

Der Bischof, der mit dem Satan sprach

Nach Überzeugung der katholischen Kirche kommen unerklärliche Ereignisse an bestimmten Punkten der Erde öfter vor als an anderen. Das sieht man schon an den größten Wallfahrtsorten: Die katholische Kirche erkennt allein im südwestfranzösischen Lourdes 67 Heilwunder an, mehr als an irgendeinem anderen Ort der Welt. Und das sind nur die eindeutig überprüften Fälle, die nach Auffassung der Medizin, nicht etwa der Religion, wissenschaftlich unerklärlich sind. Tatsächlich sollen in Lourdes viel mehr Wunder geschehen sein, als dort bislang überprüft wurden. Ähnliches gilt für den portugiesischen Wallfahrtsort Fátima. Am Wallfahrtsort Jasna Gora in Polen, wo die schwarze Muttergottes von Czestochowa (Tschenstochau) aufbewahrt wird, zeigen Bilder die Madonna, wie sie aus dem Himmel auf die Erde herabsteigt und Jasna Gora als einen Platz bestimmt, an dem sie besonders gegenwärtig ist.

Erstaunlicherweise scheinen sich aber auch die Aktionen des »Bösen« an bestimmten Orten zu konzentrieren. Nach Statistiken der katholischen Kirche gibt es vor allem in Afrika, aber auch in zahlreichen südeuropäischen Ländern eine hohe Konzentration von Menschen, die sich nicht dem Guten zuwenden, um Hilfe zu erbitten, sondern dem Bösen in Form von selbsternannten Magiern und Zauberern. Vor allem in den ländlichen Gegenden Italiens ist dieses Phänomen weit verbreitet. In den einfachen Dörfern kennt jeder einen Magier mit Phantasienamen wie »Zauberer von Brasilien« oder eine »Hexe von Cuma«. Wann immer sie in der Öffentlichkeit auftauchen, bei Dorffesten oder in der Bar, beginnt das gleiche Getuschel. Dabei geht es in der Regel nicht um die Frage, ob ein Magier wirklich über übernatürliche Fähigkeiten verfügt, sondern darum, wie erfolgreich er diese einsetzt. Dabei ist der größte Teil ihrer

Arbeit relativ harmlos. Die Magier sagen Glückszahlen voraus, empfehlen Tage, an denen man sich mit der oder dem Geliebten treffen soll oder an denen die Bewerbung um einen neuen Job besonders günstig wäre. Ihre Voraussagen lesen sie aus den Sternen ab; sie verwenden Glaskugeln oder andere Hilfsmittel. Doch dabei belassen es die meisten Zauberer nicht, und das ist genau das, was die katholische Kirche sehr besorgt und scharf als Sünde verurteilt: schwarze Magie. Schon Papst Paul VI. sagte am 15. November 1972 in einer aufsehenerregenden Ansprache auf die von ihm selbst gestellte Frage, was die wichtigste Leistung der katholischen Kirche sein müsse: »Eine der wichtigsten Leistungen ist die Verteidigung gegen das Böse, das wir den Teufel nennen. [...] Der Einfluss des Teufels, den er auf einzelne Personen, ganze Gruppen, ja ganze Gesellschaften ausüben kann, müsste ein Kapitel sein, mit dem sich die Doktrin der katholischen Kirche sehr intensiv zu befassen hätte; dieses Feld wird aber heute nur wenig untersucht.«

Papst Paul VI. unterstrich, dass vor allem Abkommen mit dem Teufel gefährlich sind. Auch Papst Johannes Paul II. ging auf das Thema ein. Am 22. Oktober 2004 warnte er: »Wir brauchen eine angemessene christliche Vorbereitung, um den Getauften zu helfen, Konzepte [...] wie das der Zauberei zu überwinden.«

Trotzdem werden in katholischen Ländern wie Brasilien, Italien oder Spanien, aber auch an vielen anderen Orten der Welt, nach wie vor dunkle Mächte angerufen. Dokumentierte Fälle gibt es zuhauf, meist erscheinen sie als eher harmlos. Dabei geht es um Menschen, die ihren Chef nicht ausstehen können; um Herren, die einen Nebenbuhler gerne loswürden, oder um Hausbesitzer und ihre Nachbarn. Und der Glaube daran, dass ein Magier in solchen Fällen wirklich behilflich sein könnte, ist nicht auf die ländlichen Gegenden begrenzt.

So war ich über längere Zeit gut mit einer Frau befreundet, die in Rom Astrophysik lehrte: eine Wissenschaftlerin durch und durch. Doch als ihr eine Reihe von Missgeschicken zustieß, war sie fest davon überzeugt, dass sich »das Böse« höchstselbst gegen sie verschworen hatte, dass die Mächte der Finsternis ihr Leben zerstören wollten. In ihrer Not wandte sie sich an einen

Magier. Einen solchen aufzutreiben, ist auch in Rom kein Problem. In jeder Kaffeebar kann man Informationen darüber bekommen, wo ein Zauberer »praktiziert«. Meine Freundin erhielt auf dem Markt, wo sie Tomaten und Zucchini einkaufte, den entscheidenden Tipp. Ihrer Gemüsefrau hatte sie schon mehrfach von ihrem Unglück erzählt, das sich langsam zu steigern schien. Zuerst fielen meiner Freundin oft Gegenstände aus der Hand – volle Kaffeetassen knallten auf den Boden, sie zerdepperte Vase um Vase. Dann entdeckte sie ihren Partner in einer Disco in den Armen einer anderen Frau, und kurz darauf wurde ihr eine Kollegin bei der Bewerbung um einen begehrten Job vorgezogen. Für mich waren das alles Ereignisse, die sich leicht erklären ließen, doch meine Freundin ließ sich nicht von ihrem festen Glauben an das Wirken finsterer Mächte abbringen. Die Gemüsefrau hatte bei ihren Erzählungen stets bedeutsam die Augenbrauen hochgezogen und ihr schließlich die Adresse eines Zauberers genannt, der nur ein paar hundert Meter von ihrer Wohnung entfernt zu finden war. Er nannte sich »Zauberer aus Tobago« und bat meine Freundin, ihm Gegenstände zu bringen – verhexte Kissen, andere Haushaltsutensilien, sogar ihr Bettlaken. Nach einiger Zeit – und beachtlichem Honorar – erklärte der Zauberer sie für geheilt, und meine Freundin blieb ihm auf Jahre hinaus dankbar – jedes Mal zu Weihnachten schickte sie ihm einen Präsentkorb.

Ein ganz eigenes Kapitel sind jene Fälle, in denen Menschen einen Zauberer damit beauftragen, im Pakt mit »dem Bösen« einen anderen Menschen so zu verwünschen, dass dieser schwer krank wird oder sogar stirbt. Solche Vorgänge nimmt die katholische Kirche überaus ernst und ist darüber sehr besorgt. Im Jahr 2005 wurde das Phänomen sogar im Auftrag der päpstlichen Universität analysiert, und einer der Dozenten, Monsignore Gabriele Nanni, sagte zu mir: »Ich bin sicher, dass es so etwas wie einen wirksamen Fluch gibt. Ich habe Fälle von wirksamer Magie untersucht, vor allem in Brasilien und Togo. Es geschieht dort, dass Verfluchte innerhalb weniger Tage auf unerklärliche Art und Weise zu Tode kommen. Das sind gezielte, nicht nachweisbare Morde im Pakt mit dem Teufel.«

Für mich klangen diese Worte sehr irritierend. Ich habe viele Priester kennengelernt, die zum Kampf gegen schwarze Magie aufforderten, doch die katholische Kirche blendete dieses Problem – den Kampf gegen das Böse – systematisch aus, statt ein wirkungsvolles Konzept dagegen zu entwickeln, wie es ja bereits Papst Paul VI. angemahnt hatte.

Nach dem Tod von Pater Pelegrino Ernetti wurde es noch schwieriger, mit Exorzisten Kontakt aufzunehmen. Pater Ernetti hatte einen folgenschweren Fehler begangen, als er vor seinem Tod das Buch »Die Katechese Satanas« veröffentlichte, in dem auch Fotos abgedruckt wurden, die ihn während Exorzismen zeigten. Der Vatikan verbot daraufhin, dass während Exorzismen je wieder gefilmt oder fotografiert werde. Exorzisten wurden angehalten, so diskret es irgend gehe, ihren Dienst zu verrichten und Kontakte zur Presse zu meiden. Dann aber bekam die katholische Kirche auf einmal ein ernsthaftes Problem in Gestalt des Bischofs von Lusaka in Sambia, Emmanuel Milingo.

Als ich Bischof Milingo im März 1991 zum ersten Mal besuchte, ahnte ich natürlich nicht, dass er eines Tages weltberühmt werden würde, weil er der katholischen Kirche einen sensationellen Skandal bescheren sollte. Dieser Skandal ließ offenbar völlig in Vergessenheit geraten, was für ein brillanter Mann Emmanuel Milingo einmal gewesen war und wie große Erwartungen die katholische Kirche in ihn gesetzt hatte: Papst Paul VI. hatte Milingo schon als Neununddreißigjährigen zum jüngsten Bischof Afrikas ernannt – für die katholische Kirche schien er ein Geschenk Gottes zu sein. Viele Jahre lang war Milingo ein Hoffnungsträger für Afrika, ein politisch denkender Kopf und der einzige wichtige afrikanische Kirchenmann, der keine Angst davor hatte, sich gegen Rom aufzulehnen. Gerade viele Intellektuelle in der katholischen Kirche sahen in dem blitzgescheiten Milingo die Zukunft der Kirche verkörpert. Männer wie er schienen die katholische Kirche »reinigen«, den Gedanken an eine Weltkirche wieder glaubwürdig machen zu können. Viele Katholiken blickten damals nach Afrika in der

Hoffnung, dort an der Seite der Ärmsten der Armen wirklich integre Kirchenmänner zu finden, die den Mut haben würden, gegen die reiche katholische Kirche Europas und Nordamerikas aufzustehen. In der – vor allem von den Achtundsechzigern geprägten – Diskussion über die soziale Gerechtigkeit der Welt bewegte viele Gläubige die Frage, wie man Afrika helfen könnte – einem Kontinent, auf dem Millionen Menschen an Hunger und Seuchen starben und der nach Ansicht der damaligen öffentlichen Meinung erst durch die Europäer ausgebeutet und in die Armut getrieben worden war. Seit dem Zweiten Vatikanischen Konzil war die Kirche im Umbruch, soziale Themen beherrschten die Kirchenzeitungen. Emmanuel Milingo – und *nur* er – hatte immer wieder den Finger in die Wunde gelegt, manchmal sogar die ganze Hand. Bekannt geworden war er für seine Predigten über die Sünden der katholischen Kirche in Afrika. Im Jahr 1970 verkündete er etwa sinngemäß, dass die Apartheid von Katholiken unterstützt worden sei: »In Moçambique und Angola gibt es Katholizismus seit dreihundert Jahren, und noch immer werden dort Schwarze wie Untermenschen behandelt. Wir, die Kirche, haben diese Ideologie unterstützt, als wären Schwarze Menschen zweiter Klasse.«

Zur Zeit Papst Pauls VI. waren solche Worte sehr mutig, und so galt Milingo, der noch als zwölf Jahre alter Analphabet die Kühe seines Vaters gehütet haben soll, als der erste wirklich *afrikanische* Bischof. Denn Milingo stammte nicht aus der Oberschicht, sondern war ein Mann von der Straße und dazu überaus intelligent. Als Bischof schaffte er, was die afrikanische Kirche vorher versäumt hatte: nämlich afrikanisch zu sein. Milingo aber gelang es, afrikanische Traditionen mit der katholischen Liturgie zu verbinden. Er brachte Musik und Tanz in die Messfeier, sprach mit charismatischer Stimme von Gott und entdeckte das Radio als ein geeignetes Medium, um die Botschaft Gottes zu verbreiten. Mit alledem stieg er in kurzer Zeit in seiner Heimat Sambia zum Superstar auf – zwanzig Jahre bevor Papst Johannes Paul II. während seiner Reisen in Afrika erstmals um Vergebung dafür zu bitten begann, dass die katholische Kirche nicht deutlich genug die Apartheid bekämpft hatte. Kein Wunder, dass dem aus einfachsten Verhältnissen aufgestiegenen ehemaligen Hirten, der sich zum eloquenten Bischof und kompromisslosen Vorkämpfer für die Menschenrechte entwickelt hatte, auch außerhalb des afrikanischen Kontinents eine glänzende Karriere prophezeit wurde. Er könne fest damit rechnen, in absehbarer Zeit Kardinal zu werden, munkelte man, und Träumer wollten in ihm sogar den nächsten Papst sehen – den ersten schwarzen Papst auf dem Thron Petri und wie kein anderer vor ihm dazu bestimmt, überzeugend für die Chancengleichheit aller Menschen und vor allem für die ausgebeuteten Afrikaner einzutreten.

Doch damals im Jahr 1991 wollte ich Milingo nicht treffen, weil er ein sozial engagierter Bischof war, sondern weil ich wusste, dass er als Exorzist arbeitete. Sein Ruf war ihm nach Rom vorausgeeilt, denn Milingo glaubte glühend daran, ein Werkzeug Gottes zu sein: Im Jahr 1973 hatte er nach eigenen Angaben in Rocca di Papa bei Rom eine Erscheinung gehabt, bei der Jesus direkt zu ihm gesprochen und gesagt haben soll: »Geh und verkünde mein Wort.« Emmanuel Milingo glaubte seitdem, von Gott auf besondere Weise berufen zu sein, und begann damit, Kranke zu heilen und Teufel auszutreiben. Seine Massengottesdienste in Lusaka waren bald legendär. Tausende strömten in seine Gottesdienste, in denen Milingo Schwerstkranken die Hände auflegte und – so sagte er von sich selbst – Hunderte von Dämonen austrieb. Zehntausende pilgerten schließlich in seine Messen. Es waren die ersten echten afrikanischen Messen, und die Zahl der Afrikaner, die sich taufen ließen, stieg ständig an. In diesem Zusammenhang sprach man schon von dem »Milingo-Effekt«.

Aus afrikanischer Sicht tat Emmanuel Milingo aber gar nichts Ungewöhnliches. Medizinmänner, Weise aus der Mitte afrikanischer Stämme, taten das Gleiche: Sie alle legten Hände auf und vertrieben böse Geister. Emmanuel Milingo schien diesen Dienst im Namen des Jesus von Nazaret nur auf eine viel wirksamere Art und Weise zu erledigen als einfache Medizinmänner.

Polnischen Bischöfen, die in Sambia Schulen unterhielten, missfiel das bunte Spektakel der heiligen Messfeiern von Emmanuel Milingo allerdings sehr. Auf ihre Klage hin wurde gegen den Bischof in Rom eine Untersuchungskommission eingerichtet, und das Urteil fiel negativ aus. Im April 1982 zitierte der Papst Emmanuel Milingo nach Rom und hielt ihn dort fest. Man warf ihm vor, in Sambia eine Art Separatkirche aufgebaut zu haben – eine eigene Kirche unter dem Schutzmantel der katholischen. Rom fürchtete den quirligen Bischof aber vor allem deshalb so sehr, weil Milingo sehr charismatisch wirkt: Er war ein Menschenfischer, und er hatte viele Anhänger; deswegen wollte sich die Kirchenführung nicht gegen ihn stellen. Eine »Sonderkirche« unter der Führung Milingos konnte der Vatikan allerdings auch nicht hinnehmen.

Auf dem Papier sah Milingos Berufung nach Rom wie eine Beförderung aus: 1983 berief man ihn in den Päpstlichen Rat der Flüchtlinge (Pontificium Consilium de Spirituali Migranti atque Itinerantium Cura). Als ich ihn 1991 zum ersten Mal sah, war er also bereits acht Jahre in Rom.

Ich war sehr neugierig auf Emmanuel Milingo. Er wohnte in einer Toplage, im Wohnblock des Vatikans an der Porta Sant' Anna, einem der beiden Haupteingänge in den Vatikan. Diese Wohnungen gehören dem Kirchenstaat und befinden sich zwar auf vatikanischem Territorium, aber außerhalb der Mauern um den Vatikan. Benedikt XVI. wohnte bis zu seiner Wahl im selben Wohnblock, nur ein paar hundert Meter von Milingos Wohnung entfernt.

Ich war schon oft in einer der Wohnungen dieser Anlage gewesen – auf eine gewisse Weise waren sie alle gleich: blitzsauber – die Marmorböden glänzten in der Regel vor Bohnerwachs –, aber auch kühl; sehr selten gelang es einem der Priester, eine solche Wohnung behaglich einzurichten. Als ich am Tag des abgesprochenen Interviews bei Milingo klingelte, erwartete ich bei ihm genau so eine Wohnung vorzufinden: eine prächtige Kulisse für einen nicht unwichtigen Kirchenmann, ideal geeignet für einen förmlichen Besuch, aber kaum dafür, sich bequem auf einer Couch zu räkeln. Doch als mir schließlich eine farbige Ordensfrau die Tür öffnete, glaubte ich zuerst, meinen Augen nicht zu trauen: Im Flur lagen Kisten und Stapel von Zeitungen herum, eine Unzahl weiterer Ordensschwestern wuselte hinter der Nonne, die mich eingelassen hatte, durch die Wohnung. Auf mich wirkte Milingos Appartement wie eine Art bischöfliche WG. Überall standen Koffer herum – die Wohnung des Bischofs schien die Anlaufstelle für viele seiner Anhänger zu sein. Über all dem hing der intensive Geruch von Kassawawurzeln, der mich an meine eigene Zeit in einer römischen WG erinnerte, in der ich auch einen afrikanischen Mitbewohner hatte.

Die Ordensfrau brachte mich zu Milingos Arbeitszimmer, und ich spürte, wie meine Aufregung wuchs. Immerhin war er ein Bischof, und ich hatte zwar damals eine große Distanz zur katholischen Kirche und war sicher alles andere als übertrieben fromm – aber ein Bischof imponierte mir schon deshalb, weil er mich an meine Kindheit und Jugend in meiner westfälischen Heimatstadt Werl erinnerte, wo der Besuch eines Bischofs ein ungeheures Ereignis gewesen war: Vom Bischof persönlich gefirmt zu werden, empfanden Jungs meines Alters damals als ungeheure Ehre. Ein echter Bischof, der ja über den Weihbischöfen stand und damit so etwas wie ein Bischof erster Klasse war, galt in meiner Kindheit und Jugend als absolute Autorität, für den auch alle Erwachsenen in meiner Umgebung eine unglaubliche Hochachtung hatten – und für den ja auch in jeder Messe ausdrücklich gebetet wurde.

Bischof Milingo aber erwartete mich bereits im Türrahmen stehend mit jenem hohlen Lachen, das sich über alles Irdische zu erheben scheint, weil es vergänglich und somit nebensächlich ist. Mit seinen wachen Augen, dem ebenförmigen Gesicht und den kurzen grauen Haaren war er eine beeindruckende Erscheinung. Zur Begrüßung gab er mir freundlich die Hand und entschuldigte sich gleich, er habe noch ein wichtiges Telefonat zu führen. Ich sagte, dass das kein Problem für mich sei, und daraufhin verschwand er wieder in seinem Zimmer. Nun aber geschah etwas, was mir bis dahin noch nie und seitdem glücklicherweise nie wieder passiert ist: Ich wartete und wartete und wartete – zweieinhalb Stunden lang wartete ich vor der Tür von Bischof Milingo, weil ihm die Ordensfrauen ein unendlich wichtiges Gespräch nach dem anderen in sein Zimmer stellten. Immer wieder brachten mir farbige Nonnen dünnen Kaffee oder schales Wasser und entschuldigten sich für den Bischof mit den Worten, er habe eine große Verantwortung und müsse alle diese Telefonate unbedingt annehmen, es gebe da gar keine andere Möglichkeit. In all der Zeit konnte ich gar nicht verhindern, dass auch an meine Ohren drang, was hinter der Tür des Bischofs gesprochen wurde. Denn Emmanuel Milingo sprach mit lauter Stimme, und ich verstand bald, dass er diese Telefonate wirklich kaum ablehnen konnte. Es schienen fast ausnahmslos Schwerkranke zu sein, die ihn anriefen. Er sprach mit ihnen über ihre Krankheit, über das Leiden und vor allem über die Angst vor dem Tod. Er betete für sie, und immer wieder hörte ich, wie er den Bannspruch »Exorcizamus te« in sein Telefon rief, als könnte er den Satan auf diese Weise in Grund und Boden schreien. Irgendwann riss der Strom der Telefonate dann endlich ab.

Als er dann also doch noch einmal aus seinem Zimmer kam, wirkte er abgekämpft, irgendwie enttäuscht und sehr erschöpft. Er entschuldigte sich überschwänglich für die lange Wartezeit, dann setzte er sich mit mir an einen Tisch, und ich konnte endlich meinen Kassettenrekorder für das Interview aufbauen.

Ich hatte mir gut überlegt, wie ich das Gespräch beginnen wollte. Vor allem beschäftigte mich die Frage, ob dieser Mann, immerhin ein Bischof, wirklich ein Zeuge unerklärlicher Ereignisse geworden war. Was wusste er über die Wunder der katholischen Kirche? Hatte er ganz persönlich Eingriffe Gottes erlebt, unerklärliche Handlungen des Bösen erfahren, oder war das alles, was er mir erzählen würde, nichts als Unsinn? Mit anderen Worten: Konnte ich Milingo glauben, oder war er schlicht ein Verrückter?

Ich beobachtete sein Gesicht, und in seinen Augen stand genau das geschrieben, was ich im Vatikan schon so oft bei afrikanischen, aber auch asiatischen Bischöfen und Priestern gesehen hatte. Sie alle litten unter dem gleichen Phänomen: dass Rom sie wie kleine Kinder behandelte, die noch viel zu lernen hatten, die Rom lehren wollte, was echter Katholizismus ist. Sie waren belehrt und immer wieder neu belehrt worden, während Rom ihren eigenen Wurzeln und Traditionen meist die kalte Schulter gezeigt hatte. Statt sich überhaupt auf die Erfahrungswelt anderer Kulturen auch nur einzulassen, hatte Rom stets auf die Einhaltung der – in den Augen vieler Afrikaner und Asiaten – sterilen Liturgie gepocht, auf die sich die europäische Tradition nun mal geeinigt hatte, und ich sah ihm an, dass er natürlich auch mich mit dieser europäischen Tradition in Verbindung bringen, also skeptisch betrachten musste. Zudem wusste er sicher, dass ich durch die Tür mitgehört hatte, wie er am Telefon Schwerstkranke zu heilen versuchte, dass er eine ganze Lawine von Gebeten in den Hörer gesprochen und sogar versucht hatte, Dämonen auszutreiben.

Tatsächlich wusste ich sogar ganz genau, welche Frage ich zuerst stellen wollte, und ich war mir eigentlich auch ziemlich sicher, dass ich schon an der ersten Antwort Milingos auf diese Frage würde ablesen können, ob er tatsächlich ein »Verrückter« war oder nicht.

»Was ist der Teufel?«, fragte ich ihn, und seine Antwort überraschte mich sehr: »Menschen, die wirklich von einem Dämon besessen sind, klagen vor allem über Leere, eine innere Leere. Es ist ein Gefühl völliger Sinnlosigkeit und das Empfinden einer unermesslichen Trauer darüber.«

Das klang nicht nach einem Verrückten, das klang nach einem Mann, der nachdenken konnte, nur musste ein Gefühl von Leere nicht gleich etwas mit dem Teufel zu tun haben.

Doch Milingo fuhr fort: »Sehen Sie, ich verstehe, dass viele mich nicht akzeptieren wollen, denn ich habe eine ganz seltene Gabe. Aber dafür kann ich ja nichts. Ich spüre die Nähe Satans, ich kann ihn fühlen. Es begann vor langer Zeit. Gleich nach meiner Priesterweihe im Jahr 1958 kam eine Frau zu mir. Sie hatte ein Baby zur Welt gebracht und sollte eigentlich überglücklich sein, doch ihr widerfuhr etwas Furchtbares: Jedes Mal, wenn sie in die Wiege schaute, sah sie nicht das Kind, sondern ein schreckliches kleines Tier, ein Monster. Sie wagte es niemandem zu sagen, aber wenn sie es an die Brust nahm, hatte sie das Gefühl, einem stinkenden haarigen Ungeheuer Milch zu geben. Ich war entsetzt und feierte mit ihr die heilige Messe, gab ihr die Kommunion – und da konnte sie zum ersten Mal ihr Baby sehen.«

Die Frau hatte also ein Tier gesehen, ein kleines haariges Monster statt ihres Babys. Seltsam. Aber kam es nicht vor, dass Frauen, die ihr Kind ablehnen, die seltsamsten Vorstellungen entwickelten? Möglicherweise hatte das Phänomen nach der Messfeier und nach der Hostie nur deshalb aufgehört, weil Milingo die Frau ernst nahm. Ich sagte ihm, was ich dachte, und dann fragte ich ihn: »Warum sind Sie so sicher, dass es den Teufel gibt, Bischof Milingo?«

Seine Antwort war entwaffnend: »Ich habe mit ihm gesprochen. Nicht einmal, sondern viele Male. Ich habe ihn vieles gefragt, und er hat mir geantwortet.«

»Sie haben also mit dem Teufel gesprochen, oder sagen wir es so: Sie meinen allen Ernstes, mit dem Teufel gesprochen zu haben?«

»Einmal brachte man eine Frau zu mir, die schon mehrfach versucht hatte, sich umzubringen, und die sich ständig selbst verletzte. Sie war eine einfache Hausfrau aus Rom. Wenn ich für sie betete, einen Exorzismus versuchte, warf sie sich auf den Boden und schrie mit einer tiefen Männerstimme. Sie schrie unverständliche Worte in einer völlig unverständlichen Sprache. Ich betete und versuchte einen Exorzismus, allerdings ohne Erfolg. Danach brachte ihr Mann die Frau immer wieder zu mir, aber der Exorzismus funktionierte nicht. Daraufhin bat ich Mitbrüder, an den Exorzismen teilzunehmen – ich hoffte, dass irgendwer die Sprache verstehen würde, in der diese Frau sprach. Aber keiner hatte sie jemals gehört. Erst Monate später klärte mich ein Priester aus Syrien auf, den ich ebenfalls gebeten hatte, diese seltsame Hausfrau zu beobachten: ›Das ist Altaramäisch‹, sagte mein Mitbruder, ›die Sprache, die Jesus von Nazaret gesprochen hat. Es gibt nur noch wenige, die diese Sprache verstehen. In Syrien wird sie noch in einem kleinen Dorf gesprochen.‹«

Milingo sah mich an und fragte: »Wie konnte diese Hausfrau aus Rom, die gerade die Mittelschule geschafft hatte, diese Sprache lernen, ohne dass ihr Ehemann oder ihre Kinder etwas davon mitbekamen?« Dann erzählte er weiter: »Ich bat meinen Mitbruder, zu übersetzen, und fragte die Frau: ›Wer bist du?‹ Seine Antwort: ›Beelzebul. Diese Frau ist mein, und ich werde sie nicht verlassen.‹«

Ich wusste, dass Beelzebul nach dem Neuen Testament (Matthäus 12, 24) der oberste Teufel, der »Fürst der Dämonen«, ist, und ich muss Milingo ziemlich skeptisch angesehen haben, denn er sagte gleich darauf: »Ich lüge nicht. Glauben Sie mir, ich war genauso überrascht, wie Sie es jetzt sind. Deshalb fragte ich über meinen syrischen Mitbruder nach: ›Was bist du?‹, und erneut antwortete die Stimme auf Altaramäisch: ›Ich bin weder Frau noch Mann, ich bin ein Geist, ein uralter Geist. Ich sprach schon mit deinem Gott Jesus Christus in der Wüste.‹«

Milingo war jetzt sichtlich erregt: »Wie konnte diese Frau in dieser Sprache sprechen? Wie war das möglich? Selbst wenn sie mich einfach betrügen, mir nur eine Szene vorspielen wollte – was hatte sie dann davon? Warum sollte diese Frau Jahre ihres Lebens darauf verwendet haben, Aramäisch zu lernen, nur um mir unbedeutendem Mann aus Afrika eine Geschichte vorzuspielen?

Der Satan in ihr drohte mir: ›Ich werde dir auflauern! Wenn du die Frau nicht in meiner Gewalt lässt, werde ich dich töten. Du wirst das Böse nicht besiegen!‹«

Milingo blickte mir jetzt direkt in die Augen: »Und wissen Sie was? Seitdem habe ich Angst vor dem Bösen, das in mich dringen könnte.«

Ich habe viele Jahre später, als es längst zum Skandal gekommen war, immer wieder über diese Worte des Bischofs nachgedacht, über »das Böse in ihm«.

War es zumindest denkbar, vorstellbar, dass es diese Teufel und Dämonen tatsächlich gab und dass sie sich an Milingo tatsächlich gerächt hatten?

War es denkbar, dass es tatsächlich Dämonen waren, die den Bischof so verwirrt hatten, dass er sich und die katholische Kirche der Lächerlichkeit preisgab, als er sich zu der hirnrissigen Idee hinreißen ließ, in New York an einer Massenhochzeit der Mun-Sekte teilzunehmen und ein paar Tage danach voller Reue zum Papst zurückzukommen?

War Emmanuel Milingo einfach das klassische Beispiel eines Mannes, der sich sein Leben lang mit der Idee des Bösen herumgeschlagen hatte, der sich Teufel und Dämonen eingebildet hatte und schließlich die Kontrolle über sich selbst verlor?

Es gibt ein Indiz, das mich daran zweifeln lässt, dass Milingo einfach ein Verrückter war, ein Opfer seiner Einbildung: In der Gemeinde von Zagarolo bei Rom, wo Emmanuel Milingo Massenmessen mit Exorzismen zelebrierte, schwören Dutzende von Ärzten, die unheilbar kranke Patienten zu ihm gebracht haben, dass er wirklich in der Lage ist, auf eine unerklärliche Art und Weise Menschen zu heilen.

Waren das schlicht und einfach alles Zufälle, Selbstheilungen, medizinische Ausnahmefälle?

Damals in seiner Wohnung hörte ich Bischof Emmanuel Milingo noch sehr lange zu. Es war längst dunkel geworden, als er immer noch von seinen Erfahrungen berichtete. Er erzählte schreckliche Geschichten, und ich hatte den Eindruck, dass dieser Mann des Glaubens auch wirklich überzeugt war von dem, was er da erzählte. Für ihn gab es keinen Zweifel daran, dass wir in einer von Geistern und Dämonen bevölkerten Welt lebten, und mir stockte der Atem, als er schließlich sagte:

»Er war sogar einmal hier.«

»Wer?«

»Satan.«

Verdutzt blickte ich ihn an. Hier in diesem Zimmer, vielleicht auf diesem Stuhl, auf dem ich nun saß, wollte er erneut dem Satan begegnet sein?

»Es war ein junger Mann in einem seltsamen violetten Gewand«, erzählte Bischof Milingo. »Als ich in das Zimmer kam und mich setzte, wurde mir schlecht vor Angst. Ich konnte mich nicht mehr rühren. Ich wusste, dass es der Satan war. Er sah mich nur lange an und sagte dann ganz leise: ›Ich werde dich zerstören.‹ Dann ging er.«

Der Anfang vom Ende des Emmanuel Milingo kam am 27. Mai 2001, als der Bischof, der dreiundvierzig Jahre lang Priester gewesen war, sich während einer Massenhochzeit der Mun-Sekte in New York mit Maria Sung (43), einer Akupunktur-spezialistin aus Korea, verehelichte: aus Protest gegen die katholische Kirche und die Ehelosigkeit der Priester. In einer Stellungnahme am 26. Mai 2001 begründete der Renegat seinen aufsehenerregenden Schritt mit einer bitteren Anklage der Kirchenoberen: »Trotz meiner Treue zum Wort Gottes, meiner täglichen Feier der heiligen Messe und meiner Hingabe an die Heilige Kirche wurde ich angeklagt, gefürchtet und verleumdet. Dazu sah ich, wie die Dominanz der europäischen Kultur in der Kirche die christliche Botschaft einengte und die Afrikaner daran hinderte, ihren ursprünglichen Wert und ihre geistige Identität zu entdecken. Während ich die Kirche und ihre Tradition liebte, war ich entschlossen, dabei mitzuhelfen, das aufgedrängte Gefühl kultureller Unterlegenheit in den Afrikanern zu überwinden und dem Christentum in der reichen Erde von Afrikas geistigem Erbe neue Vitalität zu verleihen. Auch diese Ambitionen machten mich bei manchen meiner kirchlichen Vorgesetzten unbeliebt. Meine Bemühungen, die Mission zu erfüllen, die Gott mir aufgetragen hatte, wurden von einigen kirchlichen Autoritäten zunehmend durchkreuzt, blockiert und sogar sabotiert. Ich wurde wegen allem möglichen irdischen und geistigen Bösen angeklagt, nach Rom zitiert, verklagt, angezweifelt, geprüft und isoliert. Schmutzige Gerüchte wurden über mich in Umlauf gebracht. Auch wenn alle Anklagen einzeln abgehandelt wurden, wurde es immer klarer, dass mir nicht mehr erlaubt werden würde, als Erzbischof nach Lusaka zurückzukehren und dem afrikanischen Volk, das ich liebe, weiterhin zu dienen. Gehorsam blieb ich dann fast zwanzig Jahre in Rom. Auch wurde mir verboten, innerhalb der Stadtgrenzen die Messe zu zelebrieren, trotzdem konnte ich das Predigen des Evangeliums, die Heilung von Kranken und das Austreiben böser Geister nicht aufgeben. Ich wurde zu einer schmerzenden Herausforderung für die Kirche, die ich liebe, und die Kirche, die ich liebe, wurde zu einer Fessel, die mich in der Erfüllung meiner gottgegebenen Mission behinderte. Ich habe im Gebet gerungen und fragte mich, was wichtiger ist: mein Gelübde der kirchlichen Obrigkeit gegenüber oder mein Gelöbnis, Gott zu gehorchen.«

Auf Druck des Vatikans, der ihm die Exkommunikation androhte, und auf persönliche Intervention von Johannes Paul II. trennte sich Milingo bald wieder von Sung wie von der Mun-Sekte und kehrte in den Schoß der katholischen Kirche zurück. Diese Rückkehr des verlorenen Sohns gestaltete sich allerdings auf äußerst spektakuläre Weise: Nach Milingos Abdriften in die Sekte hatten zwei Freunde den »Skandalbischof« bei einem Zwischenstopp in Mailand »entführt« und zu Johannes Paul II. nach Castelgandolfo gebracht, wo Milingo vom Papst zur Kirchenräson gebracht wurde. Später behauptete er, mit seiner Hochzeit nur einen »Schock provoziert« haben zu wollen, und als er seine Frau in Gegenwart des Vatikansprechers Joaquín Navarro-Valls zu einem letzten gemeinsamen Abendmahl traf, versicherte er ihr, er werde täglich für sie beten und sie künftig wie eine Schwester lieben. Maria Sung soll ihm alles Gute gewünscht und gesagt haben, sie würden sich im Jenseits wiedersehen.

Milingo verbrachte eine eineinhalbjährige Bußzeit an einem abgeschiedenen Ort, in einem Kloster in Süditalien, dann zog er wieder in die Nähe von Rom, wo er erneut als Exorzist tätig war und täglich Pilger empfing. Im Jahr 2003 reiste er unerlaubterweise für einen mehrwöchigen Aufenthalt in seine Heimat Sambia, und auch damit war der Skandal noch keineswegs zu Ende: Fünf Jahre nach seiner Hochzeit verschwand Milingo urplötzlich erneut aus seinem Aufenthaltsort in Zagarolo bei Rom, und schließlich stellte sich heraus, dass er einmal mehr geflohen war: Als er im Juli 2006 völlig unerwartet in Washington auftauchte, bekannte er sich auf einmal auch wieder zu seiner Ehe: »Maria ist immer noch meine Frau und wird es bleiben, bis der Tod uns scheidet.« Die Gründe für seine Flucht wollte

er dem Heiligen Vater in einem Brief erläutert haben. Gegenüber der Presse bekundete er, sich für verheiratete Priester und
für eine Stärkung der Kontakte zwischen der Mun-Sekte und
der katholischen Kirche einsetzen zu wollen. Doch als Bischof
Milingo sich im September 2006 in Washington entschloss, Bischöfe zu weihen, hatte der Vatikan keine andere Wahl mehr:
Am 26. September 2006 wurde Milingo exkommuniziert.

Ich weiß noch, was mir als Erstes durch den Kopf ging, als
ich von der Nachricht hörte. Ich dachte, dass sich damit seine
eigene Prophezeiung bewahrheitet hatte: Er war zerstört worden. Aber von wem?

4

Der Papst als Exorzist

Nach meinen Erfahrungen mit Emmanuel Milingo und Pelegrino Ernetti wollte ich meine Recherchen über den Exorzismus eigentlich schon bald wieder abbrechen. Aber dann geschah etwas, das mich radikal umdenken ließ und mir zeigte, dass es keineswegs nur ein paar Verrückte sind, die nach dem Rätsel »des Bösen«, nach den Spuren des »Fürsten der Finsternis« suchen: Nein, sogar im Zentrum der katholischen Kirche selbst, im Appartement des Papstes, erforschte das Oberhaupt von mehr als einer Milliarde Katholiken die Werke Satans…

Dieser Vorfall wäre vielleicht nie bekannt geworden, wenn nicht der am 27. September 1992 verstorbene Kardinal Jacques Martin in seinem posthum erschienenen Tagebuch »Meine sechs Päpste« darüber geschrieben hätte. Als Präfekt des päpstlichen Hauses – so etwas wie der Haushofmeister des Kirchenoberhaupts – war Kardinal Martin bei allen Empfängen des Papstes dabei. Wer auch immer den Papst besuchen will, ob einfacher Pilger oder Staatschef, muss sich an den Präfekten wenden, der dann den Privatsekretär des Papstes darüber informiert, wer wirklich vorgelassen werden darf und wer einfach nur einen freundlichen Brief bekommt. Am 4. April 1982 machte der Kardinal den folgenden Eintrag in seinem Tagebuch: »Vor ein paar Tagen ist der Bischof von Spoleto, Monsignore Alberti, zum Papst gekommen, mit einer besessenen Frau, Francesca F. […]. Bischof Alberti ging mit der Frau in die Bibliothek zum Papst. Wir blieben draußen, hörten aber die Schreie der Frau. Wir hörten, dass der Papst hinter der Tür damit begann, zu beten und verschiedene Exorzismen auszusprechen.«

Der Papst als Exorzist!

Außer Johannes Paul II. und der besessenen Frau war Bischof Ottorino Pietro Alberti, geboren am 17. Dezember 1927, der einzige Augenzeuge der Ereignisse. Später wurde er von Spoleto in seine alte Heimat nach Sardinien versetzt und dort zum Bischof von Cagliari befördert. Nur ganz selten in seinem Leben sprach er über das, was er im April 1982 in der päpstlichen Bibliothek gesehen hatte. Er dementierte aber nie die im Vatikan selbst verbreitete Version der Vorfälle, wie sie sich in der Bibliothek zugetragen haben sollen. Demnach wälzte sich die Frau vor dem Papst auf dem Boden hin und her. Johannes Paul II. sprach verschiedene Gebete und Exorzismusformeln; befahl dem unreinen Geist mehrfach, den Körper der Frau zu verlassen. Aber es half nichts. Später sagte der Papst zu seinem Sekretär Don Stanisław Dziwisz, während des Exorzismus habe er sich in »biblische Zeiten zurückversetzt« gefühlt.

Damals in der Bibliothek soll Johannes Paul II. schließlich, nachdem alles andere nichts half, zu der Besessenen gesagt haben: »Ich lese morgen für dich die Messe.« Gleich darauf soll Francesca F. aufgehört haben, sich am Boden zu wälzen und zu schreien, und wieder völlig normal gewesen sein.

Am nächsten Tag betete der Papst lange für sie und las wie versprochen eine heilige Messe. Ein Jahr später, berichtete Kardinal Jacques Martin, sei die Frau erneut im Vatikan erschienen, um dem Papst zu verkünden, dass sie nie mehr Anfälle gehabt habe und völlig gesund sei. Inzwischen habe sie geheiratet, sagte sie und blickte den Papst freudestrahlend an: Außerdem erwarte sie ein Kind…

Es gibt noch einen weiteren protokollierten Exorzismus von Papst Johannes Paul II., der im Jahr 2001, neunzehn Jahre nach dem ersten, geschehen sein soll. An einem Sonntag fiel den Gendarmen vor der heiligen Messe auf dem Petersplatz eine junge Frau auf, die sich seltsam bewegte. Sie ging mit schief hängendem Kopf, die Zunge hing ihr aus dem Mund. Die Gendarmen halfen ihr und setzten sie zu den Schwerkranken in die erste Reihe. Doch sobald der Papst erschien, begann sie laut zu fluchen und zu schreien. Als die Gendarmen sie deshalb von ihrem Platz entfernen wollten, sagte der Papst zu seinem Zeremonienchef Piero Marino: »Ich will nicht, dass die Frau weggebracht wird. Lasst sie zufrieden, ich will sie segnen, nach der Messe.«

Im Anschluss an den Gottesdienst brachten die Gendarmen die Frau in ein Zimmer, wo auch ein Zeuge dieses Ereignisses, Monsignore Giovanni Danzi, der Sekretär des Gouverneurs der Vatikanstadt, wartete. Schließlich kam der Papst, befahl dreimal dem bösen Geist, den Körper der Frau zu verlassen, und auch dieser Frau ging es nach dem päpstlichen Exorzismus sichtlich besser...

Obwohl Papst Johannes Paul II. also sogar selbst Exorzismen vornahm, empfing er nie Exorzisten im Vatikan. Er verweigerte ihnen sogar, im Vatikan zu tagen – sie sollten im Verborgenen agieren, nicht im Licht der Öffentlichkeit.

Benedikt XVI. scheint da weniger Bedenken zu haben als sein Vorgänger auf dem Thron Petri: Seit der neue Papst auf dem Petersplatz Exorzisten empfing und ihnen ausdrücklich für ihren »wichtigen und notwendigen Dienst« dankte, ist die Geheimniskrämerei anscheinend weitgehend zu Ende. Ganz offen bietet nun die von den »Legionären Christi«, einem konservativen Orden, geleitete päpstliche Hochschule »Regina Apostolorum« einen Exorzismuskurs an, in dem 120 Priester aus der ganzen Welt in drei Monaten lernen sollen, wie man den Teufel erkennt und erfolgreich bekämpft. Als Dekan verantwortlich für diesen Kurs ist Don Gabriele Amorth, den Johannes Paul II. im Jahr 1986 zum Exorzisten für die Diözese Rom bestellte und der auch unter Papst Benedikt XVI. in diesem Amt blieb. Sein Hauptquartier hat der mittlerweile dreiundachtzig Jahre alte Chef-Exorzist des Vatikans im römischen Stadtteil EUR, genauer: im kolossalen Hauptquartier der Paolinerbrüder, der Gesellschaft des heiligen Paulus, wo man sich wohl schon daran gewöhnt, dass im Morgengrauen seltsame Menschen auftauchen – Menschen, die die Augen verdrehen, wirre Schreie ausstoßen, die festgehalten werden müssen auf dem langen Weg durch dunkle Flure bis zu jener mit Tüchern verhängten Glastür, hinter der sich ein Wartezimmer befindet...

Pater Amorths Räumlichkeiten wirken ziemlich unheimlich. Es sieht so aus, als hätte eine rätselhafte Kraft die Zimmer verwüstet, als wären die Wände aufgeplatzt, als hätte sich die Betondecke durch ein unerklärliches Energiefeld verzogen. Alle Wände zeigen große Risse. Die Betonpfeiler, die das Gebäude tragen, stehen schief. Fenster hängen schief im Rahmen. Das alles lässt sich zwar ganz einfach mit architektonischen Mängeln und fehlerhaften Baumaterialien erklären, die zur Folge hatten, dass der schwere Gebäudekomplex des großen, versteckt inmitten von Supermärkten und Hochhäusern in der Via Alessandro Severo liegenden Klosters nach und nach in den Boden absackt, macht aber auf Besucher Gabriele Amorths zuerst einmal den Eindruck, als wollten diese Kulissen jedem Hollywoodfilm über Exorzisten alle Ehre machen.

Wer ist dieser Pater Amorth, der wichtigste Helfer des Papstes in Sachen Exorzismus?

Ich habe viele Stunden meines Lebens mit ihm verbracht, ihm tagelang zugehört und alle seine Bücher gelesen, aber ich weiß es nicht. Mehr als vierzig Jahre diente er als Exorzist, er erlebte Tausende von Fällen, und immer wieder habe ich mich gefragt, ob er sich das alles etwa nur eingebildet hat. Erfand Don Gabriele Amorth all die Details, mit denen er seine Berichte auszuschmücken weiß? Ist er in Wirklichkeit eine Gefahr für psychisch Kranke, die besser zu einem Arzt statt zu einem Exorzisten gebracht werden sollten, damit ihnen geholfen wird?

Wie gesagt, ich weiß es nicht. Aber es ist schwer, Don Gabriele Amorth grundsätzlich zu widersprechen. Papst Johannes Paul II. soll bei einem Treffen zu ihm gesagt haben: »Wer nicht an den Teufel glaubt, kann auch nicht an Gott glauben.« Aber muss sich »das Böse« wirklich in Form von Dämonen und Teufel zeigen? Zeigt es sich nicht auch oder vielleicht sogar eher in ungeheuren Verbrechen wie jenem, dass reiche Länder einfach dabei zusehen, wie Menschen in armen Ländern verhungern oder an vermeidbaren Krankheiten sterben?

Ich erinnere mich noch genau daran, wie ich zum ersten Mal in diesem winzigen, düsteren Wartezimmer saß und auf den Exorzisten wartete. Es ist ein acht Quadratmeter kleiner Raum. Auf dem Tisch steht eine Flasche Wasser, liegen Heiligenbildchen. Alte Stühle lehnen an der Wand. Don Gabriele Amorth zeigt mir das Zimmer, in dem er die Exorzismen vornimmt. Der Stuhl ist mit einem Tuch bezogen, das in Krankenhäusern benutzt wird, daneben steht eine mit dem gleichen Stoff bezogene Liege. »Der Stuhl ist für die Guten, die Liege für die Bösen«, sagt der kahlköpfige Pater mit seiner schneidenden Stimme und dem festen Blick. Besonders schockiert mich ein sorgfältig aufgeschichteter Berg alter, schmaler, reißfester Bänder, die man irgendwann einmal dafür benutzt hat, um schwere Rollläden hoch- und wieder herunterzuziehen, und die Don Amorth offensichtlich als Fesseln verwendet. Ebenso offensichtlich weiß er meinen Blick zu deuten, denn ganz beiläufig erwähnt er nun, dass es bei seinen Exorzismen immer eine Kontrolle gebe – er nehme sie nur an Personen vor, die in ärztlicher Behandlung seien, und nur dann, wenn die Ärzte nicht weiterhelfen könnten.

Obwohl ich versuche, ein guter Katholik zu sein, ist es mir nie gelungen, wirklich daran zu glauben, dass Exorzisten Dämonen verjagen können. Für mich, wie vermutlich für die meisten Menschen, ist das schlicht Hokuspokus. Überaus irritiert haben mich aber jene Fälle, in denen selbst absolut nüchtern denkende, nicht im Geringsten der Paranoia verdächtige Menschen an die Grenzen des rational noch irgendwie Erklärbaren stießen.

Einer der unfassbarsten Fälle betrifft einen Automechaniker. Er ist deswegen so unglaublich, weil sich das Geschehen vor zahlreichen Zeugen abspielte. Darunter waren auch Polizeibeamte, die sich nach dem Ereignis so fassungslos zeigten, dass sie nicht den Staatsanwalt informierten, sondern um die Entsendung eines Exorzisten baten.

Der betreffende Automechaniker arbeitete an einem warmen Nachmittag in seiner Werkstatt. In der vorderen großen Halle parkten Wagen, an den Wänden standen schwere Metallschränke, in denen Automotoren aufbewahrt wurden. Der Mechaniker selbst arbeitete in einem hinteren Teil der Werkstatt.

Plötzlich hörte er ein sehr lautes Geräusch. Im Polizeiprotokoll hieß es später: »Zeugen und auch zwei Beamte vor Ort sahen, wie die Automotoren durch die Luft flogen. Sie sahen, wie sich die schweren Metallschränke auf den Mechaniker zubewegten und dann umfielen, als seien sie lebendig geworden und hätten beschlossen, den Mechaniker zu erschlagen. Die Zeugen sagten aus, dass die geparkten Wagen im Vorraum plötzlich ansprangen und durch die Garage rollten, als hätten sie beschlossen, den Mechaniker einzukeilen, als würden sie ihn jagen. Nur knapp gelang es dem Mann, sich in Sicherheit zu bringen. Keiner der Beteiligten hatte je etwas Ähnliches erlebt oder gesehen. Es schien, als wäre der Ort verhext, als wären die Gesetze der Natur hier auf einmal außer Kraft gesetzt worden.«

Sprachlos macht mich auch ein bis heute ungeklärter Fall, der am Stadtrand von Rom geschah. Dort geriet ein junger Mann in einen leichten Verkehrsunfall, als sein Wagen in der Dunkelheit mit einem anderen Auto zusammenstieß. Der Rettungswagen kam sofort, die Beteiligten waren nur leicht verletzt. Der junge Mann, dem ein anderer Fahrer die Vorfahrt genommen hatte, erlitt nur leichte Prellungen. Aber weil er den Polizeibeamten ungewöhnlich nervös vorkam, beschworen sie ihn, nicht mehr weiterzufahren. Es stellte sich heraus, dass die Wohnung seiner verstorbenen Mutter nicht weit vom Unfallort entfernt lag, und die Polizisten protokollierten noch, dass der junge Mann unter keinen Umständen dort übernachten wollte, um dann am nächsten Morgen ausgeruht weiterzufahren. Erst als ihm ein Arzt ein sehr starkes Beruhigungsmittel gab, ließ er sich doch von den Beamten zur Wohnung seiner Mutter bringen. Dabei flüsterte er den Polizeibeamten zu: »Ich werde diese Nacht nicht überleben.« Die Beamten schrieben diesen Satz der Verwirrung des jungen Manns zu und dachten sich anfangs nichts dabei, aber am nächsten Morgen war der Mann tot. Dem untersuchenden Arzt zufolge starb er an einem Herzstillstand, obwohl keinerlei Herzleiden festzustellen war, »als hätte ihn etwas zu Tode erschreckt« – so steht es im ärztlichen Protokoll.

Auch in diesem Fall schaltete sich Pater Amorth ein, der zu

wissen glaubte, woran der Mann in dieser merkwürdigen Nacht gestorben war. Don Gabriele Amorth hatte ihn viele Jahre lang begleitet, denn angeblich litt der junge Mann unter einem sehr wirksamen Fluch. Seine sehr fromme Mutter hatte ihn in Rom allein aufgezogen, der Vater war frühzeitig verstorben. Der junge Mann sollte Priester werden und bereitete sich eifrig darauf vor. Doch kurz vor dem Eintritt in das Priesterseminar entschied er sich anders: Er beschloss, Ingenieur zu werden, und studierte in Norditalien. Amorth zufolge war seine Mutter so verärgert über den Entschluss, dass sie ihn mit den folgenden Worten verfluchte: »Du sollst in dem Bett sterben, in dem ich dich zur Welt gebracht habe.«

Der von seiner Mutter verfluchte junge Mann war immer wieder krank geworden, litt unter Albträumen, verlor seine Arbeit – dann starb überraschend seine Mutter: »Der Fluch wird dadurch aber nicht ausgelöscht«, erklärte mir Pater Amorth dazu.

Trotzdem ging es dem jungen Mann nach dem Tod der Mutter bald wieder etwas besser. Er fand eine neue Arbeit, heiratete, dann fuhr er eines Tages zufällig in jenen Stadtteil von Rom, in dem die verlassene, nun zum Verkauf stehende Wohnung seiner Mutter lag und in dem es zu dem Verkehrsunfall kam. In dieser Wohnung aber, in der der junge Mann in dieser unglückseligen Nacht auf gar keinen Fall übernachten wollte, stand noch immer das Bett, in dem er einst geboren worden war…

Was in dieser Nacht wirklich passiert ist, werden wir wohl niemals erfahren. Ich halte es für möglich, dass der junge Mann den Fluch seiner Mutter so sehr fürchtete, dass er letztlich aus panischer Angst vor seinen eigenen Schreckensvisionen starb, die er mit diesem Fluch verband. Don Amorth dagegen ist davon überzeugt, dass der junge Mann in dieser Nacht im Bett seiner Mutter wirklich etwas *gesehen* hat, das so entsetzlich war, dass er im wahrsten Sinne des Wortes zu Tode erschrak. Außerdem glaubt er fest an die Wirkung von Flüchen, die nicht nur Menschen, sondern auch Gegenstände – ja ganze Häuser – treffen können.

Am bekanntesten ist die Geschichte eines Hauses in der

Umgebung von Rom. Die Eigentümerfamilie, die das Haus gebaut hatte und nun auch darin wohnte, litt jahrelang unter den verschiedensten Erscheinungen. Zunächst platzten immer wieder Glühbirnen, später verrückten sich schwere Möbel wie von allein, Haushaltsgeschirr machte sich selbstständig, Töpfe flogen durch die Luft, und die von beunruhigten Nachbarn alarmierte Polizei hielt das alles für eine Folge gewaltsamer Auseinandersetzungen der Besitzerfamilie. Doch nachdem sie sich ein eigenes Bild verschafft hatten, gaben die ermittelnden Beamten Unglaubliches zu Protokoll: »Wir sahen mit unseren eigenen Augen, wie ganz von allein eine Schublade im Küchenschrank aufging, eine schwere Pfanne aus dem Schrank kam, als hätte sie Füße bekommen, und dann plötzlich gegen den Rücken des Hausherren flog.« Die Beamten konnten es selbst kaum fassen. Entweder handelte es sich »um einen sehr seltsamen Trick«, heißt es in ihrem Protokoll, »oder um ein wirklich nicht zu erklärendes Ereignis«.

Danach erkrankten die Hausbewohner ernsthaft. Zuerst traf es die beiden Kinder der Familie, dann auch die Eltern. Alle litten unter Ausschlag und hohem Fieber, hatten starke Schmerzen – die behandelnden Ärzte standen vor einem Rätsel. Eine organische Ursache für die Erkrankung konnte nicht gefunden werden, und schließlich zog die Familie entnervt aus.

Bald darauf ging es nicht nur ihnen wieder besser – auch im Haus kam es den Nachbarn zufolge jetzt zu keinen ungewöhnlichen Erscheinungen mehr. Nun verständigte die Familie ihrerseits die Polizei, denn für sie war ja der Schaden, ein Haus zu besitzen, das sie nicht benutzen konnten, immens. Deshalb beschäftigte der Fall auch die Staatsanwaltschaft: Hatte irgendwer aus irgendeinem Grund das Haus manipuliert? Hoffte irgendein gerissener Spekulant, das Haus auf diese Weise günstig erwerben zu können?

In dieser Richtung führten die Ermittlungen zu nichts; sie ergaben aber, dass es in dem seltsamen Haus offenbar doch noch hin und wieder zu merkwürdigen Erscheinungen kam. Selbst jetzt platzten noch ab und zu Glühbirnen, obwohl gar keine Stromleitungen mehr angeschlossen waren.

Don Gabriele Amorth wurde informiert und nahm sich der Sache persönlich an: »Ich ließ mich am Abend zu dem Haus bringen, schloss mich ein und begann es zu segnen. Überall lagen Scherben herum; ich sah, wie schwere Sessel sich vor mir in die Luft hoben und plötzlich krachend gegen die Wand schlugen. Ich betete den ersten Exorzismus, und da erschien auf der Fensterscheibe in meiner Nähe eine Schrift. Eine unsichtbare Hand schrieb auf Latein: ›Du wirst diese Nacht nicht überleben.‹«

Als Amorth mir das erzählte, sah ich dem alten Mann in die Augen und überlegte, ob er damit wirklich die Wahrheit sagte. Dachte sich der Priester das nicht nur alles aus? Aber den Polizeibericht über dieses seltsame Haus gab es tatsächlich, ebenso die Notiz, dass ein sich über mehrere Wochen hinziehender Exorzismus vorgenommen worden war, nach dem das Haus endlich wieder bewohnt werden konnte.

Beruhte das alles nur auf einer Kette von Zufällen?

Hatten leichtgläubige Menschen ganz banale Vorfälle für übersinnliche Taten gehalten?

Das Einzige, was die Staatsanwaltschaft noch bei ihren Ermittlungen herausbekam, war die Tatsache, dass die Tante der Eigentümerfamilie entschieden gegen den Bau dieses Hauses gewesen war. Zwar konnte ihr sonst nichts nachgewiesen werden, aber Pater Amorth hatte keinen Zweifel: Sie hatte das Haus verflucht.

5

Nimmt der Teufel einen Auftrag an?

Der Name des deutschen Papstes, Benedikt, entstand aus dem lateinischen Wort *benedictus*, was schlicht »der Gesegnete« heißt. Genau genommen bedeutet das lateinische Wort für »segnen«, *benedicere*, nichts weiter als »Gutes sagen« (*bene* = »gut«, *dicere* = »sagen, sprechen«). Das Gegenteil – verfluchen, *maledicere* – bedeutet »Schlechtes sagen« (*male* = »schlecht, böse«). Im Alten Testament wimmelt es von Flüchen. Immer wieder und aus allen möglichen Gründen werden Menschen oder ganze Völker verflucht. Aber glaubt die katholische Kirche noch heute an die Wirksamkeit von Flüchen?

Von der päpstlichen Universität bekam ich einen kompetenten Gesprächspartner zu diesem Thema vermittelt, den Exorzisten Gabriele Nanni. Wir trafen uns nicht nur auf dem Universitätsgelände, sondern auch in der Gemelli-Klinik, wo er zu einem Vortrag eingeladen war. Mir imponierte, dass er offensichtlich ein erfahrener Wissenschaftler war, der wenig mit den anderen Exorzisten gemein zu haben schien, die ich bis dahin kennengelernt hatte. Nanni besaß weder die verschlossene Aura des Paters Ernetti, noch hatte er die inquisitorische Anmutung von Pater Gabriele Amorth oder die spirituelle Erscheinung von Bischof Milingo. Er sah aus wie ein ganz normaler junger Priester, sportlich-schlank – ein Basketball-Typ. Ich konnte mir vorstellen, dass er alles Mögliche war, aber sicher kein Exorzist. Ihn also fragte ich, ob er an die Wirksamkeit von Flüchen glaube.

»Ich bin mir sicher, dass es wirksame und weniger wirksame Flüche gibt«, sagte er zu mir und fuhr fort: »Ich kann es auch nicht genau erklären, aber nach allem, was wir wissen, scheint es auf der Welt so etwas wie Zentren des Bösen zu geben, wo schwarze Magie, der Kontakt mit dem Teufel, sehr, sehr wirksam praktiziert wird.«

Entgeistert sah ich ihn an. »Wo sollen diese Zentren denn sein?«

»Es scheint so, dass Togo in Afrika ein Zentrum für den Kontakt zum Bösen ist.«

»Wie kommen Sie denn da drauf?«, fragte ich.

»Nun, die katholische Kirche registriert sehr besorgniserregende Ströme von Zauberern und Hexen, die in geradezu unwahrscheinlich großer Zahl nach Togo pilgern.«

»Zauberer und Hexen?«

»Ja, nennen Sie sie, wie Sie wollen – Schamanen, Scharlatane, was auch immer: Magier, die viel Geld dafür verlangen, dass sie Menschen verfluchen.«

»Sind das nicht alles Betrüger?«

»Die meisten bestimmt. Die zünden ein paar Räucherstäbchen an, machen ein bisschen Hokuspokus und ziehen gutgläubigen Menschen das Geld aus der Tasche. Aber das gilt nicht für alle. Wir glauben, dass einige tatsächlich einen Kontakt mit Satan suchen und auch bekommen, um mit dessen Hilfe für viel Geld Menschen im Auftrag ihrer Kunden zu verfluchen und damit ein schweres Verbrechen begehen.«

Überrascht hörte ich ihm weiter zu.

»Einige Missionare berichten davon, dass die Magier Togos mit Beschwörungen des Satans sehr viele Erfahrungen haben; sie praktizieren seit Jahrhunderten mit dem Bösen. Sie würden sich wundern, wie viele wohlhabende europäische, US-amerikanische und vor allem südamerikanische Magier, die früher eher in die Karibik gereist wären, um Voodookulte zu studieren, heute nach Togo reisen, um Einzelheiten über die Beschwörung Satans zu erfahren. Offenbar ist man damit nirgendwo sonst auf der Welt so erfolgreich wie dort. Mitbrüder haben mir unglaubliche Fälle erzählt – ich kenne mehrere Mitbrüder, die in Afrika als Exorzisten tätig und davon überzeugt sind, dort dem Satan persönlich begegnet zu sein.«

Immer noch ganz entgeistert blickte ich Nanni an. War der Mann völlig verrückt geworden?

Die katholische Kirche jedenfalls nimmt diesen Mann, der mit der gleichen Selbstverständlichkeit über den Satan spricht wie ein Fernsehkoch über Hühnerbrühe, sehr ernst. Nanni lehrt nicht nur Exorzismus an der päpstlichen Universität, sondern hat auch Bücher über kirchenrechtliche Fragen zu diesem Thema verfasst. Und nun sagte er zu mir: »Ich bin davon überzeugt, dass es einigen Magiern tatsächlich gelingt, das Böse zu erreichen. Ich glaube, dass alles, was über das Böse in der Bibel steht, sehr ernst genommen werden muss. Wir haben in sehr vielen Ländern, vor allem aber in Brasilien und Afrika, die Erfahrung gemacht, dass es so etwas wie hoch wirksame Verwünschungen tatsächlich geben muss: Flüche, die im schlimmsten Fall zum Tod des Betroffenen führen können.«

Nanni sah mich eindringlich an: »Um einen wirksamen Fluch eines afrikanischen Zauberers aus Togo zu bekämpfen, braucht man viel Mut, und es geschehen dabei unglaubliche Dinge. Wir haben viele Protokolle darüber.«

Bestimmt sah er mir meine Skepsis an, als er fortfuhr: »Es gibt einen zentralen Moment bei der Bekämpfung eines schweren Fluchs. Mitbrüder haben mir das immer wieder erzählt. Wenn es gelingt, den Dämon endlich aus der Person zu vertreiben, dann wird für einige Augenblicke der verfluchte Gegenstand sichtbar: Der soeben vom Fluch Befreite erbricht ihn. Es gibt Mitbrüder, die große lebende Fische gesehen haben, die auf den Boden fielen und dort noch zappelten, nachdem der Besessene sie erbrochen hatte, ehe sie plötzlich verschwanden. Diese Fische waren nicht real, sondern nur für ein paar Augenblicke zu sehen: ein Zeichen dafür, dass das Opfer mithilfe eines Fisches verflucht wurde, den die Magier zuerst mit dem Bösen und dann mit ihrem Opfer in Kontakt brachten. Der Kontakt mit dem verfluchten Gegenstand reicht aus, um den Fluch wirksam werden zu lassen.«

»Glauben Sie das alles wirklich?«, wollte ich zum Abschluss von Nanni wissen, und er antwortete mir: »Ich glaube fest daran, dass Satan auf der Welt agiert, dass Dämonen in Menschen fahren können. Ich habe das alles selbst erlebt.«

Seit dem Jahr 1992 habe ich mich immer wieder mit dem Thema Exorzismus beschäftigt. Vier wichtige Exorzisten kenne oder kannte ich gut, Pelegrino Ernetti, Emmanuele Milingo, Gabriele Amorth und Gabriele Nanni. Waren diese vier Männer alle verrückt, Opfer ihrer wilden Phantasien?

Besonders rätselhaft ist für mich bis heute der Fall Milingo. Seine Arbeit als junger afrikanischer Bischof war brillant. Bis heute kann ich mir nicht erklären, was ihn danach so völlig aus der Bahn geworfen hat. Es ist, als hätte sich eine schwarze Wolke des Bösen über sein Leben gelegt, als hätte sich seine eigene Prophezeiung, dass das Böse ihn zerstören werde, auf eine schreckliche Art und Weise bewahrheitet.

Was Pater Gabriele Amorth angeht, so war ich mir bei seinen Erzählungen eigentlich nie sicher, ob er sie wirklich erlebt oder sich vielleicht doch nur eingebildet hatte. In seinen vielen Büchern listet er eine Unzahl von Fällen mehr oder minder schwerer Exorzismen auf, und was immer auch in ihm vorgehen mag: Ein Lügner ist er nicht. Ich bin mir sicher, dass er das, was er aufgeschrieben hat, wirklich für die Werke Satans hält. Und wenn mir selbst jemals etwas Ähnliches zustoßen würde, wäre er auf jeden Fall derjenige, den ich um einen Rat bitten würde.

Schwieriger zu beurteilen scheint mir Pater Nanni zu sein: Der junge Mann ist ein Wissenschaftler, ich habe viele Stunden mit ihm diskutiert, und ich lege meine Hand dafür ins Feuer, dass er alles andere als verrückt ist. Er glaubt fest daran, dass Jesus von Nazaret, wie es die Bibel beschreibt, Exorzismen vornahm, Dämonen vertrieb, und er schließt daraus, dass auch die Nachfolger Jesu, also alle Priester der katholischen Kirche, vor dieser Aufgabe keine Hemmung und keine Angst haben sollten. Ich kann Nannis Sicht der Dinge nachvollziehen und muss ganz ehrlich sagen: Nach meinen Gesprächen mit ihm würde ich niemals wieder, auch nicht im Scherz, irgendjemanden oder irgendetwas verfluchen. Stattdessen glaube ich nun, dass der Respekt der Menschen vor dem Fluch, den es in vielen Religionen und Zivilisationen gibt, tatsächlich einen ernst zu nehmenden Hintergrund besitzt. Ich weiß nicht, ob es tatsächlich so ist, dass man mit einem Fluch »das Böse« beauftragen kann, einem Menschen etwas anzutun, aber ich kann mir vorstellen, dass Verfluchte unter einem Fluch leiden – und sei es »nur«, dass sie sich fragen müssen, was sie eigentlich getan haben, um so verflucht zu werden.

Pater Pelegrino Ernetti werde ich in guter Erinnerung behalten. Auch er war sicher alles andere als ein Scharlatan. Erst viele Jahre nach seinem Tod habe ich erfahren, dass er zusammen mit einer wahren Ikone der katholischen Kirche, dem Arzt und Priester Agostino Gemelli, Experimente unternahm, um nach so etwas wie der Seele zu suchen. Ich habe Gemelli bereits im Kapitel über Pater Pio erwähnt. Er war bestimmt kein leichtgläubiger Narr und hätte auch sicher nicht jahrelang mit Pater Pelegrino Ernetti zusammengearbeitet, wenn dieser verrückt gewesen wäre. Beide waren sie von der Existenz »des Bösen« überzeugt und davon, dass sich »das Böse« eines Menschen bemächtigen kann. Sie wollten beweisen, dass das Böse von der Seele eines Menschen Besitz ergreifen und ihn auf Abwege führen kann. Nicht umsonst heißt es doch im Vaterunser: »Und erlöse uns von dem Bösen.«

Als ich für dieses Buch meine Aufzeichnungen noch einmal durchging, ergaben sich acht Punkte, an die alle vier Exorzisten glaubten und die sie alle in Ausübung ihres »Handwerks« erfahren haben wollten:

1. Besessene müssen alles Heilige, das von der katholischen Kirche verehrt wird, hassen. Sie reagieren aggressiv auf heilige Gegenstände, bespucken und besudeln sie.
2. Besessene sprechen häufig in Sprachen, die sie nie erlernt haben.
3. Besessene haben übernatürliche Kräfte – sie können zum Beispiel die schwersten Gegenstände heben.
4. Besessene empfinden eine unendlich tiefe Trauer in sich, bringen sich oft selber Verletzungen bei, versuchen sogar sich zu töten.
5. Besessene erbrechen während erfolgreicher Exorzismen manchmal Gegenstände, mit denen sie verflucht wurden; sogenannte Scheingegenstände, weil sie nur kurz sichtbar sind.

6. Böse Geister können auch in Gegenstände fahren – sogar in Häuser, in denen dann die Naturgesetze nicht mehr gelten.
7. Besessene können das Opfer eines wirksamen Fluchs geworden sein.
8. Besonders schwer zu heilen sind Besessene, die einen Pakt mit dem Teufel eingingen.

Wenn ich mir diese Liste ansehe und an die Jahre denke, in denen ich mich mit diesem rätselhaften Thema beschäftigte, dann habe ich das seltsame Gefühl, an der Seite der vier Exorzisten, die ich persönlich kennenlernte, etwas über das absolut Böse, den Eingriff rätselhafter dunkler Mächte auf der Welt erfahren zu haben. Dennoch komme ich zu dem Schluss, dass ich persönlich keinen Menschen zu einem Exorzisten bringen würde, sondern immer zu einem Arzt. Tatsächlich ist mir in all den Jahren noch nie ein Mensch begegnet, von dem ich glaubte, dass er einen Exorzisten brauche.

Mag sein, dass diese vier Exorzisten wirklich die Fratze des Bösen gesehen haben. Vielleicht haben sie das nicht ausgehalten, vielleicht hat sich das Böse an ihnen gerächt – in jedem Fall ist es jetzt aber an der Zeit, sich wieder dem Guten zuzuwenden.

6

Wirken Päpste Wunder?

Die katholische Kirche glaubt, nirgendwo auf der Welt Gott näher kommen zu können als in der Wohnung im dritten Stock des apostolischen Palastes, wo der Papst wohnt. Denn nach der Kirchendoktrin wählte Gott höchstpersönlich während des Konklaves den Mann aus, der den Titel »Vikar Jesu Christi« tragen darf, was so viel heißt wie »Stellvertreter Gottes auf Erden«. Diese schier unfassbare Aufgabe bedeutet nicht nur eine besonders enge Verbindung zwischen Gott und seinem irdischen Stellvertreter, sondern auch eine ungeheure Verantwortung. Besonders deutlich wird diese auch in der intimen Stille der päpstlichen Kapelle, wenn die Stellvertreter Gottes die Klappe ihrer Gebetbank öffnen und die darin für sie aufbewahrten Zettel ansehen. Für Papst Johannes Paul II. legte Schwester Tobiana, die seine private Korrespondenz erledigte, jeden Tag diese Zettel in das Fach der Gebetbank. Für Papst Benedikt XVI. übernehmen das seine Sekretäre. In den sechsundzwanzig Jahren seiner Amtszeit las Johannes Paul II. Abertausende solcher Zettelchen. Darauf stehen Namen von Menschen, die irgendwo auf der Welt diese Zettel in einen Brief steckten oder einem Geistlichen mitgaben mit der Bitte, sie dem Papst zukommen zu lassen. Geschrieben werden sie meist von Kranken, die von ihrem Arzt erfahren haben, dass sie sehr bald sterben müssen, dass die Medizin nichts mehr für sie tun kann. Kaum etwas anderes belegt so deutlich den katholischen Glauben an die innige Verbindung des irdischen Papstes mit dem Allmächtigen. Denn natürlich haben sich diese Todkranken längst selbst an Gott gewandt in ihren Gebeten um eine Aufhebung des Todesurteils, das ihre Krankheit für sie bedeutet, in der Hoffnung auf eine zweite Chance. Doch sie fürchten, dass ihre Nähe zum rätselhaften Gott nicht ausreichen könnte, um ihn auch wirklich zu erreichen. Somit verlagert sich alle Hoffnung auf diesen Augenblick, wenn der Papst meist schon frühmorgens gegen 6.30 Uhr allein in der Kapelle sitzt, meditiert und dann sein Gebetbuch sowie die Zettelchen mit den Namen herausnimmt, die er Gott vortragen wird. Ja, die Päpste tragen Gott tatsächlich diese Namen vor, einen nach dem anderen, als ob der unerforschliche Herrscher über Leben und Tod erst diese Namen hören müsste, um sie unter all den Milliarden Menschen auf dieser Welt identifizieren zu können.

Aber hört der ewige Gott wirklich auf jenen Mann, der da in seiner Privatkapelle sitzt und die Namen von Frauen und Männern ausspricht, die irgendwo auf dem Globus um ihr Leben bangen und hoffen, dass diese Gebete Gott erreichen?

Wäre es nicht ein Wunder, wenn durch die päpstliche Vermittlung Gott selbst eingreifen würde in das persönliche Schicksal dieser Menschen?

Tatsächlich lässt Monsignore Casimir Oder, Postulator des Seligsprechungsverfahrens von Johannes Paul II., seit dessen Tod erforschen, ob dieser Papst bereits zu Lebzeiten durch seine Fürbitten Wunder erwirken konnte. Zu mir sagte Monsignore Oder in diesem Zusammenhang: »Wir haben sehr, sehr viele Berichte von Menschen, die glauben, dass er an ihnen zu seinen Lebzeiten Wunder wirkte.«

Aber ist das wirklich so?

Wirken Päpste Wunder?

Hört Gott in besonderem Maße auf den Papst, und setzt er dank dessen Fürsprache die Gesetze der Natur außer Kraft, um etwas Unerklärliches geschehen zu lassen?

Durch einen seltsamen Zufall hat mich diese Frage seit meiner Jugend immer begleitet.

Warum taucht wohl jetzt das Bild dieser alten Frau wieder vor meinem inneren Auge auf? Es wirkt so klar, so unbeschadet durch die Zeit. Dabei ist es doch schon so lange her, dass ich sie sah. Ich kann mich kaum noch an die Klassenzimmer erinnern, in denen ich damals viel mehr Zeit verbracht haben muss als in jener Bar, in der ich ihr begegnete. So viele Gesichter von Mitschülern, Kollegen, Bekannten habe ich vergessen. Deren Bild verliert sich im Dunkel meiner eigenen Geschichte, aber diese eine Frau in ihrem blauen Kittel, mit ihren schwarzen, zu einem Dutt zusammengelegten Haaren, ihren braun gebrannten Händen, die auch gut die Hände eines Mannes hätten sein können, und dem weisen Gesicht einer uralten Wahrsagerin blieb mir über all die Jahre gegenwärtig. Immer noch meine ich sie dort in der Bar zwischen Peroni-Bierkisten und leeren Fünfliterweinflaschen vornübergebeugt sitzen zu sehen.

Ich muss etwa sechzehn Jahre alt gewesen sein, damals, als ich mit einem Freund nach Scilla, einem kleinen Dorf im Süden Kalabriens an der Straße von Messina, reiste. Durch einen komischen Zufall hielt sie mich für besonders fromm, was ich gar nicht war.

Ich erinnere mich noch daran, dass es in den Osterferien war und dass ich mir die dreihundert Mark für diese dreiwöchige Reise mit dem Austragen der kirchlichen Wochenzeitung »Der Dom« verdient hatte. Dreihundert Mark waren damals viel Geld für mich, und ich hatte mir vorher ausgerechnet, dass ich – nach Abzug der Kosten für die Eisenbahn – ganze acht Mark am Tag »verprassen« konnte!

In Scilla angekommen, bauten wir unser mit militärischen Tarnfarben bedrucktes Zelt zuerst in der Nähe des Strandes bei ein paar Zierbüschen auf und begriffen überhaupt nicht, dass wir uns damit auf eine Weise verhielten, die wir zu Hause in Deutschland äußerst befremdlich gefunden hätten. Denn das, was wir für ein paar Grünpflanzen am Strand hielten, war in Wirklichkeit der winzige, aber hochgeschätzte Park der Stadt, und den Einwohnern Scillas muss es schon sehr seltsam vorgekommen sein, als sie eines Morgens in ihrem netten kleinen Park ein Zweimannzelt vorfanden, vor dem schmutzige Socken und Kochgeschirr aufgestapelt waren. Tatsächlich erschien auch sofort ein Polizeibeamter, der uns ausgesprochen höflich bat, spätestens am Nachmittag den Park zu verlassen, statt uns gleich aus der öffentlichen Anlage zu schmeißen. Also zogen wir einfach ein paar hundert Meter weiter und bauten unser Tarnzelt mitten auf einer abschüssigen Weide auf, die so stark nach Ziegendung roch, dass alle anderen einen großen Bogen um sie machten. Den Einwohnern Scillas muss auch das völlig unverständlich gewesen sein – es gab in dem Ort eine in einer malerischen Burg untergebrachte Jugendherberge, in der wir für umgerechnet zwei Mark pro Nacht hätten schlafen können. Aber für uns war das viel zu teuer. Wir mussten uns auch so schon von sehr billigen, sehr kalorienreichen Speisen ernähren, um im Budget zu bleiben. Als ideal erwiesen sich Sardinen aus der Dose (Thunfisch aus der Dose war entschieden zu teuer), dazu altes Brot vom Vortag, das man sehr billig bekommen konnte, und – das allerdings als Luxusgut – eine Flasche Wein, die in heutige Währung umgerechnet etwa sechzig Cent pro Liter gekostet haben muss.

Da es an Ostern war, war das Meer natürlich noch eiskalt und in meiner Erinnerung auch häufig voller Quallen. So schwammen wir also in dem eiskalten Wasser, aßen danach in einem stark nach Ziegendung riechenden Zelt Sardinen und hätten es überhaupt nicht verstanden, wenn irgendjemand daran gezweifelt hätte, dass diese Art zu leben für uns wirklich *Urlaub* bedeutete.

Allerdings hatte ein solcher Urlaub auch für uns einen echten Haken: Wir brauchten dringend irgendeine Waschgelegenheit. Deshalb gehörte es zu unserem üblichen Reiseprogramm, jede Stadt systematisch nach der bestmöglichen Toilette abzusuchen – möglichst eine mit warmem Wasser und einem Waschbecken, in dem man sich die Haare waschen konnte.

In einer Seitengasse von Scilla entdeckten wir eine solche Toilette in der Bar einer alten Frau, die so aussah, wie ich mir immer eine Wahrsagerin vorgestellt hatte. Täglich zweimal gingen wir dorthin, um uns morgens und abends zu waschen und die Zähne zu putzen wie zwei brave Jungs, die wir ja waren – wenngleich in einem gewissen Ausnahmezustand als Zeltreisende. Abends war es in unserem Zelt stockdunkel, Batterien für die Taschenlampe waren teuer, und um nicht im Dunkeln sitzen zu müssen, kauften wir uns immer die billigsten Kerzen, die sich vor Ort erwerben ließen, und das waren in der Regel mit religiösen Motiven verzierte Grabkerzen. In Scilla war auf diesen Kerzen besonders häufig der am 25. November 1881 als Angelo Roncalli geborene, als »Friedens- und Konzilspapst« berühmt gewordene sowie als »Volkspapst« besonders verehrte Papst Johannes XXIII. abgebildet, und wir konsumierten reichlich davon. Nachdem wir diese Kerzen gekauft hatten, gingen wir in die Bar zu unserer »Wahrsagerin«, und die alte Frau sah stets voller Wohlwollen auf die frommen Jungs mit den frommen Kerzen. So sehr schien sie uns in ihr Herz geschlossen zu haben, dass sie nie darüber meckerte, dass wir uns in ihrer Toilette wuschen und alles mit Wasser nass spritzten.

Eines Abends, als wir uns mal etwas Besonderes gönnen wollten, saßen wir bei dem billigsten bestellbaren Wein in ihrer Bar, und ich werde nie vergessen, wie sie auf eine Grabkerze deutete, die aus unserer Einkaufstasche ragte, und sagte: »Johannes XXIII.! Dieser Papst hat Wunder gewirkt!«

Damals lachte ich innerlich in mich hinein: Typisch, dachte ich, diese süditalienische Frömmigkeit: Sie glaubt an Wunder und meint in ihrer völligen Naivität, dass Päpste – die in meinen Augen reaktionäre, weltfremde Machthaber waren – etwas mit diesen Wundern zu tun hätten. Sie sagte aber auch noch etwas anderes, sie wiederholte es sogar den ganzen Abend über immer wieder, und ich weiß noch, wie ich im Wörterbuch nachsah, um ihre Worte zu übersetzen: »Il tempo non gli può fare niente« – »Die Zeit kann ihm nichts anhaben.«

Dieser Satz prägte sich mir ein, bis ich mich viele Jahre später zufällig in Reggio Calabria an der Straße von Messina aufhielt. Da ich etwas Zeit hatte, fuhr ich mit der Bahn die wenigen Kilometer nach Scilla, um durch das Dorf zu bummeln. Tatsächlich fand ich die Bar wieder, und zu meiner Freude lebte auch unsere alte »Wahrsagerin« noch. Sozusagen als späte Entschädigung für unser damaliges tägliches Wasserbad in ihrer Toilette setzte ich mich in die Bar und bestellte die teuersten Leckereien, die sie anzubieten hatte: Mandelkuchen und Prosecco. Ihre Augen waren schon fast blind, und sie erinnerte sich nicht an mich, aber als sie sich zu mir setzte, wies ich auf das Bild Papst Johannes' XXIII. über dem Tresen, und prompt sagte sie den gleichen Satz wie damals: »Il tempo non gli può fare niente« – »Die Zeit kann ihm nichts anhaben.« Ich hatte immer noch keine Ahnung, was dieser Satz bedeuten sollte, aber Jahre später, im Januar 2001, rief mich ein Kollege aus dem Vatikan an und fragte: »Hast du gehört? Es ist etwas Unglaubliches passiert. Sie haben das Grab von Johannes XXIII. geöffnet.«

Zuerst verstand ich nicht, was daran so unglaublich sein sollte. Ich wusste, dass der Leichnam des am 3. September 2000 seliggesprochenen Papstes von der Krypta ins Innere des Petersdoms umgebettet werden sollte, und natürlich musste dazu das Grab von Johannes XXIII. geöffnet werden. Erst als ich am Nachmittag in den Vatikan fuhr, verstand ich, was das Besondere an dieser Nachricht war, und nun traf sie mich wie ein Donnerschlag: Eine hochrangige Kommission unter Leitung von Kardinal-Staatssekretär Angelo Sodano, die das Grab geöffnet hatte, hatte festgestellt, dass der Leichnam von Papst Johannes XXIII. noch unverwest war. Die an der Graböffnung beteiligten Ärzte dieser Kommission hielten in ihrem Protokoll fest, es habe so ausgesehen, als ob der Papst nur schlafen würde. Wörtlich schrieben sie, »es schien, als hätte die Zeit dem Papst nichts anhaben können«.

Am 27. März 2001 bestätigte Kardinal Virgilio Noé, Erzpriester der Peterskirche, dass die am 16. Januar desselben Jahres erfolgte kanonische Anerkennung des Leichnams von Johannes XXIII. dessen Unverwestheit ergeben hatte, und selbst wenn man weiß, dass der Leichnam des Papstes kurz nach seinem Tod mit Formalin behandelt sowie in einem dreifachen Sarg aufbewahrt worden war, der kaum Sauerstoff durchließ, war der Zustand des Körpers dieses Papstes ungewöhnlich. Massimo Signoracci zufolge – ein Nachkomme der seit vier Generationen für die Einbalsamierung der Päpste zuständigen Familie Signoracci – kann ein entsprechend behandelter Körper zwanzig, dreißig Jahre überdauern. Papst Johannes XXIII. aber war siebenunddreißig Jahre zuvor, am 3. Juni 1963, an Krebs gestorben und beerdigt worden. Kardinal-Staatssekretär Angelo Sodano sprach denn auch von der Möglichkeit, dass die perfekte Konservierung dieses Körpers ein Wunder sein könnte: »Es ist mit Sicherheit ein Geschenk Gottes«, meinte der Kardinal. Ich aber ärgerte mich jetzt darüber, dass ich die alte Frau in der Bar damals nicht einfach gefragt hatte, was sie eigentlich genau damit gemeint hatte, als sie sagte, die Zeit könne Papst Johannes XXIII. nichts anhaben. Inzwischen war es dafür zu spät, die alte Frau war tot, und als ich später einmal einem großen Bewunderer von Johannes XXIII. diese Geschichte erzählte, war sie für ihn ein weiterer Beleg dafür, dass Johannes XXIII. ein Heiliger gewesen war – und dass seine Zeitgenossen das auch gespürt hatten: Sie spürten, dass dieser Papst die Zeit überdauern, dass er nicht vergessen werden würde, und nach der Überzeugung meines Gesprächspartners hatte Gott ein Wunder gewirkt und den Leichnam des Papstes nicht verfallen lassen. In gewisser Weise, so meinte er noch, sei mir das von dieser alten Frau geweissagt worden, und ich hatte einige Schwierigkeiten, nachzuvollziehen, warum diese Prophezeiung ausgerechnet mir gegolten haben sollte – vielleicht war ja doch alles nur ein Zufall gewesen.

Am 3. Juni 2001, zum 38. Todestag des im Jahr zuvor seliggesprochenen Papstes, wurden die sterblichen Überreste von Johannes XXIII. aus der vatikanischen Krypta in die Peterskirche überführt. In einer feierlichen Prozession war sein Leichnam zuvor auf den Petersplatz gebracht und dort während der Pfingstmesse von Johannes Paul II. ausgestellt worden. Anschließend stand der erleuchtete Glassarg acht Stunden lang vor dem Confessio-Altar der Basilika. Zehntausende von Gläubigen wollten dort einen Blick auf den unverwesten Leichnam werfen und beten. Heute befindet sich die letzte Ruhestätte des auch als »der gute Papst« in die Geschichte eingegangenen Johannes XXIII. unter dem Hieronymus-Altar am rechten hinteren Vierungspfeiler der Vatikan-Basilika. In seinem früheren Grab in der vatikanischen Krypta liegt nun Johannes Paul II., der Johannes XXIII. seliggesprochen hatte.

Natürlich beschäftigt die Frage, ob ein Papst selbst Wunder wirken kann, die Gläubigen schon zu dessen Lebzeiten. Das Getuschel darüber beginnt in der Regel sofort nach seiner Wahl und überdauert seinen Tod – nach dem dann oft schon bald die ersten Zeugen auftauchen, die behaupten, Beweise für die Heiligkeit eines Papstes vorlegen zu können.

Das galt selbst für den nur 33 Tage lang – vom 26.8. bis zum 28.9.1978 – regierenden Papst Johannes Paul I. Dessen einstiger Sekretär, John Magee – heute Bischof der irischen Diözese Cloyne –, ist fest davon überzeugt, dass Gott Papst Johannes Paul I. mindestens zwei Wunder zuteil werden ließ: Er soll ihm nicht nur seinen plötzlichen Tod vorhergesagt haben, sondern auch, wer sein Nachfolger werden würde.

Ein mexikanischer Journalist hatte dem Papst schon drei Tage nach seiner Wahl ein Flugticket angeboten, als symbolische Einladung nach Mexiko, wo der Eucharistische Kongress in Puebla stattfinden sollte. Bischof Magee zufolge überreichte der Journalist dem Papst das Ticket mit den Worten: »Heiligkeit, wir hatten Papst Paul VI. in Mexiko erwartet, aber jetzt kommen doch bitte Sie.« Der Papst habe das Ticket auch angenommen, berichtete Magee weiter, aber beim Abendessen sagte er dann zu seinem Sekretär: »Nehmen *Sie* das Ticket nach Mexiko an sich und bewahren Sie es für meinen Nachfolger auf. Ich werde in Rom bleiben, denn ich habe nicht mehr viel Zeit.«

Außerdem, berichtet Magee, habe der am 17.10.1912 im norditalienischen Canale d'Agordo (Region Veneto) als Albino Luciano geborene Johannes Paul I. nie verstehen können, warum *er* und nicht jener Mann gewählt worden war, den sich schon sein Vorgänger, Papst Paul VI., als Nachfolger gewünscht habe (1978 ging als »Dreipäpstejahr« in die Geschichte ein): »Weshalb gerade ich«, soll Johannes Paul I. seinen Sekretär John Magee wiederholt gefragt haben, »zumal im Konklave wesentlich Fähigere waren, wie der Kardinal, der vor mir saß und den Paul VI. als seinen Nachfolger erwählt hatte?«

Erst Jahre später, als John Magee Zeremonienchef im Vatikan wurde und die Akten des Konklaves einsehen durfte (was neben dem Zeremonienchef sonst nur noch der Papst selbst darf), stellte sich heraus, wer dieser Kardinal gewesen war, der im Konklave vor dem späteren Papst Johannes Paul I. gesessen hatte: der Erzbischof von Krakau, Karol Wojtyła.

Als ich in Rom anfing, waren Johannes XXIII. und Johannes Paul I. längst tot. Johannes Paul II. aber konnte ich ganz nahe sein: Ich begleitete ihn auf seinen Reisen, nahm an Hunderten von päpstlichen Messfeiern teil, erlebte ihn in den unterschiedlichsten Situationen – und dieser Papst wirkte auf mich nun gar nicht so, wie ich mir einen Heiligen vorstellte. Johannes Paul II. stand mitten im Leben, mitten in der Welt. Anfangs war er weder abgeschirmt noch entrückt. Er benahm sich keineswegs wie eine Majestät, sondern wie ein ganz normaler Mensch. In diesem Zusammenhang erinnere ich mich, wie empört der Vatikan reagierte, als der Papst in einem kleinen Flugzeug über Japan lächelnd an allen Fluggästen vorbei zur Toilette ging (erst danach wurde die vordere Toilette für den Papst reserviert): Gab sich so ein Heiliger?

Seine Gegner in der katholischen Kirche glaubten das wohl kaum. Viele katholische Priester überall auf der Welt waren von seiner Wahl enttäuscht, denn in ihren Augen drohte nun – nach der ökumenischen Öffnung durch Papst Paul VI. – eine neue Eiszeit. In der Tat drehte Johannes Paul II. das Rad ein wenig zurück: Errungenschaften, die unter der Regentschaft von Papst Paul VI. schon greifbar nahe waren – wie das gemeinsame Abendmahl mit evangelischen Christen –, schienen jetzt wieder in weite Ferne gerückt zu sein.

Zu Beginn seiner Amtszeit hielten also vermutlich nur wenige Johannes Paul II. für einen besonders heiligen Mann, nicht einmal in seiner engeren Umgebung. Das Getuschel um ihn begann erst am 7. Juli 1986 in Castries auf der Insel Santa Lucia, mitten in der Karibik. Dabei war diese Karibikinsel nur ein Zwischenstopp von Johannes Paul II. auf der Reise von Kolumbien zurück nach Rom. Insgesamt blieb er sieben Stunden lang auf der Insel. Was genau geschehen ist, lässt sich sehr schwer rekonstruieren, weil es nur sehr wenige Augenzeugen gab. Und doch änderte dieser Tag alles für die Umgebung des Papstes…

Gleich nach seiner Ankunft am Flughafen Hewanorra sollte Johannes Paul II. in ein kleineres Flugzeug umsteigen, das ihn nach Castries, in die Hauptstadt des 619 Quadratkilometer kleinen Inselstaats, bringen sollte, wo ihn der britische Generalgouverneur Sir Alain Lewis als Repräsentant der englischen Königin bereits erwartete. Doch auf dem Weg zu dem kleineren Flugzeug gelang es einem Priester, den Papst kurz aufzuhalten. Neben ihm stand ein blinder Junge, der sein Augenlicht schon in seiner frühesten Kindheit verloren hatte, wie später berichtet wurde. Mehrere Ärzte hatten den Jungen schon untersucht, konnten aber weder den Grund für seine Erblindung feststellen noch irgendeine Hoffnung geben, dass er je wieder sehen könnte.

Daraufhin blieb der Papst stehen, nahm den Jungen in die Arme, segnete ihn und sprach ein Gebet. Das alles geschah in nur wenigen Minuten, bevor der Papst weiter zu seiner wartenden Maschine gehen musste.

Noch an demselben Tag aber, dem 7. Juli 1986, gegen 16.00 Uhr Ortszeit, soll das Unglaubliche geschehen sein: Der Junge konnte wieder sehen. Überglücklich informierten seine Eltern den örtlichen Bischof darüber, der eilig eine Untersuchung des Falls anordnete. Aber die Ärzte fanden keine medizinische Erklärung für das Geschehen und teilten deshalb dem Bischof ratlos mit: »Wir können nur davon ausgehen, dass es sich um ein Wunder handelt.«

Nur sehr wenige Menschen erfuhren überhaupt von diesem Vorfall in der Karibik, und diesen befahl Johannes Paul II., darüber strengstes Stillschweigen zu bewahren: bis zu seinem Tod. Der Erzbischof von Castries, Exzellenz Kelvin Felix, bestätigte mir das Wunder erst im Frühjahr 2006 offiziell. »Dem Jungen geht es gut, er kann perfekt sehen«, sagte er zu mir.

Neben den unmittelbar Beteiligten erfuhren damals nur die engsten Mitarbeiter des Papstes davon, die Ordensleute der päpstlichen Familie und dessen Sekretär, Don Stanisław Dziwisz. Alle hielten sich an dieses Schweigegebot, und doch wurde von da an alles anders. Bis zu diesem 7. Juli 1986 war Papst Johannes Paul II. auch in den Augen seines direkten Umfelds »nur« das Oberhaupt von einer Milliarde Katholiken gewesen, der Nachfolger des heiligen Petrus, der oberste Theologe, aber auch ein Staatsmann und politischer Mensch in einer Zeit des Umbruchs, da es im Ostblock zu dramatischen Veränderungen kam. All das war für sich schon beeindruckend genug, aber was sollte es für das päpstliche Umfeld noch bedeuten, mit einem großen Denker und charismatischen Papst zusammenzuleben – verglichen mit der seit diesem 7. Juli 1986 ganz konkrete Formen annehmenden Möglichkeit, es mit einem Heiligen zu tun zu haben; mit einem Mann, der ganz offensichtlich den Ewigen Gott bitten konnte, direkt in die Welt einzugreifen und etwas Unvorstellbares zu tun, die Gesetze der Natur außer Kraft zu setzen? Seit diesem 7. Juli 1986 sahen die Mitarbeiter den Papst mit anderen Augen: »ihren« Papst Johannes Paul II., der da in seiner Kapelle stundenlang betete, bei Tisch mit ihnen scherzte, am Heiligen Abend polnische Lieder mit ihnen sang, bis der erste Stern am Himmel zu erkennen war, denn dann beginnt nach polnischer Tradition die Weihnachtsfeier. All das bekam von nun an eine ganz neue Bedeutung, und immer mehr Besucher, die nach der Reise in die Karibik zur Frühmesse in der päpstlichen Kapelle empfangen wurden, berichteten jetzt: »In seiner Umgebung behandeln sie ihn wie einen Heiligen.«

Als ich bald darauf, im Jahr 1987, nach Rom kam, verstand ich diese Zeichen am päpstlichen Hofe zuerst nicht zu deuten. Mir fiel nur auf, wie seltsam die nähere Umgebung mit dem Papst umging.

Ich wusste, dass Johannes Paul II. viel schrieb: manchmal einfach ein paar Gedanken auf einen Zettel, einen Vers, ein ganzes Gedicht oder auch nur einen Satz, der ihm gefallen hatte. Sein Privatsekretär Stanisław Dziwisz hob diese Zettel alle auf und verhielt sich überhaupt so, als ob alles, was der Papst angefasst hatte, dadurch eine besondere Bedeutung bekommen würde. Sogar die abgetragene Kleidung des Papstes, erfuhr ich schließlich, wurde sorgfältig aufbewahrt.

Auch die Audienzen änderten sich: Die Verantwortlichen des päpstlichen Hauses lasen plötzlich mit ganz anderer Aufmerksamkeit die Gesuche von Schwerkranken und Todkranken, die noch einmal den Papst sehen wollten. Denn wenn es wirklich möglich war, dass der Papst Wunder bewirken konnte, bekamen diese Gesuche dann nicht eine ganz andere Dimension?

In diesem Zusammenhang erzählte Don Stanisław Dziwisz am 15. Juni 2002 Journalisten eine Geschichte mit der Bitte, nichts darüber zu schreiben, solange der Papst noch am Leben war: Don Dziwisz hatte das Gesuch eines sehr reichen und sehr kranken Amerikaners erhalten, der nur noch drei Wünsche hatte: den Papst zu sehen, nach Jerusalem zu pilgern und danach zum Sterben in seine Heimat zurückkehren zu können. Seine Teilnahme an einer Audienz wurde gestattet, und der Amerikaner, der während der Chemotherapie alle Haare verloren hatte, reiste mit seinem persönlichen Arzt an. Don Dziwisz ließ ihn zur Messe vor, aber als der Amerikaner die Kommunion und den Segen empfing, fiel dem Privatsekretär des Papstes das seltsame Verhalten des Mannes auf, und schließlich erfuhr er, dass dieser ein Jude war. Daraufhin ging er zu ihm und sagte ihm höflich, aber bestimmt, dass die Kommunion eigentlich nur Katholiken vorbehalten sei. Umso mehr war Dziwisz dann selbst überrascht, als der Amerikaner am nächsten Tag im Vatikan anrief und sein eigenes Glück noch kaum fassen konnte: Tatsächlich war sein Tumor schon wenige Stunden, nachdem er die Kommunion aus der Hand des Papstes empfangen hatte, verschwunden. Sein Arzt dokumentierte den Fall, und nun wird er im Rahmen des im Sommer 2006 eingeleiteten Seligsprechungsverfahrens für Johannes Paul II. wissenschaftlich ausgewertet werden.

Mir kam diese Geschichte vielleicht weniger seltsam vor als anderen, denn ich hatte auch selbst einen äußerst ungewöhnlichen Fall erlebt: Dabei ging es um Don Andrea Palamides, einen fast blinden römischen Priester, von dem ich wusste, dass ihm auch bei seinen zahlreichen Krankenhausaufenthalten nicht geholfen werden konnte. Er sah nur noch grobe Schatten, konnte sich kaum noch orientieren und hatte große Angst vor der ewigen Dunkelheit, wenn sein Augenlicht ganz erlöschen sollte. Tatsächlich wurde seine Krankheit immer schlimmer, und ich kannte ihn gut genug, um zu wissen, wie sehr er darunter litt. Im Winter 1994/1995 konnte er fast gar nichts mehr sehen, doch am 15. April 1995 nahm Don Andrea Palamides an der Osternachtsmesse teil, und noch in derselben Nacht klingelte mich ein Kollege aus dem Bett.

Dieser Kollege hat mit der katholischen Kirche und ihrem Glauben absolut nichts am Hut, über den Vatikan zu berichten ist für ihn nur ein Job. Er wuchs in einer jüdischen Familie auf, aber Religion bedeutete ihm nichts. Er klang sehr ernst, doch ich konnte mir beim besten Willen nicht vorstellen, was er mitten in der Nacht von mir wollte. Deshalb schimpfte ich erst einmal los: »Was rufst du mich an, Mensch? Es ist halb drei!«

Doch er blieb ganz ruhig und sagte: »Don Andrea Palamides kann sehen.«

»Das ist unmöglich«, erwiderte ich, doch mein Kollege betonte: »Er kann sehen wie du und ich.«

In mein ungläubiges Schweigen hinein erzählte er: »Ich habe gesehen, wie er aus einer ganz normalen Bibel mit klein gedruckten Buchstaben vorlas! Im Moment wird gerade bei ihm gefeiert!«

Ich wollte ihm immer noch nicht glauben: »Es ist unmöglich, dass er lesen kann«, sagte ich. »Er kann einen Elefanten nicht erkennen, wenn er vor ihm steht.«

»Andreas! Ich habe es gesehen: Er *kann* lesen! Er sieht wieder und ist überglücklich!«

Zuerst traute ich mich nicht, ihn zu fragen, was mir auf der Zunge lag, weil ich Angst hatte, für abergläubisch gehalten zu werden und mich lächerlich zu machen. Aber dann fragte ich trotzdem: »War er beim Papst, kurz bevor…?«

»Du meinst, kurz bevor er wieder sehen konnte?«, fragte mein Kollege und schickte die Antwort gleich hinterher: »Ja, er *war* beim Papst, bevor er wieder sehen konnte, ganz kurz zuvor. Ich war dabei und beobachtete mit meinen eigenen Augen, wie der Papst sich ihm näherte, ihm die Hand auf die Stirn legte und sagte: ›Ich bete für dich.‹ Das war alles.«

»Ich kann es nicht glauben«, sagte ich fassungslos.

»Ich auch nicht«, erwiderte er. »Aber was ist, wenn es wirklich einen Gott gibt? Was ist, wenn das alles wahr ist?«

»Was hat Don Andrea gesagt?«, wollte ich nun noch wissen, dabei kannte ich die Antwort bereits: Don Andrea hatte natürlich einen Maulkorb vom Vatikan verpasst bekommen. Er durfte niemandem etwas sagen, nicht darüber sprechen, dass ein Mann ihm die Hand auf die Stirn gelegt und gesagt hatte, ich bete für dich; dass danach die Welt in einer Explosion aus Farben und Formen zurückgekehrt war, als er sein Augenlicht zurückbekam, und er durfte schon gar nicht sagen, dass dieser Mann, der ihm die Hand aufgelegt hatte, Johannes Paul II. gewesen war.

Zuerst wusste ich wirklich nicht, was ich darüber denken sollte. Ich wusste sehr viele sehr gute Gründe aufzuzählen, die die erstaunlichen Erfolge Johannes Pauls II. erklären konnten: Er war ein politischer Papst aus einem kommunistisch regierten Land – das erklärte, warum er sich für den Zusammenbruch des Sowjetreichs einsetzte. Er war ein Medienpapst – und das erklärte, dass die Jugendlichen dieser Welt zu ihm pilgerten, als wäre er ein Star auf MTV. Aber genügten diese Erklärungen wirklich? Konnten sie wirklich erklären, warum in sechsundzwanzig Jahren mehr als siebzig Millionen Menschen zu Johannes Paul II. gekommen waren? Warum die größte Massenversammlung der Geschichte, die im Januar 1995 in der philippinischen Hauptstadt Manila stattfand, diesem Mann gegolten hatte? Ließ sich dieser Papst *überhaupt* erklären, wenn es Gott gar nicht gab?

7

Maria im Industriegebiet: »So sieht es also aus, wenn Gott eingreift?«

Ich werde diese lange, schnurgerade Straße, die Via Fontanatetta im Norden von Civitavecchia, neunzig Kilometer nördlich von Rom, nie vergessen können. Dabei ist es eine ganz langweilige Landstraße. Nur selten fährt man an Häusern vorbei. Es gibt keine Restaurants, keine Bars – überhaupt nichts Besonderes zu sehen. Und doch ist hier etwas ganz Unglaubliches geschehen.

Als ich zum ersten Mal hierherkam, parkten hunderte Autos an den Straßenrändern, eilig abgestellt offenbar von jenen Menschen, die nun in Massen über die mittlerweile völlig verstopfte Straße liefen. Busse, die nicht mehr weiterkonnten, ragten aus der Menschenmenge. Ohne Erfolg versuchte die Polizei der Situation Herr zu werden. Es sah so aus, als würden hier gleich die elf besten Fußballer der Welt oder die mächtigsten Staatschefs erwartet, um den Menschen die Hände zu schütteln. Nur: Was wollten die gerade hier auf einer Straße, die in der Regel nur von einigen wenigen Anwohnern benutzt wird? Urlauber auf dem Weg nach Norden in die Toskana fahren über die Autobahn, Kreuzfahrtpassagiere, die im nahen Hafen von Civitavecchia ankommen, wollen weiter in den Süden nach Rom, brauchen diese unscheinbare Landstraße also ebenfalls nicht. Und doch schien sie im Februar 1995 auf einmal das Zentrum der Welt zu sein. Limousinen rasten heran, hohe Kirchenmänner stiegen aus und eilten quer über die Straße, ehe sie von Polizisten geschützt im Garten einer kleinen Villa verschwanden. Ich beobachtete das alles in meinem Auto sitzend – die Polizei ließ mich aus einiger Entfernung zuschauen, aber nicht näher herankommen – und fragte mich geschockt: »So sieht es also aus, wenn Gott eingreift?«

Natürlich wusste ich, wie die Menschen auf Wunder reagiert hatten, in Fátima oder Lourdes etwa. Aber das war lange her: Vergangenheit. Diesmal geschah es genau vor meinen Augen, sozusagen erstmals live.

Ich war unendlich aufgeregt; begierig, endlich mit meiner Arbeit anfangen zu können, die ersten Fragen zu stellen, zu recherchieren, nach Beweisen zu suchen. In meinem Bauch kribbelte es. Würde ich endlich herausfinden können, ob es die Spuren Gottes wirklich gibt?

Diesmal war alles anders als sonst. Ich musste nicht in irgendwelchen Archiven sitzen, um historische Dokumente zu studieren, die Aussagen von Zeitzeugen lesen oder versuchen, deren Nachkommen aufzutreiben, um mit ihnen über frühere Ereignisse zu sprechen. Diesmal geschah das Wunder direkt vor meinen Augen, und diesmal hatte ich eine gute Chance, herauszubekommen, was wirklich passiert war.

Diese Chance wollte ich mir nicht entgehen lassen!

Genau hier an dieser Straße, zwischen den Öltanks und den Kühltürmen des Stromkraftwerks Civitavecchia, im Garten der Familie Gregori, sollte also der unerklärliche Gott ein Zeichen gesetzt haben. Genau hier, in der Nähe des hässlichen großen Hafens, zwischen Schrebergärten und wilden Müllkippen, sollte das Unfassbare geschehen sein. Und zwar nur wenige Tage vor meiner ersten Ankunft dort.

Warum sollte sich Gott ausgerechnet diesen Flecken ausgesucht haben?

Weil er noch zur Diözese Rom gehörte?

Hatte der ewige Gott einfach einen seltsamen Humor?

Amüsierte es ihn etwa, sich an diesem unscheinbaren Ort zu offenbaren statt in der Stadt seines Vikars, in den Kathedralen des Papstes nur wenig weiter südlich?

Amüsierte er sich vielleicht auch gerade über uns Erdenbürger, die wir hier auf seiner Erde fassungslos auf eine kleine Villa an der unscheinbaren Landstraße starrten, in der es dem

Herrn im Himmel gefallen haben sollte, ein absolut einzigartiges Wunder zu wirken?

Was war geschehen?

Am 2. Februar 1995 gegen 18.00 Uhr bemerkt Jessica Gregori, die fünf Jahre alte Tochter eines Angestellten der italienischen Elektrizitätswerke ENEL, Fabio Gregori, damals 32 Jahre alt, dass eine kleine, nur etwa 30 Zentimeter hohe Statue der Muttergottes, die in einer Mauernische im Garten der Gregoris aufgestellt ist, weint. Sie weint Blut. Unter den Augen der Statue sieht man verschmiertes Blut, das den Hals herunterläuft und auf ihr Kleid tropft. Auch der Sohn Davide, damals zwei Jahre alt, sieht die Tränen und macht Papa Fabio und Mama Anna Maria auf die Tränen der Muttergottes aufmerksam. Die Familie ist geschockt. Sechs Monate lang stand die Statue unbeachtet im Garten der Familie, jetzt kann man eindeutig Blutspuren auf ihrem Gesicht erkennen.

Die Nachricht verbreitet sich wie ein Lauffeuer. Zunächst zeigt die Familie Gregori Freunden und Bekannten die Blutspuren auf der Statue, dann drängen auch schon gänzlich Unbekannte heran, die sich im Garten der Familie vor der Statue auf die Knie werfen wollen.

Als ich zum ersten Mal davon hörte, dass es in Civitavecchia eine Blut weinende Muttergottesstatue geben solle, dachte ich zuerst: Was für ein Schwachsinn. Ich hatte nicht den geringsten Zweifel daran, dass dieses vermeintliche Wunder mit ganz irdischen Methoden geschaffen worden war. Von einer ganz irdischen Person aus Fleisch und Blut, die sich wichtig machen wollte oder sonst irgendein Interesse daran hatte, für Aufsehen zu sorgen, warum auch immer.

Das Einzige, was nicht zu meiner Einschätzung passen wollte, war die Tatsache, dass den Gregoris das Ganze eher peinlich zu sein schien. Üblicherweise verbreiten die Besitzer wundersamer Statuen eine Unzahl frommer Legenden, machen in jeder denkbaren Form Propaganda für ihr höchsteigenes Wunder, versuchen mit allen Mitteln so viel Kapital wie nur irgend möglich aus dem angeblich unerklärlichen Ereignis zu schlagen. Nur den Gregoris schien der ganze Trubel eher unangenehm zu sein.

Trotzdem hielt ich es lange nur für eine Frage der Zeit, wann der Betrug aufgedeckt werden würde. Vor allem die Blutspuren auf der linken Seite des Gesichts der Muttergottesstatue schienen mir wie mit einem Pinsel aufgetragen. Zudem waren schon damals weinende Statuen ziemlich in Mode. Sie sind es bis heute geblieben: In Italien gibt es gut ein Dutzend bekannter weinender Statuen, doch keines dieser Phänomene wurde bislang als echtes Wunder anerkannt. Ich selbst hatte schon Zeugen von insgesamt sechs solchen angeblichen Wundern besucht – besonders gern scheinen in Italien Statuen von Pater Pio zu weinen –, und jedes Mal wollten mich die Menschen unbedingt von der Echtheit »ihres« Wunders überzeugen.

Die Gregoris dagegen waren einfach nur fassungslos. Fabio Gregori wirkte auf mich wie ein aufrichtiger Mann, der beim besten Willen nicht wusste, wie er mit dieser Situation umgehen sollte. Er hatte überhaupt nichts Verschlagenes an sich, sondern wirkte wie ein einfacher Familienvater, der offenbar gern mit seinen Brüdern am Stadtrand von Civitavecchia gelebt hatte und dem plötzlich etwas ganz und gar Unerwartetes zugestoßen war. Etwas, das er sich selbst nicht erklären konnte. Das zu groß für ihn war.

Noch viele Jahre nach dem Ereignis wird Fabio Gregori auf der Seele liegen, dass er eine »Beleidigung« der Muttergottes begangen habe. Fabio Gregori: »Als Jessica rief: Da ist Blut, bin ich zu der Muttergottesstatue hingegangen und habe das Blut abgewischt. Heute tut es mir so leid, dass ich so etwas tun konnte. Ich habe ein echtes Sakrileg begangen, eine Gotteslästerung, als ich das wundersame Blut einfach wegwischte, aber ich dachte, Jessica hätte sich den Finger verletzt und die Statue beschmutzt, aber dann sah ich, die Statue weinte wirklich Blut.« Später wird die Polizei nachweisen, dass das Blut auf der Muttergottesstatue nicht von Jessica Gregori stammen konnte – es war das Blut eines Mannes.

Damals war ich nicht der Einzige, der zuerst einmal ungläubig reagierte. Das lag auch am Ort der Erscheinung: Civitavecchia ist nicht gerade das, was man als Kulisse für ein göttliches Wunder erwartet. Die einst von den Bomben der Alliierten im Zweiten Weltkrieg schwer beschädigte Stadt lebt bis heute von ihrem Hafen. Hier setzen die Italiener im Sommer nach Sardinien über, um dort ihre Ferien zu verbringen; außerdem legen hier die gigantischen Kreuzfahrtschiffe an, weil kein anderer großer Hafen näher an Rom liegt. Von Civitavecchia brausen täglich Dutzende Busse mit den Passagieren der Kreuzfahrtschiffe nach Rom und zurück. Fast-Food-Restaurants, ein hässlicher Bahnhof, eine Flaniermeile am Meer – das ist es auch schon. Mit einer spirituellen Stadt wie Assisi oder Montecassino hat Civitavecchia nun wirklich nichts zu tun.

Doch die angeblich weinende Statue der Muttergottes stammt auch gar nicht aus Civitavecchia. Sie stammt nicht einmal aus Italien, sondern aus dem Marienwallfahrtsort Medjugorje im heutigen Bosnien-Herzegowina. Pablo Martin, ein mit der Familie befreundeter spanischer Priester aus dem nahe gelegenen Ort Pantano, hat den Gregoris die dreißig Zentimeter hohe Statue geschenkt. Es ist eine ganz gewöhnliche Statue aus Gips, überhaupt nichts Besonderes.

Am Tag, nachdem Jessica die ersten Blutstränen gesehen haben will, strömen die ersten Gläubigen zu der Statue. Zwei Tage nach dem Ereignis kommt auch Pablo Martin in den Garten der Familie Gregori. Er betet vor der Statue, erinnert sich daran, wie er sie in einem Geschäft in Medjugorje kaufte, und ist geschockt, weil er glaubt, ein Wunder gesehen zu haben. Der Priester will alles richtig machen. Deshalb schreibt er sofort einen ausführlichen Bericht an den zuständigen Bischof von Civitavecchia-Tarquinia, Girolamo Grillo.

Dieser Bischof gilt als ein umsichtiger Mann. Auch er reagiert zuerst einmal skeptisch und erklärt, dass er an solche Phänomene nicht glaube.

Am dritten Tag nach der Erscheinung pilgern schon hunderte von Gläubigen zu der Statue, die immer noch Blut weint. Die

Stadtverwaltung entschließt sich, Polizei aufmarschieren zu lassen, für Ruhe und Ordnung zu sorgen. Denn immer wieder kommt es zu Handgemengen zwischen Gläubigen und Skeptikern. Einige Skeptiker versuchen sogar, die Statue zu zerschlagen, um einen angeblich in der Gipsfigur versteckten Mechanismus zu entlarven, der ihrer Ansicht nach nur die wahre Ursache dieser »Tränen« sein kann. Doch die Gläubigen hindern sie daran.

Dann eskaliert die Situation: Der Polizeichef der Stadt, Giancarlo Mori, fällt vor der Statue auf die Knie. Er behauptet, auch er habe die Muttergottes Blut weinen sehen. Jetzt werden Kranke in Rollstühlen und auf Bahren in den Garten der Familie Gregori gebracht, die Atmosphäre bekommt etwas Surreales. Immer mehr Menschen pilgern an den Ort der Erscheinung, und bald schon drängen sich in dem kleinen Garten direkt an der Straße Unmengen singender und betender Menschen aus ganz Europa vor einer winzigen Gipsfigur. Nachts verwandelt sich die Via Fontanatetta in eine Art Open-Air-Kathedrale voller Spiritualität.

Inzwischen sieht man hier auch die ersten Pilger aus Lateinamerika. Vor allem Mexikaner schlagen auf den umliegenden Tomatenfeldern einfach ihre Zelte auf, zünden Kerzen an, singen und beten die ganze Nacht. Stunde um Stunde schallt das Ave-Maria über die Felder, an Schlaf ist für die Anwohner der Via Fontanatetta nicht mehr zu denken. Überall brennen Lagerfeuer und ein ganzes Meer aus Kerzen. Wenn die Polizei einen Pilger wegschickt, taucht er bald darauf wieder auf und wirft sich vor dem Haus der Familie Gregori auf die Knie.

Wie soll das nur weitergehen?

Mir war klar, dass es nur eine Frage der Zeit sein konnte, bis der Vatikan einschreiten würde. Einem solchen Spektakel würde die Glaubenskongregation nicht lange zusehen; das roch viel zu sehr nach Aberglauben.

Tatsächlich verhält sich die katholische Kirche in solchen Fällen immer gleich: Als Erstes wird der Gegenstand der Verehrung aus dem Verkehr gezogen – mit dem Argument, ihn in Sicherheit bringen zu wollen. Zugleich versucht man damit natürlich auch das Interesse der anströmenden Massen zu minimieren. Dann untersucht man das Ganze in aller Ruhe sehr genau, und das kann dauern: jahrzehntelang.

Klar war mir also auch, dass ich nun handeln musste, wenn ich mir ein ganz eigenes Bild davon verschaffen wollte, ob sich hier wirklich ein Wunder zugetragen hatte. Wenn die Statue erst einmal im Vatikan untersucht werden würde, könnte es zu spät für mich sein. Dann würde ich vielleicht nie mehr erfahren, ob sich hier, direkt vor meinen Augen, wirklich ein Wunder zugetragen hatte. Deshalb ging ich an einem dieser eiskalten Februarabende noch einmal in den Garten der Familie Gregori, wo nach wie vor ununterbrochen gebetet wurde. Nach wie vor stand diese unscheinbare weiße Gipsstatue in einer kleinen Nische. Das Blut, das die ganze Hysterie ausgelöst hatte, war deutlich zu sehen. Die Menge der Gläubigen vor der kleinen Statue schien wie hypnotisiert: Gruppen von Betenden hatten Megaphone mitgebracht und sangen jetzt ohne Unterlass das Ave-Maria. Inmitten der dicht gedrängten Menge versuchten immer wieder Gläubige, sich hinzuknien, wurden aber von der Menge umgerissen und mussten aufstehen, um nicht niedergetrampelt zu werden.

Ich blieb lange vor der Statue stehen und stellte mir vor, wie jemand in den Garten geklettert war, mit einem blutigen Pinsel in der Hand, um der Muttergottes ein betrügerisches Wunder anzudichten. Erst viel später, als ich die Ergebnisse der Untersuchungen und die Details kannte, stellte ich mir vor, wie das hier ausgesehen haben könnte, falls tatsächlich ein Wunder geschehen war: Ein kleines Mädchen spielt im Garten am Rand einer Schnellstraße, bleibt irgendwann vor der Mauernische stehen, sieht die blutigen Tränen auf dem weißen Gips der Statue hinabrinnen, schreit »Mama« und rennt ins Haus.

Und wenn es wirklich so geschehen wäre?

Der für diese Gegend zuständige, allerdings noch zur Diözese Rom gehörende Bischof Girolamo Grillo hatte bereits am 5. Februar mit Fabio Gregori Kontakt aufgenommen und ihn gebeten, die Statue der Muttergottes herauszugeben – im Interesse der Kirche und um den Andrang der Gläubigen vor einem bisher ungeklärten Phänomen zu beenden. Fabio Gregori stimmte zu und sagte: »Ich weiß nicht, wohin sie gebracht wird, aber ich hoffe, dass sie eines Tages zurückkommt in unseren Garten.« Daraufhin ließ der Bischof die Statue in den Erzbischöflichen Palast bringen, wo er sie in einen schlichten Schrank stellte. (Er selbst spricht zwar immer von einem »Tresor«, in dem die Statue untergebracht sei – in Wirklichkeit steht sie aber in einem ganz gewöhnlichen Schrank im Erzbischöflichen Palast.)

Am 1. März 1995, knapp vier Wochen nachdem das Wunder geschehen sein soll, trifft Bischof Grillo gegen 9.00 Uhr im Vatikan ein. Er hat ein Treffen mit dem Präfekten der Glaubenskongregation, Joseph Ratzinger, und er wirkt äußerst angespannt. Das katholische Italien spricht in diesen Tagen der Erscheinung von nichts anderem mehr als von der Blut weinenden Muttergottes. Der Bischof wird in seiner Diözese von beiden Seiten heftig attackiert. Die Gläubigen werfen ihm vor, dass er das Wunder nicht anerkennt, die Skeptiker klagen darüber, dass er dem Hokuspokus nicht rasch ein Ende setzt. Letztere haben nicht den geringsten Zweifel daran, dass es sich bei der Blut weinenden Muttergottes von Civitavecchia um einen Betrug handelt.

Grillo ist an diesem Tag auf alles vorbereitet. Er ahnt, dass Kardinal Joseph Ratzinger dem Blutwunderphänomen äußerst kritisch gegenübersteht, und er hofft, dass sie so wenig wie irgend möglich darüber reden müssen. Aber dann geht es an diesem Morgen in der Glaubenskongregation gar nicht so sehr um die blutigen Tränen der Muttergottes, sondern vielmehr um den Ort, aus dem sie stammt: Medjugorje. Kardinal Joseph Ratzinger fürchtet, dass der Vorfall in Civitavecchia vor allem einem Zweck dient: seine Entscheidung im Fall der angeblichen Marienerscheinungen von Medjugorje zu torpedieren.

Wie war es zu dieser Entscheidung gekommen?

Das ist ein ganz eigenes Kapitel.

8

Medjugorje:
Verlogenes Komplott um Maria?

Seit Kardinal Joseph Ratzinger am 25. November 1981 zum
Chef der Bibelkommission und zum Präfekten der Glaubenskongregation berufen worden war, hatte es zu seinen schwierigsten und undankbarsten Aufgaben gehört, gefälschte »Zeichen« Gottes zu entlarven. Und er bekam sofort weit mehr
mit diesem Thema zu tun, als ihm lieb war: Denn fast auf den
Tag genau fünf Monate vor seinem Amtsantritt, am 24. Juni
1981, soll im damaligen Jugoslawien, auf dem Crnica-Hügel
bei Medjugorje (heute Bosnien-Herzegowina) etwas sehr Seltsames geschehen sein: Abends gegen 18.00 Uhr soll auf diesem
Hügel sechs Kindern und Jugendlichen eine wunderschöne
Frau erschienen sein. Sie soll ein Kind in ihren Armen gehalten
haben, und die Kinder dachten sofort an die Muttergottes, die
hier als »Gospa« bekannt ist. Weil sie sich vor der Erscheinung
fürchteten, kamen sie auch nicht näher, als die Frau ihnen ein
entsprechendes Zeichen gab. Neugierig waren sie aber doch,
und so liefen bis auf zwei Kinder – denen die Muttergottes
daraufhin nie wieder erschien – am nächsten Tag alle um die
gleiche Zeit wieder zum selben Ort. Diesmal wurden sie von
zwei anderen Freunden begleitet, sodass es erneut sechs Kinder und Jugendliche waren, die sich zum Hügel auf den Weg
machten. Dort wollen sie auf einmal einen Lichtblitz gesehen
haben, in dem erneut die »unbeschreiblich schöne Frau« auftauchte. Diesmal trauten sich die Kinder, mit ihr zu sprechen,
und zum Schluss soll sie zu ihnen gesagt haben: »Gott sei mit
euch, meine Engel.« Als Muttergottes soll sie sich aber erst am
dritten Tag der Erscheinungen, dem 26. Juni 1981, zu erkennen
gegeben haben. An diesem Tag hatten die Kinder und Jugendlichen Weihwasser bei sich als Vorsichtsmaßnahme: Eine alte
Frau hatte ihnen geraten, die Erscheinung mit Weihwasser zu

besprengen, um sicherzugehen, dass es sich nicht um ein teuflisches Trugbild handle. Diesmal soll es gleich dreimal geblitzt haben, und als die wunderschöne Frau erschien, wollen die Kinder sie mit den folgenden Worten mit Weihwasser bespritzt haben: »Wenn du die Muttergottes bist, so bleibe bitte, wenn aber nicht, so weiche von uns.« Die Muttergottes soll gelächelt haben, als sie mit Weihwasser besprenkelt wurde, und als eines der Kinder sie nach ihrem Namen fragte, antwortete sie: »Ich bin die Heilige Jungfrau.« Auch am nächsten Tag soll sie ihnen wieder erschienen sein, und einen weiteren Tag darauf, am 28. Juni 1981, pilgerte zum ersten Mal eine große Menschenmenge zum Crnica-Hügel: mehr als 15 000 Menschen, wurde geschätzt. An diesem Tag rief der örtliche Pater Jozo Zovko die Kinder und Jugendlichen zu sich und befragte sie über die Ereignisse. Am 29. Juni wurden diese dann von einer Ärztin in Mostar untersucht, die keine Anzeichen geistiger Verwirrung erkennen konnte. Seitdem soll sich das Phänomen der Marienerscheinung bei den inzwischen erwachsenen sechs Kindern und Jugendlichen bis heute fortsetzen. Ihre Namen lauten Vicka Ivankovic, Marija Pavlovic, Ivan Dragicevic, Mirjana Dragicevic, Ivanka Ivankovic und Jakov Colo.

Vicka Ivankovic, geboren am 3. September 1964 in Medjugorje, heiratete im Jahr 2002 Mario Mijatovic und lebt heute in der Gemeinde von Gradina, in der Nähe von Medjugorje. Seit dem ersten Tag der Ereignisse will sie bis zum Herbst 2006 etwa 8000 Erscheinungen der Muttergottes erlebt haben.

Marija Pavlovic, geboren am 1. April 1965 in der Gemeinde von Medjugorje, heiratete 1993 einen Italiener, Paolo Lunetti, und lebt inzwischen mit ihren drei Kindern in der Nähe von Monza. Auch sie will zahlreiche Erscheinungen erlebt haben.

Ivan Dragicevic, geboren in Mostar am 25. Mai 1965, behauptet ebenfalls, tägliche Erscheinungen zu haben, und lebt heute mit seiner Frau – Loreen Murphy, einer ehemaligen Miss Massachusetts – und vier Kindern abwechselnd bei Boston und bei Medjugorje.

Mirjana Dragicevic, geboren in Sarajevo am 18. März 1965, will seit dem ersten Erscheinen der Muttergottes am 24. Juni

1981 bis zum Herbst 2006 etwa 800 Erscheinungen erlebt haben.

Ivanka Ivankovic, geboren in Medjugorje am 21. Juni 1966, heiratete Rajko Elez und hat drei Kinder. Auch sie will mehrere hundert Erscheinungen der Muttergottes erlebt haben.

Jakov Colo, am 6. März 1971 in Medjugorje geboren und somit der jüngste der sechs Augenzeugen, behauptet, bis zum 12. September 1998 täglich Visionen der Muttergottes erlebt zu haben. 1993 heiratete er die Italienerin Anna-Lisa Barozzi aus Italien. Er lebt in Medjugorje.

Heute verbreitet ein eigener Rundfunksender in Italien – »Radio Maria« – täglich die neuesten »Prophezeiungen« aus Medjugorje, und die Frage drängt sich auf: Was soll man von all dem halten?

Exakt zehn Jahre nach der ersten Marienerscheinung, am 25. Juni 1991, brach im damaligen Jugoslawien der Krieg aus. Das wurde als ein besonderes Zeichen gewertet: Die Muttergottes sei – wenn auch vergeblich – als Schützerin der Völker vor dem Krieg auf dem Balkan und als Mahnerin für den Frieden erschienen. Tatsächlich geht es bei dem Fall Medjugorje aber wohl nur auf den ersten Blick um einen Streit um eine echte oder gefälschte Marienerscheinung. In Wirklichkeit geht es um sehr viel mehr. Um das zu verstehen, bedarf es eines kurzen Rückblicks: Während der Herrschaft des Osmanischen Reichs verbreiteten die Türken den Islam auch auf dem Balkan. Nur die Franziskanerpatres harrten damals in den Gemeinden aus, die übrigen Priester flohen. Das führte dazu, dass die Franziskaner eine besonders enge Beziehung zur Bevölkerung aufbauen konnten – noch heute werden die Franziskaner dort als »Onkel« angesprochen. Nach dem Zusammenbruch des Osmanischen Reichs versuchte der Vatikan die Gemeinden auf dem Balkan neu zu ordnen. In diesem Zusammenhang sollten die bis dahin allein für die Seelsorge auf dem Balkan zuständigen Franziskaner einige Pfarreien abgeben, doch die Reform scheiterte, die Franziskaner weigerten sich. 1980 musste der Bischof von Mostar, Pavao Zanic, sogar zwei Franziskanerpatres suspendieren

– »a divinis«. Kurz darauf tauchte die Muttergottes nicht nur in einer von den Franziskanern bestimmten Pfarrei auf, Medjugorje, sondern eine der jugendlichen Augenzeuginnen, die »Seherin« Vicka, erklärte auch noch, dass sich die Muttergottes eindeutig auf die Seite der vom Dienst suspendierten Franziskanerpatres und gegen den Bischof gestellt habe. Leider eskalierte die Situation, die Franziskanerpatres besetzten einige Pfarreien in der Nähe von Medjugorje und ernannten einen »falschen Bischof«: Srecko Novak, einen sogenannten Altkatholiken, der einer Sekte angehörte und nicht zum Priester geweiht wurde. Damit kam es eindeutig zur Kirchenteilung, zum gefürchteten »Schisma«, was im Griechischen »Trennung« bedeutet. Der falsche Bischof nahm illegal mehr als tausend Firmungen vor, woraufhin die katholische Kirche vierzig Franziskanern untersagen musste, die Beichte abzunehmen.

Das Peinliche im Fall Medjugorje war für den damaligen Kardinal Joseph Ratzinger und heutigen Papst Benedikt XVI. also weniger die Marienerscheinung selbst als vielmehr die damit verbundene innerkirchliche Auseinandersetzung zwischen jener (Franziskaner-)Pfarrei, in der die Muttergottes erschienen sein soll, und den zuständigen Bischöfen auf der anderen Seite. Am 10. April 1991 kam es in diesem Zusammenhang zu einer Grundsatzentscheidung: Die Bischöfe unterzeichneten die sogenannte »Erklärung von Zara«, in der festgehalten wird, dass sich in Medjugorje keinerlei Wunder ereignet habe, dass die Muttergottes nicht erschienen sei. Kurz darauf legte der Vatikan nach, als die Glaubenskongregation unter Leitung von Kardinal Joseph Ratzinger am 23. März 1996 das Dokument mit der Protokollnummer 154/81-01985 veröffentlichte, in dem auf ebendiese »Erklärung von Zara« verwiesen und hinzugefügt wird, dass »nach Untersuchungen und Prüfungen von keinem übernatürlichen Phänomen die Rede sein« könne. Damit ist für die ganze katholische Kirche überall auf der Welt verbindlich: In Medjugorje fand kein Wunder statt. Und an dieser offiziellen Version hat sich bis heute nichts geändert: Noch am 6. Juli 2006 sagte der zuständige Bischof von Mostar, Duvno Ratko Peric, er habe »nach 25 Jahren Erfahrung in der Kirche [...] von den tausenden angeblichen Botschaften der Muttergottes nicht eine einzige der Visionen und Erscheinungen als authentische Marienerscheinung« anerkennen können. Quasi im selben Atemzug forderte er die sechs angeblichen Augenzeugen dieser Erscheinungen sowie die Menschen, »die hinter ihnen stehen« – womit zweifellos die Franziskanerpatres gemeint waren –, auf, »aufzuhören, in dieser Kirchengemeinde angebliche Botschaften der Muttergottes zu verbreiten«. Außerdem wurde noch im selben Monat bekannt, dass eine neue Untersuchungskommission zu Medjugorje eingesetzt werden solle.

Warum das alles, wenn der Fall doch ohnehin eindeutig ist und die Fronten geklärt sind?

Warum beharrt der Vatikan nicht einfach auf seiner einmal festgelegten Position?

Vielleicht deshalb nicht, weil sich dieser Fall inzwischen zu einem ausgewachsenen Kirchenskandal entwickelt hat: Obwohl bereits am 10. August 1981 der Zutritt zur angeblichen Wunderstätte verboten und drei Franziskanerpatres der betroffenen Gemeinde verhaftet worden waren, blieb das eigentliche Problem bestehen. Das eigentliche Problem der Amtskirche bestand schon damals und besteht bis heute in Medjugorje darin, dass es in diesem Fall keinerlei Wirkung zeigte, den Zugang zur Wallfahrtsstätte sperren zu lassen und von oben festlegen zu wollen, es habe sich nicht um ein Wunder gehandelt. Denn: Mehr als vierzig Millionen Menschen sollen seit dem Jahr der ersten Erscheinung bis heute aus allen Teilen der Welt nach Medjugorje gepilgert sein. Und der Ansturm ist nach wie vor gigantisch.

Zudem ereignete sich in Medjugorje auch noch das Schlimmste, was der katholischen Kirche passieren konnte: Wunder. Und zwar nicht etwa *ein* Wunder, nein – eine kaum noch zu überblickende Vielzahl an Wundern wird der Fürsprache der Muttergottes von Medjugorje zugesprochen. Die Zahl der Heilungen von tödlichen Krankheiten soll in die Tausende gehen. Der vorerst letzte bekannte Fall beschäftigte im Jahr 2006 Ärzte in Bologna: Ein achtundsechzig Jahre alter Rentner aus Rimini, Carlo M., war an Leberkrebs erkrankt und sollte im Februar 2006 ein weiteres Mal operiert werden. Der todkranke Mann hatte schon unendlich viel gelitten und berechtigte Angst, eine weitere Operation nicht zu überleben. Deshalb unternahm er im Vorfeld eine Pilgerreise nach Medjugorje und kehrte im Januar 2006 zurück – anscheinend völlig gesund. Jedenfalls bestätigten seine Ärzte am 16. Mai 2006, dass ihr Patient offenbar auf eine medizinisch nicht erklärbare Art und Weise geheilt worden sei.

Und das ist nur ein Beispiel von vielen: Immer wieder organisieren Privatleute in Pfarrgemeinden gegen den Willen des Pfarrers – und obwohl das ausdrücklich verboten ist – Wallfahrten zum Marienheiligtum Medjugorje, sodass sich die katholische Kirche immer wieder dazu gezwungen sieht, gebetmühlenartig darauf hinzuweisen, dass sich in Medjugorje nach Ansicht der Kirche nie ein Wunder ereignet habe. Erlaubt ist in Medjugorje lediglich die schlichte Verehrung der Muttergottes wie auch sonst überall auf der Welt. Dagegen warnte die Glaubenskongregation von Kardinal Joseph Ratzinger sogar mehrfach vor einer Verehrung der angeblichen Marienerscheinungen von Medjugorje.

Bis zum Tod von Papst Johannes Paul II., dem großen Verehrer der Muttergottes, hatten die Millionen Anhänger des vermeintlichen Wunders von Medjugorje noch gehofft, dass der Papst selbst an diesen Ort reisen und die Marienerscheinung anerkennen werde. Doch er tat es nicht, obwohl noch heute Gerüchte im Umlauf sind, denen zufolge Johannes Paul II. durchaus erwogen habe, die Wunder von Medjugorje anzuerkennen. So soll er zum Beispiel zwar einerseits darauf verzichtet haben, bei seiner Reise nach Sarajevo im Sommer 1995 auch Medjugorje zu besuchen, aber zumindest gegenüber dem zuständigen Provinzial der Franziskanerbrüder, Fra Dr. Tomislaw Pervan, »sehr wohlwollend« über Medjugorje gesprochen haben.

Doch dieses Kapitel ist nun ein für alle Mal abgeschlossen. Von Papst Benedikt XVI. erwartet wohl niemand, dass er nach Medjugorje reisen und das Wunder der Marienerscheinungen anerkennen wird. Für den damaligen Präfekten der Glaubenskongregation, Kardinal Joseph Ratzinger, aber hatte der Fall der Muttergottes in Medjugorje schon einmal ein völlig unerwartetes, sehr unangenehmes und überaus schwieriges Nachspiel: das »Wunder von Civitavecchia«.

9

Die dunkle Seite der Wunder

Wie konnte Bischof Grillo nur zulassen, dass vor einer Muttergottesstatue gebetet wurde, die aus einem nicht anerkannten Wallfahrtsort stammt – ja sogar aus einem, vor dem die Kirche ausdrücklich warnt, weil sie sicher ist, dass dort im Namen der Muttergottes in großem Stil betrogen wird? Für Joseph Ratzinger stand dieser Betrug möglicherweise in einem direkten oder indirekten Zusammenhang mit der weinenden Gipsstatue aus Medjugorje im Garten der Familie Gregori. Vor allem aber ging es ihm darum, dass keine wie auch immer geartete Wundergläubigkeit den wahren Kern des katholischen Glaubens in den Schatten stellen darf. Im Klartext: Eine Madonnenfigur darf nicht Jesus Christus in den Schatten stellen.

Der Chef der Glaubenskongregation wollte das Ereignis in aller Ruhe genau unter die Lupe nehmen, und dem Vatikan kam es darauf an, den Volksauflauf in Civitavecchia so schnell wie möglich zu beenden. Doch Rom konnte nicht direkt eingreifen. Das war das Hauptproblem für Kardinal Joseph Ratzinger an diesem Morgen des 1. März im Jahr 1995: die Regeln des Verfahrens der katholischen Kirche in solchen Fällen. Zuständig ist in einem solchen Fall – egal, wie spektakulär er auch sein mag – nämlich nicht der Vatikan, sondern immer der Bischof des Gebiets, in dem sich das vermeintliche Wunder ereignet. Für Joseph Ratzinger war das auch deshalb ein Problem, weil er ganz genau wusste, welchen Effekt die angeblich Blut weinende Madonna von Civitavecchia hatte: In den Augen vieler Gläubigen verkörperte sie die Rache am Vatikan. Tatsächlich schwenkten viele Gläubige in Civitavecchia Fahnen mit dem Bild der Muttergottes von Medjugorje, und die Menschen waren nicht nur von der Echtheit des Blutwunders von Civitavecchia überzeugt, sondern auch davon, dass dieses eine höhere

Bedeutung hatte: Ihrer Meinung nach weinte die in Medjugorje erworbene Muttergottesstatue nicht nur deshalb im Garten der Familie Gregori, weil sie damit die Sünden der Welt beklagen wollte, sondern vor allem auch, weil ihr Erscheinen in Medjugorje von der Amtskirche nicht anerkannt wurde. Mit ihrem Erscheinen in Civitavecchia wollte sie offenbar den Kirchenoberen zeigen, dass sie mit der Leugnung des Wunders von Medjugorje einen schweren Fehler begangen hatten.

Kardinal Joseph Ratzinger dürfte das alles für den Beginn einer neuen Welle des Aberglaubens gehalten haben, zu der es nur deshalb gekommen war, weil sich ein Priester nicht korrekt verhalten hatte: Was hatte dieser Pablo Martin, der spanische Freund der Familie Gregori, eigentlich in Medjugorje verloren gehabt? Warum war er ins heutige Bosnien-Herzegowina gepilgert, obwohl die Amtskirche und vor allem die Glaubenskongregation von Kardinal Joseph Ratzinger immer wieder darauf hingewiesen hatten, dass die Verehrung der Marienerscheinungen von Medjugorje nicht gestattet ist – ja, dass diese sogar als Ketzerei gegen die Glaubenslehre der katholischen Kirche eingestuft wird? Und warum hatte dieser Priester dann auch noch eine Marienstatue erworben in einem Geschäft der abtrünnigen Franziskaner, die trotz der Mahnungen der Glaubenskongregation an ihrem Marienwunderglauben festhielten? War das Ganze etwa ein groß angelegter, gut inszenierter Betrug?

Vor diesem Hintergrund bat Ratzinger Bischof Girolamo Grillo, sehr vorsichtig zu sein und nur dann selbst einzuschreiten, wenn ein Betrug nachgewiesen werden konnte. Doch wenn Kardinal Joseph Ratzinger wirklich gehofft haben sollte, die Aufregung um die Blut weinende Madonna würde sich bald wieder legen, so wurde diese Hoffnung schon am Tag nach seinem Gespräch mit Bischof Grillo zerstört. An diesem 2. März 1995 erstattete nämlich der Präsident der italienischen Verbraucherschutzorganisation Codacons, Giuseppe Lo Mastro, Strafanzeige wegen des »Missbrauchs der Gläubigkeit der Menschen«. In seinem Strafantrag äußerte er die Vermutung, dass die Familie Gregori Opfer einer »okkulten Sekte« geworden sein könnte, die die ursprüngliche Statue der Muttergottes im Garten der

Familie Gregori ausgetauscht habe, um den Wunderglauben der Menschen auszunutzen. Der Antrag klang plausibel. Staatsanwalt Antonio Albano übernahm die Leitung der Ermittlungen und erhielt von einem sardischen Kollegen Unterlagen über einen ganz ähnlichen Fall, bei dem im Jahr zuvor hunderte von Menschen wochenlang in Assemini bei Cagliari vor einer Statue der Muttergottes gebetet und gesungen hatten. Auch auf ihrem Gesicht waren Blutstropfen erschienen, und auch diese Statue stammte aus Medjugorje. Gestanden hatte sie im Garten der Familie von Christina Ilot, und nach einigen Ermittlungen konnte die Polizei schließlich nachweisen, dass das Blut auf dem Gesicht der Muttergottesstatue das von Christina Ilot war. Sie selbst hatte ihr Blut auf die Statue gestrichen, ein glatter Betrug, aber der Fall von Civitavecchia lag zweifellos anders, denn das Blut, das aus den Augen der Muttergottes gesickert sein sollte, stammte mit Sicherheit nicht von einem Mitglied der Familie Gregori – außerdem wollten ja »etwa vierzig Zeugen« nach den Angaben von Bischof Girolamo Grillo zwischen dem 2. und 5. Februar mit eigenen Augen gesehen haben, wie die Muttergottes insgesamt dreizehnmal blutige Tränen geweint hatte. Und Polizeichef Giancarlo Mori war sogar selbst einer dieser Augenzeugen gewesen. Von der Staatsanwaltschaft befragte Experten glaubten dennoch an einen Betrug und erläuterten, dass in der schlichten Gips-Muttergottes eine Minipumpe versteckt sein könnte, die auf elektrische Impulse reagieren und das Blut aus den Augen der Statue pressen könne. Vielleicht sei in der Muttergottes auch eine Art Mini-Tank versteckt, den man mit menschlichem Blut gefüllt hatte. Daraufhin forderten die Kritiker dieser Marienerscheinung, dass die Statue schlicht aufgeschnitten werden solle. Tatsächlich kam das Bistum der Forderung nach und ließ nicht nur das Blut der Statue untersuchen, sondern auch die gesamte Statue mit Röntgenstrahlen und Ultraschall durchleuchten. Wenn die Muttergottes wirklich manipuliert worden war, argumentierten die Experten, wenn also wirklich Pumpen und/oder Tanks in der Statue versteckt worden waren, dann musste es Hohlräume in ihrem Inneren geben, die man ganz einfach nachweisen konnte. Die Untersuchungen kamen aber zu einem überraschenden Ergebnis, jedenfalls für die Kritiker der Marienerscheinung: In der Statue gab es weder Pumpe noch Tank, überhaupt keine versteckten Hohlräume – nur Gips. Auch eine zweite, von anderen unabhängigen Experten vorgenommene Untersuchung ergab das Gleiche: In der Muttergottesstatue gab es keine Spur von Hohlräumen, nur Gips.

Gegen die Theorie, dass in der Madonna eine Pumpe oder ein Tank versteckt worden waren, hatte von Anfang an auch das Argument gesprochen, dass das Blut in einem solchen Tank doch gerinnen musste, also schon bald nur noch schwer nach außen zu pumpen sein würde. Tatsächlich war aber das Blut aus den Augen der Muttergottes nicht nur zweifellos Menschenblut gewesen – in den Proben hatten sich auch keinerlei Spuren oder Rückstände von Mitteln gefunden, die eine Gerinnung hemmen oder gar verhindern konnten.

Zudem stellte sich die Frage, wer eine solche Maschine in der Madonna versteckt haben sollte, und warum. Die Familie Gregori hatte durch die Blut weinende Muttergottes nur Nachteile erlitten, keine erkennbaren Vorteile. Dass irgendein Unbekannter die Muttergottes im gut abgeschirmten Garten der Familie Gregori manipuliert haben könnte, erschien auch unwahrscheinlich. Blieb als Verdächtiger eigentlich nur noch der spanische Priester Pablo Martin, der die Statue aus Medjugorje der Familie geschenkt hatte. Tatsächlich ließ man später auch sein Blut mit dem auf der Statue vergleichen – mit negativem Resultat. Sollte Jessica Gregori etwa, das kleine Mädchen, das als Erste die Tränen gesehen haben wollte, allen einen Streich gespielt haben, indem sie sich, woher auch immer, Menschenblut besorgt hatte, in die Nische geklettert war und damit die Augen der Muttergottesstatue beschmiert hatte? Kaum vorstellbar. Und litten alle anderen Augenzeugen seitdem immer nur an Halluzinationen, als sie die blutigen Tränen der Muttergottes sahen?

Bis zum 15. März 1995 herrscht im Vatikan Einigkeit darüber, dass es sich bei dem »Wunder von Civitavecchia« um nichts anderes als um einen Betrug handeln kann, bei dem sich irgendwer die Leichtgläubigkeit des Volkes zunutze macht. Je weniger darüber gesprochen wird, desto besser: Kardinal Joseph Ratzinger sieht das genauso wie der Generalvikar des Papstes, Camillo Ruini, der zugleich Chef der Italienischen Bischofskonferenz ist. Das Wunder darf nicht nur nicht bejubelt werden – die katholische Kirche tut sogar so, als habe es gar kein Wunder gegeben. Die Verehrer der Madonnenerscheinung von Medjugorje aber fühlen sich gekränkt: Sie hatten gehofft, dass die Blut weinende Muttergottes von Civitavecchia die Kirche auch im Fall Medjugorje zum Umdenken bewegen könnte. Dass das Wunder von Civitavecchia jetzt regelrecht totgeschwiegen und die Statue aus dem Verkehr gezogen werden soll, führt zu einer tiefen Verstimmung unter den Gläubigen – und zu wilden Spekulationen über die Fragen:

Warum darf das Wunder eigentlich nicht anerkannt werden?

Was steckt dahinter?

Wer steckt dahinter?

Warum weigert sich die Kirche, die Größe eines Werks des Herrn und damit seine Größe zu preisen?

Der Vatikan unterschätzt völlig die Verstimmung des Kirchenvolks und erkennt überhaupt nicht, dass es jetzt um einen ganz entscheidenden Punkt geht, der nicht nur dafür sorgen wird, dass mehr als zehn Jahre nach dem vermeintlichen ersten Wunder der Blut weinenden Muttergottes immer noch heftig über diese dreißig Zentimeter große Statue gestritten wird, sondern dass dieses Wunder auch in die Geschichte eingehen wird als das Ereignis, an dem sich eine Frage entzündete, die seither das Kirchenvolk in zwei Teile spaltet: die Frage nämlich, ob die katholische Kirche angesichts eines Wunders einfach so tun darf, als ob nichts geschehen sei, bis die letzten Zweifel an der Echtheit des Wunders ausgeräumt wurden.

Darf die katholische Kirche ein Zeichen Gottes ignorieren? Muss sie sich nicht eher auf die Knie werfen, wenn der ewige

Gott im Himmel beschließt, die Menschen auf der Erde eine Spur seines unerklärlichen Wirkens erblicken zu lassen?

Und wenn die katholische Kirche Gottes Willen nicht befolgt, seine Wunder nicht anerkennt, *warum* tut sie das dann nicht?

Wer steckt dahinter?

Verblendet etwa Satan die Kirche, damit sie das Wirken Gottes nicht erkennt?

Der Fall des Blutwunders von Civitavecchia ist deshalb so einzigartig, weil er die dunkle Seite der Wunder berührt. Wunder können sich nämlich nicht nur als billige Tricks herausstellen oder als tatsächlich unerkläriches Geschehen – die dunkle Seite der Wunder berührt die Frage: Was geschieht, wenn Satan ins Spiel kommt, entweder indem er die Gesetze der Natur außer Kraft setzt oder indem er die Kirche verblendet?

Nach der Glaubenslehre der katholischen Kirche kann Gott dem Teufel erlauben, in die Welt einzugreifen, so etwas wie ein negatives Wunder zu wirken, also Unheil anzurichten. Papst Johannes Paul II. unterstrich in diesem Zusammenhang ausdrücklich, dass es falsch sei, den Teufel und sein Wirken in der Welt zu unterschätzen – dadurch mache man den Teufel nur noch stärker. Sein Vorgänger auf dem Stuhl Petri, Papst Paul VI., war sogar noch weiter gegangen und hatte festgestellt, dass der »Rauch Satans durch einige Risse in die Kirche eingedrungen« sei.

War genau das im Fall Civitavecchia geschehen: dass Satan die hohen Herren im Vatikan verblendet hatte?

Zumindest ein Fachmann auf diesem Gebiet hegte diesen Verdacht: Pater Gabriele Amorth, der Chef-Exorzist des Papstes. Die Missachtung eines göttlichen Zeichens bedeutete für ihn eine Missachtung Gottes – aber wie konnte der Vatikan Gottes Zeichen missachten, wenn nicht der Teufel im Spiel war?

Die Kirche hatte das Erscheinen der Muttergottes in Medjugorje nicht anerkannt, jetzt erkannte sie das Blutwunder einer Muttergottesstatue aus Medjugorje nicht an.

Warum?

Weil sie einen Fehler gemacht hatte, als sie das Wunder von Medjugorje übersah?

Weil sie diesen Fehler nicht eingestehen wollte?

Hatte Gott wirklich eingegriffen, und die Kirchenmänner im Vatikan wollten diesen Fingerzeig Gottes nicht sehen?

Warum waren sie so blind?

Pater Amorth meinte die Antwort zu kennen: Das Böse war im Spiel! Dieses Böse lasse die Kardinäle Gottes Wirken nicht erkennen, weil Satan sie in die Irre leitete. Und erstaunlicherweise löste ausgerechnet diese Idee des Chef-Exorzisten Pater Amorth das wahrscheinlich erstaunlichste Wunder des 20. Jahrhunderts aus: Ich weiß beim besten Willen nicht, was ich davon halten soll, was sich der liebe Gott, falls es ihn gibt, dabei gedacht hat, dass er ausgerechnet einen Exorzisten einsetzt, um das Unglaubliche geschehen zu lassen. Aber das sind die Fakten:

Am 14. März 1995 ruft der Chef-Exorzist des Papstes im Hause des Bischofs von Civitavecchia-Tarquinia, Girolamo Grillo, an. Allerdings lässt er sich nicht mit dem Bischof verbinden – er will mit seiner Schwester sprechen, die zugleich seine Haushälterin ist, Maria Grazia Grillo.

Pater Gabriele Amorth und Maria Grazia Grillo kennen sich. Der Chef-Exorzist des Papstes ist in der Diözese Rom sehr bekannt. Dennoch muss es Maria Grazia Grillo überaus seltsam vorkommen, dass der Exorzist bei ihr zu Hause anruft, denn Amorth ist ein sehr zurückgezogen lebender Mann, der die Öffentlichkeit meidet. Vor allem aber spricht er ungern am Telefon. Wer mit dem Chef-Exorzisten sprechen will, muss in der Regel zu ihm in sein Kloster im römischen Stadtteil EUR kommen. Dass Amorth aber gegen alle seine Gewohnheiten zum Telefonhörer greift, zeigt, wie wichtig ihm die Angelegenheit ist und dass er keine Zeit mehr verlieren will.

Don Amorth erklärt Maria Grazia Grillo am Telefon, dass er zutiefst verärgert darüber ist, dass der Bischof das außerordentliche Zeichen der Marienerscheinung von Civitavecchia einfach nicht anerkennen will. Durch einen Zufall hört Bischof Grillo das Telefonat ungewollt mit und nimmt es sich zu Herzen. Am darauffolgenden Tag sagt er in einem Interview: »Als ich, ohne es zu wollen, dieses Telefonat mithörte, habe ich beschlossen, am kommenden Morgen mit meiner Schwester Maria Grazia vor der kleinen Statue zu beten.«

Später erklärt der Bischof auch noch, dass er bereits in der Nacht zuvor von der Blut weinenden Muttergottes geträumt hatte. Im Traum habe sie ihm erklärt, dass ihre blutigen Tränen kein Symbol des Leids, sondern eine Botschaft der Liebe seien.

Der Bischof – bis dahin einer der heftigsten Kritiker dieser Marienerscheinung – ist zutiefst verwirrt und bestürzt. Er spricht mit niemandem über den Traum, weiß selbst nicht, was er davon halten soll. Hat ihm die Muttergottes diesen Traum geschickt, oder handelt es sich um eine Versuchung Satans? Später wird er, um ganz sicher sein zu können, an der Muttergottes einen Exorzismus vornehmen. Aber noch ist es nicht so weit. Noch ist dieser 15. März anscheinend ein ganz gewöhnlicher Frühlingstag im Jahr 1995, als Bischof Girolamo Grillo morgens gegen 7.00 Uhr die Statue aus seinem Schrank nimmt. Und dann geschieht das Unfassbare:

»Als ich die Tränen gesehen habe«, erklärt er wenige Stunden später, »hat es mir einen fürchterlichen Schlag versetzt. Meine Schwester sagte zu mir: ›Du bist ja schneeweiß im Gesicht.‹ Ich habe dieses Weinen festgestellt, als ich die Statue in meinen Händen hielt. Das gab mir sehr zu denken, denn ich war von Anfang an sehr skeptisch gewesen. Ich hatte die Familie zuvor zur Rechenschaft gezogen. Ich war überzeugt, dass es sich um einen Betrug handeln musste.«

Und nun das: Nach diesem Ereignis steht der Bischof regelrecht unter Schock. Dreizehnmal soll die Statue geweint haben, bevor sie in das Haus des Bischofs kam – das vierzehnte Wunder der Blut weinenden Muttergottes vollzieht sich vor dessen eigenen Augen!

Girolamo Grillo kniet vor der Statue nieder, seine Hände zittern. Auch seine Schwester ist zutiefst bestürzt. Sie fürchtet, dass ihr Bruder vor Aufregung einen Herzanfall erleiden könnte, und lässt einen Arzt kommen. Der Chef der kardiologischen Abteilung des Krankenhauses Civitavecchia persönlich, Professor Marco di Gennaro, untersucht den immer noch fassungslos auf dem Boden knienden Bischof. Später bestätigt er der theologischen Untersuchungskommission, dass auch er »Veränderungen auf dem Gesicht der Muttergottes gesehen« hat, die Spuren von Tränen aus Blut gewesen sein könnten. Jetzt erst geschieht, worauf die Gläubigen schon so lange warten: Voller Freude ruft der Bischof sein Glück über dieses Zeichen Gottes in die ganze Welt hinaus. Alle sollen es erfahren. Für ihn ist das die wichtigste Nachricht dieser Geschichte: Den Herrn im Himmel gibt es tatsächlich! Er hat ein unglaubliches Wunder gewirkt, ein Zeichen gesendet – und das vor einem Bischof! Freudestrahlend erklärt Girolamo Grillo vor den laufenden Fernsehkameras der Weltpresse: »Ich habe zwischen meinen Händen diese Muttergottes Blutstränen weinen sehen.«

Das Interview erschüttert den Vatikan zutiefst. Ich weiß noch, wie sich der Pressesaal des Heiligen Stuhls schlagartig in ein Bienennest zu verwandeln schien: Seit der Marienerscheinung von Fátima, vor fast hundert Jahren, war so etwas nicht mehr geschehen: dass ein Bischof versicherte, dass Gott auf der Erde ein Wunder gewirkt hatte.

Die erste Reaktion im Vatikan ist: Ungläubigkeit.

Kann es wirklich sein, dass ein Bischof – ein bisher überall geschätzter und überaus geachteter Bischof – tatsächlich vor laufenden Kameras sagt, dass er ein Wunder erlebt hat?

Ein so seltsames Wunder, dass eine Gipsstatue, die zudem aus Medjugorje stammt, vor seinen eigenen Augen blutige Tränen weint?

Der Vatikan lässt sich die Videobänder geben, und im Pressesaal herrscht erst einmal Fassungslosigkeit darüber, dass nun genau das eingetreten ist, was um jeden Preis verhindert werden sollte: dass die Kirche schnell ein Wunder Gottes eingesteht.

Statt die Glocken zu läuten, dem Himmel zu danken für das Geschenk dieses unglaublichen Wunders, wird dem Bischof mitgeteilt, dass er nicht wie die Apostel die Größe Gottes preisen soll aus Dankbarkeit für ein erlebtes Wunder, sondern: dass er die Klappe halten soll. Der Vatikan wirft ihm vor, er hätte sich erst absprechen müssen, bevor er das Wunder pries. Das aber geht nun in die Geschichte der katholischen Kirche ein, weil es den Kern der Religion selbst berührt.

Können und dürfen Katholiken daran glauben, dass der ewige Gott im Himmel hier auf Erden eingreift – auf eine so unglaublich spektakuläre Art, dass er die Gesetze der Natur außer Kraft setzt in dem Moment, in dem ein Bischof eine Statue in die Hand nimmt, die aus einem nicht anerkannten Marienwallfahrtsort stammt, und mit eigenen Augen sieht, wie sie blutige Tränen weint?

Für alle diejenigen in der katholischen Kirche, die an das Wunder glaubten, war dieser Tag ein freudiges Fest. Die Nachricht, dass ausgerechnet der Chef-Exorzist des Papstes, Pater Gabriele Amorth, dieses Wunder mit seinem Telefonat auf eine gewisse Art und Weise vorbereitet, vielleicht sogar ausgelöst hatte, verbreitete sich wie ein Lauffeuer im Vatikan. Den Gläubigen kam es so vor, als hätte ein Exorzist erst das Böse – in diesem Fall den Zweifel – beiseiteschieben müssen, um dem Bischof zu gestatten, vor der Statue niederzuknien und durch ein authentisches Wunder belohnt zu werden.

Nach Aussage von Bischof Girolamo Grillo kam es daraufhin innerhalb der Kirchenregierung zu einem offenen Bruch: Einige Kardinäle wollten jetzt nicht mehr schweigen und stellten sich gegen den offiziellen skeptischen Kurs der Kurie, bei dem Wunder ständig heruntergespielt werden. Ausgerechnet der am 29. Februar 1924 geborene polnische Kardinal Andrzej Maria Deskur war einer von ihnen, und wenn er von dem Wunder überzeugt war, bedeutete das wohl, dass auch der Papst selbst an das Wunder glaubte. Jedenfalls kann der Einfluss Deskurs unter der Regentschaft Papst Johannes Pauls II. gar nicht überschätzt werden: Der alte Weggefährte aus Krakau war vielleicht Karol Wojtyłas wichtigster Freund im Vatikan. Beide wurden zusammen alt und gebrechlich. Und als Johannes Paul II. gewählt wurde, war es eine seiner ersten Amtshandlungen, Andrzej Maria Deskur im Krankenhaus zu besuchen.

Ich kenne seine Wohnung gut: Sie liegt genau gegenüber der

Tankstelle im Vatikan, im Gebäude des päpstlichen Rats für Soziale Kommunikation, deren Chef Deskur einmal war. Deskur selbst erschien mir immer wie eine lebende Ikone. Es war ein bewegender Moment, mit anzusehen, wie er am Tag der Beerdigung seines Freundes zusammengesunken in seinem Rollstuhl auf dem Petersplatz trauerte, während die Totenmesse für Johannes Paul II. gelesen wurde.

Dass Deskur damals vorpreschte und sich als jemand bekannte, der an die Echtheit der blutigen Tränen der Madonna glaubte, bedeutete zumindest, dass der Papst über dieses Wunder und alle Einzelheiten genau informiert war. Ersichtlich war auch, dass sich der Vatikan in zwei Fraktionen spaltete: Die eine wurde angeführt von Kardinal Joseph Ratzinger und dem römischen Generalvikar Camillo Ruini – diese beiden stemmten sich mit aller Gewalt gegen weitere Veröffentlichungen über das vermeintliche Wunder, und die nicht abgesprochenen Erklärungen des Bischofs Girolamo Grillo waren ihnen unendlich peinlich. Die andere Fraktion bestand aus allen großen Verehrern der Muttergottes – und der größte Muttergottesverehrer von allen war wohl der Papst selbst, gefolgt von seinem Freund Kardinal Andrzej Maria Deskur und seinem anderen guten Freund Kardinal Marian Jaworski. Dass Gläubige vor einer Muttergottesstatue beteten und sangen, schien dieser Fraktion zuerst einmal ein hohes, schützenswertes Gut zu sein.

Für mich war es sehr schwer, endlich Klarheit darüber zu gewinnen, warum die Skeptiker im Vatikan das Wunder so entschieden bekämpften. Zwar wiederholten sie gebetmühlenartig immer wieder die gleichen Argumente – dass zuerst in Ruhe hätte geprüft werden müssen, ob tatsächlich ein Wunder vorliegt; dass sich der Bischof nicht an die Öffentlichkeit hätte wenden dürfen, ohne zuvor kirchenintern zu besprechen, was in Civitavecchia passiert war. Aber in allen meinen Gesprächen mit ihnen hatte ich den Eindruck, dass das nur vorgeschobene Gründe waren, dass es in Wirklichkeit um etwas ganz anderes ging – ich wusste nur nicht, was. Erst als ich einen dieser Skeptiker, einen wichtigen Kardinal und Theologieprofessor, darauf ansprach, öffnete mir dieser die Augen: Es ging gar nicht um Bischof Girolamo Grillo – es ging um Gott. Die Skeptiker hielten das Wunder von Civitavecchia deshalb für so unwahrscheinlich, weil sie sich nicht vorstellen konnten, dass jenes göttliche Wesen, mit dem sie sich ihr Leben lang wissenschaftlich beschäftigt hatten, wirklich so verrückt sein könnte, ein solches Wunder zu wirken. Die Kirchenmänner mochten einfach nicht glauben, dass Gott eine dreißig Zentimeter große Vollgipsstatue Blut weinen ließ, zumal sie aus einem von seiner eigenen Kirche nicht anerkannten Wallfahrtsort stammte. Wörtlich sagte dieser Kardinal zu mir: »Glauben Sie mir, Gott ist der Gott der Liebe und der Vernunft.« Und ich verstand schon, was er mir damit sagen wollte: Glauben Sie ernsthaft, dass Gott so irre sein könnte, in diesem Industriegebiet ein so verrücktes Wunder zu wirken?

Dieses grundsätzliche Problem der skeptischen Kardinäle erfuhr nun eine neue Dimension: Einen wie auch immer gearteten »einfachen Gläubigen«, der ein Wunder gesehen haben will, kann man maßregeln. Wenn es sich um einen Priester handelt, geht das notfalls auch noch. Aber wie soll man mit einem Bischof umgehen, der nach den Gesetzen der Kollegialität der katholischen Kirche eigentlich auf der gleichen Stufe wie alle anderen Bischöfe steht, einschließlich des Bischofs von Rom, also des Papstes?

Auch für diejenigen, die das angebliche Wunder nicht nur als Hokuspokus ablehnten, sondern es für einen groß angelegten, mit den Marienerscheinungen in Medjugorje in Zusammenhang stehenden Betrug hielten, bekam die Angelegenheit nun eine neue Dimension: Bisher hatte nur der Verdacht bestanden, dass irgendein Verrückter die Leichtgläubigkeit der Menschen auszunutzen versuchte – jetzt war es ein Bischof, der das Blutwunder mit eigenen Augen gesehen haben wollte. Und die Staatsanwaltschaft reagierte prompt: Am 6. April 1995 gegen 18.00 Uhr stand die Polizei in der Wohnung des Bischofs. Die Beamten zwangen ihn, die Statue zu zeigen, dann wurde sie in einen Schrank eingeschlossen, den man daraufhin versiegelte. Damit war die Statue beschlagnahmt worden. Bischof Grillo protestierte heftig, bezeichnete das Verhalten der Polizei später als unangemessen grob und klagte: »Die Polizei ist in meine Wohnung eingedrungen, als sei ich ein Verbrecher.« Damit platzte nun aber auch den Verehrern des Wunders von Civitavecchia der Kragen. Kardinal Andrzej Maria Deskur, der jeden Sonntag mit dem Papst zu Mittag speist, ärgerte sich maßlos über die Beschlagnahmung der Madonna, und auch Papst Johannes Paul II. selbst, der bis zu diesem Zeitpunkt weder Bischof Grillo unbedingt den Rücken gestärkt noch überhaupt etwas unternommen hatte, sondern den zuständigen Chef der Glaubenskongregation, Joseph Ratzinger, hatte machen lassen, traf diese Beschlagnahmung sehr tief: Jahrzehntelang hatte er in Polen dagegen kämpfen müssen, dass Kommunisten verehrenswerte Gegenstände einfach aus den Kirchen entwendeten, und auch diesmal wollte er es nicht hinnehmen, dass sich der Staat in Angelegenheiten einmischte, die nur die Kirche betrafen. Damit wurde das angebliche Wunder von Civitavecchia plötzlich zur Chefsache. Karol Wojtyła, der schon als Bischof in Polen wie ein Löwe gegen die Kommunisten gekämpft hatte, um ihnen schließlich die bereits mehrfach beschlagnahmte Baustelle der Kirche in Nova Huta doch noch abzuringen, kämpfte jetzt für eine dreißig Zentimeter hohe Gipsstatue. Und er bereitete seinen Angriff gegen einen Staat, der so respektlos mit einer Muttergottesstatue umgegangen war, sorgfältig vor. In Absprache mit Johannes Paul II. platzierte Kardinal Andrzej Maria Deskur sorgfältig eine verbale Attacke und sagte: »Die Beschlagnahmung eines Kultgegenstandes ist laut italienischer Verfassung verboten. Ich halte das Ganze für absurd. Ich habe meine eigenen Erinnerungen, ich weiß noch, wie im Jahr 1967 das polnische Regime das Bild der Muttergottes von Czestochowa (Tschenstochau) beschlagnahmte. Der Fall von Civitavecchia ist also der zweite Fall der Beschlagnahmung eines Bildes der Muttergottes in diesem Jahrhundert, beide Male trifft es den Papst, Karol Wojtyła: Czestochowa gehörte zur Diözese Krakau des Bischofs Karol Wojtyła, das Bistum Tarquinia-Civitavecchia hängt ab von dem Oberhaupt der Diözese Rom, also vom Papst Karol Wojtyła.«

Das saß. Die Kritiker im Vatikan wussten jetzt, dass das

Wunder von Civitavecchia nicht mehr einfach totgeschwiegen werden konnte.

Kardinal Deskur schimpfte aber nicht nur wie sein päpstlicher Freund, er handelte auch: Die Erinnerung an das polnische Regime, das beiden Priestern so zugesetzt hatte, wog schwer. Noch einmal in seinem Leben mit ansehen zu müssen, wie eine Muttergottesstatue beschlagnahmt wird – und das in einem freien Land –, das war zu viel für den Kardinal. Trotz seiner Lähmung, die ihn in den Rollstuhl zwang, reiste er deshalb am 10. April 1995 mit einem ganz besonderen Geschenk nach Civitavecchia: einer zweiten Statue der Muttergottes. Das Pikante daran: Wieder stammte die Statue aus dem nicht anerkannten Wallfahrtsort Medjugorje.

Erneut stand die Kurie unter Schock.

Was jetzt?

Eine solche Geste konnte nicht übersehen werden: In irgendeiner Form musste der Muttergottesstatue in Civitavecchia jetzt doch die Ehre erwiesen werden. Aber nachdem die Statue beschlagnahmt worden war, begann erst einmal ein heftiges Tauziehen zwischen der Kirche und dem zuständigen Gericht um die Herausgabe der Madonna. Eine neue Empörungswelle gläubiger Demonstranten rief die vom zuständigen Staatsanwalt geforderte DNA-Untersuchung des Blutes aller männlichen Zeugen des Wunders hervor, nachdem die Analyse der Spuren im Gesicht der Muttergottesstatue ergeben hatte, dass es sich dabei tatsächlich um Blut handelte – genauer: um männliches Blut. Angesichts des daraufhin einsetzenden Aufruhrs stellten die Behörden ihre Forderung wohl nicht mit dem größten Nachdruck – umso weniger, als sich alle Zeugen zu einer solchen Untersuchung bereit erklärt haben sollen. Ganze zwölf Tage lang blieb die Statue beschlagnahmt, am 18. April 1995 nahm die Polizei das Siegel wieder ab. Damit war die Madonna zwar wieder »frei«, die Angelegenheit für die Kirche aber noch lange nicht beendet. Denn jetzt folgte erst noch der schwierigste Teil, nämlich die Klärung der Frage, ob der Bischof wirklich einen Beweis für die Existenz Gottes erlebt hatte. Die Glaubenskongregation von Joseph Ratzinger beschloss, erst einmal Gras über die Sache wachsen zu lassen und nichts zu tun, in der Hoffnung, dass die angeblich wundersamen Ereignisse von Civitavecchia nach und nach in Vergessenheit geraten würden. Doch in Vergessenheit geriet die Muttergottesstatue nicht.

Ein Jahr nachdem die Madonna von Civitavecchia vor den Augen des Bischofs blutige Tränen geweint haben soll, sah die Bilanz für die Skeptiker schlecht aus. Am 1. Februar 1996 erklärte Bischof Girolamo Grillo, dass eine Vielzahl von wundersamen Heilungen der Muttergottes von Civitavecchia zugeschrieben werde: »Besonders interessant sind einige Heilungen aus dem unumkehrbaren Koma«, sagte der Bischof. Nach Meinung einiger Ärzte, die Grillo anführen konnte, hatte die Blut weinende Muttergottes von Civitavecchia mindestens zwei Menschen, die bereits tot waren, ins Leben zurückgeholt. Außerdem habe sich die Zahl der Bekehrungen gehäuft: Bischof Grillo erklärte, dass »150 Zeugen Jehovas, die nach Civitavecchia gekommen waren, in die katholische Kirche zurückkehrten«.

Bischof Girolamo Grillo wollte nun nicht mehr mit dem Kirchenstaat verhandeln. Er war von dem Wunder restlos überzeugt und träumte davon, dass es eines Tages offiziell anerkannt werde. Um seine Position zu stärken, ließ er eine theologische Untersuchungskommission einsetzen. Auch in Fátima und Lourdes hatten solche Untersuchungen stattgefunden.

In Civitavecchia wird das Ergebnis schließlich im Dezember 1996 bekannt: Zwei Drittel der Kommissionsmitglieder erklärten, nach Anhörung aller Zeugen und Überprüfung sämtlicher Fakten gebe es keine andere Möglichkeit, als von einem »unerklärlichen Phänomen« zu sprechen. Ein Drittel der Kommissionsmitglieder allerdings glaubte nicht an die Echtheit des Wunders, und damit stellte sich die Frage: Kann die Kirche ein Wunder anerkennen, wenn ein Drittel der Fachleute nicht an das Wunder glaubt?

Dafür, dass es sich doch um ein Wunder gehandelt hatte, sprach, dass unmöglich zu erklären war, wie Menschenblut aus den Augen der Madonna rinnen konnte. An der Statue hatte sich keine Manipulation nachweisen lassen, keine geheimen Tanks, nichts. Die Statue bestand nur aus Gips.

Hatte der Bischof also gelogen?

Doch was hätte er davon gehabt?

Hatte er dann auch noch seine tieffromme Schwester dazu gezwungen, ebenfalls zu lügen? Und ausgerechnet in einer Angelegenheit, die die tief verehrte Muttergottes betraf?

Nein, das war völlig undenkbar. Also gab es keinen Zweifel: Grillo musste die Tränen im Gesicht der Madonna gesehen haben. Nur: Wie waren sie dorthin gekommen?

Ich habe oft mit Girolamo Grillo gesprochen. Ich weiß nicht, was er gesehen hat, ich war nicht dabei. Aber dass er ein Lügner ist, glaube ich nie und nimmer. Ich habe selten einen so aufrechten und ehrlichen Mann kennengelernt, der selbst so tief davon erschüttert wurde, dass ausgerechnet ihm ein Wunder widerfahren war. Gleichzeitig, das merkte man ihm ebenfalls an, empfand er ein unglaubliches Glück: Er *glaubte* jetzt nicht mehr nur, er *wusste* nun, dass er sein Leben in die richtigen Hände gelegt hatte, als er Priester geworden war. Für ihn existierte Gott zweifelsfrei!

Für uns Journalisten aber, die wir damals am Haus des Bischofs in Civitavecchia auf die Ergebnisse der Untersuchungskommission warteten, nahmen die Ereignisse ein weiteres Mal eine völlig unerwartete Wendung, als der auf den ersten Blick völlig unscheinbare Kapuzinerpater Flavio Ubodi, der zur theologischen Kommission gehörte, die Bombe platzen ließ. Bisher hatten doch alle Beteiligten geglaubt, dass sämtliche Fakten bekannt seien: Insgesamt vierzehnmal sollte die Muttergottes Tränen aus Blut geweint haben, das letzte Mal in der Hand des Bischofs. Mehr war nicht geschehen. Doch noch während die Kommission tagte, packte ein über alle Zweifel erhabenes Mitglied der Kommission, ebenjener Kapuzinerpater Flavio Ubodi, aus und gab zu, dass er während des Verhörs der Zeugen gehört hatte, dass Jessica Gregori nicht nur als Erste das Blutwunder gesehen, sondern auch eine Botschaft der Muttergottes vernommen haben will. Demnach soll die Muttergottes Jessica

Gregori aufgetragen haben, dass »der Papst durch die Angriffe Satans in ernster Gefahr sei«.

Die Statue hatte also auch gesprochen?

Sie hatte sogar eine Botschaft an den Papst gerichtet?

Ich war fassungslos. Ich versuchte alles, um mir eine Bestätigung geben zu lassen, doch bis heute konnte nicht geklärt werden, ob sich die kleine Jessica nur eine Geschichte ausgedacht hatte und ob die Kirche ihre Botschaft ernst nahm. Denn was immer Jessica auch vor der Untersuchungskommission gesagt hat, liegt säuberlich aufgeschrieben in versiegelten Umschlägen in der Glaubenskongregation.

Bischof Girolamo Grillo zeigte sich damals sehr empört darüber, dass dieses Geheimnis bekannt wurde, und strafte den Pater ab, er habe diese Einzelheit nicht erwähnen dürfen. Zweifel waren für Bischof Grillo jetzt aber nicht mehr angebracht. Er wollte ein großes Heiligtum in Civitavecchia bauen lassen; Geldgeber gab es genug, um die Statue der Muttergottes würdig den Gläubigen zeigen zu können. Im Frühjahr 1998 beantragte die zuständige Diözese Civitavecchia-Tarquinia, dass ein Baugebiet ausgewiesen werde, damit ein angemessenes Heiligtum errichtet werden könnte. Daraufhin kam es erneut zu einer Klage des Verbraucherschutzverbands Codacons: Die Verbraucherschützer glaubten, dass der Bischof und ein Teil des Stadtrates mit der Wallfahrtsstätte der Muttergottes von Civitavecchia vor allem viel Geld verdienen wollten. Bischof Grillo erwog eine Gegenanzeige und hoffte auf Rückenstärkung durch den Vatikan. Doch die blieb aus.

So unglaublich es auch scheint, aber der Vatikan kann sich einfach nicht entscheiden, ob es sich in diesem Fall um ein Wunder handelt oder nicht. Monatelang habe ich in dieser Angelegenheit recherchiert, viele Gespräche mit den zuständigen Bischöfen und Priestern geführt, und immer hatte ich den gleichen Eindruck: Die intellektuellen Kleriker – Theologieprofessoren wie Kardinal Joseph Ratzinger –, die sich jahrzehntelang wissenschaftlich mit Gott auseinandergesetzt hatten, fragten sich meiner Ansicht nach, was eigentlich schlimmer wäre: wenn es sich um einen schlichten Betrug handeln würde oder um ein echtes Wunder.

Wenn es ein Betrug war, dann war das Kirchenvolk über Jahre hinweg auf erbärmliche Art und Weise hinters Licht geführt worden.

Wenn es aber wirklich ein Wunder war, dann fragten sich die Theologieprofessoren, wieso Gott eigentlich auf die Idee gekommen sein konnte, ausgerechnet in einem Vorort von Civitavecchia eine Gipsstatue Blut weinen zu lassen.

Wollte sich der Allmächtige tatsächlich durch eine aus menschlicher Sicht so kitschige Geste – das Weinen blutiger Tränen aus den Augen einer dreißig Zentimeter hohen Gipsstatue – den Gläubigen mitteilen?

Konnte es wirklich sein, dass derselbe Gott, der den Menschen die Zehn Gebote geschenkt, der seinen Sohn geopfert hatte, jetzt zuließ, dass eine Gipsstatue aus einem von der Kirche nicht anerkannten Wallfahrtsort Blut weinte?

Die einhellige Antwort der Kirchenintellektuellen lautete: nein. Egal, was die theologische Kommission in Civitavecchia auch immer herausgefunden haben wollte: Dass dieser Gott im Himmel auf so wundersame Weise Blutstränen produzieren sollte, hielten diese Theologen einfach für Quatsch. Deshalb habe ich eigentlich immer damit gerechnet, dass sich der Vatikan durchsetzen und die Statue aus dem Verkehr ziehen würde, aber diese Anordnung kam nie. Stattdessen setzten die Gegner der ungläubigen Theologieprofessoren – gläubige Verehrer der Muttergottes wie Kardinal Andrzej Maria Deskur – durch, dass die Muttergottes den Gläubigen zurückgegeben wurde und dass man sogar zu ihr beten kann: in einer katholischen Kirche!

Das muss man sich einmal vorstellen: Ab dem Jahr der Erscheinung, 1995, durfte eine Muttergottesstatue, die aus einem von der katholischen Kirche nicht anerkannten Wallfahrtsort stammt und mit der ein von der katholischen Kirche nicht offiziell anerkanntes »Wunder« verbunden ist, in einer katholischen Kirche verehrt werden!

Bischof Girolamo Grillo erklärte den Ort zum Wallfahrtsort für die Diözese Civitavecchia-Tarquinia und kämpfte von nun an über Jahre wie ein Löwe dafür, dass die katholische Kirche doch endlich einsehen möge, dass sie zum Zeugen eines einzigartigen Wunders werden durfte. Im März 2001 teilte Bischof Grillo dann von sich aus der Presse mit, dass seine Schwester Maria Grazia Grillo durch die weinende Muttergottes von Civitavecchia gerettet worden sei, als sie einen Herzanfall erlitt und in akuter Lebensgefahr in die vatikaneigene Gemelli-Klinik eingeliefert wurde. »Sie wäre fast gestorben«, bestätigten die Ärzte Bischof Grillo. Doch Maria Grazia hatte Stoffrosen in der Hand, die im Jahr 1995 neben der Statue der Blut weinenden Madonna gelegen hatten, und Bischof Grillo sagte: »Ich bin sicher, dass es diese Rosen waren, die meiner Schwester das Leben retteten. Ich werde nie aufhören, der kleinen Muttergottesstatue zu danken.«

Bis heute strömen täglich hunderte von Gläubigen nach Civitavecchia. Der Wallfahrtsort selbst ist allerdings leicht zu verfehlen: Millionen Urlauber, die aus der Toskana in Richtung Süden fahren, kommen an der zwei Meter großen Statue der Muttergottes vorbei, die an der Autobahnausfahrt Civitavecchia Nord die Autofahrer grüßt, ohne zu wissen, dass diese auf den Wallfahrtsort hinweisen soll. Das Schild »Civitavecchia, die Stadt der ›kleinen Madonna‹« übersehen viele.

Wer zum Heiligtum der Muttergottes will, muss von der Autobahn auf die Schnellstraße 1, die »Via Aurelia«, abbiegen und bei Kilometer 77 in die Via Fontanatetta einbiegen. Im Ort Pantano erreicht man die kleine Pfarrkirche Sant'Agostino, die der kleinen Muttergottesstatue, der »Madonnina«, gewidmet ist. Der Parkplatz vor der Kirche ist unscheinbar und schäbig. Polizisten fahren Patrouille, und doch kommt es hier immer wieder zu Straftaten. Den Gläubigen reißt man goldene Ketten vom Hals, Autos werden aufgebrochen, und die Pilger scheinen eine friedvolle Beute für ganze Banden von Taschendieben zu sein. Den Ordensfrauen der »Kleinen Schwestern der Muttergottes« ist das alles furchtbar peinlich, aber sie bekommen das Chaos auf dem Vorplatz der Kirche nicht in den Griff. Rechts neben dem Hauptaltar steht hinter einer Panzerglasscheibe die

Statue der Muttergottes in einer Nische aus Stein, die derjenigen im Garten der Familie Gregori nachempfunden wurde. Bei der Spurensicherung durch die Polizei wurden alle Rückstände der blutigen Tränen entfernt, sodass die Statue jetzt wieder weiß und irgendwie unschuldig in der Nische steht, mit einem Rosenkranz in der Hand. Der Panzerglaskasten ist über eine Alarmanlage direkt mit dem Hauptquartier der Carabinieri verbunden, dennoch hat der Pfarrer der Kirche Angst vor Vandalismus oder Raub. Kistenweise schicken Gläubige goldene Votivgaben an die Kirche oder bringen sie selbst hierher – Zeugnisse großer Dankbarkeit etwa für eine überraschende Heilung. An der Wand rechts neben der Statue sieht man vergrößerte Fotos aus der Zeit, als die Madonna von Civitavecchia noch Blutspuren aufwies.

Immer, wenn ich an diesem vergleichsweise unscheinbaren Wallfahrtsort bin, frage ich mich erneut: Was ist hier wirklich passiert? Wenn es kein Wunder war: Wer hat dann den Betrug inszeniert? Meiner Ansicht nach scheidet Bischof Girolamo Grillo aus, ich halte ihn für einen zutiefst integren und ehrlichen Mann. Er ist wirklich überzeugt davon, dass die Muttergottesstatue in seinen Händen geweint hat.

Im Februar 2005, zehn Jahre nach der ersten Erscheinung, gab Bischof Grillo der italienischen Tageszeitung *Avvenire* ein Interview, in dem er die Ereignisse Revue passieren ließ. Unter anderem sagte er: »Nach diesem Morgen vom 15. März war ich für zwei oder drei Jahre unter Schock. Die Jungfrau Maria brachte mein Leben durcheinander und trieb mich zu größerer Innerlichkeit. Meinerseits habe ich auch meine Anstrengungen verstärkt, für die Bedürfnisse der Gläubigen offener zu sein. Deswegen habe ich mich neben meiner pastoralen Arbeit zusätzlich viel mehr der geistlichen Begleitung gewidmet.«

Auf die Frage, was in den letzten zehn Jahren denn so alles geschehen sei, antwortete er: »Überzeugen Sie sich selbst: Seit dieser Zeit haben sich Pilgerbesuche nicht nur nicht vermindert, sondern der Gnadenort ist von aller Sensationshascherei gereinigt worden. Die Leute, die nach Pantano kommen, werden von einem großen Verlangen nach Umkehr getrieben. Dies beweist die Tatsache, dass ich Vorkehrungen für die dauernde Verfüg-barkeit von fünf Beichtvätern treffen musste. Sie haben mir erzählt, dass sie imstande gewesen sind, viele Menschen mit Gott zu versöhnen, die jahrelang dem Glauben ferngestanden haben, nicht selten auch Mörder. An die tausend wegen Scheidung oder Trennung zerbrochene Familien sind wieder vereinigt worden, und heute ist das alles andere als üblich. Vielen Frauen ist der Wunsch nach Mutterschaft erfüllt worden, und dann kommen sie, um ihre Kinder hier taufen zu lassen. Schließlich haben viele um die Taufe gebeten, sogar Muslime.«

Außerdem berichtete der Bischof von besonderen Festlichkeiten, bei denen jedes Jahr in der Nacht vom 1. auf den 2. Februar die Gläubigen vom Stadtzentrum in Civitavecchia nach Pantano am äußersten Ortsrand pilgern: »Sie gehen die zwölf Kilometer lange Strecke zu Fuß. In diesem Jahr waren es an die 1500 Menschen, die die klirrende Kälte nicht gescheut haben. Es ist noch keine zwanzig Jahre her, da hielt man Civitavecchia für das ›Stalingrad von Latium‹, denn sechzig Prozent der Einwohner waren in einer antiklerikalen und anarchischen Stadt Kommunisten. Dieses Ereignis hat die Stadt neu geprägt. Es ist wahr, dass die Heilige Jungfrau geweint hat, und ich glaube, nicht nur wegen Civitavecchia.«

Die letzte Frage an den Bischof betraf die Haltung von Johannes Paul II. zur Madonna, und Grillo antwortete: »Im Zuge des letzten ›Ad limina‹-Besuches fragte mich der Heilige Vater nach der Möglichkeit, einen Heiligenschrein zu bauen. Ich sagte ihm, dass ich bereit sei, dies zu tun, aber ich bat ihn auch, mir zu helfen, ein Haus für die Schwestern der Mutter Teresa von Kalkutta in Civitavecchia zu eröffnen. Tatsächlich möchte ich, dass die geistigen und materiellen Früchte eines solchen Heiligtums vor allem den Armen zugute kommen.«

Wenig später übergab die Diözese von Civitavecchia dem Vatikan ein – vom *Corriere della Sera* zum Teil veröffentlichtes – Dossier, aus dem hervorgeht, dass sie es für wissenschaftlich erwiesen hält, dass aus den Augen der Muttergottesstatue vor zehn Jahren Blutstropfen geflossen seien. Eine Theologenkommission, die sich mit der Materie befasst habe, habe die Tränen als »überirdisch« eingestuft und es als »göttliches Zeichen« bewertet, dass es sich bei den Absonderungen der Gipsskulptur um das Blut eines Mannes gehandelt habe.

Jessica Gregori, inzwischen fünfzehn Jahre alt, äußerte sich anlässlich des zehnten Jahrestages ebenfalls zu den folgenschweren Ereignissen. Einem Bericht des Bayerischen Rundfunks für den ARD-»Weltspiegel« zufolge musste Jessica einen hohen Preis dafür zahlen, dass sie in ihrer Kindheit öffentlich als Medium für Übernatürliches herumgereicht worden war: »Ich habe sehr viel gelitten in den vergangenen zehn Jahren«, sagte sie, »einerseits weil ich nicht alles erzählen durfte, was passiert ist, aber auch, weil ich bald keine Freunde mehr hatte. Sie haben mir einfach nicht geglaubt, was ich gesehen habe.«

Auch ihr Vater hatte, so scheint es jedenfalls, von den mysteriösen Vorkommnissen in seinem Garten mehr Unannehmlichkeiten als Vorteile. Ich halte ihn eher für ein Opfer des Ereignisses als für einen Betrüger. Also bleibt, wenn es nicht doch ein Wunder gewesen sein sollte, nur noch eine weitere Möglichkeit: Es gab zwei Statuen, von denen eine tatsächlich beispielsweise mit einer Pumpe in ihrem Inneren manipuliert worden war. Beide Statuen müssten auf eine völlig identische Art und Weise mit Blut beschmiert worden sein, denn wenn es zwei Statuen gab, wurden auch beide fotografiert – und auf den Fotos kann man nicht den geringsten Unterschied erkennen: Quadratmillimeter für Quadratmillimeter müsste das Blut also genau gleich im Gesicht der Madonna aufgetragen worden sein – nur so wäre das Rätsel zu erklären. Die manipulierte Statue könnte dann mit einem Trick in den Garten der Familie Gregori geschmuggelt worden sein. Nach den »Erscheinungen« hätte man sie – unter den Augen einer aufgeregten Öffentlichkeit? – heimlich wieder verschwinden lassen und gegen die unmanipulierte Gipsstatue ausgetauscht. Die manipulierte Statue wiederum hätte man dann dem Bischof untergeschoben, damit er die blutigen Tränen sehen konnte.

Aber was ist danach mit der manipulierten Statue geschehen? Der Bischof gab die Statue, nachdem er sie weinen sah, nie wieder aus der Hand. Sie wurde untersucht und besteht wirklich nur aus Gips. Es müsste schon ein Phantom gewesen sein, dem es gelingen konnte, ungesehen in den bischöflichen Palast einzudringen und die Statuen auszutauschen…

War es also doch ein echtes Wunder?

Um ehrlich zu sein: Ich weiß es nicht. Wenn ich mir diese auf den ersten Blick eher unscheinbare Gipsstatue ansehe und mich an die zahlreichen Gespräche mit Bischof Grillo erinnere, an seine wiederholten Beteuerungen, etwas ganz und gar Einmaliges erlebt zu haben, kann ich zusammenfassend nur sagen: Ich wage nicht zu behaupten, dass es sich bei der Madonna von Civitavecchia tatsächlich um ein Wunder handelt – aber dass es sich dabei nur um eine Reihe von Zufällen oder schlicht um einen Betrug handelt, glaube ich auch nicht. Vielleicht ist Civitavecchia ja wirklich ein Zeichen Gottes, an dem ausgerechnet die Theologieprofessoren verzweifeln, und vielleicht hat Gott tatsächlich einen so hintergründigen Humor, dass ihm gerade das gefällt: das Zweifeln der Theologieprofessoren am Verstand ihres Forschungsgegenstandes Gott.

Eines jedenfalls ist sicher: Gott lässt sich mit dem menschlichen Verstand nicht messen, und auch an den berühmtesten Wallfahrtsorten der Welt – an solchen, die die katholische Kirche anerkennt – verhielten sich der Herr und die Muttergottes ganz anders, als wir Menschenkinder das erwartet hätten.

10

Das Wunder von Fátima:
Wie grausam ist die Muttergottes?

Verglichen mit den Stiftern anderer Religionen erscheint Jesus im Neuen Testament wie ein ziemlich gewöhnlicher Mensch. Zwar vertreibt er Dämonen und wirkt Wunder, aber die meiste Zeit über verhält er sich doch wie ein sehr bescheidener, hilfsbereiter Prediger im jüdischen Umfeld. Selbst heute, zweitausend Jahre nach den in den Evangelien geschilderten Ereignissen, finden wir das Verhalten Jesu im menschlichen Miteinander so »normal«, dass es uns umso mehr auffällt, wenn er sich doch einmal, was aber nur sehr selten geschieht, auf eine für einen modernen Menschen auffällige und völlig unakzeptable Weise benimmt. Das berühmteste Beispiel dafür dürfte das gescheiterte Zusammentreffen mit seiner Mutter und seinen Geschwistern sein. Beim Evangelisten Markus heißt es im dritten Kapitel, Verse 31 bis 35:

31 Da kamen seine Mutter und seine Brüder; sie blieben vor dem Haus stehen und ließen ihn herausrufen.
32 Es saßen viele Leute um ihn herum, und man sagte zu ihm: Deine Mutter und deine Brüder stehen draußen und fragen nach dir.
33 Er erwiderte: Wer ist meine Mutter und wer sind meine Brüder?
34 Und er blickte auf die Menschen, die im Kreis um ihn herumsaßen, und sagte: Das hier sind meine Mutter und meine Brüder.
35 Wer den Willen Gottes erfüllt, der ist für mich Bruder und Schwester und Mutter.

Ich habe oft erlebt, wie vor allem italienische Mütter diese Stelle des Evangeliums von Markus verschreckt: Da kommt also die

Mutter zu dem zweifellos guten Jesus, und der lässt sie zusammen mit seinen Geschwistern einfach vor der Tür stehen. Seltsamerweise führt diese Bibelstelle in Italien zu einer ganz eigenartigen Reaktion: Frauengebetskreise, die glühende Anhänger der Muttergottes sind, bewundern diese nur noch mehr, gerade *weil* sie dieses vermeintlich »gemeine« Verhalten von Gottes Sohn erträgt.

Die genaue Bedeutung dieser Stelle ist unter Bibelforschern ebenso umstritten wie viele andere, aber vermutlich wollte der Evangelist vor allem eines betonen: dass der Glaube stärker sei als Familienbande. Unbestritten ist dagegen, dass diese Episode einen der ganz wenigen Fälle erzählt, in denen Jesu Verhalten entscheidend von den schlichten Regeln modernen menschlichen Zusammenlebens abweicht, wo es grob unhöflich wäre, Mutter und Geschwister vor der Tür stehen zu lassen.

Während Jesus sich aber ansonsten meistens auf eine bis in unsere unmittelbare Gegenwart hinein gut verständliche Art und Weise verhält, wählt Gott nach dem Tod seines Sohnes manchmal eine absolut unverständliche Art und Weise, um Menschen eine Mitteilung zu machen. Man könnte geradezu sagen: Das Jenseits verhält sich völlig unverständlich, und für viele Theologen ist genau *das* der Beweis dafür, dass es sich bei diesen Ereignissen tatsächlich um einen Eingriff Gottes handelt – eben weil wir Menschenkinder ihn beim besten Willen nicht begreifen, nicht nachvollziehen können. Denn das göttliche Wesen ist nicht von dieser Welt, ist *nicht* menschlich.

Übrigens hat kein anderer als der heutige Papst Benedikt XVI. zu diesem Themenkreis eindeutig Stellung bezogen, als er – noch als Chef der Glaubenskongregation – schrieb: »Die Lehre der Kirche unterscheidet zwischen der ›öffentlichen Offenbarung‹ und den ›Privatoffenbarungen‹. Zwischen beiden besteht nicht nur ein gradueller, sondern ein wesentlicher Unterschied. Das Wort ›öffentliche Offenbarung‹ bezeichnet das der ganzen Menschheit zugedachte Offenbarungshandeln Gottes, das seinen Niederschlag in der zweiteiligen Bibel aus Altem und Neuem Testament gefunden hat. ›Offenbarung‹ heißt es, weil

Gott darin sich selbst Schritt um Schritt den Menschen zu erkennen gegeben hat, bis zu dem Punkt hin, da er selbst Mensch wurde, um durch den menschgewordenen Sohn Jesus Christus die ganze Welt an sich zu ziehen und mit sich zu vereinigen. Es handelt sich also nicht um intellektuelle Mitteilungen, sondern um einen Prozess des Lebens, in dem Gott auf die Menschen zugeht; in diesem Prozess werden dann freilich auch Inhalte für den Intellekt und für das Verstehen von Gottes Geheimnis sichtbar. Der Prozess richtet sich an den ganzen Menschen und so auch an den Verstand, aber nicht nur an ihn. Weil Gott nur einer ist, ist auch die Geschichte, die er mit der Menschheit eingeht, eine einzige, die für alle Zeiten gilt und mit Leben, Tod und Auferstehung Jesu Christi ihre Vollendung erreicht hat. In Christus hat Gott alles, nämlich sich selbst gesagt, und deswegen ist die Offenbarung mit der Gestaltwerdung des Christusgeheimnisses im Neuen Testament abgeschlossen.«

Was bedeutet das für uns im Verständnis der katholischen Lehre? Der damalige Kardinal Joseph Ratzinger hat auch dazu Stellung bezogen und in diesem Zusammenhang zuerst den Katechismus der Katholischen Kirche (KKK) zitiert:

»Im Laufe der Jahrhunderte gab es sogenannte ›Privatoffenbarungen‹, von denen einige durch die kirchliche Autorität anerkannt wurden[…] Sie sind nicht dazu da, die endgültige Offenbarung Christi zu ›vervollkommnen‹[…], sondern sollen helfen, in einem bestimmten Zeitalter tiefer aus ihr zu leben.«

Dann stellte er zweierlei klar.

Erstens: »Die Autorität der Privatoffenbarungen ist wesentlich unterschieden von der einen, öffentlichen Offenbarung: Diese fordert unseren Glauben an, denn in ihr spricht durch Menschenworte und durch die Vermittlung der lebendigen Gemeinschaft der Kirche hindurch Gott selbst zu uns. Der Glaube an Gott und sein Wort unterscheidet sich von allem menschlichen Glauben, Vertrauen, Meinen. Die Gewissheit, dass Gott redet, gibt mir die Sicherheit, dass ich der Wahrheit selbst begegne, und damit eine Gewissheit, die in keiner menschlichen Form von Erkenntnis sonst vorkommen kann. Es ist die Gewissheit, auf die ich mein Leben baue und der ich im Sterben traue.«

Zweitens: »Die Privatoffenbarung ist eine Hilfe zu diesem Glauben, und sie erweist sich als glaubwürdig gerade dadurch, dass sie mich auf die eine, öffentliche Offenbarung verweist.«

Kardinal Joseph Ratzinger machte all diese Überlegungen in seinem »Kommentar zum Geheimnis von Fátima«, und vermutlich sind die Wunder von Fátima und Lourdes auch die besten Beispiele dafür, worum es ihm dabei geht: An beiden Orten wählt das Unerklärliche eine vollkommen unverständliche Art und Weise, sich mitzuteilen. Dennoch sind beide Wunder von der katholischen Kirche anerkannt und werden hoch verehrt: In Lourdes und Fátima strömen Jahr für Jahr mehr als sechs Millionen Pilger zusammen – es sind die (nach dem Wallfahrtsort Guadalupe in Mexiko-Stadt) wichtigsten christlichen Wallfahrtsstätten der Welt.

In Fátima verhält sich die Muttergottes auf eine geradezu unfassbare Art und Weise, als sie am 13. Mai 1917 auf dem Ast einer Steineiche drei Hirtenkindern erscheint: Lucia dos Santos (auch: Lucia de Jesus), zehn Jahre alt, ihrem Vetter Francisco Marto, neun Jahre alt, und dessen Schwester Jacinta, sieben Jahre alt. Drei arme, unterernährte Hirtenkinder stehen da also vor ihr auf einem Acker in der Nähe eines Ortes, der von den Mauren den Namen der Tochter Mohammeds bekam: Fátima. Ein ganz normaler menschlicher Impuls wäre es doch nun gewesen, diesen Kindern irgendetwas zu geben: Essen, Kleidung, Geld. Jesus von Nazaret unternimmt im Neuen Testament in der Regel genau dies: Er hilft. Er hilft Kranken, Menschen in Not, Armen und Hungrigen. Nun aber begegnet seine Mutter an diesem Tag im Mai drei zerlumpten Kindern mit großen dunklen Augen, und selbst ein Mensch, der viel weniger mitfühlend ist, als wir es von der Muttergottes erwarten würden, hätte doch Mitleid mit diesen Kindern gehabt. Die Muttergottes aber gibt den Kindern nichts zu essen, keine Kleidung, kein Geld. Sie spendet ihnen noch nicht einmal Trost. Stattdessen macht sie etwas unglaublich Brutales, Furchtbares, Schreckliches: Sie sagt den beiden jüngeren Kindern, den Geschwistern Jacinta und Francisco Marto, den Tod voraus.

Tatsächlich sterben diese beiden Kinder bald nach der letzten Erscheinung der Muttergottes am 13. Oktober 1917: Im Dezember 1918 erkranken beide an der sogenannten »Spanischen Grippe«. Francisco Marto stirbt am 4. April 1919, Jacinta erholt sich jedoch wieder, bis sie im Januar 1920 wegen einer eitrigen Rippenfellentzündung nach Lissabon ins Krankenhaus gebracht werden muss. Dort erliegt sie am 20. Februar 1920 ihrer Krankheit.

Was für eine grausame Prophezeiung: Wer würde so etwas tun?

Wie kann man die letzten Monate des Lebens eines Kindes auf der Erde so sehr mit dem düsteren Schatten des Todes vergiften?

Wie kann man ein so kleines Kind dem Terror und Schrecken vor dem Übergang vom Leben in den Tod aussetzen?

Leider habe ich in meinem Leben immer wieder Eltern sehen müssen, die schwer verletzte, sterbende Kinder trösten mussten. Kein einziger Vater und keine einzige Mutter waren darunter, die ihrem Kind nicht gesagt hätten: Es wird alles wieder gut. Selbst wenn sie wussten, dass das eine Lüge war, dass gar nichts wieder gut werden würde, so hätten sie doch zuerst einmal alles getan, um die Kinder zu beruhigen, wie auch immer.

Ich weiß nicht, ob das richtig oder falsch ist, aber ich bin mir absolut sicher, dass ich das Gleiche tun würde. Ich würde, so lange es nur irgendwie geht, nach Ausreden suchen, würde behaupten, dass auch der Teddy ganz bestimmt helfen werde, dass der liebe Gott im Himmel sich um Kinder ganz besonders kümmere – beim besten Willen aber kann ich mir nicht vorstellen, dass ich einer Siebenjährigen und einem Neunjährigen die grausame Wahrheit gleich direkt ins Gesicht sagen würde, selbst wenn ich es sicher wüsste: »Du stirbst bald.«

Welche Albträume müssen die Kinder nach so einem Satz haben?

Was müssen sie dann alles durchmachen, und vor allem: Wie

sollen sie einem Erwachsenen erklären, dass eine seltsame Frau vom Himmel herabstieg, um ihnen den nahen Tod vorherzusagen?

Diese Prophezeiung ist auch für die Theologen dieser Welt ein großes Rätsel, doch viele Gläubige sehen gerade in ihr den Beweis dafür, dass es tatsächlich die Muttergottes war, die zu den Kindern sprach: Ein Mensch hätte sich eine so grausame Vorhersage doch kaum ausdenken können – auch nicht ausdenken wollen. Die Muttergottes hingegen soll den Kindern mit der Ankündigung ihres Todes gar keine schlechte Nachricht gebracht haben, sondern eine gute: Dass sie nämlich bald mit ihr im Paradies sein würden.

Aber kann man sich das wirklich so vorstellen?

Ging die Muttergottes das Risiko ein, die Kinder buchstäblich zu Tode zu erschrecken, weil sie wusste, dass ihnen auf Erden ohnehin nur ein grausames, erbärmliches Schicksal beschieden war?

Ahnte die Muttergottes, dass den Kindern die Schrecken des Zweiten Weltkriegs bevorstanden und dass es daher besser für sie sein würde, sie stürben vorher, um gleich ins Paradies zu kommen?

Warum sollte dann nur den beiden jüngeren Kindern dieser Schrecken erspart werden, nicht aber auch Lucia dos Santos?

Weil ihr aufgegeben war, die Visionen der Muttergottes aufzuschreiben und damit der Nachwelt zu überliefern?

Sind das alles idiotische Gedanken, weil damit auf eine menschliche Weise versucht wird, göttliche Entscheidungen zu verstehen?

Ein Theologe würde in diesem Zusammenhang wohl ausführen, dass es ein großer Fehler wäre, einen Menschen derart zu überschätzen, dass er Gott oder in diesem Fall die Muttergottes wirklich begreifen könne: Da ein menschliches Auffassungsvermögen die Muttergottes nicht wirklich zu begreifen in der Lage sei, dürften selbstverständlich auch deren Entscheidungen nicht menschlichen Maßstäben unterworfen werden. Doch obwohl das Verhalten der Muttergottes, wenn es um die Prophezeiung des bevorstehenden Todes von zweien der drei Kinder geht, nach menschlichem Ermessen unerklärlich ist, reagiert sie im Lauf ihrer weiteren Erscheinungen in Fátima auf eine gewisse Art und Weise doch nach einer »menschlichen Logik«: Das Hauptproblem der drei Kinder Jacinta Marto, Francisco Marto und Lucia dos Santos liegt darin, dass ihnen keiner die Erscheinung der Muttergottes glaubt. Die Älteste von ihnen, Lucia dos Santos, will ja schon früher Visionen empfangen haben: Bereits als Sechsjährige, heißt es, habe sie auf Anraten ihres Beichtvaters vor einer Marienstatue ihr Herz in die Hände der Gottesmutter empfohlen – dabei will die kleine Lucia gesehen haben, wie die Statue lächelte und ihr durch Blicke zu verstehen gab, dass die Bitte in Erfüllung gehen werde. Lucias Schilderung der Ereignisse auf dem Feld in Covo di Iria wird als eine – von Bibellektüre und Gebet inspirierte – Mädchenphantasie abgetan, doch die Kinder lassen sich nicht beirren und pilgern immer wieder zu der Steineiche, wo ihnen ab Mai 1917 jeweils am 13. eines Monats bis zum Oktober desselben Jahres die Muttergottes erscheint. Was sie da zu hören bekommen, gehört zu den größten Rätseln der Kirchengeschichte und ist bis heute Gegenstand der unterschiedlichsten Spekulationen.

Lucia wird 1921 ins Kloster gehen; erst Jahre später, am 31. August 1941, schreibt sie für den Bischof von Leiria-Fátima die ersten beiden Teile des insgesamt aus drei Teilen zusammengesetzten »Geheimnisses« der Muttergottes auf. In ihren eigenen Worten: »Der erste Teil war die Vision der Hölle. Unsere Liebe Frau zeigte uns ein großes Feuermeer, das in der Tiefe der Erde zu sein schien. Eingetaucht in dieses Feuer sahen wir die Teufel und die Seelen, als seien es durchsichtige schwarze oder braune, glühende Kohlen in menschlicher Gestalt. Sie trieben im Feuer dahin, emporgeworfen von den Flammen, die aus ihnen selber zusammen mit Rauchwolken hervorbrachen. Sie fielen nach allen Richtungen, wie Funken bei gewaltigen Bränden, ohne Schwere und Gleichgewicht, unter Schmerzensgeheul und Verzweiflungsschreien, die einen vor Entsetzen erbeben und erstarren ließen. Die Teufel waren gezeichnet durch eine schreckliche und grauenvolle Gestalt von scheußlichen, unbekannten Tieren, aber auch sie waren durchsichtig und schwarz.

Diese Vision dauerte nur einen Augenblick. Dank sei unserer himmlischen Mutter, die uns vorher versprochen hatte, uns in den Himmel zu führen (in der ersten Erscheinung). Wäre das nicht so gewesen, dann glaube ich, wären wir vor Schrecken und Entsetzen gestorben.

Wir erhoben den Blick zu Unserer Lieben Frau, die voll Güte und Traurigkeit sprach:

– Ihr habt die Hölle gesehen, wohin die Seelen der armen Sünder kommen. Um sie zu retten, will Gott in der Welt die Andacht zu meinem Unbefleckten Herzen begründen. Wenn man tut, was ich euch sage, werden viele Seelen gerettet werden, und es wird Friede sein. Der Krieg wird ein Ende nehmen. Wenn man aber nicht aufhört, Gott zu beleidigen, wird unter dem Pontifikat von Papst Pius XII. ein anderer, schlimmerer beginnen. Wenn ihr eine Nacht von einem unbekannten Licht erhellt seht, dann wisst, dass dies das große Zeichen ist, das Gott euch gibt, dass Er die Welt für ihre Missetaten durch Krieg, Hungersnot, Verfolgungen der Kirche und des Heiligen Vaters bestrafen wird. Um das zu verhüten, werde ich kommen, um die Weihe Russlands an mein Unbeflecktes Herz und die Sühnekommunion an den ersten Samstagen des Monats zu verlangen. Wenn man auf meine Wünsche hört, wird Russland sich bekehren, und es wird Friede sein. Wenn nicht, wird es seine Irrlehren über die Welt verbreiten, wird Kriege und Kirchenverfolgungen heraufbeschwören. Die Guten werden gemartert werden, der Heilige Vater wird viel zu leiden haben, verschiedene Nationen werden vernichtet werden, am Ende aber wird mein Unbeflecktes Herz triumphieren. Der Heilige Vater wird mir Russland weihen, das sich bekehren wird, und der Welt wird eine Zeit des Friedens geschenkt werden.«

Den dritten Teil des »Geheimnisses« schreibt Lucia dos Santos erst weitere drei Jahre später, am 3. Januar 1944, »auf Anweisung Seiner Exzellenz, des Hochwürdigsten Herrn Bischofs von Leiria, und der Allerheiligsten Mutter...« nieder. Es gibt nur eine einzige Handschrift, der versiegelte Umschlag wird zunächst vom Bischof von Leiria aufbewahrt. Um das »Geheimnis« besser schützen zu können, übergibt man den Umschlag am 4. April 1957 dem Geheimarchiv des Heiligen Uffiziums. Papst Johannes XXIII. entscheidet, den dritten Teil des »Geheimnisses« vorerst nicht zu veröffentlichen, was Anlass zu vielen neuen Spekulationen gibt. 1981 droht sogar ein Luftpirat, eine auf dem Flug von Dublin nach London entführte Maschine zu sprengen, wenn der Papst das Geheimnis nicht lüfte. Erst am 13. Mai 2000 wird der dritte Teil des Geheimnisses von Fátima mit einleitenden Worten von Kardinal Angelo Sodano und einem Kommentar von Kardinal Joseph Ratzinger veröffentlicht. Hier die Worte von Schwester Lucia:

»Nach den zwei Teilen, die ich schon dargestellt habe, haben wir links von Unserer Lieben Frau etwas oberhalb einen Engel gesehen, der ein Feuerschwert in der linken Hand hielt; es sprühte Funken, und Flammen gingen von ihm aus, als sollten sie die Welt anzünden; doch die Flammen verlöschten, als sie mit dem Glanz in Berührung kamen, den Unsere Liebe Frau von ihrer rechten Hand auf ihn ausströmte: den Engel, der mit der rechten Hand auf die Erde zeigte und mit lauter Stimme rief: Buße, Buße, Buße! Und wir sahen in einem ungeheuren Licht, das Gott ist [...], einen in Weiß gekleideten Bischof; wir hatten die Ahnung, dass es der Heilige Vater war. Verschiedene andere Bischöfe, Priester, Ordensmänner und Ordensfrauen [sahen wir] einen steilen Berg hinaufsteigen, auf dessen Gipfel sich ein großes Kreuz befand aus rohen Stämmen wie aus Korkeiche mit Rinde. Bevor er dort ankam, ging der Heilige Vater durch eine große Stadt, die halb zerstört war, und halb zitternd mit wankendem Schritt, von Schmerz und Sorge gedrückt, betete er für die Seelen der Leichen, denen er auf seinem Weg begegnete. Am Berg angekommen, kniete er zu Füßen des großen Kreuzes nieder. Da wurde er von einer Gruppe von Soldaten getötet, die mit Feuerwaffen und Pfeilen auf ihn schossen. Genauso starben nach und nach die Bischöfe, Priester, Ordensleute und verschiedene weltliche Personen, Männer und Frauen unterschiedlicher Klassen und Positionen. Unter den beiden Armen des Kreuzes waren zwei Engel, ein jeder hatte eine Gießkanne aus Kristall in der Hand. Darin sammelten sie das Blut der Märtyrer auf und tränkten damit die Seelen, die sich Gott näherten.«

Johannes Paul II. verstand diesen dritten Teil des »Geheimnisses« als eine göttliche Prophezeiung, die an ihn, Karol Wojtyła, gerichtet war. Dabei hatte er sich für das Geheimnis von Fátima zuvor nie wirklich interessiert – er kannte auch den Inhalt des dritten Teils, der in einem versiegelten Umschlag im Vatikan gelegen hatte, gar nicht. Dann aber kam der 13. Mai 1981, als der Papst am Nachmittag zur Generalaudienz auf den Petersplatz fuhr. Mehrere Kinder hielten ihm Heiligenbildchen der Muttergottes von Fátima entgegen; er bückte sich, um sie zu segnen – und das rettete ihm vermutlich das Leben. Denn der Attentäter Ali Agca hatte exakt um 17.19 Uhr mit seiner Pistole auf den Kopf des Papstes gezielt. Einen Kopfschuss aus solcher Nähe hätte er nicht überlebt, aber da sich der Papst nach vorn beugte, schoss Ali Agca daneben und verletzte eine Ordensfrau. Nervös geworden, schoss er ein weiteres Mal, aber nun zielte er nicht mehr auf den Kopf, sondern auf den Bauch des Papstes, und diesmal traf er.

Die Verletzung schien so schwer, dass die Ärzte fürchteten, der Papst werde die Operation nicht überstehen. Sein Sekretär Don Stanisław Dziwisz spendete ihm bereits die Krankensalbung. Doch der Papst überlebte und hörte fassungslos zu, wie Francesco Crucitti, der Chef des Ärzteteams, das ihn gerettet hatte, zu ihm sagte: »Es scheint so, als ob eine magische Hand die Kugel von Ihren lebenswichtigen Organen abgelenkt hat – die Kugel beschreibt eine seltsame Kurve in Ihrem Körper.«

Später erinnerte sich der Papst: Das Attentat war am 13. Mai geschehen, dem Tag der ersten Erscheinung der Muttergottes von Fátima, und nach allem, was die Polizei zu ihm sagte, war er nur deshalb noch am Leben, weil er sich gebückt hatte, um die Bilder der Muttergottes von Fátima zu segnen. Daraufhin bat Johannes Paul II. seinen Sekretär, die Unterlagen zum Fall Fátima und auch den in einem Umschlag versiegelten dritten Teil des Geheimnisses aus dem Vatikan zu holen und zu ihm an das Krankenlager zu bringen. Als er las, was darin stand, hegte Johannes Paul II. keinen Zweifel mehr daran, dass die Muttergottes das Attentat auf ihn gemeint hatte. Auch Lucia dos Santos soll die Feststellung des Papstes geteilt haben: »Es war eine mütterliche Hand, die die Flugbahn der Kugel leitete, und der Papst, der mit dem Tode rang, blieb auf der Schwelle des Todes stehen.«

Johannes Paul II. entschied sich, die Kugel, die seinen Körper durchschlagen hatte und von seinem Sekretär auf dem Boden des Jeeps gefunden wurde, dem Bischof von Leiria-Fátima zu überlassen. Heute befindet sie sich, eingefasst in eine kleine Krone, auf dem Haupt der Muttergottesstatue von Fátima.

Francisco und Jacinta Marto wurden im Mai 2000 seliggesprochen. Schwester Lucia wurde von Papst Johannes II. zuletzt 2001 anlässlich der Seligsprechung der Kinder besucht – sie starb am 13. Februar 2005 im Alter von siebenundneunzig Jahren. Gedeutet wurde der dritte Teil des Geheimnisses von Fátima auch als eine Erklärung dafür, dass Johannes Paul II. trotz seiner schweren Parkinson-Erkrankung so lange weitermachte. Denn die Prophezeiung sah ihn nicht nur »durch eine große Stadt« gehen, »die halb zerstört war«, sondern beschreibt ihn auch mit den folgenden Worten: »halb zitternd mit wankendem Schritt, von Schmerz und Sorge gedrückt, betete er für die Seelen der Leichen, denen er auf seinem Weg begegnete«.

Aber noch ist es nicht so weit. Noch sind wir im Jahr 1917, und zu diesem Zeitpunkt glauben weder die Eltern der drei Hirtenkinder noch die Priester an die von ihnen beschriebenen Marienerscheinungen. Im Gegenteil: Die Kinder werden eingesperrt, bestraft und auch bedroht, damit sie endlich aufhörten, den Unfug von der Muttergottes auf der Steineiche zu erzählen. Genau hier greift die Muttergottes ein, kommt den Kindern sozusagen zu Hilfe, die sie bitten, sich nicht nur ihnen, sondern allen Gläubigen zu offenbaren: Tatsächlich kündigt die Maria den Kindern für den Tag ihrer letzten Erscheinung, am Mittag des 13. Oktober 1917, ein Zeichen an – ein gewaltiges Wunder, das die Erde erschüttern soll. Daraufhin pilgern aus weiten Teilen Portugals und Spaniens, ja auch aus Frankreich Menschen herbei, um das angekündigte Zeichen mit eigenen Augen zu sehen.

Bis zu diesem Tag, dem 13. Oktober 1917, gibt es nicht einen einzigen Beweis dafür, dass die drei Kinder in der Tat ein Wesen sehen und mit ihm sprechen, das nicht von dieser Welt ist. Aber was dann geschieht, sprengt den Rahmen alles bis dahin Vorstellbaren. Einer der bekanntesten Zeugen des Wunders von Fátima – und einer der glaubwürdigsten – dürfte Avelino de Almeida gewesen sein, der sich durch extrem kirchenkritische Berichte hervorgetan hatte und dem man sicherlich nicht vorwerfen kann, die katholische Kirche in einem allzu rosigen Licht zu sehen. Besonders glaubwürdig ist er auch deshalb, weil er sich selbst als Atheisten bezeichnet und als solcher für »göttliche Erscheinungen« wenig Verständnis haben dürfte. Bis zu jenem Tag eben, an dem er einer von vielleicht 30 000 – nach anderen Schätzungen sogar 70 000 – Menschen ist, die nach Fátima gekommen sind, um das Unglaubliche selbst zu erleben. Dabei hat Avelino de Almeida ursprünglich nichts anderes im Sinn, als für seine Tageszeitung, *O Seculo*, zu beschreiben, wie irrsinnig die ganze Veranstaltung doch ist.

Tatsächlich hat diese Versammlung im strömenden Regen etwas ganz und gar Surreales an sich: Drei Kinder knien vor einer Steineiche, sprechen ab und zu mit irgendjemandem, den nur sie sehen können – und nicht nur dem Atheisten Avelino de Almeida muss sich dabei unweigerlich die Frage aufdrängen, ob hier nicht Zehntausende von Menschen schlicht zum Narren gehalten werden. Doch dann passiert das bis heute Unerklärliche: Der Regen hört auf, Lucia dos Santos ruft den Leuten zu, dass sie ihre Regenschirme schließen sollen, dann reißt der Himmel auf, und es geschieht etwas, das der bis dahin in puncto Wunderglauben ganz und gar unverdächtige Avelino de Almeida später mit den folgenden Worten beschreibt: »Die Sonne bewegte sich am Himmel. Sie bewegte sich rasch auf und ab, was nach kosmischen Gesetzen unmöglich ist. Sie tanzte am Himmel.«

Das »Sonnenwunder von Fátima« beeindruckt Zehntausende

von Augenzeugen, darunter auch viele Reporter kommunistischer Tageszeitungen, die ursprünglich nur angereist waren, um sich über die angeblichen »Verrückten« lustig zu machen, die eine nicht existierende Muttergottes anbeten. Nach dem Ereignis ließen sich manche von ihnen sogar zum Priester weihen, und bis heute fragt sich jeder, der die Einzelheiten kennt:

Was ist damals in Fátima genau geschehen?

Gab es so etwas wie eine Massenhysterie?

Ist das überhaupt möglich, dass 30 000 Menschen gleichzeitig ein unerklärliches Phänomen sehen?

Gab es ausgerechnet an diesem Tag »zufällig« ein bisher unerklärliches kosmisches Phänomen, oder erschien tatsächlich die Muttergottes, der daran gelegen war, dass man den Kindern glaubte?

Wirkte Gott deshalb diese Wunder am Himmel von Fátima?

11

Papst Pius IX., das Mädchen Bernadette und die rätselhafte »Dame«

Noch sehr viel rätselhafter verhält sich die Muttergottes 59 Jahre vor den Ereignissen in Fátima, am 11. Februar 1858 in Frankreich. Auch hier sucht sie sich ein junges Mädchen aus, um dessen Leben durch ihre Erscheinung auf den Kopf zu stellen. Diesmal geschieht es in den Pyrenäen, im Südwesten Frankreichs – das zum Zeitpunkt der Ereignisse vierzehn Jahre alte Mädchen heißt Bernadette Soubirous und wurde am 7. Januar 1844 in der nach ihrem ehemaligen Eigentümer benannten Mühle »Boly« geboren. Ihren Eltern geht es in dieser abgelegenen Gegend Frankreichs relativ gut. Vater François Soubirous und Mutter Louise, eine geborene Casterot, bekommen insgesamt neun Kinder, von denen aber nur vier überleben. Die anderen fünf sterben im Kindesalter – was für die damalige Zeit nicht ungewöhnlich ist.

Die Mühle »Boly« gehört seit 1786 der Familie der Mutter von Bernadette. Zunächst leben die Angehörigen glücklich hier am Lapaca-Bach, der erste Schicksalsschlag ereilt die kleine Bernadette im Alter von nicht einmal einem Jahr, im November 1844. Ihre Mutter kann, vermutlich wegen ihrer eigenen schlechten Ernährung, die Tochter nicht mehr stillen, eine Amme muss her. Bernadette wird für achtzehn Monate an Marie Lagues gegeben, was für die Familie sehr teuer ist – der Ammendienst kostet im Monat fünf Franc. Unterdessen beginnt das Geschäft mit der Mühle schlechter zu laufen, säumige Schuldner zahlen nicht, und der Familie Soubirous droht bald der Bankrott. François Soubirous scheint nach allem, was man heute weiß, ein gutmütiger Mann gewesen zu sein, der Schuldnern gegenüber oft zu nachsichtig war. Im Jahr 1850 erleidet die Familie neues Unglück: Bernadette bekommt Magenprobleme und Asthma, François Soubirous hat einen Unfall beim Schärfen eines Mühlsteins. 1854 muss die Familie das Geschäft aufgeben und die Mühle verlassen – François Soubirous reiht sich in das Heer der Gelegenheitsarbeiter ein, um die sechsköpfige Familie durchzubringen. Mutter Louise arbeitet als Haushaltsgehilfin und bei Bauern auf dem Feld. Im Herbst 1855 kommt eine Choleraepidemie über die viertausend Einwohner der Kreisstadt Lourdes. Bernadette überlebt, bleibt aber ihr Leben lang kränklich – vor allem wird sie ihr Asthma nicht mehr los, und als Folge der schlechten Ernährung wie der vielen Erkrankungen wird sie ihr Leben lang kleinwüchsig bleiben (sie wird nur 1,40 Meter groß).

Der Tod der Großmutter Casterot beschert der Familie ein bescheidenes Erbe. Für das wenige Geld kaufen sie Vieh und mieten die Mühle von Sarrabayrouse in Arcizac et Angles. Dabei übernehmen sie sich jedoch finanziell und können schon bald die Miete nicht mehr zahlen. Um die Kosten für den Haushalt zu entlasten, entscheidet sich der Vater im Winter 1856/1857 schweren Herzens, sich von der Tochter zu trennen: Bernadette kommt als Haushaltsgehilfin zur Patentante.

Nach allem, was sich über diese Zeit in Erfahrung bringen lässt, scheint das junge Mädchen sehr früh sehr religiös gewesen zu sein. Sie soll immer einen Rosenkranz dabeigehabt, schon bald das »Gegrüßet seist du, Maria« und das Vaterunser auswendig gekonnt haben. Anfang des Jahres 1857 muss die Familie Soubirous in ein winziges, gerade mal 3,72 mal 4,4 Meter großes und dunkles Verlies ziehen. Es herrscht eine schlimme Hungersnot. Am 27. März des Jahres 1857 nimmt die Polizei Vater François fest: Er soll zwei Säcke Mehl für seine hungernde Familie beim Bäcker Maisongrosse gestohlen haben. Im September 1857 geht Bernadette zur Familie ihrer Amme Marie Lagues zurück, die dem Mädchen eine Art rudimentären Religionsunterricht erteilt. Aber da Bernadette sehr unter der Trennung von ihrer Familie leidet, kehrt sie im strengen Winter 1858, am 17. Januar, zu ihr nach Cachot in die Rue des Petits Fosses zurück. Genau fünfundzwanzig Tage danach passiert es: Bernadette geht am 11. Februar 1858, einem Donnerstag, mit ihrer Schwester und einer Freundin zum Ufer des Flusses Gave du Pau im Ortsteil Massabielle. Sie will gerade Holz sammeln, als sie auf einmal in einer Grotte am Fluss ein Geräusch hört. Es klingt wie das Rauschen des Windes, ein heftiger Windstoß vielleicht – doch kein Blatt bewegt sich am Baum. Dann geschieht es. In ihren eigenen Worten schildert sie später das Ereignis wie folgt: »Ich sah eine weiß gekleidete Dame. Sie trug ein weißes Kleid und einen weißen Schleier, einen blauen Gürtel und auf jedem Fuß eine gelbe Rose.«

Was Bernadette Soubirous auch immer gesehen haben mag, eines ist sicher: Die rätselhafte Erscheinung verhält sich ausgesprochen seltsam. Sie bleibt nämlich stumm. Das Mädchen kann die Frau zwar klar erkennen, aber es ahnt nicht einmal, um wen es sich handelt. Trotzdem fühlt Bernadette sich zu dieser Frau ausgesprochen hingezogen. Drei Tage später, am Sonntag, dem 14. Februar, betet sie an der Grotte den Rosenkranz, erneut erscheint die Frau, und diesmal besprengt Bernadette sie mit etwas Weihwasser, das sie bei sich hat. Die »Dame lächelt und neigt den Kopf« – so beschreibt Bernadette später die Szene –, und nachdem das Mädchen das Rosenkranzgebet beendet hat, verschwindet die Erscheinung.

Eine Woche später, am Donnerstag, dem 18. Februar, erscheint die Frau erneut an der Grotte. Diesmal hat Bernadette sich etwas überlegt: Sie hält der rätselhaften Dame eine Schiefertafel hin, auf die sie ihren Namen schreiben soll. Doch genau in dem Moment, als Bernadette ihr die Schiefertafel hinhält, spricht die Dame zum ersten Mal. Sie sagt: »Das ist nicht nötig. Ich verspreche Ihnen nicht, Sie in dieser Welt glücklich zu machen, wohl aber in der anderen. Würden Sie die Güte haben, vierzehn Tage lang hierherzukommen?«

Wer immer auch dieses Wesen sein mag, das da zu dem Mädchen spricht – jedenfalls spricht sie den Dialekt der Region um Lourdes, die einzige Sprache, die Bernadette versteht, und zum ersten Mal in seinem Leben wird das Mädchen gesiezt.

Warum macht die Dame das?

Will sie vielleicht einfach nur ganz besonders höflich zu dem Mädchen sein, oder will sie ihm damit auch die große Bedeutung dieses Treffens klarmachen?

Wenn es sich um die Muttergottes handelt – was Bernadette zu diesem Zeitpunkt wohl noch nicht klar ist –, scheint ihre Entscheidung, das Mädchen zu siezen, unverständlich. Denn Maria weiß doch, was für ein Entsetzen die erste Begegnung mit dem Unerklärlichen auslösen muss. Schließlich hat die Muttergottes eine solche Situation – die erste Begegnung mit dem Überirdischen – doch selbst erlebt: Im *Lukas-Evangelium*, Kapitel 1, Verse 28 bis 30, heißt es darüber:

28 Der Engel trat bei ihr ein und sagte: Sei gegrüßt, du Begnadete, der Herr ist mit dir.
29 Sie erschrak über die Anrede und überlegte, was dieser Gruß zu bedeuten habe.
30 Da sagte der Engel zu ihr: Fürchte dich nicht, Maria; denn du hast bei Gott Gnade gefunden.

Was auch immer sich damals in Nazaret wirklich zugetragen haben mag – eines ist an dieser Geschichte überaus logisch. Nämlich dass der Engel sagt: »Fürchte dich nicht.« Wohl jeder Mensch dürfte bei einem ersten Kontakt mit einem überirdischen Wesen erst einmal erschrecken. Aber die Muttergottes in Lourdes sagt nicht: »Fürchte dich nicht.« Sie scheint sich nicht nur gar keine Sorgen darüber zu machen, ob sie mit ihrem Erscheinen das Mädchen erschrecken könnte, sondern sie stellt auch noch eine seltsame Distanz zu ihm her, indem sie das Mädchen siezt.

Auffallend ist zudem, dass Bernadette die Muttergottes ein wenig anders beschreibt als die Kinder von Fátima. Dort sehen die Kinder eine Frau, die »heller strahlte als die Sonne«, und in den Händen »hielt sie einen Rosenkranz«. Keine Rede ist hier von einem Schleier, auch nicht von einem blauen Gürtel oder von »gelben Rosen auf den Füßen«: Entweder erinnerten sich die Kinder nicht korrekt, oder die Muttergottes zeigte sich tatsächlich an den beiden verschiedenen Orten auf unterschiedliche Weise. Aber ist das wirklich denkbar? Warum sollte eine überirdische Gestalt beschließen, die Kleider zu wechseln und im einen Fall mit gelben Rosen auf den Füßen zu erscheinen?

Bildete sich Bernadette nur ein, sie so gesehen zu haben, oder verhält es sich so, wie die katholische Kirche das lehrt: dass Bernadette die Muttergottes tatsächlich sah – mit blauem Gürtel und gelben Rosen auf den Füßen?

Bernadette wandert, wie ihr geheißen, auch am folgenden Tag zum Ufer des Flusses. Es ist ein Samstag, der 20. Februar 1858. Die Dame bringt Bernadette ein Gebet bei; am Ende dieser Erscheinung ist Bernadette von großer Traurigkeit erfüllt.

Inzwischen hat sich die Nachricht von den Erscheinungen offenbar herumgesprochen, denn aus den Polizeiakten geht hervor, dass am folgenden Tag, dem 21. Februar 1858, etwa hundert Menschen mit ihr zu der Grotte pilgern. Der Polizei ist dieser Auflauf suspekt. Bernadette wird verhört und sagt dabei aus, sie habe »Aquero« gesehen, was »jene da« oder »diese da« bedeutet. Bis zu diesem Zeitpunkt scheint Bernadette immer noch nicht zu wissen, wen sie da vor sich hat, aber am nächsten Tag verrät ihr die seltsame Frau, dass sie ein Geheimnis kenne, das nur »ihr allein«, dem Mädchen Bernadette, gelte. Am darauffolgenden Tag fordert die Frau Bernadette auf: »Buße, Buße, Buße. Beten Sie zu Gott für die Sünder. Küssen Sie die Erde zur Buße für die Sünder!« Und am Donnerstag, dem 25. Februar 1858, kommt es zu einer Sensation: Etwa dreihundert Menschen sind an diesem Tag zugegen, als die Muttergottes erneut zu Bernadette spricht: »Sie sagte mir, ich solle zur Quelle gehen und daraus trinken. Ich fand nur ein wenig schlammiges Wasser, erst beim vierten Versuch konnte ich davon trinken. Sie forderte mich auf, ein Kraut zu essen, das in der Nähe der Quelle wuchs. Dann entschwand die Erscheinung, und ich ging weg.«

Diese paar Schluck Wasser, die Bernadette am 25. Februar 1858 trinkt, werden die Gegend um Lourdes für immer verändern.

Zwei Tage später folgen Bernadette rund achthundert Menschen zur Grotte, und die Erscheinung kommt auch wie verabredet, aber diesmal schweigt die seltsame Frau. Daraufhin trinkt Bernadette aus der Quelle, vollzieht eine Geste der Buße und entfernt sich dann wieder.

Der Polizei sind diese seltsamen Treffen an der Grotte umso verdächtiger, je mehr Menschen sich dort versammeln. Am

28. Februar 1858, einem Sonntag, sind es bereits etwa tausend, die beobachten, wie Bernadette sich vor der Grotte auf den Boden wirft, die Erde küsst und sich als Zeichen der Buße kniend auf die Grotte zubewegt. Doch diesmal wird sie verhaftet und vor einen Richter geführt, der ihr androht, sie ins Gefängnis werfen zu lassen, wenn sie weiterhin die Menschen mit ihren Erzählungen von den Erscheinungen in der Grotte in die Irre führt.

An diesem Punkt nimmt die Geschichte eine entscheidende Wendung: Das Überirdische scheint auf das irdische Geschehen zu »reagieren« und ein Zeichen zu setzen, um einen Provinzrichter in Lourdes davon abzuhalten, gegen das Mädchen Bernadette Soubirous vorzugehen. Am Montag, dem 1. März 1858, kommen mehr als fünfzehnhundert Menschen vor der Grotte von Massabielle zusammen, zum ersten Mal ist ein Priester unter ihnen, und in der Nacht nach dieser Erscheinung geschieht das Unfassbare: In Loubajac, in der Nähe von Lourdes, erwacht die hochschwangere Catherine Latapie, achtunddreißig Jahre alt, in ihrer bescheidenen Wohnung aus ihrem unruhigen Schlaf. Zwei Jahre zuvor, im Oktober 1856, war sie von einem Baum gestürzt und hatte sich dabei die rechte Hand so schwer verletzt, dass sie gelähmt blieb. Danach war sie praktisch nicht mehr in der Lage, ihre Familie zu versorgen. Trotzdem erwartet sie nun erneut Nachwuchs und ist verständlicherweise sehr aufgeregt. In dieser Nacht aber schläft sie besonders unruhig. Kein Wunder: Bald werden die ersten Wehen einsetzen, jeden Tag wartet sie jetzt darauf, ihr Kind zur Welt zu bringen. Und doch treibt sie irgendetwas hin zu jenem seltsamen Ort, an dem die Menschen seit einiger Zeit zusammen mit diesem merkwürdigen jungen Mädchen beten, von dem Catherine Latapie nur weiß, dass sie erst vierzehn Jahre alt und die Tochter eines Mehldiebs sein soll. Mitten in der Nacht beschließt sie, ihre beiden Kinder anzuziehen und sich zu jener eigenartigen Grotte unten am Flussufer zu begeben.

Was mag in dieser Frau damals nur vorgegangen sein?

Was hat sie sich dabei gedacht, in dieser kalten Nacht hochschwanger zur Grotte von Massabielle zu laufen?

Wir wissen es nicht. Gänzlich unvorstellbar aber ist das, was dann geschieht: Catherine Latapie kommt nach ihrem Marsch durch die Pyrenäen im Morgengrauen an der Grotte an, taucht ihre verkrüppelte Hand in den dünnen Strahl des Wassers der Quelle, die Bernadette neben der Grotte entdeckt hat. Und das Unvorstellbare geschieht: Zuerst kann sie es selbst kaum fassen, doch dann spürt sie, wie das Leben in ihren gelähmten Arm zurückkehrt, wie das Blut in den Adern pulsiert, wie sie auf einmal die Kälte des Wassers wahrnehmen kann. Mit ungläubigen Augen zieht sie den Arm zurück, bewegt ihn ein paarmal hin und her, als wäre es der Arm einer Fremden; dann erst sickert langsam in ihr Bewusstsein, was so unfassbar wie unwiderlegbar ist: Ihr Arm ist geheilt. Außer sich vor Glück kehrt sie nach Hause zurück, wo sie am nächsten Tag ihren Sohn Jean-Baptiste zur Welt bringen wird, der später die Priesterweihe erhält. Sie selbst aber, Catherine Latapie, wird ihr ganzes Leben lang staunend dankbar sein für das Glück, das ihr in der Grotte von Massabielle widerfuhr.

Natürlich verbreitet sich die Nachricht von dieser nächtlichen Wunderheilung wie ein Lauffeuer. Am nächsten Tag spricht die »Dame« auf einmal zu Bernadette: »Sagen Sie den Priestern, dass man in Prozessionen hierherkommen und eine Kapelle bauen soll.« Bernadette erzählt das dem Gemeindepfarrer von Lourdes, doch der glaubt ihr nicht, sondern will erst den Namen der »Dame« wissen – außerdem verlangt er ein weiteres Zeichen: Der Rosenstrauch, der an der Grotte wächst, soll blühen, obwohl es jetzt noch viel zu kalt dazu ist.

Am letzten der vierzehn Tage, von denen die seltsame Frau Bernadette gegenüber gesprochen hatte, folgen dem Mädchen schätzungsweise achttausend Menschen zur Grotte. Alle erwarten ein neues Wunder, doch die »Dame« schweigt. Zutiefst enttäuscht geht Bernadette in den nächsten zwanzig Tagen nicht mehr zur Grotte hinunter. Erst an einem Donnerstag, dem 25. März 1858, spaziert sie noch einmal dorthin und ist wieder enttäuscht, da der Rosenstrauch immer noch nicht blüht. Dafür taucht aber auf einmal die »Dame« wieder auf, und was dann geschieht, klingt in den Worten Bernadettes so: »Sie hob die Augen zum Himmel, faltete zum Zeichen des Gebets ihre Hände, die sie ausgestreckt zur Erde gehalten hatte, und sagte zu mir im Dialekt dieser Gegend: ›Que soy era Immaculada Councepciou‹ (›Ich bin die Unbefleckte Empfängnis‹).«

Für den Gemeindepfarrer aber war genau das – die Nennung des theologischen Fachbegriffs »Unbefleckte Empfängnis«, den das junge Mädchen seiner Meinung nach nicht kennen konnte – der entscheidende Beleg für die Authentizität der Schilderung Bernadettes. Tatsächlich hegte die katholische Kirche nach diesem Ereignis keinen Zweifel mehr daran, dass sich die Erscheinung der Muttergottes in der Grotte von Massabielle wirklich so zugetragen hat, wie sie von Bernadette dargestellt wurde. Aber wenn das stimmt, dann bedeutet das etwas ganz und gar Unglaubliches: Bis dahin hatte sich Gott noch nie in Kirchenpolitik eingemischt. Gottes Sohn, Jesus von Nazaret, hatte nicht einmal die Gründung einer Kirche gefordert, so wie sie heute existiert. Er hat weder die Priesterweihe noch das Zölibat gefordert, nicht den Bau von Kirchen oder anderen Heiligtümern verlangt. Dass es einen Papst geben soll, leitet die katholische Kirche ausschließlich aus einer Passage im *Matthäus-Evangelium* ab, in der Jesus zu Petrus sagt (Kapitel 16, Verse 18 und 19):

18 Ich aber sage dir: Du bist Petrus und auf diesen Felsen werde ich meine Kirche bauen, und die Mächte der Unterwelt werden sie nicht überwältigen.
19 Ich werde dir die Schlüssel des Himmelreichs geben; was du auf Erden binden wirst, das wird auch im Himmel gebunden sein, und was du auf Erden lösen wirst, das wird auch im Himmel gelöst sein.

Aber das bedeutet noch nicht einmal, dass dieser Petrus innerhalb der Kirche immer recht haben muss wie heute ein Papst, der so etwas wie ein oberstes Lehramt ausübt. Zur Zeit des Petrus galt zum Beispiel die Meinung des Jakobus in theologischen Fragen mindestens genauso viel wie die Ansicht des Petrus[2].

In der Kirchenhistorie gab es auch immer wieder rebellische Theologen, die die Frage stellten, ob sich Jesus von Nazaret die katholische Kirche wirklich so vorstellte und wünschte, wie sie sich heute präsentiert. Der in diesem Zusammenhang vermutlich berühmteste kritische Theologe dürfte der Franziskanerpater Leonardo Boff sein, der in seinem 1981 erschienenen Buch »Kirche: Charisma und Macht« zu dem Ergebnis kommt, dass Jesus von Nazaret keine Hierarchien wollte: Keiner seiner Nachfolger sollte über den anderen bestimmen, meinte Boff, denn Jesus habe ein Miteinander und kein Gegeneinander gewollt. Joseph Ratzinger hatte Leonardo Boff zwar mit einem einjährigen Publikationsverbot belegt, aber auch ein gewisses grundsätzliches Verständnis für die Frage an sich anklingen lassen – denn natürlich muss sich die Kirche fragen, ob sie wirklich nach dem Willen Gottes handelt[3].

Quasi »aus dem Himmel« hatte sich der unerklärliche Gott jedenfalls bis dahin nie wirklich in die Einzelheiten der katholischen Kirche eingemischt – bis auf dieses eine Mal in der Grotte von Massabielle, am Flussufer des Gave du Pau, als an dem erwähnten Donnerstag, dem 25. März 1858, der Herr in

---

2 Folgt man dem *Markus-Evangelium* (Kapitel 6, Vers 3), so war Jakobus, der auch den Beinamen »der Gerechte« getragen haben soll, neben Joses, Judas und Simon der älteste Bruder Jesu. Allerdings versteht der katholische Glaube Jakobus als einen »Vetter« Jesu, da die Lehre von der unbefleckten Reinheit der Maria keine Geschwister Jesu zulässt.

3 Der am 14.12.1938 im brasilianischen Concórdia geborene Leonardo Boff, katholischer Theologe und (seit 1958) Franziskanerpater, gehört zu den profiliertesten Vertretern der Befreiungstheologie. Von 1970 bis 1991 Professor für systematische Theologie in Petrópolis, wurde er 1984, drei Jahre nach Veröffentlichung seines kirchenkritischen Buches »Kirche: Charisma und Macht«, vor die von Kardinal Joseph Ratzinger geleitete Glaubenskongregation geladen und 1985 mit einem einjährigen Publikationsverbot belegt. Kern des Konflikts zwischen Boff und Ratzinger war nicht wie bei anderen Befreiungstheologen der Vorwurf eines Marxismus in christlicher Tarnung, sondern vor allem Boffs These, dass Jesus Christus keine bestimmte Kirchengestalt befohlen habe, weshalb auch andere als das katholische Kirchenmodell aus dem Evangelium heraus denkbar seien. Außerdem würden Offenbarung und Dogma bei ihm nur eine untergeordnete Rolle spielen, und zudem habe er den historischen Machtmissbrauch der Kircheninstitution »unnötig polemisch und respektlos beschrieben« und damit der Kircheneinheit geschadet. Nach einer erneuten kirchlichen Disziplinierung legte er 1992 sein Priesteramt nieder, trat aus dem Franziskanerorden aus und lehrt seither an der staatlichen Universität Rio de Janeiro an dem eigens für ihn eingerichteten Lehrstuhl für »Ethik und Spiritualität«.

seiner unendlichen Güte der Muttergottes erlaubte, dem Mädchen Bernadette Soubirous zu erscheinen und damit zugleich auch direkt in einem innerkirchlichen Streit Position zu beziehen, nämlich sich ausgerechnet an die Seite eines Papstes zu stellen, der Morde und Kriege befahl, der die Demokratie, die Meinungs- und die Pressefreiheit bekämpfte und völlig die Zeichen seiner Zeit verkannte.

Ist das wirklich vorstellbar, dass Gott in einen kleinlichen kirchlichen Streit eingreift?

Dass er sich in diesem Streit auch noch auf die Seite eines überaus umstrittenen Papstes stellt?

Dass Gott auf der Seite eines Papstes steht, der mithilfe ausländischer Armeen einen Krieg gegen seine eigenen Leute begann? Der Hinrichtungen anordnete und das Prinzip der Demokratie für »Teufelszeug« erklärte, weil es dem göttlichen Gesetz der Monarchien, der göttlichen Einsetzung eines Königs, widerspreche?

Wenn das alles wirklich so sein sollte, wie das nach dem katholischen Glauben der Fall ist, dann gibt es eine fatale Übereinstimmung der Wunder von Lourdes und Fátima: Wie später in Portugal, wo die Muttergottes scheinbar grausam zwei Kindern ihren kurz bevorstehenden Tod verkündet, sagt die Muttergottes auch schon neunundfünfzig Jahre zuvor in Lourdes etwas, das für den menschlichen Verstand schlicht nicht nachvollziehbar ist…

Die Hauptfigur in dieser seltsamen Geschichte ist neben dem Mädchen Bernadette Soubirous der am 13. Mai 1792 in dem heutigen schicken Badeort Senigallia an der Adria – damals ein armes Fischernest – geborene Giovanni Maria Mastai-Ferretti. Über dem Leben dieses Giovanni Maria Mastai-Ferretti schwebt wie ein grauer Schleier der Schatten seiner Krankheit: Im achtzehnten Lebensjahr, da geht er noch auf ein Gymnasium im toskanischen Volterra, erkrankt Mastai-Ferretti an Epilepsie. Welchen Einfluss diese Krankheit auf sein Leben hatte, ist ungewiss – vermutet wird jedoch, dass damit auch immer wieder Phasen tiefer Depression und akute Schwächeanfälle einhergingen.

Mastai-Ferretti stammt als Grafensohn aus einer niederen Adelsfamilie, studiert Theologie, möchte Gemeindepfarrer werden und arbeitet in dem Kinderheim Tata Giovanni in Rom. Seine politischen Ansichten klingen anfangs noch durchaus ausgewogen. So schreibt er im Jahr 1833 seinem Freund Kardinal Falconieri, dem Erzbischof von Ravenna: »Ich hasse die Gedanken und Unternehmungen der Liberalen, aber auch der Fanatismus der sogenannten Partei des Papstes ist mir nicht sympathisch.« Dieser Giovanni Maria Mastai-Ferretti also wird am 16. Juni 1846 zum Papst gewählt werden und den Namen Pius IX. annehmen.

Von heute aus gesehen ist es relativ einfach zu beurteilen, dass Pius IX. in seinem bis zum 7. Februar 1878, seinem Todestag, währenden Pontifikat – dem bisher längsten in der Geschichte des Papsttums – zweifellos schwere Fehler beging und sich herb verschätzte in dieser schwierigen Zeit des gesellschaftspolitischen Umbruchs, in der er die katholische Kirche führte. Aber zu seinen Lebtagen stellte sich die Welt nun einmal völlig anders dar, als wir sie heute zurückblickend betrachten: Papst Pius IX. trat ein schweres Erbe an. Von seinem Vorgänger Gregor XVI. hatte er nicht nur das Amt des Papstes und damit des Oberhaupts aller Katholiken übernommen, sondern auch das eines Staatsoberhaupts – nämlich des damals ganz Mittelitalien umfassenden Kirchenstaates. Und das war vermutlich sein größtes Problem: dass er nicht nur ein geistiges Oberhaupt war, sondern auch der König eines Landes: Denn dieses Land revoltierte gerade gegen seinen Papst-König, und Pius IX. musste schließlich sogar erleben, wie sein Staat vollständig zusammenbrach: Bereits 1848 – in ganz Europa ein Jahr des Aufruhrs – kam es auch in Rom zu schweren Revolten gegen den Papst-König. Um nicht verhaftet oder sogar getötet zu werden, floh Pius IX. am 24. November dieses Jahres, in der Pferdekalesche des bayerischen Gesandten versteckt, in die etwa hundert Kilometer südlich von Rom gelegene Festung Gaeta. Am 9. Februar 1849 rief das römische Parlament das Ende der Monarchie – das Ende des Papst-Königtums – aus und verkündete die Republik. Pius IX. wollte sich dem nicht beugen und orderte am 18. Februar 1849 ausländische Truppen, um die aufständischen Römer in die Knie zu zwingen. Noch am selben Tag eilte Österreich dem Papst zu Hilfe und belagerte mit 6000 Mann das rebellische Ferrara. Nun herrschte Krieg in Italien: Auf der einen Seite standen die Kämpfer für ein einiges, freies Italien um Giuseppe Garibaldi, auf der anderen Seite der Papst und seine ausländischen Helfer, die die päpstliche Monarchie wiederherstellen wollten. Nicht nur die Österreicher stellten sich auf Druck ihres Kaisers und weil sie Interessen in Italien hatten an die Seite des Papstes – die wirksamste Hilfe kam ausgerechnet aus dem Land der Aufklärung, der Revolution gegen die Monarchie und des antiklerikalen Kurses von Napoleon I.: Am 3. Juni 1849 begannen die französischen Truppen, das republikanische Rom zu beschießen. Den ganzen Monat über schlugen in Rom ihre Kanonenkugeln ein, richteten schwere Schäden an und töteten viele Menschen. Allein am 30. Juni 1849 kamen bei einem Generalangriff mehr als 500 römische Republikaner ums Leben. Am selben Tag besetzten die Franzosen Rom, und die Republikaner unterzeichneten ihre Kapitulation. Noch heute erinnern in den Straßen rund um die Festung an der Villa Sciarra und am Park Doria Pamphili Gedenktafeln an jene Männer, die im Kampf um das demokratisch-republikanische Rom gegen den Papst und seine französischen Hilfstruppen starben – genau dort, wo heute einer der idyllischsten Aussichtspunkte von Rom zum Ausruhen einlädt, auf dem Gianicolo, befand sich damals der Hauptkampfplatz. Die Unruhen in der Stadt dauerten auch nach der Kapitulation noch eine Weile an, bis die Franzosen schließlich jeden Widerstand niedergeschlagen hatten und der Papst am 12. April 1850 aus Gaeta nach Rom zurückkehren konnte, sich dabei aber von französischen Truppen vor den eigenen Untertanen schützen lassen musste. Auf deren Provokationen reagierte der Papst von jetzt an mit Mord: Noch kurz vor dem Ende des Kirchenstaates im Jahr 1870 ließ Pius IX. am 24. November 1868 Giuseppe Monti und Gaetano Tognetti enthaupten: Vergeblich hatte der italienische König Viktor Emanuel II. den Papst um Gnade für diese beiden Aufständischen gebeten.

Mit Gewalt und Ideologie also versucht dieser Papst seinen

geistigen und politischen Herrschaftsanspruch zu untermauern: Bereits am 8. Dezember 1864 veröffentlicht Pius IX. die Enzyklika »Quanta Cura« und im Anhang den sogenannten »Syllabus«, eine Zusammenstellung der vermeintlichen Irrtümer der modernen Zeit in Politik, Kultur und Wissenschaft. Darin geißelt das Oberhaupt des Kirchenstaates nicht nur das Prinzip der Demokratie, sondern verurteilt auch die Pressefreiheit und die Toleranz gegenüber anderen Religionen. Noch mehr: Der Papst verurteilt auch die Freiheit des Gewissens, die wissenschaftliche Forschung und den Anspruch des Staates, Schulen zu gründen – die Erziehung der Kinder soll ausschließlich in den Händen der Kirche liegen.

Selbst innerhalb der Kurie gibt es gegen diese Haltung Proteste, doch Papst Pius IX. ist nicht aufzuhalten: Am 18. Juli 1870 erklärt er auf dem 1. Vatikanischen Konzil in der päpstlichen Konstitution »Pastor aeternus« das Dogma von der päpstlichen Unfehlbarkeit – was auch immer Päpste seitdem lehren und welche Urteile sie kraft ihres Lehramtes fällen: Sie sind unfehlbar.

Gegen diese päpstliche Konstitution rebellieren viele Bischöfe – noch am Tag vor ihrer Veröffentlichung verlassen 55 Bischöfe aus Protest die Heilige Stadt. Aber nicht nur die Bischöfe revoltieren: Auch das christliche Österreich – lange als Bollwerk gegen den Islam angesehen und als besonders katholisch geltend – kündigt wegen des Unfehlbarkeitsdogmas das erst im Jahr 1855 geschlossene Abkommen (Konkordat) mit dem Vatikan. Pius IX. kämpft nun mit dem Rücken zur Wand gegen eine neue Zeit, in der sich etwa die Idee einer Trennung von Staat und Kirche allmählich durchzusetzen beginnt. Doch der gesellschaftspolitische Wandel ist nicht aufzuhalten: 1868 unterstellt sogar das katholische Österreich Ehe und Schule dem Staat. Preußen beschließt 1872 das Gesetz zur staatlichen Schulaufsicht, 1873 wird ein Gesetz über die Ausbildung und Anstellung von Geistlichen verabschiedet, der Einfluss der katholischen Kirche also erneut gewaltig eingeschränkt, und der seit dem Mittelalter immer wieder heftig ausgetragene Kampf zwischen weltlicher und geistiger Macht, zwischen Reich und

Papst, entscheidet sich im ausgehenden 19. Jahrhundert zugunsten der weltlichen (Staats-)Macht.

Als schwere Sünde wertet Pius IX. in diesem Zusammenhang das 1873 in Preußen eingeführte Recht auf den Kirchenaustritt, der von nun an vor einem Amtsgericht vollzogen werden kann. Zwei Jahre später, 1875, folgt die aus seiner Sicht vielleicht drastischste Maßnahme: die Einführung der Zivilehe. Heute ist eine Eheschließung vor dem Standesamt eine solche Selbstverständlichkeit, dass es kaum noch vorstellbar erscheint, wie hart diese Möglichkeit einst erkämpft werden musste – für die katholische Kirche ging es dabei um nichts Geringeres als um ein göttliches Gesetz, nach dem die Bindung von Mann und Frau ausschließlich »vor Gott« zu geschehen hat, also in einer Kirche.

Statt einen Kompromiss zu suchen, will dieser Papst anscheinend die Konfrontation – und verliert. Im Jahr 1875 wird die Einstellung aller finanziellen Leistungen des preußischen Staates an die Kirche beschlossen, Mitglieder von religiösen Orden und Kongregationen werden ausgewiesen. Daraufhin bricht die kirchliche Organisation zusammen – 1878 sind acht Bischofssitze und weit über tausend Pfarreien unbesetzt. Pius IX. hat den kirchenpolitischen Karren endgültig gegen die Wand gefahren, und es scheint nur sehr schwer vorstellbar zu sein, dass Gott ausgerechnet diesem sich allen modernen Strömungen widersetzenden, die Zeichen seiner Zeit völlig verkennenden Papst mithilfe einer Marienerscheinung den Rücken stärken will.

Warum tut er es dann?

Je mehr man sich mit dem Leben und Wirken von Pius IX. beschäftigt, desto dringlicher stellt sich die Frage, ob es tatsächlich sein kann, dass der Weltenschöpfer gerade diesen Papst »auserwählt« haben soll. Die Eskalation des Konflikts zwischen Kirche und Staat wäre vermutlich zu vermeiden gewesen, wenn Pius IX. auf das Unfehlbarkeitsdogma verzichtet hätte. Dieses Dogma hatte aber auch eine militärische Komponente: Mit ihm sollte allen Katholiken noch einmal verdeutlicht werden, dass ein militärischer Angriff auf den Kirchenstaat einem Angriff auf

Gott selbst gleichkommt. Aber nicht mal das vermag den Kirchenstaat zu retten: Am 20. September 1870 sprengen morgens um 10.00 Uhr Soldaten der italienischen Armee die Mauer des Kirchenstaates an der Porta Pia in Rom – gleich darauf betreten das 39. Bataillon der Infanterie und das 34. Bataillon der Bersaglieri das päpstliche Hoheitsgebiet. Auf den Schießbefehl des Kirchenoberhauptes werden 49 italienische Soldaten erschossen, aber auch 19 der päpstlichen Truppen – dann ist der grausame Spuk schon wieder vorbei, und der Papst zieht sich in den Vatikan zurück, wo er bis zu seinem Tod ausharren wird. Die seit Jahrhunderten üblichen Segen für das römische Volk und den Erdkreis zu Weihnachten und zu Ostern werden abgesagt, der Papst zeigt sich den Menschen nicht mehr.

Das alles ist heute längst Geschichte – und Gegenwart zugleich, denn das Unfehlbarkeitsdogma des Papstes in Lehrfragen gilt bis heute. Untrennbar damit verbunden aber ist ein weiteres Dogma, das ursprünglich zusammen mit dem oben erwähnten »Syllabus«, der päpstlichen Absage, wenn nicht Kriegserklärung gegenüber dem modernen Staat, veröffentlicht werden sollte: das Dogma der »Unbeflecken Empfängnis«.

Schon im Jahr 1848 hatte Pius IX. das Thema mit den Bischöfen diskutiert und schließlich das Dogma festgeschrieben, das besagt, dass Maria als Gottesmutter vom göttlichen Plan vorgesehen und deshalb ohne Erbsünde war. Wörtlich heißt es in der von Pius IX. am 8. Dezember 1854 verkündeten dogmatischen (auch: Päpstlichen) Bulle »Ineffabilis Deus« (»Der unaussprechliche Gott«):

»Zu Ehren der Heiligen und Ungeteilten Dreifaltigkeit, zu Schmuck und Zierde der jungfräulichen Gottesmutter, zur Erhöhung des katholischen Glaubens und zur Mehrung der christlichen Religion, in der Autorität unseres Herrn Jesus Christus, der seligen Apostel Petrus und Paulus und der Unseren erklären, verkünden und definieren Wir: Die Lehre, dass die seligste Jungfrau Maria im ersten Augenblick ihrer Empfängnis durch ein einzigartiges Gnadenprivileg des allmächtigen Gottes, im Hinblick auf die Verdienste Jesu Christi, des Erret-

ters des Menschengeschlechtes, von jedem Schaden der Erbsünde unversehrt bewahrt wurde, ist von Gott geoffenbart und
darum von allen Gläubigen fest und beständig zu glauben.«

Damit erklärte der Papst eine fromme Lehre als glaubensver-
bindlich, die weder auf die Bibel zurückgeführt noch in einer
langen übereinstimmenden Kirchentradition nachgewiesen werden kann – und die viele kritische Theologen schon damals
für ein frömmelndes Ammenmärchen hielten. Neu an diesem
Dogma war auch, dass Pius eine positiv beschiedene Mei-
nungsumfrage unter seinen Bischöfen ausreichte, um diesen
Lehr- und Glaubenssatz ohne weitergehende Konzilsberatung
offiziell zu verkünden. Bis dahin war nämlich das allgemeine
Konzil das Organ der kirchlichen Wahrheitsfindung gewesen
– in diesem Fall aber machte sich der Papst allein zur entscheidenden Instanz für Lehrfragen innerhalb der Kirche: zweifellos
ein Vorgriff auf das Unfehlbarkeitsdogma, das dann doch erst
auf dem – sicher nicht zufällig – für den 8. Dezember 1869, den
Festtag der Unbefleckten Empfängnis Mariens, einberufenen
und bis zum 18. Juli 1870 andauernden 1. Vatikanischen Konzil
verkündet wurde.

Auch innerhalb der katholischen Kirche war das 1854 verkündete Dogma von der Unbefleckten Empfängnis Mariens
von Beginn an umstritten: bis dem Papst vier Jahre später, an
jenem 25. März 1858, ein Wunder zu Hilfe kommt…

Das muss man sich erst einmal vorstellen: Während im fernen
Rom das weltliche Reich der Päpste allmählich zusammenbricht, während Pius IX. Truppen gegen seine eigenen Leute
schickt, um den Aufstand für die Demokratie zu unterdrücken,
lässt der Allmächtige es zu, dass am Flussbett eines unscheinbaren Ortes in den Pyrenäen die Muttergottes einem vier-
zehnjährigen Kind erscheint und einem umstrittenen Papst
den Rücken stärkt. Denn das Erstaunlichste am Wunder von
Lourdes ist weder, dass sich die Muttergottes hier zeigt – das
soll sie in Fátima im Mai 1917 auch getan haben –, noch dass sie
Wunder wirkt wie ebenfalls in Fátima. Das Entscheidende ist,

wie sie sich zu erkennen gibt: Warum hält sie sich nicht einfach aus dem innerkirchlichen Streit um Papst Pius IX. heraus und sagt schlicht, wer sie ist: »Ich bin die Muttergottes«? Warum sagt sie ausgerechnet: »Ich bin die Unbefleckte Empfängnis«? Das bedeutet, dass zum ersten und bisher letzten Mal in der Kirchengeschichte eine Marienerscheinung ein päpstliches Dogma bestätigt – und dann auch noch eines, das mit keiner einzigen Bibelstelle zu belegen wäre. Klingt das wirklich plausibel?

Ich weiß, dass es zur Grundregel der Theologie gehört, anzuerkennen, dass es einem Menschen unmöglich ist, die Beweggründe Gottes zu verstehen. Und doch komme ich nicht umhin, mich zu fragen, was den Schöpfer des Universums denn dazu bewegt haben mag, ausgerechnet diesem Papst den Rücken zu stärken, statt ihn erkennen zu lassen, dass die Zeit des weltlichen Reiches der Päpste zu Ende war; dass es viel besser gewesen wäre, den Kirchenstaat aufzugeben, statt mit Todesurteilen und der Entsendung einer fremden Armee gegen die eigenen Leute zu versuchen, eine Macht zu retten, die nicht mehr zu retten war.

Muss man nicht gerade im Interesse der katholischen Kirche und der christlichen Religion fragen, ob dem ewigen Gott in Lourdes nicht etwas untergeschoben wird, womit er nichts zu tun hat, nämlich eine Stärkung der Position Pius' IX.?

Was, wenn Bernadette Soubirous sich das alles nur ausgedacht hat und die Muttergottes das Dogma ihrer angeblich Unbefleckten Empfängnis keineswegs bestätigte?

Wenn er das Wirken Pius' IX. keineswegs mit unterstützendem Wohlwollen begleitete, sondern mit aller gebotenen Kritik?

Schon in Lourdes sorgte der von dem Mädchen Bernadette übermittelte angebliche Satz der Muttergottes für enorme Verwirrung. Bis heute argumentiert die katholische Kirche so wie damals der zuständige Bischof Laurence, der das Marienwunder offiziell anerkannte: Die vierzehn Jahre alte Analphabetin Bernadette, die gerade mal das Vaterunser und das »Gegrüßet seist du, Maria« beten konnte, könne unmöglich den theologischen Fachterminus »Unbefleckte Empfängnis« gekannt haben.

Ob das nun stimmt oder nicht: Die Einzige, die das wirklich hätte klären können, Bernadette Soubirous, nahm ihr Geheimnis am 16. April 1879 mit ins Grab. Also bleiben die Fragen bestehen:

Warum sagte die Muttergottes dem Kind nicht gleich bei ihrer ersten Erscheinung am 11. Februar 1858, wer sie war?

Warum ließ sie das Mädchen bis zum 25. März im Ungewissen?

Warum sollte sich die Muttergottes erst dann als »die Unbefleckte Empfängnis« offenbaren, als die Vierzehntagefrist, innerhalb der sie sich Bernadette zeigen wollte, längst abgelaufen war?

Warum sagte die Muttergottes nicht schlicht und ergreifend: Ich bin Maria aus dem Dorf Nazaret, die Frau des Josef, die Mutter Gottes?

Wie im Fall Fátima halten auch diejenigen, die an das Wunder von Lourdes glauben, gerade die Tatsache, dass sich die Muttergottes nach menschlichem Ermessen so ganz und gar »unverständlich« verhält, für einen Beweis ihrer Authentizität: Kein Kind könne sich ein solches Verhalten ausdenken, was allein schon als Beleg dafür gewertet wird, dass hier tatsächlich eine göttliche Botschaft übermittelt wird. Bei Fátima ist es die – nach menschlichem Ermessen – grausame, sich dann auch noch bewahrheitende Ankündigung des bevorstehenden Todes zweier Geschwister, bei Lourdes geht es um die theologische Formel der »Unbefleckten Empfängnis«, die Bernadette Soubirous nach Meinung der katholischen Kirche nur von der Muttergottes selbst erfahren und nirgendwo sonst aufgeschnappt haben kann.

Aber stimmt das überhaupt?

Tatsache ist, dass das Dogma schon seit mehreren Jahren »in der Welt« und zweifellos auch bis in die Pyrenäen nach Lourdes vorgedrungen war: Andernfalls wäre es ja nicht zu erklären, dass der Gemeindepfarrer von Lourdes, Peyramale, dem Bernadette als Erstes die angeblichen Worte ihrer mysteriösen Marienerscheinung schildert, sofort weiß, wovon hier die Rede ist. Und wenn der Gemeindepfarrer diese Formulierung kannte – warum will dann die katholische Kirche so sicher sein, dass Bernadette sie nicht doch schon irgendwo anders gehört hatte? Fest steht nämlich, dass Bernadette Kontakt zu Ordensfrauen in Lourdes hatte, die Bernadette die Grundlagen des Katechismus beibrachten. Gut vorstellbar, dass die »Unbefleckte Empfängnis« auch für diese Ordensfrauen ein Thema war: Schließlich geht es dabei um die Mutter jenes Jesus von Nazaret, mit dem sie sich geistig vermählt fühlen.

Zu berücksichtigen ist aber auch die besondere Situation, in der sich das Mädchen Bernadette befand: der Vater als Dieb verhaftet, die Mutter verzweifelt zu Hause, die Familie nach Jahren des Niedergangs wirtschaftlich am Ende – und nun im Jahr 1857 Opfer einer großen Hungersnot. Können diese extremen Umstände das Mädchen Bernadette nicht zu einer – nach menschlichem Ermessen durchaus verständlichen – Verzweiflungstat verleitet haben: nämlich sein Schicksal selbst in die Hand zu nehmen und von der Tochter des Diebes zur Auserwählten der Muttergottes aufzusteigen?

Ist es denkbar, dass Bernadette einfach gelogen hat, dass sie nie die Muttergottes sah?

Vieles spricht für diesen naheliegenden Verdacht, aber zwei Gründe sprechen auch dagegen: die Hartnäckigkeit der Untersuchung des Wunders durch Bischof Laurence und das so genannte Kerzenwunder vom 7. April.

Es ist ein Mittwoch, der 7. April 1858, als der Gemeindearzt von Lourdes, Dr. Douzous, neben Bernadette vor der Grotte von Massabielle steht. Bernadette starrt auf einen bestimmten Punkt in der Grotte, als könnte sie dort etwas sehen, während sie gleichzeitig eine Kerze in der Hand hält. Sie verfällt in eine Art Trance, kann ihre Hände kaum kontrollieren, und so gerät die Kerze unter ihre linke Hand. Später wird der Arzt Dr. Douzous aussagen, dass die Flamme »fast eine Viertelstunde« um die Finger des Mädchens züngelte, ohne dass es sich verbrannte.

Am 16. Juli schließlich erlebt Bernadette die achtzehnte und letzte Erscheinung. Als sie noch einmal zur Grotte pilgert, ist der Zugang mit einem Gitter versperrt. Bernadette geht auf die andere Seite des Flusses, und von dort sieht sie noch einmal die Muttergottes: »Mir schien, ich sei an der Grotte ohne größere Entfernung als früher. Ich sah nur Maria, nie war sie so schön«, berichtet sie später davon.

Nur zwölf Tage nach dieser letzten Marienerscheinung richtet der misstrauische Bischof von Tarbes – Bertrand-Sévère Laurence, zuständig auch für die Stadt Lourdes – am 28. Juli 1858 eine Untersuchungskommission ein, um zu ermitteln, was seit der angeblichen ersten Erscheinung am 11. Februar wirklich geschehen ist. Der Bischof gilt als Mann von klarem Verstand, er ist ein Mann aus dem Volk und ging zu einem Barbier in die Lehre, bevor er sich entschloss, Priester zu werden. Natürlich kalkuliert auch der Bischof die Möglichkeit ein, dass Bernadette eine Schwindlerin ist. Deshalb befragt er das Mädchen monatelang immer wieder aufs Neue.

Es ist ein ungleiches Spiel: Auf der einen Seite ein längst erwachsener Mann, der erfahrene Theologe und Bischof Bertrand-Sévère Laurence, und auf der anderen Seite eine vierzehn Jahre alte Analphabetin, die vorgibt, etwas Unvorstellbares erlebt zu haben – die Begegnung und sogar das Gespräch mit einem überirdischen Wesen. Selbstverständlich versucht der Bischof das Mädchen einzuschüchtern, es in Widersprüche zu verwickeln über das, was es gesehen hat oder gesehen zu haben glaubt. Doch am Ende der langen Befragungszeit kommt er zu dem Schluss: »Wer bewundert, wenn er sie kennenlernt, nicht die Einfachheit, die Offenheit, die Bescheidenheit dieses Kindes? Sie spricht nur, wenn man sie fragt, dann erzählt sie alles mit einer ergreifenden Unbefangenheit und einer bewegenden Treuherzigkeit, und auf die zahlreichen Fragen, die man an sie richtet, gibt sie ohne zu zögern klare, präzise und treffliche Antworten mit großer Überzeugungskraft.«

Der Bischof räumt sogar ein, dass man versucht habe, Bernadette einerseits mit Drohungen einzuschüchtern und sie andererseits mit Prämien in Versuchung zu führen für den Fall, wenn sie endlich die Wahrheit sage und eingestehe, dass sie gar nichts gesehen habe. Doch Bernadette beharrt auf ihrer Version:

»Immer im Einklang mit sich selbst, blieb sie bei den verschiedenen Befragungen stets bei dem vorher Gesagten, ohne etwas hinzuzufügen oder zu widerrufen. Die Aufrichtigkeit Bernadettes ist deshalb unanfechtbar. Aber wenn Bernadette nicht täuschen wollte, hat sie sich nicht selbst getäuscht? Hat sie nur geglaubt, das zu sehen und zu hören? Wurde sie das Opfer einer Halluzination? Aber wie können wir das glauben? Die Weisheit ihrer Antworten enthüllt in diesem Kind einen geradlinigen Geist, eine gelassene Vorstellungskraft und einen gesunden Menschenverstand, der ihr Alter übersteigt, ihr religiöses Empfinden zeigt nicht den Charakter der Überspanntheit, man hat bei dem Mädchen weder geistige Verwirrung noch Sinnestrübung, noch Absonderlichkeit des Charakters, noch ein krankhaftes Gemüt festgestellt, wodurch sie sich hätte Dinge einbilden können. All diese Umstände erlauben nicht, an eine Halluzination zu glauben; das junge Mädchen hat also wirklich ein Wesen gesehen und gehört, das sich als Unbefleckte Empfängnis ausgab; und da sich dieses Phänomen nicht natürlich erklären lässt, glauben wir, dass die Erscheinung übernatürlich ist.«

Am 18. Januar 1862 wird das Wunder offiziell anerkannt. Die vierzehnjährige Tochter eines Mehldiebes ist jetzt ein Star, ein religiöser Superstar – und das weiß sie auch ganz genau. Später wird sie schreiben, dass sie sich vor allem deshalb dazu entschloss, in das Kloster im weit entfernten Ort Nevers zu gehen, weil es das einzige Kloster gewesen sei, das sich nicht um das berühmte Mädchen bemühte, das mit seinen eigenen Augen die Muttergottes sah. Bernadette wird bis zu ihrem Tod ein Star bleiben, die katholische Kirche aber verhält sich aus damaliger Sicht seltsam und aus heutiger Perspektive auf eine kaum mehr nachvollziehbare Art und Weise: Da hat es dem Weltenschöpfer also angeblich gefallen, zuzulassen, dass die Muttergottes in Lourdes einem jungen Mädchen eine ungeheure Botschaft überbringt – dass nämlich das Jenseits, das Himmelreich Gottes, zweifelsfrei existiert. Die ungeheuerlichste aller Fragen – das Rätsel, mit dem sich Theologen und fromme Ordensleute sowie alle Erdenbürger seit Anbeginn der Menschheit herumschlagen, nämlich die Frage, ob es ein Leben nach dem Tod gibt, kann seit dem Jahr 1858 zweifelsfrei beantwortet werden: von einem vierzehn Jahre alten Mädchen, das mit eigenen Augen ein Wesen aus dem Jenseits gesehen haben will. Bernadette *glaubt* folglich nicht nur an eine Existenz im Jenseits – sie ist die Einzige, die *weiß* oder es zumindest wissen könnte, dass es das Jenseits wirklich gibt.

Das letzte Mal, dass Menschen eine solche Erfahrung machten, dürften die Zeugen von Jesu Auferstehung und Himmelfahrt gewesen sein: Sie waren die Letzten, die – wenn die Überlieferung der kanonischen Evangelien stimmt – vor fast zweitausend Jahren einen zweifelsfreien Beweis dafür erleben durften, dass Gott wirklich existiert. Seit dieser Zeit geschahen zwar eine Vielzahl von Wundern, aber wenige, die so spektakulär waren wie das Erscheinen der Muttergottes in Lourdes, die mit ihrer Bestätigung des Dogmas der Unbefleckten Empfängnis doch zugleich auch den Anspruch der katholischen Kirche bestätigte, die einzige Kirche zu sein, die wirklich direkt in der Nachfolge des Jesus von Nazaret steht – ein Jahrtausendereignis also aus katholischer Sicht, und aus heutiger Sicht wäre es nur allzu verständlich, wenn die erfreuliche Nachricht eines echten Beweises der Existenz Gottes sofort und freudestrahlend der ganzen Welt kundgetan werden würde – zumal sich dieser Gott doch auf die Seite der Katholiken stellt.

Wäre es also nicht ganz und gar einleuchtend gewesen, Bernadette auf dem ganzen Globus herumzuschicken, um möglichst vielen Menschen die Geschichte eines Mädchens aus dem abgelegenen Lourdes zu erzählen, das von sich sagen konnte, es habe die Muttergottes gesehen und sogar mit ihr gesprochen?

Wären nicht überall auf der Welt die Menschen Schlange gestanden vor den Kirchen, in denen ein Mädchen zu sehen war, das die göttliche Mutter – jene Frau, die vor zweitausend Jahren Jesus von Nazaret zur Welt brachte – selbst gesehen haben wollte?

Und hätte nicht zunächst und als Allererster das amtierende Kirchenoberhaupt, Papst Pius IX., dieses Mädchen so rasch wie möglich nach Rom kommen lassen müssen?

Derselbe Papst, der das Dogma der Unbefleckten Empfängnis in die Welt gesetzt und als erster und einziger Papst der Geschichte erleben durfte, dass Gott höchstselbst ein Dogma des amtierenden Papstes bestätigte?

Wie ist eigentlich zu verstehen, dass nichts von alledem geschah, obwohl eine offizielle Bestätigung des Wunders durch den Bischof von Tarbes, Monsignor Laurence, vorlag?

Wie konnte der Papst dieses Wunder – das schließlich ihn selbst ganz persönlich betraf –, wie konnte ein Papst, der mit seinen eigenen Worten eine unmittelbare Reaktion des ewig Göttlichen ausgelöst hatte, dieses Ereignis ignorieren?

Eine Reise aus den Pyrenäen nach Rom wäre im Jahr 1857 wohl kaum zu beschwerlich gewesen – noch existierte ja der Kirchenstaat mit einer eigenen Post und eigenen Kurieren –, doch der Papst machte keinerlei Anstrengungen, Bernadette zu sich zu holen. Die katholische Kirche bat Bernadette nicht ein einziges Mal, vor Menschen Zeugnis abzulegen – nicht einmal nach Paris sollte sie fahren, um vor ihren eigenen Landsleuten von ihrer überirdischen Begegnung zu erzählen.

Heute würden sich alle Medien um eine solche Frau reißen, verständlicherweise würde das Publikum eine Klärung aller Einzelheiten des Falls erwarten, wenn die Kirche ein solches Wunder offiziell anerkannte. Doch damals geschah exakt das Gegenteil: Die katholische Kirche versteckte Bernadette in einem Kloster. Für das Mädchen aus ärmlichen Verhältnissen bedeutete sein – mit Sicherheit von der katholischen Kirche tatkräftig unterstützter – Entschluss, ins Kloster zu gehen, einen gewissen sozialen Aufstieg. Viele Klöster erwarteten zu Lebzeiten Bernadettes noch eine Mitgift, die ihre Familie niemals hätte aufbringen können. Wenn das Mädchen nicht die Muttergottes gesehen haben wollte, wäre Bernadette ohne eine solche Mitgift sicher die Aufnahme in einen guten Orden verwehrt geblieben. In der Abgeschiedenheit des Klosterlebens aber, in der Abhängigkeit von Ordensleuten und Priestern und tagein, tagaus im Bann der Rituale des Nonnendaseins, bleibt Bernadette bis zu ihrem Tod bei ihrer Version der Ereignisse in der Grotte von Massabielle – dass sie eine Frau sah, die sagte: »Ich bin die Unbefleckte Empfängnis.«

Mag sein, dass es müßig ist, sich zu fragen, was geschehen wäre, wenn Bernadette Soubirous nicht ins Kloster gegangen wäre. Wenn sie ein ganz normales Leben geführt, geheiratet und Kinder bekommen hätte, wenn sie alt geworden wäre und das Glück gehabt hätte, sich an Enkeln zu erfreuen.

Was wäre gewesen, wenn sie einen verständnisvollen Mann geheiratet hätte, einen echten Partner, mit dem sie viele Jahrzehnte zusammengelebt hätte?

Hätte sie in einem bürgerlichen Leben vielleicht eher die Chance gehabt, die Ereignisse in ihrer Jugend noch einmal zu überdenken?

Wenn man einfach einmal annimmt, dass Bernadette Soubirous damals in Lourdes gar nichts gesehen hat, und davon ausgeht, dass sich dieses vierzehnjährige Mädchen alles nur ausgedacht hat: Hätte das nicht ihr Gewissen so sehr belastet, dass sie vielleicht eines Tages wenigstens ihrem Mann alles gestanden hätte?

Selbst wenn sie sich nie in diesem Sinn offenbart hätte, wäre die Tatsache, dass Bernadette Soubirous ihr ganzes Leben lang bei ihrer Version der Ereignisse blieb, erheblich glaubwürdiger gewesen, wenn dies ohne den Druck des klösterlichen Lebens geschehen wäre. Ja, es hätte vielen Menschen die letzten Augenblicke auf dem Sterbebett erleichtert, wenn sie gewusst hätten, dass Bernadette Soubirous wirklich aus freien Stücken bei ihrer Version der Ereignisse geblieben wäre. Im Kloster aber konnte sie als hochverehrte religiöse Frauengestalt wohl kaum den Mut aufbringen, zuzugeben, dass sie sich als junges Mädchen einen der puren Verzweiflung entspringenden Scherz erlaubt hatte, um der gesellschaftlichen Verachtung als Tochter eines Diebes und Bankrotteurs zu entfliehen.

Die entscheidende Frage aber bleibt, wieso sich die katholische Kirche die einmalige Chance entgehen ließ, Bernadette Soubirous als unverzichtbaren Beleg für die Wahrheit ihrer Lehre überall in der Welt herumzureichen.

Weil sie kein zweites Mal die Erfahrung von La Salette machen wollte? (Bei dieser Marienerscheinung, auf die ich noch genauer eingehen werde, waren zur maßlosen Enttäuschung von Papst Pius IX. Zweifel an der Glaubwürdigkeit der wichtigsten Zeugin aufgetaucht.)

Am 27. September 1863 findet die vermutlich alles entscheidende Unterhaltung statt: Der Bischof von Nevers, Monsignore Forcade, umwirbt Bernadette für das Kloster Saint-Gildard der Ordensschwestern von Nevers. Am 19. November 1864 erfährt Bernadette, dass sie in den Orden eintreten kann, wird aber erneut schwer krank und liegt zwischen Dezember 1864 und Anfang Februar 1865 fast ständig im Bett. Der Genesungsprozess leidet auch unter ihrem Schock nach dem plötzlichen Tod ihres Bruders Justin. Im Februar 1865 beginnt sie schließlich mit dem Postulat, im April soll sie abreisen, um mit dem Noviziat zu beginnen. Vor ihrer Abreise verlangt der Bischof allerdings von ihr, dass sie im Juni 1866 bei der Einweihung der Krypta der großen Basilika von Lourdes, die über der Grotte gebaut wird, anwesend sein wird. Bernadette nimmt auch tatsächlich an der ersten großen Prozession von Lourdes teil – zweifellos ein historisches Ereignis: Millionen und Abermillionen von Menschen werden in den kommenden Jahrzehnten mit Kerzen in der Hand am Fluss entlang zur Grotte pilgern und die Marienlieder von Lourdes singen. Aber nur ein einziges Mal, während dieser ersten Prozessionen, ist die Frau dabei, die in der Grotte tatsächlich die Muttergottes gesehen und gesprochen haben soll.

Vom 4. bis zum 7. Juli 1866 ist Bernadette Soubirous schließlich unterwegs von Lourdes nach Nevers. Es ist ihre erste und letzte Reise mit dem Zug. Nach der Ankunft leidet sie unter Heimweh, schreibt aber, um sich zu beruhigen: »Lourdes ist nicht der Himmel.« Am 29. Juli 1866, drei Wochen später, erhält sie das Habit, ihre Ordenstracht. Im September 1866 verschlechtert sich erneut ihr Gesundheitszustand, sie leidet ihr ganzes Leben lang unter dem starken Asthma, das sie sich vermutlich in der feuchten Mühle ihrer Kindheit zugezogen hat. Im Oktober geht es ihr so schlecht, dass sie zu sterben scheint. Doktor Robert Saint-Cyr, der die Ordensfrauen ärztlich betreut, geht davon aus, dass sie die Nacht nicht überstehen wird. Mutter Marie Thérèse erlaubt, dass Bernadette angesichts der

Todesgefahr die Gelübde vorzeitig ablegen darf. Sie überlebt die Nacht, aber die schlechten Nachrichten häufen sich: Im Dezember 1866 stirbt ihre Mutter im Alter von nur einundvierzig Jahren. Am 2. Dezember 1867 kann Bernadette das Noviziat wieder aufnehmen, am 30. Oktober 1867 legt sie vor dem Bischof Forcade erneut ihre Gelübde der Keuschheit, der Armut, der Barmherzigkeit und des Gehorsams ab und erhält den Ordensnamen Marie Bernard. Von nun an arbeitet sie als Krankenpflegerin im Krankenhaus des Mutterhauses von Nevers. Im Jahr 1869 erkrankt sie erneut schwer, zwei Jahre später stirbt ihr Vater. In den Jahren 1875 bis 1878 schleppt sie sich fast ständig krank durchs Leben, legt die ewigen Gelübde ab. Ab dem 11. Dezember 1878 muss sie im Bett bleiben: Sie ist zu schwach und wird nie wieder aufstehen. Ihr Krankenbett mit dem großen Vorhang nennt sie »meine weiße Kapelle«. Am 16. April 1879 stirbt Bernadette. Ein besonders glückliches Leben hatte sie nicht. Im Kloster durfte über ihre Vergangenheit nicht gesprochen werden, aber einer ihrer Mitschwestern soll Bernadette einmal die Frage gestellt haben: »Was tut man mit einem Besen?« – Antwort: »Man kehrt mit ihm.« – »Und anschließend?«, hakte Bernadette nach. – »Man stellt ihn hinter die Tür in die Ecke«, lautete diesmal die Antwort, und Bernadette erwiderte: »Eben! Das ist meine Geschichte. Maria hat mich benutzt und nun in die Ecke gestellt. Das ist mein Platz.«

Wenn man sich einmal etwas genauer betrachtet, wem die Muttergottes begegnet und welche Konsequenzen das hat, kommt man zu einem erstaunlichen Ergebnis: Die katholische Kirche erkennt an, dass in Lourdes und in Fátima die beiden wichtigsten Marienerscheinungen in der Geschichte stattfanden. Insgesamt erscheint die Muttergottes vier Menschen – Kindern im Alter von acht bis vierzehn Jahren. Drei von ihnen sind Mädchen – nur ein Junge ist dabei, Francisco Marto. Die Hälfte der Kinder, denen die Muttergottes erscheint, stirbt kurz nach dem Zusammentreffen mit der Muttergottes. Eines der Mädchen, Bernadette Soubirous, wird sein Leben lang krank sein und schließlich, von ihren Krankheiten ausgezehrt, an Knochentuberkulose sterben. Nur einem der Kinder, dem die Muttergottes erschienen sein soll, ist ein langes Leben vergönnt, wenn auch hinter den Mauern eines Klausurklosters: Lucia dos Santos. Sowohl das Wunder von Lourdes als auch das von Fátima scheint die katholische Kirche zunächst nicht sehr ernst zu nehmen, obwohl heute bis zu zehn Millionen Katholiken jährlich in die beiden Wallfahrtsorte strömen. Lucia dos Santos hatte ihrem Bischof ausdrücklich erklärt, dass ihr die Muttergottes Botschaften für die Päpste auftrug – wichtige Botschaften und Weissagungen. Die portugiesischen Bischöfe sorgen auch dafür, dass die Botschaften der Lucia dos Santos nach Rom gelangen, doch die Päpste machen sich nicht einmal die Mühe zu lesen, was die Muttergottes ihnen übermittelt hatte. Sowohl Papst Pius XI. als auch Papst Pius XII. öffnen die Briefe nicht einmal, die den Zweiten Weltkrieg voraussagen, den Untergang des Sowjetreichs und den Mordanschlag auf einen Papst. Erst Jahrzehnte später scheint die Kirche die Bedeutung der wundersamen Erscheinungen zumindest für die Gläubigen zu erkennen. Das betrifft sowohl die Ereignisse von Lourdes als auch die von Fátima: Während sich der Papst zu Lebzeiten Bernadettes nie nach ihr erkundigt, strömen 1959 zur Hundertjahrfeier der Marienerscheinungen 4,5 Millionen Pilger nach Lourdes. Am 22. September 1909 wird die Leiche von Bernadette Soubirous exhumiert, ein weiteres Mal am 3. April 1919 und ein drittes und letztes Mal am 18. April 1925 (Exhumierungen sind bei Selig- und Heiligsprechungsverfahren zwingend vorgeschrieben). Alle drei Male stellt man fest, dass der Leichnam völlig intakt blieb – die Zeit konnte ihm anscheinend nichts anhaben. Am 18. Juli 1925 beschließen die Klosterverantwortlichen in Nevers, Bernadettes Leiche in einem Glassarg auszustellen, am 8. Dezember 1933 spricht Papst Pius XI. Bernadette Soubirous heilig.

Damit ist für die katholische Kirche ein für alle Mal klar: Das Unfassbare trug sich tatsächlich zu, der ewige Gott ließ zu, dass die Muttergottes dem Mädchen Bernadette Soubirous erschien, um zum ersten und bisher letzten Mal aktiv in die Politik der katholischen Kirche einzugreifen, um einem umstrittenen

Papst den Rücken zu stärken und ein Dogma auf »himmlische Weise« zu bestätigen. Was bleibt, sind viele Zweifel darüber, ob der ewige Gott sich wirklich ausgerechnet an die Seite dieses Papstes stellen wollte, der seine Untertanen durch eine fremde Armee angreifen und töten ließ, der Hinrichtungen auf dem Petersplatz anordnete und Demokratie, Gedanken- und Pressefreiheit sowie den Respekt vor anderen Religionen bekämpfte. Aber eines spricht eben doch dafür, dass es so war: die vielen Wunder von Lourdes.

12

Wunderhauptstadt Lourdes

Was macht Gott in Lourdes? Mehr als 7000 Heilwunder sollen in dem französischen Pyrenäendorf geschehen sein, exakt 67 unerklärliche Heilwunder erkennt die katholische Kirche offiziell an. Das erste galt der Französin Catherine Latapie, die noch im Jahr der Marienerscheinungen, 1858, hier eine Lähmung ihres Armes überwand, und das vorerst letzte betrifft die Italienerin Anna Santaniello, die 1952 in Lourdes auf wundersame Weise von ihrem Herzleiden wie von ihrem Gelenkrheumatismus kuriert wurde (diese Heilung wurde erst mehr als 50 Jahre später, am 9. November 2005, von dem Erzbischof Pierro von Salerno als Wunder anerkannt). Nach dem Glauben der katholischen Kirche hinterlässt Gott in Lourdes also etwas Unglaubliches: eindeutige, wissenschaftlich nachweisbare Spuren seiner Existenz. Denn Gott beschließt hier anscheinend, so massiv in die Körper todkranker Menschen einzugreifen, dass sich sein Tun nicht nur ahnen, sondern auch wissenschaftlich beweisen lässt.

In all diesen Fällen geht es um das immer gleiche Phänomen: um Heilungen, die aus medizinischer Sicht gar nicht eintreten können. Bei der Untersuchung dieser Heilwunder bietet die katholische Kirche eine Unzahl von Fachleuten auf, die meist jahre-, oft jahrzehntelang medizinische Phänomene untersuchen, die auf der Erde nicht erklärlich sind. Häufig handelt es sich um die Heilung von Krankheiten, die »eigentlich«, aus medizinischer Sicht, unheilbar sind.

Für die untersuchenden Ärzte geht es bei den zahlreichen Wunderheilungen stets um die gleichen Fragen: Wenn tatsächlich Gott eingriff, um eine für Menschen nicht heilbare Krankheit vollständig verschwinden zu lassen, was ist dann dabei genau passiert? Wurden unheilbar kranke Organe auf unerklärliche Weise ersetzt? War eine Art medizinische Supertechnik am Werk, die wir uns nicht einmal vorstellen können? Oder heilten sich die Körper auf eine bisher noch nicht ausreichend erforschte Art und Weise von selbst? Wissen wir vielleicht nur nicht genug über diese Krankheiten, sodass in Lourdes Ausnahmefälle auftreten, die nach dem heutigen Stand der Wissenschaft noch nicht zu verstehen sind, oder geschieht hier wirklich etwas so Unvorstellbares, dass nicht eine erklärbare Selbstheilung eines schwer kranken Körpers, sondern ein echter Eingriff eines Wesens aus einer anderen Welt vorliegt?

Ich habe oft mit Ärzten gesprochen, die im Auftrag des Vatikans eine solche Heilung untersuchen sollten, um festzustellen, ob es sich dabei tatsächlich um ein Wunder handelte. Sie fragten sich, ob Heilungen vorlagen, deren Abläufe bisher nur noch nicht erforscht sind. Doch in allen Fällen später anerkannter Wunder kamen die Ärzte mit der Vorstellung von Selbstheilungen nicht weiter – vor allem aus einem Grund: In der Medizin sind unerklärliche Fälle von Heilungen sattsam bekannt, aber diese geschehen immer langsam, Schritt für Schritt. In Lourdes und bei den meisten anderen Wunderheilungen trifft das jedoch nicht zu. Fast immer handelt es sich um Blitzheilungen: Schwerste Krankheiten verschwinden binnen Augenblicken vollständig.

Bei meinen vielen Gesprächen mit den Ärzten der vatikanischen Untersuchungskommission zeigten sich diese immer sehr skeptisch. Wenn eine schwere Krankheit plötzlich »verschwindet«, glauben die meisten von ihnen zuerst einmal an eine falsche Diagnose. Oder sie vermuten, dass die Krankheit immer noch »da ist« und jederzeit erneut ausbrechen kann, aber aus irgendeinem Grund nicht mehr erkannt wird, weil sie sich besser verborgen hat. Deshalb wartet man auch in der Regel mehrere Monate oder sogar jahrelang ab, ehe man eine Heilung zum Wunder erklärt.

Ich kenne eine ganze Reihe Mediziner, die sich viele Jahre ihres Lebens mit der Frage beschäftigt haben: Was passiert genau bei einer solchen Wunderheilung? Denn die unerwartete Genesung von einer unheilbaren Krankheit wirft natürlich so

1. Emmanuel Milingo, geboren am 13. Juni 1930, wurde schon mit 39 Jahren Erzbischof von Lusaka in Sambia, galt lange als wichtigster Bischof Afrikas und anerkannter Exorzist. Er wandte sich dann in dramatischen Gesten von der katholischen Kirche ab, heiratete mit 71 Jahren Maria Sung auf einer Massenhochzeit der Mun-Sekte in New York, weihte verheiratete Männer zu Priestern, was zu seiner Exkommunizierung am 26. September 2006 durch Papst Benedikt XVI. führte.

2. Jacinta Marto (7), Francisco Marto (9) und Lucia dos Santos (10) soll die Muttergottes in Fátima (Portugal) zwischen dem 13. Mai 1917 und dem 13. Oktober 1917 erschienen sein. Francisco Marto starb mit 10 Jahren, Jacinta Marto mit 8, wie es die Muttergottes vorhergesagt hatte.

3. Papst Johannes Paul II. traf Lucia dos Santos, der in Fátima die Muttergottes erschienen war, am 13. Mai 2000 in Fátima, während der Seligsprechung von Jacinta und Francisco Marto. Johannes Paul II. glaubte, dass die Prophezeiung von Lucia dos Santos das Attentat auf ihn am 13. Mai 1981 auf dem Petersplatz vorhersagte.

4. Zur Buße nähern sich sehr fromme Pilger in Fátima der Kathedrale, dem Ort, wo die Muttergottes erschienen sein soll, auf Knien.

5. Am 2. Februar 1995 entdeckt Jessica Gregori im Garten ihres Hauses in Civitavecchia bei Rom Blutstränen auf der Statue der Muttergottes. Bis heute konnte nie geklärt werden, wie die Tränen auf der Statue zustande gekommen sind.

6. Bischof Girolamo Grillo von Civitavecchia kritisierte zunächst heftig die Verehrung der Blut weinenden Muttergottes der Familie Gregori, bis er am 15. März erlebt haben will, dass die Muttergottesstatue in seinen Händen Blutstränen weinte. Seitdem ist er ein überzeugter Verfechter der Echtheit des Wunders.

7. In der uralten Kirche Santa Croce in Gerusalemme wird die Inschrift des Kreuzes Christi verehrt. Neueste Forschungen zeigen, dass sie tatsächlich echt sein könnte. Sie wurde angeblich von Kaiserin Helena in Jerusalem gefunden und nach Rom verbracht, wo man sie zufällig in einer Mauernische wiederentdeckte.

8. Am 19. September 1846 soll in La Salette bei Grenoble die Muttergottes den Kindern Maximin Giraud (11) und Melanie Calvat (14) erschienen sein. Melanie Calvat behauptete später, die Muttergottes habe ihr den Weltuntergang prophezeit, was dazu führte, dass die katholische Kirche ihre Bücher auf den Index der für Katholiken verbotenen Schriften setzte.

9. Das Heiligtum von La Salette: Es ist der einzige große Wallfahrtsort, an dem Maria erschienen sein soll, zu dem Papst Johannes Paul II. nicht pilgerte, weil die Zeugen der Marienerscheinung, Maximin Giraud und Melanie Calvat, sich Jahre nach der Anerkennung des Wunders in Widersprüche verstrickten.

10. Bernadette Soubirous, geboren am 7. Januar 1844, starb am 16. April 1879 und will ab dem 11. Februar 1858 in der Grotte von Lourdes mehrfach mit der Muttergottes gesprochen haben. Sie wurde im Jahr 1934 heiliggesprochen.

11. Papst Johannes Paul II. in der Grotte von Lourdes: Es war seine vorletzte (die 104.) Auslandsreise, die ihn am 14. und 15. August 2004 nach Lourdes führte: Es war sein ausdrücklicher Wunsch, dort noch einmal zu beten.

12. Die sogenannte Obere Basilika der Unbefleckten Empfängnis von Lourdes, die sich über der Grotte erhebt, in der die Muttergottes Bernadette Soubirous erschienen sein soll.

13. Legende oder Sensation: Gab die Muttergottes im Dezember 1531 dem Indio Juan Diego in Mexiko einen Mantel, der nicht auf dieser Welt hergestellt worden sein soll? Wird in Mexiko-Stadt also ein Umhang aus einer andern Welt gezeigt? Ein bisher nicht gelöstes Rätsel.

14. Die Nische in der Grotte von Lourdes, in der die Muttergottes erschienen sein soll. Sie sagte nach Angaben von Bernadette im Dialekt der Pyrenäen: »Ich bin die Unbefleckte Empfängnis« – »Que soy era Immaculada Councepciou.« Die Muttergottes bestätigte damit das päpstliche Dogma der »Unbefleckten Empfängnis«.

15. Das Handbuch für Exorzisten: Es wurde von Papst Johannes Paul II. zuletzt im Jahr 2000 überarbeitet.

16. Historische Darstellung eines Exorzismus. Relief auf dem Türbeschlag der Basilika San Zeno in Verona (Italien, 11./12. Jh.).

17. Exorzist Gabriele Nanni und Andreas Englisch: Nanni lehrt an der päpstlichen Hochschule Regina Apostolorum Exorzismus für katholische Priester.

18. Pater Gabriele Amorth, von Papst Johannes Paul II. zum Chef-Exorzisten der Diözese Rom berufen. Er nahm Tausende von Exorzismen vor und ist Ehrenvorsitzender der Exorzistenvereinigung der Welt.

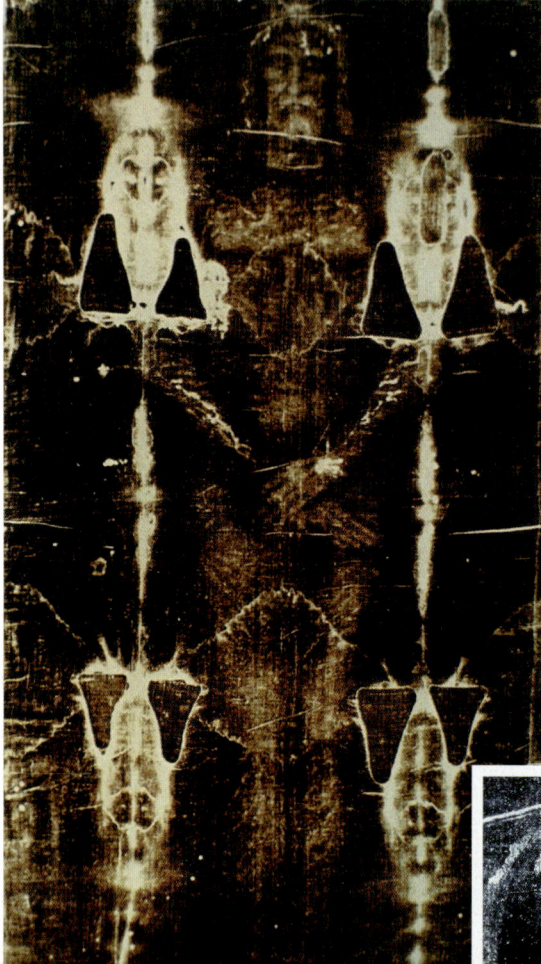

19. Bis heute konnte keine Untersuchung klären, wie der Abdruck des Körpers auf dem Turiner Grabtuch entstand: Aufgemalt wurde der Abdruck sicher nicht. Das Original des Grabtuchs wird nur etwa alle 20 Jahre in Turin gezeigt.

20. Grabtuch von Turin: Zeigt dieser Abdruck das Gesicht Gottes? Jahrhundertelang galt das Turiner Grabtuch als plumpe Fälschung, erst moderne Technik konnte zeigen, dass es entweder ein geniales Kunstwerk oder wirklich der Abdruck der Leiche Christi ist.

21. Pater Pietro und Andreas Englisch vor dem Kloster des heiligen Leonardo in den Sibyllinischen Bergen.

22. Pater Pietro am offenen Feuer in seiner Küche beim abendlichen Rosenkranzgebet.

23. Grabmal von Papst Innozenz VIII. (Papst zwischen 1484 und 1492). Er verfügte, dass er auf dem Grabmal für alle Ewigkeit seine größte Trophäe in der Hand hält: die Lanzenspitze des Longinus. Das Original der Lanzenspitze liegt aber in einem Pfeiler des Petersdoms.

24. Elektriker Angelo Mosca (rechts) erzählte in seinem Geschäft Andreas Englisch unter dem Bild des heiliggesprochenen Paters Pio das Wunder, das Papst Benedikt XVI. erschüttert haben soll.

25. Andreas Englisch im Gespräch mit dem zweiten Sekretär von Papst Benedikt XVI., Mieczysław Mokrzycki, der bereits Sekretär von Papst Johannes Paul II. war und Zeuge von Wundern wurde, die Johannes Paul II. gewirkt haben soll.

26. Statue des römischen Soldaten Longinus, der unter dem Kreuz Christi gestanden haben und dort zum Glauben bekehrt worden sein soll. Ihm wurde ein Ehrenplatz im Petersdom ungeteilt.

etwas wie eine Art Schlaglicht auf einen unerforschten Bereich der Medizin.

In diesem Zusammenhang erinnere ich mich an ein Gespräch mit einem Arzt, der an der Untersuchung des Wunders beteiligt war, das Papst Johannes Paul II. in der Nacht seines Todes am 2. April 2005 gewirkt haben soll. In dieser Nacht wurde eine Ordensfrau von der Parkinson-Krankheit geheilt – von jener Krankheit also, unter der Papst Johannes Paul II. auch so lange gelitten hat. Ihr Arzt erzählte mir damals: »Ich weiß viel über das Parkinson-Syndrom, und das Krankheitsbild war glasklar – die Symptome verschwinden nicht einfach, dazu ist der menschliche Körper zu kompliziert. Deshalb bin ich, als ich die Untersuchungsergebnisse nach der wundersamen Heilung sah, in meiner Arztpraxis vor Ehrfurcht niedergekniet: Die Symptome waren allesamt verschwunden und die Patientin völlig geheilt – aber das konnte doch gar nicht sein! Es sei denn, da war jemand am Werk, der sehr viel mehr Macht über den menschlichen Körper besitzt als jeder Arzt!«

Der einzige echte Anhaltspunkt für eine Wunderheilung ist das, was der Geheilte während der Heilungen empfindet – und wie sich sein Körper dabei verändert. Aimée Allope zum Beispiel »fühlt eine Art Wohlbefinden, von dem sie dachte, dass es das für sie nie mehr geben könne«, als sie am 28. Mai 1909 in Lourdes diese unglaubliche Erfahrung macht. Die in Vern lebende Französin hat gerade die Kommunion empfangen, die Messe an der Grotte von Massabielle geht zu Ende. Aimée Allope ist zu diesem Zeitpunkt 37 Jahre alt und schon seit mehr als zehn Jahren schwer krank: 1898 wird der damals 26-Jährigen zunächst eine Niere entnommen, einige Jahre darauf müssen ihr aus der rechten Seite zwei Tuberkulosetumore entfernt werden. Wenige Tage vor ihrem Aufenthalt in Lourdes muss ihr auch noch ein riesiger Abszess herausoperiert werden – dabei notiert man bestürzt den erbärmlichen Allgemeinzustand der nur noch 44 Kilo schweren Frau. Leider lässt sich in den ersten Tagen ihrer Wallfahrt noch keine Besserung des Gesundheitszustands feststellen. Im Gegenteil: Zweimal täglich muss die arme Frau verbunden werden, so sehr nässen ihre Wunden. Aber dann betet sie an diesem 28. Mai an der Grotte von Lourdes, wo einst die Muttergottes einem jungen Mädchen erschienen sein soll, und auf einmal überkommt Aimée Allope ein unbeschreibliches Glücksgefühl. Es ist, als würde eine zentnerschwere Last von ihrem Körper genommen, sie fühlt sich plötzlich seltsam leicht und frei, als hätte ihr eine übernatürliche Kraft die Fesseln der Krankheit abgenommen. Eine plötzliche und radikale Heilung ist das, die der eben noch völlig ausgezehrten, entkräfteten, todkranken Frau da widerfährt, und zwar eine, die ebenso unerklärlich wie beständig ist: In den nächsten zehn Monaten wird Aimée Allope zehn Kilo zunehmen, und am 5. August 1910 erkennt der Bischof von Angers, Joseph Rumeau, ihre Heilung offiziell als Wunder an.

Was war das für ein »Glücksgefühl«? Spürte die Frau Selbstheilungskräfte ihres Körpers? Erlebte sie so etwas wie eine Autosuggestion? Oder fühlte sie wirklich, wie ihr schwerkranker Körper auf wundersame Weise geheilt wurde?

Ähnlich gelagert ist der Fall der Virginie Haudebourg, nur dass sie die erste Geheilte ist, die danach zu Protokoll geben wird, kein Wohlbefinden, sondern einen »sehr starken Schmerz« empfunden zu haben. Im Jahr 1886 in Lons-le-Saunier in Frankreich geboren, erfährt sie im Juli 1904, dass sie an einer Harnwegsinfektion mit Nierenentzündung und Blasenentzündung tuberkulöser Natur leidet. Das Schlimmste aber: Ihr Arzt lässt der damals 18-Jährigen nicht den geringsten Hoffnungsschimmer – die Krankheit gilt als unheilbar. Daraufhin unternimmt Virginie Haudebourg im Jahr 1906 eine erste Wallfahrt nach Lourdes – ohne Erfolg. Ihr Zustand verschlechtert sich, die Schmerzen werden unerträglich, sie kann kaum noch aufstehen, und als sie sich im Jahr 1908 dazu entschließt, erneut an einer Diözesanwallfahrt teilzunehmen, scheint die Frau vom nahen Tod gezeichnet. Doch als sie sich dann am 17. Mai 1908, dem dritten Tag ihrer Wallfahrt, vor der Grotte segnen lässt, empfindet sie urplötzlich »einen sehr starken Schmerz« – schlimmer als alle Schmerzen, die sie jemals zuvor in ihrem von qualvollem Leid geprägten Leben dulden musste – und dieser Schmerz geht erstaunlicherweise einer Blitzheilung voraus: Schon am nächsten Tag lässt sich Virginie Haudebourg im Gesundheitszentrum von Lourdes untersuchen – und wird für völlig gesund erklärt. (In diesem Fall ist es der Bischof von Saint-Claude, François A. Mallet, der am 25. November 1912 das Wunder anerkennt.)

Was ist mit Virginie Haudebourg wirklich geschehen?

Was »macht« Gott bei einer solchen Wunderheilung?

Vor dem Hintergrund solcher unglaublicher Erfahrungsgeschichten war ich natürlich sehr gespannt darauf, einmal selbst diesen rätselhaften Ort besichtigen zu können, und am 14. August 2004 war es endlich so weit: Papst Johannes Paul II., dessen Reisen ich als Vatikankorrespondent begleitete, besuchte an diesem Tag den vielleicht einzigen Ort auf der Welt, der ihn zu diesem Zeitpunkt seines langen Pontifikats außer dem Vatikan selbst und seiner Heimat in Polen wirklich noch interessierte. Denn tatsächlich schert sich die Stadt Lourdes nur sehr bedingt um das Diesseits – alles Augenmerk gilt dem »Überirdischen« –, und Johannes Paul II. nahm in dieser Phase seines Lebens das Diesseits kaum noch wahr. Das waren seine letzten Monate, und wir Korrespondenten, die ihn zum Teil schon seit Jahrzehnten begleiteten, mussten auf einmal lernen, auch einmal wegzusehen, wenn die Gebrechlichkeit und das Leid des alten Mannes zu offensichtlich wurden: Karol Wojtyła, die große Kämpfernatur, war schon da kaum noch am Diesseits orientiert – nicht einmal Jacques Chirac, der damals den unsagbar geschwächten Papst am Flughafen Tabres empfing, bekam noch dessen Zorn zu spüren, obwohl er doch dafür gesorgt hatte, dass die Wörter »Gott« und »Christus« nicht in der Präambel der EU-Verfassung auftauchen. Für den Papst aus Polen war es eine der schlimmsten Niederlagen seines Pontifikats gewesen, mit ansehen zu müssen, dass Europa anscheinend nichts mehr von seinen eigenen christlichen Wurzeln wissen wollte. Aber nun, bei der Ankunft auf dem Flughafen, schien Johannes Paul II. das alles nicht mehr zu interessieren. Stattdessen sehnte er offenbar nur noch den Moment herbei, an dem er endlich die Grotte von Massabielle erreichen würde, um dort auf eine mystische Art und Weise der Muttergottes nahe zu sein. Auf diesen letzten Reisen des Papstes spielten sich immer wieder Szenen ab, die man Karol Wojtyła und seinem Publikum gern erspart hätte: Irgendwo hatte immer schon eine Gruppe Gläubiger stundenlang auf den Papst gewartet, freute sich unendlich, wenn er dann endlich kam, und erwartete verständlicherweise eine kleine Ansprache, mindestens aber einen kurzen Gruß von ihrem Kirchenoberhaupt. Tatsächlich ließ sich der Papst dann auch jedes Mal ein Mikrofon geben und versuchte etwas zu sagen, brachte aber trotz aller Bemühungen nicht viel mehr als ein Krächzen aus dem Hals. Ihm dabei zuzusehen, wie er in höchster Anspannung minutenlang versuchte, ein Wort zu formulieren, wie die Muskeln in seinem Gesicht arbeiteten, um sich wenigstens die elf Silben »Benedicat Vos Omnipotens Deus« (»Es segne euch der allmächtige Gott«) abzuringen, war ein so erbarmungswürdiges Schauspiel, dass ich stolz bin auf meine sonst so hartgesottenen Fotografenkollegen, die in dieser Situation ihre Kamera sinken ließen. Auch auf dieser, der 104. und letzten Auslandsreise des so sichtlich angeschlagenen Pontifex Maximus, kam es zu dem Moment, da der päpstliche Sekretär, Don Stanisław Dziwisz, dem Papst das Mikrofon entwinden wollte, damit der päpstliche Tross weiterfahren konnte – der Papst aber krallte sich mit letzter Kraft an dieses Mikrofon, als könnte er durch diese Anstrengung doch noch ein paar Worte aus sich herauspressen, sodass Stanisław Dziwisz, dem getreuen Gefährten und engsten Vertrauten des Papstes, seit 36 Jahren an der Seite des Karol Wojtyła, zuletzt nichts anderes übrig blieb, als dem Papst auf die schwachen knöchernen Hände zu schlagen und ihm dann das Mikrofon wegzunehmen...

Es war ein heißer Tag, als ich zum ersten Mal in meinem Leben auf die weltberühmte Grotte zuging. Ausgerechnet diesen seltsam verlassenen Ort an einem kalten Fluss, an einer kalten Grotte aus grauem Stein soll sich die Ewigkeit also ausgesucht haben, um den Menschen zu erscheinen. Um kurz nach halb eins erschien das Papamobil mit einem völlig erschöpften, sehr geschwächten Karol Wojtyła.

In den Monaten zuvor hatte ich schon oft miterlebt, was sich in Lourdes noch viel schlimmer zeigte: Die Nerven und Muskeln des Papstes waren damals schon so stark geschwächt, dass er immer wieder unter Krämpfen litt. Es konnte geschehen, dass er völlig versteifte – er wirkte dann wie eingefroren und war unfähig, sich zu bewegen. Diese Krämpfe bereiteten dem Papst ungeheure Schmerzen. Ich hatte mehrfach erlebt, wie er sich verzweifelt bemühte, die Fassung zu bewahren, zumal Dutzende von Kameras auf ihn gerichtet waren, und wie es ihm manchmal einfach nicht mehr gelang. Auch an diesem Tag in Lourdes versuchte er, sich an einer Stange im Papamobil festzuhalten. Dabei erlitt er einen seiner vielen Krämpfe und konnte die Stange nicht mehr loslassen: Kurz bevor er an der Grotte ankam, schrie er vor Schmerzen laut auf.

Ich wusste, dass diese Schmerzen so stark werden konnten, dass der Papst das Bewusstsein zu verlieren drohte. Jetzt war er unfähig, nur noch einen einzigen Schritt zu gehen, und musste sich auf die Gebetsbank heben lassen.

Ein rührender und entsetzlicher Anblick zugleich: Karol Wojtyła kam noch einmal an einen Ort, an dem er seinen festen Glauben zeigen wollte, dem auch die Schwäche seines von der Krankheit gezeichneten Körpers nichts anhaben konnte. Denn es gab keinen Zweifel: Karol Wojtyła, der erfolgreiche Kämpfer – ein Mann, den ich immer bewundert habe –, glaubte wirklich daran, dass die Muttergottes einst in dieser Grotte erschienen war. Offenbar hatte er gar keinen Zweifel daran, dass – 148 Jahre bevor er hier als todkranker Pilger betete – tatsächlich ein Mädchen an diesem Ort die Jungfrau Maria gesehen hatte, die ein päpstliches Dogma bestätigte.

Trotz all meiner Bewunderung für die Lebensleistung des Karol Wojtyła blieb ich skeptisch. Ich konnte mir einfach nicht vorstellen, dass der ewige Gott im Himmel die Jungfrau Maria ausgerechnet deshalb erscheinen ließ, um einen so umstrittenen Papst wie Pius IX. aus dem Himmel zu bestätigen. Für die Echtheit der Erscheinung von Lourdes sprechen allerdings die vielen hier registrierten Wunder: In allen 67 bis heute offiziell anerkannten Fällen haben Ärzte eingeräumt, dass es keine wissenschaftliche Erklärung für diese Heilungen gibt. Entsprechend gespannt war ich auf den Ort, an dem all diese Wunder geschehen sein sollen. Vielleicht hatte ich ja unrecht, und Lourdes war tatsächlich ein Ort, an dem Wunder geschahen und nach wie vor Wunder geschehen?

Ich bat darum, den Ort sehen zu dürfen, an dem die offiziell anerkannten Wunder geschahen, und bereitwillig zeigte man mir die sogenannten »Schwimmbäder« – die Becken, in denen die Wunderheilungen vonstatten gingen. Was ich da zu sehen bekam, hat mich aber ehrlich gesagt ziemlich schockiert: Ich wusste, dass Bernadette Soubirous am Ort der Marienerscheinungen so etwas wie eine kleine Quelle gefunden hatte, die aber keine Quelle mit klarem, sprudelndem Wasser war, sondern eher ein schlammiges Wasserloch, sodass Bernadette Soubirous erst den Boden aufwühlen und drei Versuche unternehmen musste, um Wasser daraus zu trinken, wie ihr von der Muttergottes am 28. Februar 1858 geheißen worden sein soll. Dieses Detail war mir schon immer sehr seltsam vorgekommen, und ich frage mich bis heute, wieso die Muttergottes, wenn sie sich schon auf die Erde begibt und Wunder wirkt, nicht gleich eine saubere, schöne, beständig üppig sprudelnde Quelle mit erfrischendem klarem Wasser schaffen kann: Warum schafft die Muttergottes nur ein Rinnsal im Schlamm?

Tatsächlich ist das Wasser dieser Quelle bereits im 19. Jahrhundert mehrfach untersucht worden, und alle Analysen ergaben, dass es sich dabei um ganz normales, noch nicht einmal besonders sauberes Wasser ohne jeden Hinweis auf irgendwelche ungewöhnlichen, »heilenden« Zusätze handelt. Stattdessen führten die mehrfach wiederholten biologischen Untersuchungen zu der Erkenntnis, dass es sich um ein reines, trinkbares Quellwasser handelt, ähnlich dem, das auch in anderen Quellen der Region gefunden wurde. Es hat keine thermale Auswirkung, ist weder antibiotisch noch radioaktiv, ziemlich schwach mineralisiert, aber recht reich an Kalzium. Das Wasser ist auch nicht steril, sondern führt eine verschwindend kleine Menge nicht krankheitserregender Bakterien mit sich. Vor Luft, Wärme und Licht geschützt, ist das Wasser relativ lange haltbar, kann jedoch wie jedes andere Quellwasser auch an Qualität einbüßen oder ganz verderben, wenn es der Luft ausgesetzt oder in einem unsterilen und nicht hermetisch geschlossenen Gefäß aufbewahrt wird. In Lourdes gibt man einem in diesem Zusammenhang die folgenden Worte mit auf den Weg: »Achten wir darauf, dass wir es nicht zweckentfremdet benutzen: Es ist ein Zeichen und kein Fetisch!« Schon Bernadette selbst aber soll das Quellwasser während einer dramatischen Asthmakrise am 28. April 1862 wie ein Medikament eingenommen und später berichtet haben: »Es hat sich angefühlt, als ob sich ein Berg von meiner Brust löst.« Dementsprechend neugierig folgte ich meiner Führerin in den Trakt, in dem Kranke in das angeblich Wunder bewirkende Wasser tauchen können: Düstere Räume warten auf die Kranken, die zuvor geduldig in einer langen Warteschlange ausharren mussten. Es ist eine bedrückende Atmosphäre – man hat das Gefühl, auf den Verbandsplatz in der Nähe einer Front inmitten eines Krieges geraten zu sein. Erst recht gespenstisch ist es dann, die vielen Kranken zu sehen, ihr Stöhnen und ihr Wehklagen zu hören, ihr Leid zu ahnen. In Lourdes gibt es besondere Krankenwagen und Rollstühle – die ganze Stadt ist mit Korridoren für diese Krankenrollstühle ausgestattet. Wie ein düsterer Schlund scheinen die Gebäude der Wallfahrtsstätte all die Kranken aufzusaugen, klar getrennt nach Männern und Frauen – etwas Ähnliches gibt es in Fátima nicht. Dort ließ die Muttergottes keine noch so spärlich sprudelnde Quelle entspringen – die Steineiche, auf der sie den Kindern erschienen sein soll, ist seit Langem bis auf die Wurzeln abgetragen, und die wenigen, die ein Stück Holz von diesem Baum besitzen, verehren dieses wie eine Reliquie. In Lourdes dagegen ist der Andrang von Menschen aus aller Welt so groß, dass den Verantwortlichen gar nichts anderes übrig blieb, als sich ein System auszudenken, um den Strom der Massen in geordnete Bahnen zu lenken wie auf einem modernen Flughafen. Insgesamt umfasst der vom Bischof von Tarbes und Lourdes geleitete Wallfahrtsbezirk 51 Hektar mit 22 Kirchen und Kapellen, die Hospitalité Notre-Dame de Lourdes hat 7000 ehrenamtliche Helfer, die Hospitalités der verschiedenen Wallfahrten haben deutlich mehr. Rund 30 Seelsorger kümmern sich um die Pilger und feiern mit ihnen die heiligen Sakramente, fünf Schwesterngemeinschaften stehen in den Diensten des Wallfahrtsortes mit seinen annähernd 300 Festangestellten und etwa 120 Saisonarbeitern in 63 Diensten wie Pastoral, Pilgerbetreuung, Verwaltung, Sicherheitsdienst, Technik. Auch das – zu 90 Prozent aus Spenden finanzierte – Budget in Höhe von jährlich 18 Millionen Euro verdeutlicht, dass wir es in Lourdes nicht mit einer einsamen Wallfahrtskapelle auf irgendeinem Hügel zu tun haben, sondern mit einem jährlich rund sechs Millionen Pilger anziehenden Wirtschaftsbetrieb – so etwas wie eine »Fabrik der Wunder«. Folglich geschehen Wunder in Lourdes auch nicht spontan, sondern geplant, als Folge eines reibungslos organisierten Ablaufprozesses, *wenn* sie denn geschehen. Der entscheidende Moment, in dem sich viele der wundersamen Heilungen ereignet haben sollen, ist der, in dem die Menschen in das Wasser getaucht werden, und dazu hüllt man die Kranken zuerst mal in einem Vorraum in alte, speckige Decken. Der Gedanke, dass Menschen mit offenen Wunden, Schwerst-, ja Todkranke mit eitrigen Geschwüren allesamt in die gleichen Decken gewickelt werden, könnte einen auf die Idee bringen, dass man in Lourdes offenbar mehr auf himmlischen Beistand vertraut als auf irdische Hygiene – obwohl man hier durchaus eine Verantwortung für die öffentliche Gesundheit im Wallfahrtsort betont. Das Gleiche gilt auch für den Tauchvorgang: Dazu werden die Kranken in das – das ganze Jahr über konstant etwa zwölf Grad Celsius kalte – Wasser der Grotte getaucht, das man durch ein leicht abfallendes Rohrsystem in zwei unterirdische, zusammen etwa 200 Kubikmeter Wasser fassende Reservoirs leitet. Eines davon liegt nahe bei den Wasserhähnen, eines in den Fundamenten der Rosenkranzbasilika. Von dort leitet man das Wasser in die großen, mehrere tausend Kubikmeter fassenden Reservetanks hinauf, die ebenfalls unterirdisch im Park der Bischofsresidenz liegen. Von diesem erhöhten Punkt aus werden die Wasserhähne, der Wasserweg, die Bäder und die weltweite Versandabteilung für das Wasser versorgt. Weil die angeblich Wunder wirkende, möglicherweise auch von einem unterirdischen See regulierte Karstquelle aber nicht allzu viel Wasser produziert – zwischen 20 Liter pro Minute im Hochsommer und etwa 40 Liter pro Minute im Winter –, kann das Quellwasser in den Becken nicht so oft gewechselt werden, wie es der immense tägliche Andrang eigentlich nötig machte – tatsächlich wird das Wasser nur etwa einmal in der Woche ausgetauscht, und es enthält daher Spuren der unterschiedlichsten Ausdünstungen und Körperflüssigkeiten von Hunderten von Schwerstkranken. Obwohl man von offizieller Seite Wert auf die Feststellung legt, dass die Wasservorräte vor allem bezüglich ihres bakteriologischen Gehalts streng überwacht werden, scheint der eigenartige Brauch der ehrenamtlichen Helfer, gegen Ende der Woche noch einmal in das verunreinigte Wasser zu springen, schon etwas gewagt zu sein. Die Helfer selbst allerdings wollen damit vor allem ihre enorme Glaubensstärke demonstrieren, und wirklich sollte man die Kraft des Glaubens auf gar keinen Fall unterschätzen. Denn dass es in Lourdes tatsächlich schon mehrfach zu medizinisch nicht erklärbaren Heilwundern kam, ist unbestritten.

Eines dieser vielen ganz und gar unglaublichen, aber eindeutig dokumentierten Heilwunder ist das des am 9. Oktober 1936 geborenen Franzosen Jean-Pierre Bély, bei dem 1972 multiple Sklerose diagnostiziert wird, eine entzündliche Erkrankung des Zentralnervensystems, zu deren typischen Symptomen Spastiken, Lähmungserscheinungen, akute Ermüdungszustände und Sehstörungen gehören. 1987 ist die Krankheit bereits so weit fortgeschritten, dass Bély nichts mehr aus eigener Kraft unternehmen konnte. Bettlägerig und ganz auf die Unterstützung anderer angewiesen, nimmt er am 9. Oktober 1987, seinem 52. Geburtstag, an einer Krankenwallfahrt teil und berichtet später, beim Eintauchen in das Wasserbecken einen tiefen inneren Frieden empfunden zu haben. Seiner eigenen Auffassung nach hat der Allmächtige zunächst sein Herz, dann seinen Körper geheilt – in jedem Fall aber bildet sich Bélys multiple

Sklerose innerhalb weniger Stunden so weit zurück, dass sie schließlich nicht mehr nachweisbar ist. Nach allem, was die Wissenschaft über multiple Sklerose weiß, ist so eine Heilung völlig unmöglich, weshalb der Fall am 9. Februar 1999 durch Bischof Dagens von Angoulême offiziell als Wunder anerkannt wurde. Zuvor erzählte der ehemals Schwerstkranke der Kommission, die das Heilwunder prüfen sollte, dass er in der Nacht nach dem Eintauchen in das Quellwasser eine Stimme gehört habe, die zu ihm sagte: »Steh auf und geh.« Und er stand auf und konnte gehen…

Die in Lourdes offiziell anerkannten Wunder sind aber nur die Spitze eines Eisbergs: Etwa 7000 Fälle von Heilungen wurden dem Medizinischen Büro in Lourdes bis heute gemeldet – doch die Kirche lässt sich für die Prüfung der Fälle, bei der eine internationale Ärztekommission alle Einzelheiten untersucht, zum Teil jahrzehntelang Zeit. Der Fall der 1936 in Marseille geborenen Juliette Tamburini zeigt zudem, dass viele der auf wundersame Weise Geheilten aus Diskretion, aus Dankbarkeit gegenüber der Muttergottes oder auch aus Scham nicht gerne öffentlich über ihre Heilung sprechen wollen, die sie als ganz persönliches, intimes Geschenk Gottes empfinden: etwas, vor dem man in Dankbarkeit und Demut verharrt, und nichts, das man lauthals herausposaunt, um vielleicht auch noch Geld mit der eigenen Heilsgeschichte zu verdienen. Juliette Tamburini muss zwischen ihrem 12. und dem 23. Lebensjahr elf chirurgische Eingriffe über sich ergehen lassen, muss Knochenausschabungen erdulden und kommt in einem völlig erbärmlichen Zustand in Lourdes an. Am 17. Juli 1959 wird ihr Wasser aus der Quelle in eine offene Wunde gespritzt, die daraufhin zu nässen aufhört. Bald darauf ist die junge Frau vollkommen geheilt, spricht aber mit niemandem über dieses Wunder, traut ihm vielleicht auch selbst noch nicht ganz, da frühere Besserungen ihres Krankheitszustands immer nur von kurzer Dauer waren. Diesmal aber ist sie endgültig geheilt, und als ein Jahr später das Medizinische Büro in Lourdes davon unterrichtet wird, schreibt Professor Michel Salmon in ihre Akte: »Sofortige Heilung ohne Konvaleszenz […], die medizinisch nicht erklärlich ist.« Dementsprechend wird die Heilung der Juliette Tamburini am 11. Mai 1965 durch Erzbischof Marc Lallier von Marseille als Wunder anerkannt.

Ein besonderer Tag in der Geschichte von Lourdes ist der 30. April 1952 nicht nur für den 1924 in Fribourg geborenen Benediktinerbruder Leo Schwager, sondern auch für Professor Barbin von der medizinischen Fakultät der Universität Nantes, der hier zum Zeugen einer spektakulären Heilsgeschichte wird. Der Benediktinerpater leidet an multipler Sklerose, damals wie heute unheilbar, und die Krankheit ist bereits so weit fortgeschritten, dass er nicht mehr ohne Hilfe gehen kann. Seine Bewegungen sind unkoordiniert und fallen ihm schwer, er scheint vom Tod gezeichnet zu sein. Doch dann erlebt er in Lourdes plötzlich so etwas wie einen Schlag aus dem Jenseits; eine starke elektrische Energie scheint ihn zu durchdringen und in eine Art Schockzustand zu versetzen, und dann geschieht das Unfassbare, vom wissenschaftlichen Standpunkt aus ganz und gar Unmögliche vor den Augen des kritischen Medizinprofessors: Bruder Schwager verlässt sein Krankenwägelchen, kniet im Gebet hin, als das Allerheiligste an ihm vorbeigetragen wird, und ist von diesem Moment an geheilt. Nicht nur er, auch Professor Barbin wird dieses Ereignis nie mehr vergessen können. Barbin steht neben Leo Schwager, als das Ganze passiert, und kann es doch kaum fassen: »Er sah aus wie in Ekstase«, berichtet er später darüber, »und schaute unverwandt das Allerheiligste an, das sich von ihm entfernte. Er ließ es nicht aus den Augen. Ich bemerkte zugleich, dass er kaum Luft zu bekommen schien, so als hätte er einen Schlag oder eine heftige Rührung erfahren, und dass er nur mit Mühe tief atmen konnte.«

Dieser plötzliche Heilungsprozess des Benediktinerbruders wird sehr genau untersucht – die Wissenschaftler hoffen, einen Hinweis darauf zu bekommen, wie diese tückische Krankheit irgendwann doch noch heilbar werden könnte, aber leider findet sich kein medizinisch verwertbarer Anhaltspunkt für das am 18. Dezember 1960 durch den Bischof von Genf, François Charrière, anerkannte Heilwunder.

Eine ähnliche Erfahrung mit »göttlicher Energie« macht der

im Jahr 1913 in Casale-Monferrato geborene Landwirt Evasio Ganora, der im Februar 1950 ins Krankenhaus eingeliefert wird, weil er ständig Fieber hat, sich andauernd schwach fühlt. Die Diagnose ist niederschmetternd: Lymphdrüsenkrebs. Sein Zustand wird als hoffnungslos eingestuft, die Ärzte geben ihm nur noch wenige Monate zu leben. Als er gegen Ende Mai mit einer Diözesanwallfahrt nach Lourdes fährt, kann er kaum noch gehen, muss zu den Schwimmbädern getragen werden. Aber am 2. Juni geschieht dann das, was niemand für möglich gehalten hätte: Kaum taucht Evasio Ganora in das kalte Wasser ein, hat er das Gefühl, »dass ein ganz heißer Strom« seinen Körper durchfährt, er kann zu Fuß zur Herberge zurückgehen, und als ihn am nächsten Tag der Arzt untersucht, glaubt er zuerst seinen eigenen Augen nicht trauen zu können: Der Lymphdrüsenkrebs ist verschwunden, am 31. Mai 1955 wird die Heilung durch Bischof G. Angrisani von Casale-Monferrato als Wunder anerkannt...

Auf der Liste der 67 kirchlich anerkannten Wunderheilungen steht auch der Name einer Deutschen: Die 1921 in Tettnang geborene Thea Angele leidet an multipler Sklerose, kann kaum noch gehen, bald nicht mehr sprechen. Die Krankheit verschlimmert sich immer mehr – einen fatalen Schub bekommt sie, als Thea Angele 1945 auf dem Weg nach Tübingen bei einem Bombenangriff lebendig begraben wird und erst nach Stunden gerettet werden kann. Im Jahr 1950 beschließen ihre Angehörigen gegen den Willen der behandelnden Ärzte in Köln, der Sterbenden einen letzten Wunsch zu erfüllen, den sie mehrfach geäußert hatte, als sie noch sprechen konnte: eine Wallfahrt nach Lourdes. Die Ärzte halten es für völlig unverantwortlich, die Sterbenskranke auf eine rund 30 Stunden lange Zugfahrt zu schicken, und tatsächlich scheint Thea Angele am 17. Mai 1950 bei ihrer Ankunft in Lourdes mehr tot als lebendig zu sein. Doch das Wunder geschieht: Nach ihrem Bad im Quellwasserbecken und der Teilnahme an einer Prozession kann Thea Angele auf einmal wieder gehen – wider alle wissenschaftliche Vorhersagbarkeit und »Vernunft« ist sie schließlich völlig geheilt. Nach diesem einschneidenden Erlebnis tritt Thea Angele in den Orden des Klosters der »Unbefleckten Empfängnis« ein und stellt ihr Leben hinfort in den Dienst der Kranken. Als der Bischof von Tarbes und Lourdes, Marie-Pierre Théas, am 28. Juni 1961 das Heilwunder anerkennt, trägt die Geheilte schon lange den Ordensnamen Maria Mercedes.

Neben der Deutschen Thea Angele und dem Schweizer Leo Schwager befindet sich auch eine Österreicherin auf der Liste der Heilwunder von Lourdes: Edeltraut Fulda, 1916 in Wien geboren, ist wie ihre Schwester Ruth Tänzerin. Zusammen sind die beiden fast ständig auf Tournee – nicht nur in Österreich, sondern auch in Ungarn, in der Schweiz und in Italien. Doch am 29. Juni 1937 legt sich bei einer Premiere in Mailand ein großer schwarzer Schatten über das Leben von Edeltraut Fulda: Schon seit einiger Zeit hat sie immer wieder mal Bauchschmerzen, aber heute werden sie unerträglich. Zuerst vermutet man eine Blinddarmentzündung, es kommt zu mehreren Krankenhausaufenthalten, und im Mai 1938 wird der Tänzerin eine Niere entfernt. Nun diagnostizieren die Ärzte bei ihr Morbus Addison, eine Unterfunktion der Nebennierenrinde, die tödlich verläuft, wenn man nichts dagegen unternimmt. Edeltraut Fulda aber will sich nicht allein auf ihre Ärzte verlassen, sondern fährt noch am 11. August desselben Jahres mit ihrer Mutter nach Lourdes. Bereits nach dem ersten Bad geht es ihr erheblich besser, und bald darauf beschließt sie, die täglichen Hormonspritzen abzusetzen, die ihr verordnet wurden, und nach Wien zurückzukehren. Die ehemalige Tänzerin ist geheilt, was am 18. Mai 1955 vom Wiener Kardinal Erzbischof Innitzer als Wunder anerkannt wird, und lebt – seit 1968 als verheiratete Frau Heidinger – noch bis zum Jahr 2003, fünfundfünfzig Jahre nach dem unfassbaren Geschehen in Lourdes.

Unter den Bischöfen, die Heilwunder von Lourdes anerkennen, befindet sich auch ein späterer Papst: Dabei geht es um den Fall der 1917 in San Remo geborenen Maddalena Carini, in deren Zuhause Tuberkulose eine Familienkrankheit ist. Schon mit zehn Jahren leidet auch Maddalena Carini an dieser schlimmen Erkrankung – Rippenfell, Wirbelsäule und Bauchfell sind tuberkulös, das Mädchen ist völlig entkräftet und ausgezehrt und wird bis zu ihrem 20. Lebensjahr viele lange Aufenthalte in Sanatorien verbringen müssen. Von ihrem 20. bis zu ihrem 28. Lebensjahr wird Maddalena Carini zu Hause gepflegt, ohne dass eine merkliche Besserung festzustellen wäre, 1945 beginnt sie ihre Reise durch die Pflegezentren von Pavia und San Remo. Doch die Tuberkulose schreitet fort, im Juli 1948 ist Maddalena 31 Jahre alt und wiegt nur noch 32 Kilogramm. Sie gleicht einem lebenden Skelett, der Zeitpunkt ihres Todes scheint nur noch eine Frage von Wochen zu sein. Und doch geschieht auch in diesem Fall etwas ganz und gar Unbegreifliches: Vor der Grotte von Massabielle empfindet die todkranke Frau plötzlich eine Art heftige innere Berührung – danach erzählt sie zunächst einmal niemandem etwas davon, aus Angst, nur ungläubige Blicke zu ernten. Erst als sie zurück nach San Remo kommt, stellen die Ärzte ihre vollkommene Heilung fest, nachdem alle medizinischen Therapien in den letzten 21 Jahren nur weitere Verschlechterungen mit sich gebracht hatten. Angesichts dieser unfassbaren Heilung sind die behandelnden Ärzte so aufgewühlt, dass sie eine dicke Akte über den Vorgang an den Erzbischof von Mailand schicken, der aber nicht bereit zu sein scheint, dazu Stellung zu beziehen. Erst sein Nachfolger, Erzbischof Giovanni Battista Montini, der spätere Papst Paul VI., erkennt am 2. Juni 1960 die Heilung der Maddalena Carini als Wunder an...

In Lourdes erfährt man übrigens auch etwas darüber, wie die katholische Kirche den Begriff »Wunder« definiert: Das Wort selbst kommt ursprünglich vom lateinischen *miraculum*, dessen Wurzel das Tätigkeitswort *mirari* – sich wundern – ist. Im katholischen Glauben bedeutet das: Auch wenn Gott unsichtbar bleibt, offenbart ER sich doch in der Geschichte der Menschen – nämlich durch wunderbare Ereignisse. In diesem Sinne sind die Heilungswunder von Lourdes Zeichen Gottes für den Menschen, so schwer sie auch zu »verstehen« sein mögen.

Ganz und gar »unverständlich« scheint der – allerdings besonders gut dokumentierte – Fall des 1822 im belgischen Jabbeke geborenen Pierre de Rudder zu sein, der im Jahr 1867 einen verheerenden Unfall erlebt: Ein umstürzender Baum fällt auf sein linkes Bein, dabei kommt es zu einer offenen Fraktur im oberen Drittel der Knochen, gefolgt von einem Wundbrand, der jede Hoffnung auf eine Konsolidierung schwinden lässt. Die Ärzte sehen nur einen Ausweg, das Bein muss amputiert werden. Aber der Mann widersetzt sich immer wieder der dringend empfohlenen Operation, verharrt ohne jede Aussicht auf Besserung in seinem Bett, bis ihn die Ärzte schließlich nach einigen Jahren als hoffnungslosen Fall aufgegeben haben. Doch acht Jahre nach seinem Unfall ergreift Pierre de Rudder selbst die Initiative und lässt sich am 7. April 1875 auf eine Wallfahrt nach Oostacker bringen, wo kurz zuvor ein Nachbau der Muttergottesgrotte von Lourdes errichtet worden ist. Am Morgen soll er dort noch in ganz elender Verfassung als Invalide angekommen sein – am Abend kehrt er dann aber als gesunder Mann nach Hause zurück. Später, im Mai 1881, wird der Mann aus Dankbarkeit nach Lourdes pilgern, wo sein Fall als die erste Heilung geführt wird, »die in der Ferne ohne Zusammenhang mit dem Wasser der Grotte eintrat und als Wunder anerkannt wurde«. Vor diesem Hintergrund scheint es nur allzu verständlich, dass die Ärzte Pierre de Rudders wundersame Heilung stets mit großer Skepsis betrachteten. Diese Skepsis überdauert auch noch seinen Tod im Jahr 1898 – 23 Jahre lang erfreut sich Pierre de Rudder nach seinem Heilwunder noch guter Gesundheit. Das Ergebnis der Exhumierung seiner Leiche lässt die Ärzte vollends an ihrem Verstand zweifeln, weil die Untersuchung eine objektive Bestätigung einer wissenschaftlich unerklärlichen Heilung ergibt – wie der im Medizinischen Büro von Lourdes bis heute aufbewahrte Abdruck der Knochen beweisen soll. Erst jetzt kann auch Bischof Gustave Waffelaert von Brügge nicht anders, als am 25. Juli 1908 das Heilwunder anzuerkennen...

Wie Pierre de Rudder leben die meisten Menschen, die in Lourdes ein Wunder erlebt haben – oder doch zumindest glauben, dort ein Wunder erlebt zu haben –, noch erstaunlich lange und erstaunlich gesund, wenn auch nicht alle so lange wie die im Dezember 1885 im belgischen Tournai geborene Cécile Douville de Franssu, die mit vierzehn an Tuberkulose erkrankt, sechs Jahre später, am 21. September 1905, in Lourdes geheilt und schließlich 105 Jahre alt wird.

»Nur« 64 Jahre alt wird dagegen die 1872 geborene Françoise Capitaine, aber auch dieses Alter hätte der seit 1896 als Schwester Marie Marguerite im Klarissinnenorden von Rennes lebenden Frau ihr behandelnder Arzt nicht vorhersagen mögen. Schwester Marie Marguerites Erkrankung beginnt 1924 mit einem Abszess an der linken Niere, ihr Zustand verschlimmert sich bald, sie erleidet Herzanfälle, und die Niere arbeitet immer schlechter. An ihren Beinen bilden sich Ödeme, sie kann kaum noch gehen, wird bettlägerig – ihr Arzt sagt der Ordensgemeinschaft im Januar 1937, dass Schwester Marie Marguerite nicht mehr lange zu leben hat. Daraufhin entschließt sich die Ordensfrau, alle Medikamente, die sie einnehmen soll und die ihr ohnehin bislang keinerlei Besserung brachten, durch Lourdeswasser zu ersetzen. Von einer befreundeten Nonne lässt sie sich das angeblich heilende Wasser in ihr Kloster nach Rennes bringen – heute gibt es eine eigene Versandabteilung für das Wasser in Lourdes; das Quellwasser selbst ist kostenlos, doch »leider sind die Versandkosten sehr hoch«, heißt es auf der Website der Sanctuaires Notre-Dame de Lourdes (www.lourdes-france.org). Schwester Marie Marguerite trinkt das Wasser nicht nur, sondern reibt auch ihre Wunden damit ein. Noch im selben Monat beginnen die Ordensfrauen eine Reihe von Messen für die sterbende Mitschwester zu beten, und am 22. Januar 1937 geschieht das Unfassbare: Während einer Messfeier fallen mitten in der Kirche die zahlreichen Verbände von der Ordensfrau ab; ihre Wunden sind trocken, die Niere ist geheilt. Auch in diesem Fall reagiert die Medizin überaus skeptisch auf die Nachricht von der Heilung – ihrem behandelnden Arzt fiel der Glaube an ihre Genesung so schwer, dass er noch acht Jahre lang darauf bestand, sie regelmäßig zu untersuchen. Ein weiteres Jahr danach, am 20. Mai 1946, bestätigt schließlich Kardinal Erzbischof Clément Roques von Rennes das Wunder.

Was genau »macht« also Gott in Lourdes? Greift er wirklich in die Schicksale jener Menschen ein, die seit dem angeblichen Erscheinen der Muttergottes in Scharen hierherströmen? Waren alle diese unglaublichen Heilserfahrungen nichts als medizinische Zufälle, waren Scharlatane am Werk, gab es eine Vielzahl von Täuschungen und/oder Selbsttäuschungen? Oder ist Lourdes tatsächlich ein magischer Ort?

Bemerkenswert ist jedenfalls, dass die katholische Kirche den Wunderglauben in Lourdes keineswegs förderte. Im Gegenteil: Als Bernadette den Ort verließ, um ins Kloster zu gehen, glaubte die katholische Kirche offenbar allen Ernstes, dass das Kapitel Lourdes damit beendet wäre. Der Kirchenstaat selbst interessierte sich gar nicht wirklich für Lourdes – die französischen Kardinäle glaubten, dass es sich dabei nur um ein paar Spinner in der Provinz handelte.

Gott aber, so könnte man sagen, stellte sich in Lourdes auf die Seite derjenigen Menschen, die an ihn glauben. Auf die Seite derjenigen also, die sich noch nicht einmal durch Verbote davon abhalten ließen, nach Lourdes zu kommen und zu beten.

Besonders eindringlich belegt das der Fall des am 28. Juli 1856 – rund eineinhalb Jahre vor der ersten Marienerscheinung – geborenen Justin Bouhort. Das Kind ist seit der Geburt schwer krank, es wächst nicht, mit zwei Jahren ist es immer noch kaum größer als ein Neugeborenes und kann nicht gehen; die Ärzte halten es für behindert und sind fest davon überzeugt, dass es bald sterben wird. In ihrer Not packt Croisine, seine Mutter, ihren Sohn und geht mit ihm zur Grotte von Massabielle, obwohl das zu dieser Zeit – im Juli 1858, nach den Erscheinungen der Muttergottes – verboten ist. Zwar haben Steinmetze bereits ein kleines Becken in den Felsen gehauen, um darin das angeblich heilende Wasser aufzufangen, doch die Behörden verbieten es, sich der Grotte zu nähern. Croisine Bouhort jedoch lässt sich nicht davon abhalten, läuft zur Grotte und hält ihren schwer kranken Sohn unter das Wasser. Augenzeugen beobachten sie dabei und protestieren schreiend, weil sie annehmen, dass die Mutter ihr Kind ertränken will. Tatsächlich ist Croisine von einem durch nichts und niemanden aufzuhaltenden feurig-innigen Glauben erfüllt, wie er nur der finstersten Verzweiflung einer um das Leben ihres Kindes bangenden Mutter entspringen kann. Sie lässt die protestierenden Zuschauer einfach stehen und flieht mit dem nassen Justin nach Hause, der nach dem Bad in dem kalten Wasser nur noch schwach atmet. Doch in den Wochen und Monaten danach beginnt das Kind auf einmal doch noch zu wachsen, zu krabbeln und zu gehen, entwickelt sich zu einem ganz normalen Jungen und wird schließlich 79 Jahre alt. Am 18. Januar 1862 wird seine Heilung durch Bischof Laurence von Tarbes und Lourdes als Wunder anerkannt, und zwei Jahre vor seinem Tod nimmt Justin, dem keiner seiner Ärzte zugetraut hätte, dass er jemals auch nur das Erwachsenenalter erreichen würde, schließlich am 8. Dezember 1933 an der Heiligsprechung von Bernadette Soubirous in Rom teil.

Dieser ergreifende Fall, dass eine Mutter gegen den Willen der Behörden und der Kirche ihr krankes Kind in das Quellwasser der Grotte taucht, woraufhin dieses Kind eine so wundersame Heilung erfährt, findet in Lourdes und Umgebung ein riesiges Echo. Nicht die Kirche bestellt die Gläubigen zur Verehrung der heiligen Jungfrau Maria nach Lourdes – die Volksgläubigkeit erhebt Lourdes zum heiligen Ort. Wie schon bei der ersten Heilung von Catherine Latapie, die aus eigenem Antrieb nachts zur Grotte eilte, um ihren gelähmten Arm heilen zu lassen, sind es zunächst immer Menschen, die gegen den Willen der Kirche an der Grotte beten und dabei unglaubliche Erfahrungen machen. Nicht die Kirche »verordnet« hier von oben herab irgendeine Wundergläubigkeit, die Menschen erwählen die Grotte in Lourdes zu einem Ort, an dem sie auf Gottes Zeichen hoffen. Und tatsächlich scheint Gott hier an ihrer Seite zu sein: an der Seite derjenigen Menschen, die an ihn glauben. Menschen wie jenes Mädchen Bernadette, mit dem einst alles begann. Diese Bernadette aber wusste ganz genau, wie ein Wunder »funktioniert«: »Es braucht Glauben«, soll sie schon 1864 gesagt haben, »es braucht Gebet: Dieses Wasser hat ohne Glauben keine Wirkung!«

Bleibt die Unbefleckte Empfängnis: Ich kann es einfach nicht glauben, dass der ewige Gott im Himmel tatsächlich ein Dogma eines Papstes – und dann auch noch eines solchen Mannes wie Pius' IX. – aus dem Himmel bestätigt haben soll. Mit meinem Glauben an Gott stimmt das nicht überein. Ich habe den Eindruck, dass das Wunder von Lourdes gerade unter dem Eindruck des Zusammenbruchs der weltlichen Macht der Päpste ge- und benutzt wurde. Einige Indizien sprechen dafür: Wie schon erwähnt, erkannte der Abbé Peyramale die Echtheit des Wunders deshalb an, weil Bernadette den korrekten Terminus für die Muttergottes benutzte: »Unbefleckte Empfängnis«.

Hat er ihr den Begriff vielleicht nur in den Mund gelegt, um damit seine eigene hohe Bildung zu demonstrieren?

Hat Bernadette den Begriff irgendwo aufgeschnappt?

Hatte die Tochter eines Diebes nicht allen Grund, gegenüber den Obrigkeiten penibel korrekt aufzutreten und genau das zu sagen, was sie hören wollten?

Aber Menschen sollen eben nicht versuchen, göttliches Tun zu erklären, und vielleicht verstehe ich es ja wirklich falsch. Doch nach allem, was ich über Lourdes gelesen habe, werde ich den Eindruck nicht los, dass Bernadette und der Abbé Peyramale in der tiefen Provinz von Lourdes einfach nur ganz besonders eifrige Christen sein wollten.

13

Die Jungfrau und der Indio

Nach ihrem Tod scheint die Gottesmutter lange keinen Anlass gesehen zu haben, sich auf der Erde zu zeigen. Wie viel Zeit genau zwischen ihrem irdischen Leben und ihrer ersten bezeugten Erscheinung rund 1450 Jahre danach verging, lässt sich leider schon deshalb nicht genau sagen, weil niemand weiß, wann Maria starb. Einzelheiten dazu verschweigen die Evangelisten, es ist auch nicht bekannt, wie die Gottesmutter ihre letzten Jahre verbrachte. So überraschend das auch ist: Die Jünger Jesu scheinen kein Interesse am Schicksal der Gottesmutter gehabt zu haben. Offenbar hat sie in der Urgemeinde keine entscheidende Rolle gespielt, so erstaunlich das für die Mutter eines Religionsstifters auch ist, die nach Lukas (Kapitel 1, Vers 48) gesagt haben soll: »Siehe, von nun an preisen mich selig alle Geschlechter.« Aber warum taucht sie in keinem Zusammenhang auf, wenn es um Fragen geht, wie eine Aussage von Jesus, ihrem Sohn, interpretiert werden könnte? Warum wird sie überhaupt nie zu Rate gezogen? Schließlich kannte Maria Jesus doch länger als jeder Apostel. Ja, wie ist es eigentlich möglich, dass sich die ersten Christen für die später in der Kirche so sehr verehrte Jungfrau Maria so gar nicht zu interessieren scheinen?

Auch der Apostel Paulus scheint nie mit Maria gesprochen zu haben, denn er erwähnt sie in seinen Briefen nie. Nach dem Glauben der katholischen Kirche bleibt Maria allerdings der Tod erspart: Papst Pius XII. veröffentlichte am 11. November 1950 seine Konstitution »Munificentissimus Deus«, in der es heißt: »Wir verkünden, erklären und definieren es als ein von Gott offenbartes Dogma, dass die Unbefleckte, allzeit jungfräuliche Gottesmutter Maria nach Ablauf ihres irdischen Lebens mit Leib und Seele in die himmlische Herrlichkeit aufgenommen wurde.«

Über den genauen Zeitpunkt dieses Vorgangs lässt sich nur spekulieren: Wenn Maria, wie zu ihrer Zeit üblich, zwischen 15 und 20 Jahre alt war, als sie Jesus unter ihrem Herzen trug, mag sie um die 50 Jahre alt gewesen sein, als Jesus vermutlich mit 33 Jahren starb. Falls ihr ein für die damalige Zeit relativ hohes Alter beschieden war, dürfte Maria etwa im Alter von 80 Jahren, um das Jahr 60 unserer Zeitrechnung herum, »mit Leib und Seele in die himmlische Herrlichkeit aufgenommen« worden sein.

Anders als für die Apostel war Maria für die entstehende katholische Kirche durchaus ein Thema. So legte das Konzil von Ephesus im Jahr 431 fest, dass Maria wahrhaft die leibliche Mutter Gottes ist (»theotokos«: die Gottesgebärerin); 649 erklärte die Lateransynode unter Papst Martin I., dass Maria VOR, IN und NACH der Geburt Jungfrau war, und im 11./12. Jahrhundert entwickelte sich das in enger Anlehnung an die Heilige Schrift entstandene Ave Maria (»Gegrüßet seist du, Maria«) zu einem der bekanntesten Mariengebete. Doch die Muttergottes verzichtet etwa 1450 Jahre lang darauf, auf die Erde zurückzukehren und in die Geschichte einzugreifen.

Zudem lässt sich ihre erste Erscheinung im Jahr 1531 in Guadalupe (heute ein Stadtteil von Mexiko-Stadt und mit rund 20 Millionen Besuchern jährlich der am meisten besuchte christliche Wallfahrtsort der Welt) schwerer nachzeichnen als ihre späteren Eingriffe in Lourdes und Fátima. Denn der einzige Zeuge dieser ersten Marienerscheinung in der Geschichte der katholischen Kirche, der um 1478 geborene, 1548 gestorbene Indio Juan Diego, war ein einfacher Bauer und Analphabet. Erst nach Juan Diegos Tod entstand der heute bekannte Bericht der Erscheinung in seiner – Juan Diegos – Muttersprache Nahuatl. *Nican Mopohua*, wie dieser Bericht überschrieben ist, bedeutet in der Nahuatl-Sprache sinngemäß »hier wird erzählt«. Das älteste gedruckte Exemplar des *Nican Mopohua* stammt erst aus dem Jahr 1649, entstand also mehr als 100 Jahre nach dem vermeintlichen Wunder, und befindet sich heute in der Ramirez-Sammlung in der öffentlichen Bibliothek von New York. Der Autor Luys Lasso de la Vega übergab dem Drucker Juan Ruiz das Dokument, der es in den beiden Sprachen Nahuatl und Spanisch veröffentlichte. Seither wurde es vielfach gedruckt, auch in anderen Sprachen, denn das darin beschriebene Wunder der »Jungfrau von Guadalupe« fasziniert mehr als jedes andere bekannte Wunder – vor allem deshalb, weil Maria sich in diesem Fall dazu entschließt, uns Erdenbürgern einen Gegenstand zu hinterlassen, der nach allen wissenschaftlichen Untersuchungen nicht von dieser Welt sein kann.

Doch wie kam es dazu?

In der ersten Dezemberhälfte des Jahres 1531 – vermutlich am 9. Dezember, aber das genaue Datum gilt nicht als gesichert – macht sich der zum Volk der Chichimeca gehörende Indio Juan Diego auf den Weg in die Messe. Diese Tatsache allein ist schon bemerkenswert, denn zu diesem Zeitpunkt ist die Eroberung der herrlichen aztekischen Hauptstadt Tenochtitlán (heute: Mexiko-Stadt) gerade einmal zehn Jahre her: 1521 hatte Hernán Cortéz die Azteken besiegt, mit den Spaniern begann die Christianisierung des Landes, doch die Azteken dürften nicht besonders gut auf die mordenden und brandschatzenden spanischen Eroberer zu sprechen gewesen sein. Trotzdem wurde Juan Diego schon 1524 getauft, vermutlich von dem Franziskanerpater Peter da Gand, einem der ersten Missionare des Landes. Erst dabei erhielt Juan Diego (nach den Aposteln Johannes und Jakob) seinen christlichen Namen – sein ursprünglicher Name Cuauhtlatoatzin bedeutet in der Nahuatl-Sprache so viel wie »sprechender Adler«. Nach dem Tod seiner Frau im Jahr 1529 zieht sich Juan Diego nach Tolpetlac zurück, rund 14 Kilometer von Mexiko entfernt, wo sein ebenfalls zum Christentum bekehrter Onkel Juan Bernardino lebt.

Juan Diego ist etwa 55 Jahre alt und verwitwet, als er an diesem Morgen im Dezember 1531, wie er es samstags zu tun pflegt, schon früh das Haus seines Onkels verlässt, um bei den Franziskanerpatres in der Nähe von Mexiko-Stadt an der Messe zu Ehren der Seligsten Jungfrau teilzunehmen. Sein Weg führt ihn am Fuß des Berges Tepeyac entlang, und was nun geschieht, wird eine in der Geschichte der katholischen Kirche einzigartige Massenbekehrung auslösen, die unter anderem dazu führt, dass die Spanier ihren Eroberungskrieg in Mexiko blitzschnell beenden können, weil aus Feinden quasi über Nacht Glaubensbrüder wurden – rund acht Millionen Indianer lassen sich, beeindruckt von der Begegnung Juan Diegos mit der Muttergottes, taufen; zumindest berichtet das der Franziskanerpater Peter da Gand (was aber nichts daran ändert, dass die katholische Kirche noch Jahrhunderte nach dieser Massenbekehrung die Ureinwohner Lateinamerikas eher als Tiere denn als Menschen ansieht).

In Lourdes spricht Bernadette von einem Windstoß, der laut und deutlich zu vernehmen war, obwohl sich die Bäume nicht bewegten. In Fátima erzählen die Kinder von einer Art Blitz, einem Lichtstrahl, der auf die Erde niederfährt. In Mexiko aber meint Juan Diego einen jubilierenden Gesang zu hören: schöner als von Singvögeln. Er sieht nach oben zur Spitze des Tepeyac und erblickt eine weiß schimmernde Wolke. Daraufhin schaut er sich noch einmal um und fragt sich, ob er wohl träumt. Dann verstummt auf einmal der Gesang, und Juan Diego vernimmt den Ton einer angenehm sanften Frauenstimme: »Juanito, Juan Dieguito!«, ruft sie ihn. Das klingt seltsam vertraut und sehr freundlich, fast zärtlich – als würde eine Mutter ihren geliebten Sohn rufen. Kein Vergleich mit dem distanziert siezenden Ton der Muttergottes in Lourdes oder der kalt den Tod von zwei Kindern prophezeienden Stimme in Fátima. Juan Diego steigt schnell den Hügel hinauf. Wohlgeruch erfüllt seine Nase, die Wolke leuchtet, von einem Regenbogen umrahmt, und auf einmal steht eine wunderschöne dunkelhäutige Frau vor ihm, gekleidet wie eine Aztekenprinzessin, deren Gewand heller strahlt als die Sonne. Im gleißenden Licht funkeln die Felsen zu ihren Füßen wie Edelsteine.

»Mein Sohn, Juanito, wo gehst du hin?«, fragt die Erscheinung Juan Diego in seiner Muttersprache, und der Indio antwortet ihr: »Edle Dame, meine Königin, ich gehe zur Messe nach Mexiko, um dort die göttlichen Dinge zu lernen, die uns der Priester lehrt.«

Während Bernadette in Lourdes zwei Wochen lang warten

muss, bis sich die Muttergottes zu erkennen gibt, sagt sie in Mexiko sofort, wer sie ist: »Ich möchte, dass du mit Sicherheit weißt, mein lieber Sohn, dass ich Maria, die vollkommene und immer jungfräuliche Mutter des wahren Gottes, bin, des Ursprungs allen Lebens, des Herrn über alle Dinge und des Schöpfers des Himmels und der Erde. Wahrhaftig, ich bin deine Mutter und die aller Menschen, die dieses Land bewohnen – wie auch die Mutter aller übrigen Stämme und Menschen, die mich lieben, anrufen und anflehen. Ich bin die Mutter all derer, die mich suchen und mir vertrauen.«

Und während ihre Besuche in Lourdes und Fátima geheimnisumwittert bleiben, zu den vielfältigsten Spekulationen Anlass geben und auf die unterschiedlichste Weise gedeutet werden können, sagt die Jungfrau von Guadalupe klipp und klar: »Ich wünsche mir sehnlich, dass man mir zu Ehren ein Heiligtum errichtet, in dem ich als barmherzige Mutter meine Liebe, mein Mitleid und meinen Schutz zeigen kann.«

An der Stelle also, an der sie dem Indio erschienen ist, soll eine Kapelle oder eine Kirche errichtet werden – aber nicht, um die Muttergottes zu verehren, sondern weil sie den »Menschen ihre Liebe zeigen will«, weil sie »ihre Klagen anhören und ihren Kummer und ihr Leid lindern« will. Die Jungfrau von Guadalupe gibt Juan Diego einen konkreten Auftrag: »Geh zum Bischof von Mexiko. Sag ihm, dass ich dich geschickt habe, und eröffne ihm, mit welcher Sehnsucht es mich danach verlangt, hier eine Heimstatt zu haben.«

Juan Diego macht sich auch gleich auf den Weg, und wieder einmal stellt sich die Frage, ob eine solche Begegnung zwischen einem Wesen, das erkennbar nicht von dieser Welt ist, und einem ganz normalen Menschen tatsächlich so abgelaufen sein kann, wie es – in diesem Fall erst viele Jahre später – dargestellt wurde: Hätte der Indio nicht auf die Knie fallen müssen vor Erschütterung über dieses unglaubliche Ereignis? Hätte er nicht zuerst einmal zu Tode erschrecken müssen angesichts der Begegnung mit dem Jenseits? Am glaubhaftesten scheint mir eine solche Begegnung noch immer in den Evangelien geschildert, etwa bei Lukas, Kapitel 1, Vers 30, wo Maria die Geburt Jesu verheißen wird und ein Engel zu ihr sagt: »Fürchte dich nicht, Maria; denn du hast bei Gott Gnade gefunden.«

Wichtig ist auch das historische Umfeld, in dem diese Begegnung stattfindet: Wir schreiben das Jahr 1531, als die Muttergottes in Mexiko erscheint. In Rom regiert der Papst-König Clemens VII. (eigentlich Giulio De' Medici). Selbst der französische Kirchenhistoriker François Fossier, unbestritten ein großer Freund der katholischen Kirche, stellt fest, dass Clemens VII. »zweifellos korrupt« gewesen sei und wohl »keinerlei Berufung zum Priester« erlebt habe. Zwei Jahre zuvor hatte Martin Luther seinen Katechismus veröffentlicht, die Reformation war im vollen Gang, Papst Clemens VII. aber ging es vor allem darum, die Macht seiner ohnehin schon sehr mächtigen Familie zu steigern. In dieser Zeit fragten sich die Gläubigen mit gutem Grund, ob ein solches Papsttum wirklich von Gott gewollt sein kann. Doch die Muttergottes im fernen Mexiko scheint keinen Zweifel an der katholischen Kirche gehabt zu haben. Sie schickt Juan Diego nicht zu den einfachen Menschen, den armen Bauern, den Sklaven der Spanier, sondern zum Ranghöchsten in der regionalen Kirchenhierarchie, zu dem Franziskanerpater Don Fray de Zumárraga, Bischof von Mexiko-Stadt. Damit bestätigt sie indirekt die Hierarchie der katholischen Kirche – und das in einer Zeit, als diese unter ihrem obersten Hirten ein absolutes Glaubwürdigkeitsdesaster erlebt: Clemens VII. scheint überhaupt nicht verstanden zu haben, dass das Kirchenvolk den Verkauf von Kardinalshüten, sexuelle Eskapaden, Machtgier und Verschwendungssucht nicht mehr länger hinnehmen mag. Selten erlebte die katholische Kirche so dunkle Tage wie unter Clemens VII. Doch die Muttergottes geht mit keinem Wort auf den moralisch und politisch katastrophalen Zustand der katholischen Kirche ein: Nachdem sie fast 1500 Jahre lang geschwiegen hat, bewegt sie sich artig im Rahmen der Kirchenhierarchie und hat keinen anderen Wunsch als den, dass für sie eine Kirche errichtet werde.

Fairerweise muss man zugeben, dass niemand wissen kann, was die Jungfrau Maria in Guadalupe *wirklich* gesagt hat. Schon im 19. Jahrhundert wurde die Zuverlässigkeit der historischen

Quellen infrage gestellt, es kam zu Kontroversen zwischen Befürwortern der Erscheinung, den sogenannten »Aparicionistas«, und deren Gegnern, den »Antiaparicionistas«. Aber ganz unabhängig davon, was die Muttergottes auf dem Hügel zu Juan Diego gesagt hat, ist allein der Zeitpunkt dieser ersten Marienerscheinung von Bedeutung, weil sie genau in eine Zeit fällt, in der die katholische Kirche vor dem größten Umbruch seit ihren Anfangstagen steht: Unmittelbar bevor die Gründung der lutherischen Kirchen zu einer gewaltigen und über Jahrhunderte hinweg andauernden Spaltung der Christengemeinde führen wird, taucht die Muttergottes ausgerechnet in Mexiko auf und legt damit den Grundstein einer beispiellosen Erfolgsstory der katholischen Kirche auf dem amerikanischen Kontinent: Heute lebt hier etwa die Hälfte aller Katholiken der Welt – rund 580 Millionen von insgesamt 1,08 Milliarden Katholiken weltweit. Brasilien und Mexiko stellen die größten katholischen Gemeinschaften der Welt, und da ist es vielleicht doch eine Überlegung wert, ob die Erscheinung der Jungfrau von Guadalupe in dieser historischen Konstellation wirklich ein Zufall ist oder doch als ein göttliches Zeichen gewertet werden kann: ein Zeichen, das die Abkehr von den Exzessen der Renaissance-Päpste in Europa bedeuten könnte zugunsten eines Neubeginns auf einem ganz anderen Kontinent. In diese Interpretation würde es sich dann glücklich fügen, dass sich die Muttergottes nicht etwa einem der spanischen Eroberer anvertraut, sondern einem Indio, und dass sie selbst offenbar eine Mestizin ist – nicht ganz dunkel, nicht ganz weiß, sondern beide Ethnien in einer (überaus anmutigen) Gestalt vereinend. Juan Diego bestätigt auch ihr Vertrauen, indem er sich unverzüglich zum Palast des Bischofs begibt. Don Fray de Zumárraga, ein Franziskaner, der noch nicht lange als priesterlicher Gouverneur im Amt ist, lässt ihn zuerst einmal lange warten. Als der Indio dann doch endlich vorgelassen wird, kniet Juan Diego vor ihm nieder, neigt sein Haupt und enthüllt ihm die Botschaft der Himmelskönigin. Zumárraga aber scheint ihm nicht zu glauben und versucht ihn abzuwimmeln: »Mein Sohn«, sagt er zu dem Indio, »komm ein anderes Mal zurück. Dann werde ich dir in Ruhe zuhören, noch einmal alle Gründe erwägen, die dich zu mir geführt haben, und deinen Willen und Wunsch überdenken.«

Traurig geht Juan Diego zurück zum Tepeyac, trifft dort die wunderschöne Jungfrau erneut und erzählt ihr von seinem vergeblichen Besuch. Seltsam vertraut geht er mit der Muttergottes um, die doch eine überirdische Gestalt für ihn ist, ein lebendiges Zeichen aus dem Jenseits, sagt »mía niña« zu ihr, »meine Kleine«, und besonders überrascht scheint auch die Muttergottes nicht darüber zu sein, dass der erste Anlauf Juan Diegos fehlgeschlagen ist. Sie schickt ihn einfach erneut zum Bischof, der ihm aber auch bei seinem zweiten Besuch nicht recht zu glauben scheint und deshalb zuerst ein Zeichen verlangt, das beweist, dass Juan Diego tatsächlich die Muttergottes gesehen hat. Zumindest scheint er aber jetzt die Möglichkeit, dass Juan Diego die Wahrheit spricht, nicht mehr ganz auszuschließen: Deshalb schickt er ihm einige Späher nach, die ihm folgen und ihn beobachten sollen, dann aber seine Spur verlieren.

Juan Diego erstattet der Muttergottes Bericht, und die ist zuversichtlich, dem Bischof am folgenden Tag das geforderte Zeichen geben zu können. Hier nimmt die Geschichte der Jungfrau von Guadalupe eine eigenartige Wendung: In der Nacht zum Montag verschlimmert sich die Krankheit von Juan Diegos Onkel Juan Bernardino, der daraufhin seinen Neffen bittet, hinunter nach Tlatelolco zu gehen, um einen katholischen Priester für die Letzte Ölung zu holen. Unterwegs würde Juan Diego am Tepeyac vorbeikommen, aber diesmal macht er eigens einen Umweg, um der Muttergottes nicht zu begegnen. Die irdischen Sorgen scheinen ihm näher als die Wünsche des Jenseits zu sein, und wenn der Onkel im Sterben liegt, dann muss der Bischof, muss aber auch die Muttergottes eben warten…

Tatsächlich ist dies das einzige Mal während einer Marienerscheinung, dass der einzige Zeuge der Erscheinung beschließt, der Muttergottes regelrecht aus dem Weg zu gehen. Und dann auch noch aus einem solchen Grund: um einen Priester für seinen todkranken Onkel zu holen, wo Juan Diego doch jetzt die Möglichkeit hätte, sich direkt an die Jungfrau Maria zu wenden. Dabei geht es doch bei jeder Marienerscheinung im Kern immer um die Suche nach einer Antwort auf all die Fragen, die die Menschheit seit Anbeginn ihrer Geschichte bewegt: Gibt es eine Welt außer der unseren? Was geschieht, wenn ein Mensch stirbt? Erlöscht sein Geist, oder was geschieht mit ihm? Gibt es einen Gott?

Dem Indio Juan Diego widerfährt gerade ein göttliches Wunder: Mit seinen eigenen Augen kann er sehen, dass es die Muttergottes und damit ein Jenseits gibt. Eine gewaltige Last müsste doch mit dieser Erscheinung von dem Mann abgefallen sein, die Angst vor dem Tod, die größte Last überhaupt. Warum tröstet er seinen sterbenden Onkel Juan Bernardino nicht damit, dass er die Muttergottes gesehen hat, dass es also das Überirdische und somit wohl auch ein Leben nach dem Tod wirklich gibt? Warum macht er sich auf den Weg, um einen katholischen Priester zu holen, der anders als Juan Diego die Frage nach dem Jenseits kaum beantworten kann, weil er anders als der Indio nicht über die entscheidende Information verfügt, dass es die Muttergottes gibt? Und warum glaubt Juan Diego, dass er der Muttergottes »aus dem Weg gehen« könne?

Natürlich vergebens: »Wohin lenkst du deine Schritte? Wo willst du hin?«, fragt ihn die Jungfrau von Guadalupe, als sie ihn schließlich auf seinem Umweg stellt. Juan Diego erklärt ihr die Situation und vertröstet die Dame aus dem Jenseits auf morgen: Heute habe er leider keine Zeit für sie, aber morgen werde er ihr gern wieder zu Diensten sein...

Ist das wirklich vorstellbar?

Würde ein gläubiger Mensch, wie Juan Diego es gewesen sein soll, ernsthaft die Muttergottes auf den nächsten Tag vertrösten, statt in Ehrfurcht zu verharren?

Die Muttergottes aber scheint über das eigenartige Verhalten des Indios weder erstaunt noch empört zu sein. Stattdessen verhält sie sich, wie man es von einer gütigen Mutter eigentlich auch erwarten würde: »Höre«, sagt sie zu ihm, »und nimm es dir zu Herzen, du kleinster meiner Söhne! Da ist nichts, das dich erschrecken soll! Nichts soll dich betrüben und verzagen lassen. Dein Gesicht soll nicht bekümmert sein, auch nicht dein Herz! Fürchte weder diese Krankheit noch irgendeine andere

Krankheit, noch Angst oder Kummer. Bin ich denn nicht hier? Ich, deine Mutter? Stehst du nicht in meinem Schutz und Schatten? Bin ich nicht die Quelle deiner Freude? Bist du nicht in den Falten meines Mantels? Halte ich dich nicht in meinem Arm? Was ist es, das dir sonst noch fehlt? Nichts soll dich mehr ängstigen und verwirren! Auch die Krankheit deines Onkels soll dich nicht mehr quälen und bedrücken. Er wird an ihr nicht sterben. Nimm das in deinem Herzen sicher mit: Er ist schon gesund.«

Hier demonstriert die Jungfrau von Guadalupe zugleich ihre unglaubliche Macht – tatsächlich ist Juan Diegos Onkel in dem Moment gesund, da seinem Neffen seine Gesundheit prophezeit wird – wie ihre mütterliche Fürsorge. Und selbst wenn das alles nur der blühenden Phantasie eines Geschichtenerzählers entsprungen sein sollte, der sich aus mündlicher Überlieferung und regionalen Mythen eine fromme Legende bastelte, stellt sich doch die Frage, warum die Muttergottes in diesem Fall einen erwachsenen Mann trösten soll, er brauche keine Angst vor Krankheiten zu haben, sie sei eine fürsorgliche Mutter, während sie knapp vierhundert Jahre später in Fátima zwei Kindern eiskalt den Tod prophezeit, ganz ohne liebevolle Umarmung: Warum schützt sie die Kinder eigentlich nicht? Warum setzt sie ihre Macht nicht ein, über die sie doch offenbar verfügt? Oder ist gerade die Tatsache, dass die Muttergottes sich in Fátima auf eine – jedenfalls uns Menschenkindern – ganz und gar unverständliche Weise verhält, ein Beleg für den Wahrheitsgehalt dieser Schilderung, während im Gegenzug die Tatsache, dass die mexikanische Muttergottes genau so spricht, wie ein Gläubiger sich das vorstellen, ja wünschen mag, ein Beleg dafür sein könnte, dass die Marienerscheinung des Juan Diego schlicht erfunden wurde? Selbst dann aber bliebe immer noch die Bedeutung bemerkenswert, die diese Legende in Mexiko hat: Die Jungfrau von Guadalupe gilt als eine Schlüsselfigur für die Evangelisierung des Landes. 1754 wurde sie zur Patronin von Mexiko, 1910 von ganz Lateinamerika ernannt, Juan Diego wurde 1990 selig- und 2002 heiliggesprochen, jeweils anlässlich von Besuchen Johannes Pauls II. in Mexiko. Hervorgehoben wurde in diesem Zusammenhang, dass das Leben dieses einfachen, gläubigen Laien, seine Bescheidenheit und christliche Demut bis heute ein gültiges Modell christlicher Lebensgestaltung darstelle und Juan Diego darüber hinaus ein Mann gewesen sei, der zu jenen »Armen im Geiste« gehört habe, die Jesus in der Bergpredigt seliggepriesen hat. Als solcher macht Juan Diego sich nach der blitzartigen Heilung seines Onkels auch endlich auf den Weg, das Zeichen einzusammeln, mit dem der Bischof überzeugt werden soll: frisch duftende Rosen, die mitten im Winter auf der eiskalten Hochebene des heutigen Mexico City blühen. Zuversichtlicher als je zuvor geht er mit diesen Rosen in seinem Poncho die Dammstraße hinunter zum Palast des Erzbischofs, und hier geschieht nun etwas ganz Unglaubliches – etwas, das bis heute die Wissenschaft rätseln und staunen lässt und das viele Millionen Menschen für eine »echte«, wirkliche Spur Gottes halten: Was immer man auch sonst von der Darstellung des bisherigen Geschehens halten mag, wie sie uns leider nur in lange nach dem Tod von Juan Diego verfassten Nacherzählungen überliefert ist – hier kommt es zu einem der wenigen Augenblicke in der Weltgeschichte, die die Menschen über Jahrhunderte beschäftigen werden. Denn das, was an diesem 12. Dezember 1531, drei Tage nach der ersten Marienerscheinung, geschieht, zieht bis heute jährlich Millionen von Pilgern zum Heiligtum der Muttergottes in die Hauptstadt von Mexiko:

Juan Diego tritt vor den Bischof und öffnet seinen Poncho ein wenig, sodass die darunter aufbewahrten Rosen leuchtend zum Vorschein kommen. Gleich darauf öffnet er seinen Poncho ganz, und während die Rosen zu Boden fallen, taucht auf der Innenseite des Umhangs in wunderbaren Farben das Bild der Gottesmutter auf, wie sie Juan Diego erschienen ist: die Jungfrau von Guadalupe. Sie hat weder ein weißes Gesicht noch das einer Indiofrau: Als Mestizin gehört die »Morenita« – die dunkelbraune Jungfrau, wie sie häufig genannt wird – weder zu den spanischen Conquistadores noch zu den besiegten Indianern. Sie scheint mächtiger als alle bekannten aztekischen Götter zu sein – mächtiger als der Sonnengott, dessen Strahlen ihr Bildnis von hinten erleuchten, und mächtiger als der Mondgott, der ihr als dunkle Sichel zu Füßen liegt. Die Jungfrau von Guadalupe trägt ihrerseits einen Umhang, auf dem Sterne zu sehen sind – Sonne, Mond und Sterne vereinen sich auf diesem Bildnis als Sinnbild für den neuen Frieden zwischen den einst untereinander zerstrittenen Göttern. Gedeutet wurde diese Darstellung der Jungfrau von Guadalupe zudem als Symbol für einen Neubeginn, in dessen Zentrum wir eine gütige Madonna als »Mutter und Königin des Universums« sehen: Das matte Rot ihres Kleides ist zugleich die Farbe des Ostens, in dem die täglich neues Leben spendende Sonne aufgeht, ihr blau-grüner Umhang vereint jene Farben, die Göttern und Herrschern vorbehalten waren, steht aber auch für die Spannungen des Universums zwischen Fruchtbarkeit und Leben, Werden und Vergehen. Zudem wird die Jungfrau von Guadalupe auf den Schultern eines Engels getragen – ein ebenso deutlicher Hinweis auf ihren göttlichen Status, wie die Brosche mit dem Kreuz an ihrem Hals und die betende Handhaltung der Madonna unmissverständliche Hinweise auf die (christliche) Herkunft dieser Darstellung sind.

Von Johannes Paul II. wird berichtet, dass er beim Betrachten einer Kopie dieses Bildnisses im Vertrauen bemerkt haben soll, er fühle sich »von diesem Bild angezogen, denn dieses Antlitz ist voller Zärtlichkeit und Schlichtheit; es ruft mich…«. Tatsächlich führte ihn gleich seine erste Pilgerreise als Papst im Jahr 1979 auch nach Mexiko – er selbst bezeichnete diese Reise später als »richtungweisend für alle folgenden Jahre meines Pontifikats« –, und im Mai 1990 sagte der Heilige Vater anlässlich der Seligsprechung von Juan Diego in Mexiko: »Die Jungfrau Maria hat den Indianer Juan Diego unter den Demütigsten dazu auserwählt, den lieblichen und anmutigen Anblick der Erscheinung Unserer Lieben Frau von Guadalupe schauen zu dürfen. Ihr mütterliches Antlitz auf dem heiligen Bild, das sie uns als Geschenk hinterlassen hat, ist eine ständige Erinnerung daran.«

Im Original kann dieses Bild bis heute bestaunt werden, denn der Poncho mit dem Bildnis wird in der riesengroßen Basilika von Guadalupe verehrt, die dort auf dem Tepeyac in Mexiko-Stadt, wo die Muttergottes einst Juan Diego erschienen sein soll, errichtet wurde. Jedenfalls gibt es eine große Zahl ernst zu nehmender Wissenschaftler, die diese mexikanische Madonna für ganz erstaunlich halten, denn bis heute konnte keine der zahlreichen Untersuchungen klären, wie dieses 143 mal 55 Zentimeter große Bild auf dem 168 mal 105 Zentimeter großen Poncho des Juan Diego entstand. Der Poncho selbst ist aus einer mexikanischen Agavenfaser (Maguey) gefertigt, und normalerweise hält dieses Gewebe selbst unter idealen Bedingungen auf keinen Fall länger als 40 Jahre, dann löst es sich auf. Und doch ist der Poncho des Juan Diego seit fast 500 Jahren völlig intakt. Auch das Bildnis der »Morenita« stellt die Wissenschaft immer wieder vor neue Rätsel: 1936 fand der spätere Nobelpreisträger für Chemie, Richard Kuhn vom Kaiser-Wilhelm-Institut in Heidelberg, heraus, dass auf dem Bild weder organische noch mineralische Farbspuren zu sehen sind. Synthetische Farben können auf dem Bild aber nicht verwendet worden sein, weil diese erst 300 Jahre nach der Entstehung des Bildes erfunden wurden. Eine im Jahr 1954 durchgeführte Überprüfung des Bildes durch den Physiker Francisco Ribera bestätigte, dass das Bild auf für Menschen unerklärliche Weise auf dem Poncho hergestellt wurde. Im Jahr 1963 untersuchten Fachleute der Firma Kodak das Bild und kamen zu dem Ergebnis, dass das Bild »Charakteristiken eines Farbfotos« habe. Nur: Wie soll das möglich sein, wenn die Fotografie erst um 1834, rund 300 Jahre nach der Entstehung des Bildes, erfunden wurde?

Ein Kapitel für sich ist in diesem Zusammenhang die wissenschaftliche Untersuchung der Augen auf dem Bildnis der Jungfrau von Guadalupe: 1955 entdeckte man darin die Spiegelung eines Mannes, den man für Juan Diego hielt. Im darauffolgenden Jahr stellten Augenärzte fest, dass auf der Hornhaut beider Augen ähnliche Lichtreflexe zu sehen sind – und zwar in solchen Konfigurationen, wie sie im menschlichen Auge erst seit den 1880er-Jahren bekannt sind. Wieder drei Jahre später, 1958, wurde in den Augen der Mariendarstellung der sogenannte »Purkinje-Samson-Effekt« entdeckt, nach dem gesichtete Objekte immer zweimal aufrecht und einmal kopfüber in verschiedenen Schichten des menschlichen Auges reflektiert werden. 1979 vergrößerte man mithilfe modernster NASA-Technologie mikroskopisch feinste Ausschnitte der Iris und der Pupille der Augen Marias bis zu 2500-fach: So glaubte der Wissenschaftler José Aste Tönsmann aus Peru, der in Nordamerika lehrte und ein Experte für digitale Bildtechniken ist, nachweisen zu können, dass in den Augen der Muttergottes nicht nur die Umrisse einer männlichen Figur, sondern eine Gruppe mit etwa dreizehn Personen zu sehen sind – und zwar so verschoben, wie zwei menschliche Augen in der Realität ein Bild sehen: Weil die Augen eines Menschen einige Zentimeter weit voneinander entfernt liegen und weil die Netzhaut gekrümmt ist, werden Bilder auf zwei menschlichen Augen auf eine unterschiedliche Art reflektiert. Dieser Effekt wiederholt sich in den Augen der Muttergottes, und der Experte meinte dazu: »Von den Pupillen eines menschlichen Auges ist der Effekt bekannt, aber auf den Pupillen eines Bildes ist es absolut unerklärlich.«

Mit anderen Worten: Das Bildnis ist »fotografisch« genau, ohne ein Foto sein zu können, und wirkt wie »gemalt«, obwohl kein Mensch auf der Welt so zeichnen könnte – selbst wenn er die notwendigen optischen Kenntnisse und das entsprechend feine Handwerkszeug dafür hätte (sogar ein Haar wäre für die Darstellung mancher Details zu dick, geschweige denn ein Pinsel, ein Stift oder eine Feder).

Zudem ist das Bildnis offensichtlich unzerstörbar: Im Jahr 1791 spritzten Arbeiter beim Reinigen des Goldrahmens einige Tropfen Salpetersäure auf das Bild – und doch blieb es völlig intakt. Am 14. November 1921 explodierte ein Sprengsatz direkt neben dem Bild in einer Blumenvase: Die Wucht der Explosion war so groß, dass ein Kreuz verbogen wurde, das heute noch in der Kirche zu sehen ist – das Bild in seinem einfachen Glasrahmen aber blieb auch dabei völlig unbeschädigt.

Gut möglich also, dass sich die Darstellung der Ereignisse, wie sie von Luys Lasso de la Vega 1649 veröffentlicht wurden, zumindest in einem Punkt bewahrheitet hat, wenn es darin heißt: »Und wirklich alle Männer und Frauen der Stadt waren ohne Ausnahme tief erschüttert angesichts des kostbaren Bildes, dessen göttliche Herkunft sie erkannten. Alle trugen ihre Bitten und Sorgen vor, alle gerieten außer sich vor Staunen darüber, auf welch wundervoll göttliche Weise die Mutter des Herrn erschienen war. Denn wahrhaftig: Kein Mensch der Erde hatte ihr geliebtes Bild gemalt.«

Tatsächlich kann bis heute niemand erklären, wie dieses Bildnis entstand. Ungeklärt ist allerdings auch seine Herkunft: Gab es vielleicht doch irgendwo auf der Welt einen genialen Fälscher, einen Leonardo da Vinci, der diese Madonna mit bis heute unerklärlichen Techniken darstellte und dann nach Mexiko schaffen ließ? Beschafften sich dort dann die Franziskanerpatres auf irgendeine Weise das ominöse Bild? Setzten sie geheime, bis heute im Verborgenen gebliebene Drucktechniken ein, um dieses »Foto« herzustellen?

Was doch dafür spricht, dass das Bildnis der Jungfrau von Guadalupe eine wenn auch unerklärliche Fälschung sein könnte, ist das merkwürdige Verhalten des Bischofs: Juan de Zumárraga – also des Franziskaners, der Zeuge dieses unglaublichen Wunders geworden sein soll, der mit seinen eigenen Augen gesehen haben müsste, wie das Bildnis der Madonna im Poncho entstand – erwähnt dieses Wunder in keiner seiner zahlreichen Schriften, auch nicht, als er nach Spanien zurückgekehrt ist.

Warum nicht?

Wie kann der Bischof dieses unerhörte Wunder verschweigen?

Warum sieht er es nicht als seine Pflicht an, die Kirche über das, was sich in Mexiko zugetragen hat, zu informieren?

Doch der Bischof informiert nicht nur niemanden über das Unglaubliche, das er in Mexiko erlebt hat, sondern schreibt stattdessen in einem 1547 veröffentlichten Katechismus, dass der »Erlöser nicht will, dass Wunder geschehen«. Wunder seien »nicht nötig«, fügt der Bischof noch hinzu.

Und das schreibt jemand, der selbst Augenzeuge eines ganz und gar unfassbaren Wunders gewesen sein soll? Oder doch jemand, der kein solches Wunder erlebt hat, weil es das Wunder gar nicht gab?

In diesem Zusammenhang stellt sich die Frage, ob es den schlichten Indio in seiner behaupteten Geistesarmut überhaupt gegeben hat. Oder ist Juan Diego vielleicht doch nur eine mythologische Figur? Letztlich: eine Fiktion?

Viele ernst zu nehmende katholische Wissenschaftler glauben, dass es diesen Juan Diego niemals gegeben hat. Einer von ihnen ist der angesehene Theologe Pater Manuel Olimón von der päpstlichen Universität in Mexiko-Stadt. Er schrieb in seinem 2002 veröffentlichten Buch *La Búsqueda de Juan Diego*, dass es sich bei Juan Diego keinesfalls wirklich um einen Menschen aus Fleisch, Blut und Knochen handeln könne, sondern nur um eine erfundene Figur. Auch der Priester und Historiker Stafford Poole aus Los Angeles zweifelte schon in seinem 1995 erschienenen Buch *Our Lady of Guadalupe. The Origins and Sources of a Mexican National Symbol, 1531–1797* am Wahrheitsgehalt der Geschichte des Juan Diego und spekulierte, dass die katholische Kirche, anders als bislang kolportiert, erst 1648 – 117 Jahre nach dem angeblichen Wunder der Jungfrau von Guadalupe – von diesem Juan Diego gehört haben könnte.

Wurde dessen Legende also doch nur eigens in die Welt gesetzt, um auf einem neuen Kontinent eine erneuerte katholische Kirche entstehen zu lassen?

Wenn das der Fall sein sollte, dann ist dies zweifellos gelungen: Ich weiß, wovon ich rede, denn ich habe selbst miterlebt, wie die Geschichte des Juan Diego noch heute Mexiko und weite Teile Lateinamerikas entscheidend beeinflusst. Nie werde ich vergessen, wie die Massen am 1. August 2002 zur Heiligsprechung von Juan Diego strömten – also zu der Heiligsprechung eines Mannes, die für viele angesehene Theologen die Heiligsprechung eines Gespenstes war; eines Mannes, den es in Wirklichkeit nie gegeben hat. Anlässlich dieser Feier stand ich zum zweiten Mal vor dem rätselhaften Bild der Muttergottes, das die katholische Welt so sehr verändert hat – zum ersten Mal hatte ich es während des Papstbesuchs von Johannes Paul II. in Mexiko im Januar des Jahres 1999 gesehen. (Es war ein dramatischer Besuch – die eisige Kälte in Mexiko-Stadt tötete damals einen Pilger, der die ganze Nacht über vor dem Heiligtum der Muttergottes ausgeharrt hatte.)

Es ist sehr schwer, sich der Faszination dieses Madonnenbildes zu entziehen – schon deshalb, weil es eine dunkelhäutige Frau mit europäisch wirkenden Gesichtszügen zeigt: eine Mestizin, wie sie heute überall in den lateinamerikanischen Städten zu finden ist, wo sich europäische Einwanderer mit der Indio-Urbevölkerung vermischten. Nur: Damals, als das Bild entstanden sein soll, 1531, erst zehn Jahre nach der Eroberung durch die Spanier, gab es noch kaum eine Vermischung zwischen Indios und Weißen. Heute kann man überall in Lateinamerika Frauen mit den unterschiedlichsten Hauttönungen – von sehr hell bis sehr dunkel – antreffen. Alle haben Mischlingsblut in den Adern, und alle diese Frauen ähneln ein wenig der Madonna von Guadalupe.

Aber wie kann das sein?

Wenn das Bild wirklich eine bis heute unerklärliche Fälschung sein sollte, wie konnte der Maler dann diese Entwicklung voraussehen?

Wie konnte er voraussehen, dass gerade dieses Detail, dass es sich um eine Muttergottes mit dunkler Haut und europäischen Zügen handelt, dafür sorgen würde, dass ein ganzer Kontinent sich mit ihr identifiziert?

Die Zahlen sprechen ganz klar für den Erfolg dieser Identifizierung: In ihrer zweitausendjährigen Geschichte versuchte die katholische Kirche, Asien zu christianisieren – ohne Erfolg. In Asien leben etwa 3,75 Milliarden Menschen, nur etwa vier Prozent davon, etwa 150 Millionen Menschen, sind katholisch. Hier fehlt offenbar ein »Gründungsmythos«, während auf dem amerikanischen Doppelkontinent, wo der Einfluss der Verehrung der Jungfrau von Guadalupe unübersehbar ist, das Verhältnis unvergleichlich ist: Dort leben etwa 870 Millionen Menschen, von denen rund zwei Drittel, etwa 580 Millionen, katholisch sind. Keine schlechte Bilanz angesichts der Tatsache, dass die katholischen Eroberer Amerikas mit entsetzlicher Gewalt vorgingen, die Ureinwohner missachteten und ihnen den Glauben mit Gewalt überstülpten. Trotzdem setzte sich der Glaube an den christlichen Gott auf dem amerikanischen Kontinent durch und wurde zur neuen Hoffnung der katholischen Kirche. Heute verstärken tausende Priester vor allem aus Lateinamerika die immer dünner werdenden Reihen ihrer Kollegen in Europa, wo die Zahl der gläubigen Katholiken ständig abnimmt – von den etwa 710 Millionen Europäern sind nur noch rund 280 Millionen katholisch, Tendenz stark fallend.

Welchen Einfluss die Religion in Lateinamerika auf die Gesellschaft hat, kann man nicht übersehen. Bei der erwähnten Papstreise im Jahr 2002 hatte Johannes Paul II. zunächst den Weltjugendtag in Toronto besucht, war dann nach Guatemala weitergeflogen und daraufhin in Mexiko angekommen, um zunächst Juan Diego heiligzusprechen und am folgenden Tag die beiden Märtyrer Juan Batista und Jacinto de los Angeles – zwei Indios, die im 17. Jahrhundert von Stammesbrüdern getötet wurden, weil sie am christlichen Glauben festhielten.

Diese Reise war ein eindrucksvoller Beweis dafür, wie mächtig die Jungfrau von Guadalupe ist: Nach der mexikanischen Verfassung sind Kirche und Staat getrennt, seit dem Jahr 1917 ist es dem Staatspräsidenten verboten, in offizieller Funktion an religiösen Veranstaltungen teilzunehmen oder offiziell Oberhäupter anderer Religionen zu empfangen. Aber der damalige mexikanische Präsident Vincente Fox brach gleich mehrfach die Verfassung und nahm die erwarteten heftigen Attacken der mexikanischen Opposition in Kauf, als er vor dem Papst niederkniete, dessen Ring küsste und trotz des Verbots zur Heiligsprechung von Juan Diego kam. Dabei hatten selbst mexikanische Theologen diese Heiligsprechung kritisiert, weil sie in Zweifel zogen, ob Juan Diego gelebt hat – von der Marienerscheinung ganz zu schweigen.

Dennoch befand sich Mexiko in den Tagen der Heiligsprechung in einem nationalen Taumel. Die Mexikaner waren und sind überaus stolz darauf, dass ausgerechnet ihr Land den wichtigsten katholischen Wallfahrtsort der Welt beherbergt: Zur Basilika der Jungfrau von Guadalupe kommen mit jährlich bis zu 20 Millionen Menschen mehr als doppelt so viele wie nach

Lourdes und Fátima zusammen. Stolz sind die Mexikaner zudem darauf, dass »ihre« Muttergottes auch in Afrika verehrt wird – als eines der wichtigsten Symbole der katholischen Kirche, das dafür steht, dass vor Gott alle Menschen gleich sind – egal, welche Hautfarbe sie haben…

Am Tag der Heiligsprechung strömten Gläubige aus allen Teilen Lateinamerikas nach Mexiko. Gewaltige Blumenteppiche wurden ausgelegt, über die das Papamobil rollte, in der riesigen Basilika Unserer Jungfrau von Guadalupe, die anstelle einer alten Kirche nach den Plänen von Pedro Ramírez Vásquez errichtet, 1974 geweiht und 1975 eröffnet wurde und rund 40 000 Menschen aufnehmen kann, drängten sich die Gläubigen von überall her.

Ich erinnere mich noch, wie die Indios zu Ehren »ihres« Juan Diego Tänze aufführten: Es war ein überwältigendes Fest – aber mehr noch als diese Feier beeindruckte mich der Rückflug. Wir vom Pressekorps des Vatikans quetschten uns in ein enges Flugzeug der Aero México, die an diesem 1. August des Jahres 2002 bis auf den letzten Platz besetzt war. Eine Horrornacht mit sechzehn Stunden Flug stand uns bevor, und dann demonstrierten uns die Mexikaner die Bedeutung der Muttergottes auf eine bis heute ganz und gar einzigartige Art und Weise: Am frühen Abend hob die Maschine vom Flughafen Benito Juarez ab, morgens um 9.00 Uhr sollte sie in Rom landen. Doch bevor der Pilot auf Kurs ging, ließ er die Maschine nach dem Start im Tiefflug über Mexiko-Stadt kreisen…

Ich leide unter Flugangst, und mir kam es so vor, als ob wir so tief fliegen würden, dass die Maschine jeden Augenblick gegen eines der Hochhäuser von Mexiko-Stadt donnern könnte. Doch dann drehte der Pilot die Maschine auf die Seite, sodass Papst Johannes Paul II. die riesige Stadt unten gut sehen konnte – und genau im selben Moment hielten alle eigens zu dieser grandiosen Geste auf die Straße gelaufenen Mexikaner Folien auf eine solche Weise hoch, dass diese die untergehende Sonne reflektierten und sich die ganze Stadt in einen gewaltigen, faszinierend glitzernden Teppich zu verwandeln schien.

Auf seine Art war es vielleicht auch so etwas wie ein kleines Wunder, alle diese Millionen von Menschen zu sehen, die sich diese Folien an Zeitungskiosken besorgt hatten, um dann genau in dem Augenblick, da der Papst gen Himmel flog, dem Oberhaupt von mehr als einer Milliarde Katholiken weltweit einen funkelnden Abschied zu bescheren.

Damit verabschiedeten sich die Mexikaner auch von einem Papst, der wohl keinen Zweifel daran hatte, dass es das Gute war, der ewige Gott im Himmel, der dem Bildnis der dunkelhäutigen Jungfrau von Guadalupe die Macht gegeben hatte, auf dem gesamten amerikanischen Kontinent eine Botschaft zu verbreiten, eine Idee des Jesus von Nazaret: dass wir alle unseren Nächsten lieben sollen wie uns selbst.

Warum sollte er da nicht Juan Diego heiligsprechen, selbst wenn sogar Priester der katholischen Kirche daran zweifeln, dass es ihn jemals gegeben hat?

14

La Salette und die Grenze zwischen Wunder und Betrug

Eine überraschende Wendung nahm die Geschichte der Wunder in der katholischen Kirche am 19. April 2005, dem Tag der Wahl Joseph Ratzingers zum 265. Nachfolger des heiligen Petrus. Seit diesem Tag sitzt nun zum ersten Mal ein Mann auf dem Thron Petri, der sich zuvor fünfundzwanzig Jahre lang mit gefälschten Wundern, dem Betrug an Gläubigen und gewissermaßen auch dem Betrug an Gott auseinandersetzen musste. Erstmals leitet ein Mann die Geschicke der katholischen Kirche, der zuvor Chef der Glaubenskongregation war – also jener Behörde, die für die Reinhaltung der katholischen Lehre und eben auch für die Entlarvung von Betrugsversuchen zuständig ist.

Bis zum Amtsantritt von Benedikt XVI. hatte sich kein Papst vor seiner Wahl um etwas so Teuflisches wie die Fälschung von Wundern gekümmert, um die Manipulation der Natur mit dem Ziel, einen Eingriff Gottes vorzutäuschen. Bis dahin bestand die Aufgabe der Päpste immer darin, die Wunder Gottes zu preisen, nicht, ihre Echtheit anzuzweifeln. Päpste beteten in Fátima und in Lourdes und priesen die Erscheinung der Muttergottes. Heiligsprechungen und die damit verbundene Anerkennung von Wundern gehörten zu einem nicht verzichtbaren Teil des Amtes des Papstes. Doch Benedikt XVI. kennt alle Einzelheiten der unangenehmsten Wunder der Kirche. Die Dokumente liegen in der Glaubenskongregation. Während seiner Amtszeit als Chef der Glaubenskongregation, im Oktober 1999, wurde erst die ganze Wahrheit über eines der umstrittensten Wunder der katholischen Kirche bekannt, die Erscheinung von La Salette.

Die Geschichte der Fälschungen in der katholischen Kirche beginnt schon mit der Überlieferungsgeschichte der Evangelien. Mühsam trennten die ersten Theologen das, was Jesus von

Nazaret wirklich getan oder gesagt haben soll, von dem, was ihm zugeschrieben oder fälschlicherweise untergejubelt wurde. Bis heute existiert eine Unzahl von gefälschten Gegenständen, die irgendwie mit der Geschichte des Jesus von Nazaret oder der Geschichte der Apostel oder später der Geschichte der Heiligen zusammenhängen. Im Mittelalter entwickelte sich sogar so etwas wie ein eigener Wirtschaftszweig, indem gefälschte Reliquien Heiliger produziert wurden, was unter anderem dazu geführt hat, dass heute mindestens acht Orte (unter anderen Rom und Damaskus) für sich in Anspruch nehmen, die Kopfreliquie – also den echten Kopf – von Johannes dem Täufer zu bewahren.

»Unbequeme Marienerscheinungen« – solche, die an der Grenze zwischen Wunder und Betrug angesiedelt sind, gab es in der Geschichte der katholischen Kirche mehrfach. Aber keine davon dürfte so schmerzhaft gewesen sein wie die im französischen La Salette, dem einzigen Marienheiligtum, das der große Marienverehrer Johannes Paul II. nie besuchte. (Auch Benedikt XVI. wird diesem Wallfahrtsort in den Savoyer Alpen sicher nie die Ehre seines Besuches erweisen.) Der Fall La Salette zeigt, dass eine Spur Gottes auch sehr unklar sein kann, verwischt wie ein Fingerabdruck, der von der Polizei nicht mehr zu identifizieren ist. Das Problem für die katholische Kirche: Der Fingerabdruck ist zwar da, aber von wem er stammt, ist einfach nicht mehr zu erkennen.

Was ist damals, an jenem 19. September 1846, in La Salette geschehen?

Wieder einmal sind es Hirtenkinder, denen Unglaubliches widerfährt: dem gerade einmal elfjährigen Maximin Giraud und der vierzehn Jahre alten Melanie Calvat.

Maximin Giraud wurde am 26. August 1835 in dem Ort Corps bei La Salette geboren, seine Mutter starb, als er siebzehn Monate alt war. Melanie Calvat wurde am 7. November 1831 als viertes von zehn Kindern ebenfalls in Corps in die Familie eines Holzschnitzers geboren. Ihre Familie war so arm, dass sie die Arbeitskraft der Tochter an Bauern vermieten musste, die das Mädchen als Hirtin beschäftigten.

An jenem Septembertag im Jahr 1846 legen sich die Kinder nach einem anstrengenden Anstieg in den Schatten einer Mauer und schlafen ein. Am Nachmittag, gegen 15.00 Uhr etwa, wachen sie auf und sehen eine »junge schöne Frau, die leuchtete wie hundert Sonnen, ohne den Augen wehzutun«. Die Frau soll prächtig gekleidet gewesen sein, ihr silberweißer Umhang habe von goldschimmernden Perlen geglitzert, ihre Füße seien von blühenden Rosen verziert worden. Auf dem Kopf habe sie eine Art Kappe aus Rosen getragen, erzählen die Kinder, an dem Kreuz vor ihrer Brust seien klar Hammer und Zange als die Zeichen von Christi Leid zu erkennen gewesen. Sie saß auf einem Stein, hatte die Hände auf die Knie gestützt und hielt das Gesicht verborgen.

Verglichen mit der ersten bezeugten Marienerscheinung im Mexiko des Jahres 1531 trägt die Muttergottes in La Salette ganz andere Kleider, nur ein Detail ist gleich: Sowohl Juan Diego in Mexiko als auch die Kinder von La Salette sprechen von einem strahlend hellen Gewand. Von einer Haube ist in Mexiko ebenso wenig die Rede wie von den Zeichen des Leidens Christi. Rosen kommen allerdings sowohl in Mexiko vor als auch in La Salette.

Was geschieht nun auf dem Berg von La Salette?

Vorsichtig gehen die Kinder auf die seltsame Frau zu, die sich aufrichtet und zu ihnen sagt: »Kommt näher, Kinder, habt keine Angst! Ich bin hier, um euch eine große Botschaft mitzuteilen.«

Sollte dort oben auf dem Berg tatsächlich die Muttergottes erschienen sein, so verhält sie sich zunächst einmal nachvollziehbar, denn sie sagt sinngemäß genau das, was ihr selbst gesagt wurde, als plötzlich ein Wesen aus einer anderen Welt erschien: »Fürchte dich nicht, Maria; denn du hast bei Gott Gnade gefunden«, sagt im *Lukas-Evangelium* (Kapitel 1, Vers 30) der Engel des Herrn zu Maria. In der Beschreibung der Szene in La Salette scheint die Muttergottes zunächst einmal, und darin unterscheidet sie sich von den anderen Erscheinungen, besorgt zu sein, ob sie mit ihrem plötzlichen Erscheinen die Kinder erschreckt hat, denn schließlich ist sie wie aus dem Nichts auf eine überaus spektakuläre Art und Weise aufgetaucht. Dann spricht sie über die Verfehlungen der Menschen und über das drohende Weltgericht. Unaufhörlich rinnen ihr dabei Tränen über das Gesicht. Als sie auf eine trockene Quelle in der Nähe deutet, soll daraus sofort Wasser gesprudelt sein. Bevor die Erscheinung der Muttergottes verschwindet, gibt sie den Kindern noch jeweils ein Geheimnis mit auf den Weg, das sie erst nach dem Jahr 1858 bekannt machen sollen. Bereits im Jahr 1851 schickt Melanie aber den Text der Botschaft, die ihr die Muttergottes aufgetragen hat, an den Papst mit dem Hinweis, dass auch er Stillschweigen bewahren muss für weitere sieben Jahre, so wolle es die Muttergottes. In der Prophezeiung heißt es, dass Luzifer im Jahr 1864 mit einer großen Menge Teufel aus der Hölle losgelassen werden wird – er werde den Glauben allmählich auslöschen: selbst in Menschen, die Gott geweiht seien. Das Mädchen verkündet, dass es »Hagelregen von Tieren geben werde, dass die ganze Erde vernichtet werden wird, nach der Geburt des Antichristen, der eine jüdische Ordensfrau, eine falsche Jungfrau, zur Mutter haben wird, die sich mit der Schlange einließ«.

Was die Muttergottes Maximin Giraud voraussagte, wird erst nach einem Fund des Theologen Abbé Cortville bekannt: Der Pater fand in der Glaubenskongregation Kardinal Joseph Ratzingers die erstaunliche Aussage von Maximin vom 3. Juli 1851. Statt den Weltuntergang zu prophezeien wie Melanie, erklärt Maximin zunächst erst einmal, dass er gar nicht sicher ist, ob er überhaupt die Muttergottes gesehen hat. Er sagte aus: »Wir haben am 19. September 1846 eine schöne Frau gesehen, wir haben aber nie gesagt, dass diese Frau die Muttergottes war. Ich weiß nicht, ob sie die Heilige Jungfrau war, aber ich glaube es.« Dann sagt auch Maximin für die Kirche eine Katastrophe voraus: »Ein Drittel Frankreichs wird nicht mehr den Glauben praktizieren, selbst der Papst wird verfolgt werden, das alles wird im nächsten Jahrhundert stattfinden, spätestens aber nach dem Jahr 2000.« Zumindest was die Schätzung des Anteils der Gläubigen in Frankreich im Jahr 2000 angeht – ein Drittel des Volkes –, wäre die Muttergottes im Jahr 1846 erstaunlich präzise gewesen.

Die Ähnlichkeit mit den Marienerscheinungen in Lourdes und Fátima ist frappierend: Zwölf Jahre bevor Bernadette die Muttergottes in der Grotte Massabielle in Lourdes gesehen haben will, erscheint die Muttergottes in La Salette zwei Hirtenkindern. Bernadette ist zum Zeitpunkt der Marienerscheinung vierzehn Jahre alt, genau wie Melanie Calvat in La Salette. Kann Bernadette von der Marienerscheinung in den Savoyer Alpen erfahren haben? Ahmte Bernadette einfach nach, was man ihr über das Mädchen aus La Salette und deren wundersame Erscheinung erzählt hatte? Ließen sich auch die Kinder in Fátima davon beeinflussen? Tatsächlich hält zum Beispiel der Schweizer Theologe Otto Karrer die Botschaften von Fátima für eine Projektion der Kinder aufgrund der ihnen von ihrer Mutter erzählten Berichte über die Marienerscheinung von La Salette.

Wie Lourdes wird auch La Salette bald nach dem Bekanntwerden der Marienerscheinung zu einem Wallfahrtsort. Tausende strömen in die Berge der Savoyer Alpen; in der Quelle, die die Muttergottes angeblich entspringen ließ, soll sich eine Unzahl von Heilungen ereignen. Bischof Philibert de Bruillard, der die Kinder ausführlich befragt haben will, erkennt das Wunder bereits am 19. September 1851 als authentisch an. Nur fünf Jahre nach dem Wunder und viel zu früh, wie sich später noch herausstellen wird. Wie später in Fátima behaupten auch die Kinder in La Salette, eine Botschaft für den Papst zu haben. Tatsächlich zeigt sich Papst Pius IX. anders als später in Lourdes an dieser Erscheinung der Muttergottes überaus interessiert. Im Fall La Salette möchte er ausführlich, gleich nachdem das Wunder vom Bischof anerkannt wurde, informiert werden – vor allem will er wissen, was das für eine Botschaft ist, die die Muttergottes für ihn haben soll.

Am 18. Juli 1851 übergibt man dem Papst einen Brief mit der Botschaft der Muttergottes. Beim Lesen soll Pius IX. erbleicht sein, was nur zur verständlich ist, da ja der nahe Weltuntergang und der Untergang der Religionen vorausgesagt werden. Am 8. Dezember 1854, drei Jahre nach Erhalt der Botschaft und acht Jahre nach der Marienerscheinung in La Salette, wird Papst

Pius IX. das Dogma der Unbefleckten Empfängnis verkünden. Besteht hier ein Zusammenhang?

Bis zu diesem Zeitpunkt verläuft für die katholische Kirche alles wie nach Plan: Die Muttergottes erscheint armen Kindern, sie schenkt den Menschen eine Quelle mit Wasser, das auf wundersame Weise Krankheiten heilen kann. Der Bischof erkennt das Wunder an, der Papst lässt sich ausführlich informieren. Wenn nun die Kinder, wie später in Fátima und Lourdes, relativ rasch gestorben oder ins Kloster gegangen wären, wäre »alles gut« gewesen. Aber in La Salette läuft alles aus dem Ruder: Melanie Calvat verkündet von einem Tag auf den anderen immer neue Geheimnisse, die ihr die Muttergottes aufgetragen haben will. Sie gründet die Melanistische Bewegung, die apokalyptische Botschaften verbreitet – die katholische Kirche ist zutiefst schockiert. Wie kann der Herr es zulassen, dass ein Mädchen, dem die Muttergottes erschienen ist, plötzlich erfundene Prophezeiungen verbreitet? Was bedeutet das? Verzweifelt muss Jacques Marie Achille Ginoulhiac, der Nachfolger des Bischofs, der das Wunder anerkannte, auf die Notbremse treten: Zunächst einmal erklärt er am 19. September 1855 wenig geschickt, dass sich die Kirche natürlich nicht geirrt habe – das Wunder von La Salette sei echt, doch dürfe man Melanie Calvat nicht glauben. Denn was Melanie nach der Marienerscheinung über das Wunder gesagt habe, sei alles Unsinn. Trotzdem drängt sich da doch die Frage auf, ob das Mädchen wirklich die Muttergottes gesehen haben kann, wenn es auf einmal nur noch Unsinn über diese Erscheinung redet. Hinzu kommt: Melanie Calvat führt ein unstetes Leben. Zuerst geht sie nach England, tritt 1856 in Darlington in den Orden der Karmeliterinnen ein, aber vier Jahre später wieder aus. 1873 bekundet sie öffentlich, zum »Geheimnis« der Muttergottes, das ihr in La Salette offenbart worden sei, gehöre die Prophezeiung, dass Rom vom Glauben abfallen und Sitz des Teufels werden würde. Damit handelt sie sich eine erste »private« Verwarnung durch die katholische Kirche ein. Zum großen Knall kommt es im Jahr 1879, als der Bischof von Lecce, Monsignore Zola, der offensichtlich überzeugt ist von der Ehrlichkeit der Seherin, die Veröffentlichung eines Textes von Melanie Calvat erlaubt, in dem nicht nur alle Einzelheiten der Erscheinung von La Salette stehen, sondern auch die gesamte Botschaft der Muttergottes, wie sie Pius IX. übermittelt werden sollte und die schließlich ins Geheimarchiv verbannt worden war. Diesmal ist es mit einer Verwarnung nicht mehr getan: Das Sanctum Ufficium verbietet ab dem Jahr 1915 jede Veröffentlichung der Texte von Melanie Calvat, im Jahr 1923 kommen diese sogar auf den Index. Das bedeutet: Katholiken, die diese Texte lesen, werden bestraft.

Melanie Calvat war bereits am 14. Dezember 1904 in Altamura bei Bari gestorben. Dort ruht sie am Fuß einer Marmorstele, auf der in einem Halbrelief dargestellt ist, wie Maria das Hirtenmädchen von La Salette im Himmel empfängt.

Der zweite Augenzeuge des Wunders von La Salette verhält sich auch nicht gerade vorbildlich. Zunächst versucht er seine Popularität für eine politische Karriere auszunutzen, dann lässt er sich sogar dazu herab, als Zeuge der Marienerscheinung Werbung für eine Likörfabrik zu machen. Am Ende stirbt er, nicht ganz vierzig Jahre alt geworden, in ärmlichen Verhältnissen. Begraben wird er auf dem Friedhof von Corps, sein Herz aber ruht in der Basilika auf dem heiligen Berg, links vorne hinter einer schwarzen Platte. Das war sein letzter Wunsch, um seine Verbundenheit mit der Marienerscheinung zu bekräftigen. Noch heute aber pilgern tausende von Menschen auf den Berg von La Salette und fragen sich, was dort oben wohl geschehen sein mag.

Papst Benedikt XVI. musste sich im Jahr nach seiner Wahl, im Sommer 2006, mit dem Fall La Salette beschäftigen und noch einmal die Unterlagen ansehen, die im Archiv seines alten Arbeitsplatzes in der Glaubenskongregation liegen. Denn die Ordensleute des Klosters Notre-Dame de La Salette hatten um ein Grußwort des Papstes zur Feier des 160. Jahrestags der Erscheinung der Muttergottes gebeten. Benedikts Vorgänger, Papst Johannes Paul II., war zwar nie in La Salette gewesen, hatte aber im Jahr 1996 zur Feier des hundertfünfzigjährigen Jubiläums der Erscheinung ein Grußwort an das Kloster geschickt, in dem er keinen Zweifel an der Echtheit des Wunders von Salette aufkommen ließ. Johannes Paul II. schrieb: »Da nun die Vorbereitungen für das große Jubiläum der Erlösung in vollem Gange sind, bedeutet das Jahr, das der Erscheinung Marias gegenüber Maximin und Melanie geweiht ist, eine wichtige Etappe.«

Erschien Maria also doch?

Papst Benedikt XVI. schickte kein offizielles Grußwort an das Kloster, aber seine Meinung darüber, ob die Muttergottes in La Salette wirklich erschien und ob Katholiken das glauben dürfen, wird er noch bekannt geben müssen. Allerdings fällte der neue Papst kurz vor dem Jubiläum von La Salette am 1. September des Jahres 2006 eine andere Grundsatzentscheidung: Reliquien – die heiligsten Gegenstände der Kirche, Überreste, die mit Jesus in Berührung gekommen sein sollen – gehören immer noch zum Kern des katholischen Glaubens. In diesem Zusammenhang besuchte er die Reliquie des sogenannten Schweißtuchs der Veronica in Manopello an der Adria, auf dem ein Abdruck von Jesu Gesicht zu sehen ist, der mit jenem auf dem Turiner Grabtuch in auffallender Weise übereinstimmt.

15

Wer Gott berührt

Was passiert, wenn man Gott berührt? Es gibt nichts, was die Christen von den anderen Religionen, die an einen einzigen Gott glauben, nämlich Muslime und Juden, so stark unterscheidet wie diese unglaubliche Vorstellung: Dass es möglich war, den Mensch gewordenen Gott, Jesus von Nazaret, zu berühren. Für einen Juden ist es unvorstellbar, den rätselhaften Jahve, der sich als brennender Dornbusch oder als Windhauch zeigt, zu berühren. Das Gleiche gilt für die Muslime. Allah setzte nie seinen Fuß auf diese Erde. Doch für die Christen ist gerade dieser Moment, der Augenblick, in dem Menschen Gottes Sohn bewusst berührten, besonders wichtig. In der Bibel geschieht dann Sonderbares. Alles, was mit Jesus direkt in Berührung kommt, scheint von einer rätselhaften, sehr starken positiven Energie durchdrungen zu sein, einer Art rätselhafter Kraft, die in der Lage ist, Krankheiten zu heilen und Unheil abzuwehren. Erstaunlicherweise agiert diese Kraft von ganz allein, ohne dass Jesus etwas sagt oder handelt oder diese wie auch immer geartete Energie bewusst einsetzt. Besonders deutlich beschrieben wird das in der Bibel in der Szene von der Erweckung der Tochter des Synagogenvorstehers Jaïrus von den Toten. Der Evangelist Markus beschreibt in Kapitel 5, Verse 21 bis 34, die Szene so:

21 Jesus fuhr im Boot wieder ans andere Ufer hinüber, und eine große Menschenmenge versammelte sich um ihn. Während er noch am See war,

22 kam ein Synagogenvorsteher namens Jaïrus zu ihm. Als er Jesus sah, fiel er ihm zu Füßen

23 und flehte ihn um Hilfe an; er sagte: Meine Tochter liegt im Sterben. Komm und leg ihr die Hände auf, damit sie wieder gesund wird und am Leben bleibt.

24 Da ging Jesus mit ihm. Viele Menschen folgten ihm und drängten sich um ihn.

25 Darunter war eine Frau, die schon zwölf Jahre an Blutungen litt.

26 Sie war von vielen Ärzten behandelt worden und hatte dabei sehr zu leiden; ihr ganzes Vermögen hatte sie ausgegeben, aber es hatte ihr nichts genutzt, sondern ihr Zustand war immer schlimmer geworden.

27 Sie hatte von Jesus gehört. Nun drängte sie sich in der Menge von hinten an ihn heran und berührte sein Gewand.

28 Denn sie sagte sich: Wenn ich auch nur sein Gewand berühre, werde ich geheilt.

29 Sofort hörte die Blutung auf, und sie spürte deutlich, dass sie von ihrem Leiden geheilt war.

30 Im selben Augenblick fühlte Jesus, dass eine Kraft von ihm ausströmte, und er wandte sich in dem Gedränge um und fragte: Wer hat mein Gewand berührt?

31 Seine Jünger sagten zu ihm: Du siehst doch, wie sich die Leute um dich drängen, und da fragst du: Wer hat mich berührt?

32 Er blickte umher, um zu sehen, wer es getan hatte.

33 Da kam die Frau, zitternd vor Furcht, weil sie wusste, was mit ihr geschehen war; sie fiel vor ihm nieder und sagte ihm die ganze Wahrheit.

34 Er aber sagte zu ihr: Meine Tochter, dein Glaube hat dir geholfen. Geh in Frieden! Du sollst von deinem Leiden geheilt sein.

Die Geschichte bereitet selbst erfahrenen Bibelforschern große Probleme. Von welcher »Kraft« ist in der Geschichte die Rede? Jesus spürt, dass eine Kraft von ihm ausströmt, aber ohne seinen Willen. Er weiß nicht einmal, wer die Frau ist, die sein Gewand berührt hat, und dennoch geschieht ein Wunder.

Die gleiche Geschichte erzählt Matthäus im Kapitel 9, Verse 18 bis 22, ähnlich:

18 Während Jesus so mit ihnen redete, kam ein Synagogenvorsteher, fiel vor ihm nieder und sagte: Meine Tochter ist eben gestorben; komm doch, leg ihr deine Hand auf, dann wird sie wieder lebendig.

19 Jesus stand auf und folgte ihm mit seinen Jüngern.

20 Da trat eine Frau, die schon zwölf Jahre an Blutungen litt, von hinten an ihn heran und berührte den Saum seines Gewandes;

21 denn sie sagte sich: Wenn ich auch nur sein Gewand berühre, werde ich geheilt.

22 Jesus wandte sich um, und als er sie sah, sagte er: Hab keine Angst, meine Tochter, dein Glaube hat dir geholfen. Und von dieser Stunde an war die Frau geheilt.

Matthäus verzichtet auf die vielleicht seltsamste Einzelheit der Geschichte. Die Frau, die das Gewand von Jesus berührt und nach der Jesus dann fragt, um herauszufinden, wer sie ist, »zittert« im *Markus-Evangelium* »vor Furcht«. Warum? Sie hat schließlich nichts weiter getan als viele andere im Gedränge auch, die Jesus berührten, wie die Apostel ausführlich bestätigen. Was fürchtet sie? Warum sagt Jesus, sie solle keine Angst haben? Angst wovor? Ist gemeint, dass sie eine Quelle der Kraft, das Gewand Jesu, anzapfte, ohne zu fragen?

Was auch immer diese Bibelstelle wirklich bedeutet, eines ist unbestritten: In der Geschichte der katholischen Kirche ist der Glaube daran fest verankert, dass heilige Gegenstände, vor allem Gegenstände, die mit Gottes Sohn in Berührung kamen, Wunder wirken können. Der Kern der Religion hat damit zu tun: Katholiken nennen einen Gegenstand, die geweihte Hostie, das »Allerheiligste«, und beten es an. Die geweihte Hostie wurde in der Geschichte der katholischen Kirche immer wieder gegen Unheil eingesetzt. Prozessionen mit der geweihten Hostie an der Spitze in besonders gefährlichen Situationen, Epidemien oder Kriegen, zählen zu den dramatischsten Akten der Kirchengeschichte. Die Geschichte der Heilung der Frau, die gesund wurde, weil sie das Gewand von Jesus berührte, trug dazu bei, dass der katholische Glaube lehrt, dass es Gegenstände gibt, die man nur zu berühren braucht, um Leben zu retten, Unheil abzuwehren oder Glück zu bringen. Schließlich sagt sich die kranke Frau im Evangelium ja, sie müsse nur das Gewand berühren, um geheilt zu werden. Fast zwei Jahrtausende lang haben Christen diese Geste der Frau aus dem Evangelium nachgeahmt, in der Hoffnung, dass ein Wunder geschehe wie im Evangelium, als Jesus aufmunternd zu der kranken Frau sagte: »Dein Glaube hat dir geholfen.«

Wunder geschehen also nicht nur an ganz bestimmten Orten wie Guadalupe, Lourdes oder Fátima; sie können auch mit Gegenständen verbunden sein, und wie tief dieser Glaube an heilige Gegenstände mit dem Glauben der katholischen Kirche verbunden ist, erkennt man an einem bestimmten Ritus der Erzbischöfe. Einerseits ist ein Erzbischof heute so etwas wie ein moderner Verwaltungschef und hat wenig Geheimnisvolles an sich. Er muss Schulen und Krankenhäuser verwalten, Kirchen renovieren lassen, Mitarbeiter motivieren und vor allem die Kosten kontrollieren. Andererseits lässt das äußere Zeichen seiner Würde – das, was ihn eigentlich erst zum Erzbischof macht – erkennen, dass Bischöfe eben doch viel mehr mit dem Rätselhaften als mit der modernen verwalteten Welt zu tun haben. Am deutlichsten wird das in der Nacht der Erzbischöfe im Petersdom in Rom. Am Vorabend des Hochfestes der heiligen Apostel Petrus und Paulus, also am Abend des 28. Juni, werden Stoffstücke in die berühmteste Schatulle Roms gelegt – in jenes Kästchen unter dem Hochaltar, das von den meisten der jährlich etwa zehn Millionen Besucher des Petersdoms für den Schrein mit den Gebeinen des heiligen Petrus gehalten wird. Tatsächlich werden in der Nacht vom 28. auf den 29. Juni in dieses Jahr für Jahr millionenfach fotografierte Kästchen Schmuckbänder gelegt: die sogenannten Pallien. Ein solches Pallium ist ein etwa fünf bis fünfzehn Zentimeter breites Stoffband, das über dem Messgewand getragen wird: Es liegt wie ein Umhang über den Schultern und hat nach vorne wie nach hinten kurze Endstücke. Fünf schwarze oder rote Seidenkreuze symbolisieren die fünf Wundmale Christi. In die Enden auf der Brust und auf dem Rücken sind Bleistücke zur Beschwerung eingenäht. Im Pallium des Papstes werden drei der aufgestickten Kreuze mit Nadeln durchstochen, um an die drei Kreuzesnägel zu erinnern. Ursprünglich entwickelten sich die Pallien wohl aus den mantelartigen Überwürfen der altrömischen Philosophen, im 4. Jahrhundert n. Chr. gehörten sie unter Kaiser Theodosius zur Bekleidung wichtiger Staatsbeamter. Später übernahm der Papst das Pallium als Rangabzeichen. Ab dem 9. Jahrhundert erhielten alle Metropoliten – die Vorläufer der Erzbischöfe – das Pallium.

Papst Benedikt XVI. trägt ein Pallium mit purpurnen Kreuzen, das nicht wie seit Jahrhunderten üblich verkürzt und verschmälert in Y-Form auf Brust und Rücken endet, sondern wie im Mittelalter die Enden des in V-Form gebildeten Kragens über die linke Schulter hängen lässt. Diese Entscheidung stellt ein wichtiges Signal dar: Die katholische Kirche besinnt sich auf ihre Traditionen und hält an dem alten Glauben fest, dass von Gegenständen ein Segen ausgehen kann. Außerdem wurde die Entscheidung des neuen Papstes für das »alte Pallium« auch so interpretiert, dass er damit einen Schritt auf die getrennten Kirchen der Orthodoxie zugehen wollte, die dieses lange schmale Schmuckband als Zeichen besonderer Würde in ähnlicher Form ebenfalls kennt (dort heißt es Omophorion).

Ich erinnere mich gut, wie der Papst während der Messe, die heute schlicht »Messe zur Amtseinführung« genannt wird und früher Krönungsmesse hieß, auf dem Petersplatz stand: Symbolisch verband das lange Pallium, das er trug, diesen ersten im dritten Jahrtausend gewählten Papst mit den Päpsten des Mittelalters, die ihrerseits schon an die magische Kraft dieses Schmucks glaubten und das Band mit ins Grab nahmen wie die ägyptischen Pharaonen ihre Amulette, die sie ins Jenseits begleiten sollten.

Ein moderner Mensch wird selbstverständlich der Meinung sein, dass ein Stück Stoff wie das Pallium, wenn man es in eine Schatulle legt und nach einer Nacht wieder herausnimmt, immer noch das gleiche Stück Stoff ist, das es war, bevor man es in die Schatulle legte. Zum katholischen Glauben gehört aber die Überzeugung, dass bei der Berührung von etwas Heiligem dank der rätselhaften Kraft Gottes etwas auf denjenigen übergeht, der das Heilige berührt. Das gilt für Personen ebenso wie für Gegenstände: Dass das Pallium genau über dem Petrusgrab eine Nacht in der Schatulle ruht, soll dafür sorgen, dass die Erzbischöfe eine ganz besonders enge Verbindung mit dem Sitz des Nachfolgers des heiligen Petrus eingehen.

Natürlich ist auch das nur ein symbolischer Akt, aber er belegt die innerste Überzeugung der Gläubigen, dass der Kontakt mit dem Göttlichen heilsam sein kann. Geglaubt wird an eine magische Kraft, an so etwas wie einen Segen, der von den Gebeinen des heiligen Petrus auch auf Gegenstände ausstrahlt, die sich in seiner Nähe befinden. Am Tag des Hochfestes der heiligen Apostel Petrus und Paulus, am 29. Juni, lässt der Papst die Pallien am frühen Morgen aus der Schatulle nehmen, um sie am Vormittag während einer heiligen Messe den neuen Erzbischöfen umzuhängen. Nur für das Pallium des Papstes gibt es eine Sonderregel. Auch er bekommt ein neues Pallium, sobald er sein Amt antritt. Da aber nach der Wahl eines Papstes nicht so lange gewartet werden kann, bis wieder der Abend des 28. Juni anbricht, legt man das Pallium des Papstes sofort nach seiner Wahl in die Schatulle unter dem Petersdom, damit er es zur Messe des Amtsantritts tragen kann...

In meinen zwanzig Jahren am Hof der Päpste habe ich selten einen so magischen Ort besucht wie das Kloster, in dem diese Pallien hergestellt werden. Bis dahin hätte ich immer vermutet, dass das irgendwo in einem altehrwürdigen, abgeschieden in den Bergen liegenden Kloster geschehe, wo die Ordensleute Schafe halten könnten, um die Wolle für die Pallien zu spinnen und zu weben. Doch weit gefehlt: Das Kloster, in dem die Pallien gefertigt werden, liegt ausgerechnet in Trastevere – mitten in einem der quirligsten, quicklebendigsten Stadtteile von Rom. Es ist das Kloster Santa Cecilia – ein Klausurkloster, in dem die meisten Ordensfrauen schon seit vielen Jahrzehnten im immer gleichen Tagesrhythmus zwischen Gebeten und Stunden des Schweigens leben, während sich die durch Gitterstäbe von ihnen getrennte Welt um sie herum drastisch verändert hat, ohne dass sie etwas davon mitbekamen.

Für mich war es ein eigenartiges Gefühl, im Besucherzimmer der Ordensfrauen zu sitzen und durch die uns trennenden Gitterstäbe zuzuhören, wie mir die Oberin das Geheimnis der magischen Bänder der Erzbischöfe erklärte. Es kam mir so vor, als würden diese Gitterstäbe nicht nur die Oberin und mich, sondern auch zwei Welten voneinander trennen: draußen das lärmende Trastevere mit seinen quietschenden Autoreifen und den kreischenden Rädern der Straßenbahn, mit seiner Musik in den Straßencafés, dem Stimmengewirr in den vielen Restaurants – und drinnen eine Welt der Stille und Andacht. Die Ordensfrauen können die moderne Welt zwar hören, aber – abgeschottet hinter ihren Gitterstäben – nicht sehen. Noch nie haben sie das Faltverdeck eines Cabriolets zuklappen sehen, und sie können sich auch keinen Reim darauf machen, was das für Geräusche sind, die aus der supermodernen Spielhalle von Trastevere zu ihnen herüberdringen. Die Ordensfrauen leben hier mit dem Sound des beginnenden dritten Jahrtausends – ohne ein Bild dazu zu haben.

Mich hat das immer fasziniert, dass diese Frauen dazu bereit sind, ihr Leben auf ein paar Quadratmeter einzugrenzen. Nur wenige von ihnen dürfen das Kloster überhaupt jemals verlassen. Ich erinnere mich an eine von ihnen, Schwester Maria, die mir nach dem Besuch bei der Oberin sehr freundlich die zum Kloster gehörende Wallfahrtskirche zeigte, die der heiligen Cäcilie geweiht ist, der im Jahr 230 n. Chr. an der Stelle des heutigen Gotteshauses zu Tode gefolterten Schutzheiligen der Kirchenmusik. Anschließend erklärte mir Schwester Maria, dass sie nur die Erlaubnis habe, genau bis zum Tor auf dem Vorhof des Klosters zu gehen. Dort endete also ihre Welt, und deshalb fragte ich sie: »Wünschen Sie sich nicht manchmal, aus diesem Zauberkreis Ihres Klosters heraustreten zu dürfen und einfach bis zur nächsten Ecke zu gehen, um zu sehen, wie sich Rom in den vergangenen vierzig Jahren verändert hat?«

Daraufhin antwortete Schwester Maria mir: »Nein, den Wunsch habe ich nie. Ich bereue in meinem Leben nur eins: nicht schon früher in ein Kloster eingetreten zu sein.«

Schwester Maria lebt seit ihrem achtzehnten Lebensjahr –

seit dreiundsechzig Jahren – in diesem Klausurkloster. Zuletzt wollte ich noch von ihr wissen, ob sie in diesem abgeschlossenen Leben eigentlich auch Sorgen habe, ob sie sich manchmal über etwas ärgere. Die Antwort kam zögerlich und sehr leise, voller Scham. Dann sagte sie mir, was sie am meisten kränkte: dass seit Jahren stapelweise pornographisches Material in den Briefkasten des Klosters gestopft werde, das die Nonnen dann entfernen müssten.

Hier, in diesem Kloster also, für mich ein seltsam magischer Ort inmitten eines sehr irdischen Stadtteils, werden nach uralten Regeln die Pallien für die Erzbischöfe gefertigt. Jeweils am 21. Januar, dem Tag der heiligen Agnes, weiht der Papst zwei Lämmer, die ein Jahr später geschoren werden, um die Wolle zu gewinnen, aus denen die Pallien gesponnen und gewoben werden. Weil es auf der Welt aber mittlerweile fast tausend Erzbischöfe gibt (die Zahl schwankt), reicht die Wolle der beiden Lämmer längst nicht mehr für die Pallien aller neuen Erzbischöfe. Die Ordensfrauen geben jedoch gerne zu, dass sie ein bisschen »schummeln«, indem sie die Wolle der beiden Lämmer mit ganz normaler Schafwolle mischen und dann erst die Fäden für die Pallien spinnen…

Pallien erhalten also ihre magische Kraft durch den »Kontakt« mit dem Grab des Apostels Petrus. Sie sind sicherlich wichtige und verehrenswerte Abzeichen der Würde, aber die wichtigsten Gegenstände der Erde, so sieht es die katholische Kirche, sind jene Gegenstände, die Gott durch seinen Sohn Jesus von Nazaret direkt berührte.

In der katholischen Kirche hat sich über Jahrhunderte der Glaube durchgesetzt, dass in einem Gegenstand, den Jesus berührte oder den er besaß, eine gewaltige Kraft stecken muss, die sogar Wunder bewirken kann. In Rom, Turin, Trier, Loreto, Manopello und anderswo werden bis heute sorgfältig Gegenstände aufbewahrt, die der Sohn Gottes berührt haben soll, und noch heute gibt es hunderte von Zeugen vermeintlicher Wunder, die angeblich in Zusammenhang mit diesen Gegenständen geschehen sein sollen.

Genau genommen gibt es sechs Gegenstände, denen die katholische Kirche am meisten Bedeutung beimisst: die Treppen, die Jesus hinaufgegangen sein soll zur Verurteilung (die Heilige Stiege; sie befindet sich in Rom); die Lanzenspitze des Longinus (die im Petersdom in Rom aufbewahrt wird), das Kreuz Christi (in Rom), das Leichentuch Christi (in Turin), das Haus Christi (in Loreto) und sein ungeteiltes Gewand (in Trier) sowie das Schweißtuch der Veronica in Manopello. Einen dieser heiligen Gegenstände, die Heilige Stiege, hielten die Päpste lange Zeit für so wichtig, dass sie beschlossen, den »heiligsten Ort der Welt« zu schaffen.

Dieser Titel hat mich bereits als Kind fasziniert, als ich weit entfernt von Rom in der Kleinstadt Werl aufwuchs. Schon meine Großmutter, die ihr Leben lang von Rom träumte, aber nie dorthin kam, erzählte mir ehrfurchtsvoll von diesem allerheiligsten Ort. Sie war überzeugt davon, dass Menschen dort Gott ganz nahe kommen, denn man konnte nicht nur auf Knien die Treppe hinaufrutschen, die Jesus betreten hatte, sondern am oberen Ende der Kapelle wurde auch noch so etwas wie ein frühes »Foto« Christi aufbewahrt: ein Bild, das nicht von Menschenhand gemalt, sondern von Gott selbst auf die Erde gesandt worden sein soll.

Obwohl ich noch ein Kind war, begriff ich sofort die magische Wirkung: Das waren also die Stufen, über die Jesus von Nazaret in den Palast des Pontius Pilatus in Jerusalem hinaufgestiegen war. Die Vorstellung, etwas mit meinen eigenen Händen anfassen zu können, das schon Jesus von Nazaret berührt haben soll – Stufen, über die er zu seiner Verurteilung gegangen war –, faszinierte mich enorm, und ich weiß nicht, ob es Schicksal oder Zufall war: In jedem Fall fand ich nach meiner Ankunft in Rom 1987 genau in jener Straße – in der Via San Giovanni in Laterano – eine Wohnung, die auf den heiligsten Ort der Welt zuführt, von dem meine Großmutter ihr Leben lang geträumt hat. Und während sich meine Oma das Allerheiligste nur in ihrer Phantasie ausmalen konnte, gehörte es für mich nun zur unmittelbaren Nachbarschaft. Fast täglich fuhr ich mit meiner Vespa am heiligsten Ort der Welt vorbei – einfach deshalb, weil der Laterankomplex[4] heute zu einem riesigen Verkehrskreisel verkommen ist, den man kaum vermeiden kann, wenn man sich in Rom bewegt. Sechs- bis achtspurig, je nach Gedrängel der Autofahrer, quält sich hier der Verkehr am Obelisken vor der Lateranbasilika vorbei: Die Welt des 21. Jahrhunderts scheint kaum etwas unversucht zu lassen, um einen magischen Ort vollständig zu entzaubern. Im Chaos des Berufsverkehrs hat die Skulpturengruppe auf dem Platz vor dem Lateran fast schon etwas Rührendes: Sie erinnert an die Millionen Pilger, die einst nach einer langen, vielfach lebensgefährlichen Reise endlich in der Heiligen Stadt Rom ankamen. Mir gefällt diese Bronzegruppe – man spürt förmlich die fast noch ein bisschen ungläubige Erleichterung der Pilger, endlich am so sehnsüchtig angestrebten Ziel zu sein. Und doch wirkt sie hier neben Dutzenden von Reisebussen, falsch geparkten Autos, fahrenden Pizza- und Bierverkäufern völlig deplatziert. An den heiligsten Ort der Welt zu gelangen ist heute nur noch eine Frage von Abflugzeiten, und sein Testament muss vorher auch niemand mehr machen wie einst, als bei einer so beschwerlichen Reise die Rückkehr noch ungewiss war. Ein Erlebnis und für viele eine unmittelbar ergreifende persönliche Erfahrung ist ein Besuch dieses heiligsten Ortes der Welt aber noch immer. Deshalb warten auch Tag für Tag hunderte von Pilgern schon morgens – wenn die Kirche der Heiligen Treppe geöffnet wird – mitten im römischen Verkehrschaos darauf, in das düstere Innere eingelassen zu werden. Erstaunlich dabei ist: Dieser Ort bewahrt seine Magie auch inmitten der sich ausbreitenden Riesenstadt – vielleicht gerade weil da draußen eine so wenig magische Welt liegt, erscheint den Besuchern die Tür in das Innere dieser Kirche

---

4 Der Lateran war seit der Zeit des römischen Kaisers Konstantin I. (um 272–337, Kaiser in den Jahren 306–337) bis zur Zerstörung durch einen Brand im Jahr 1308 der offizielle Wohn- und Amtssitz der Päpste. Zum Laterankomplex gehören u.a. die antike Patriarchalbasilika *San Giovanni in Laterano*, die Reste des mittelalterlichen Papstpalastes mit der *Scala Sancta* – der zur Papstkapelle *Sancta Sanctorum* hinaufführenden Heiligen Treppe –, der *Lateranpalast* (*Palazzo Laterano*) sowie der mit 31 Metern höchste und älteste (357 aus der oberägyptischen Stadt Theben in die ewige Stadt verschiffte) Obelisk Roms. San Giovanni in Laterano ist die Kathedrale des Erzbistums Rom und gehört zu den sieben Pilgerkirchen der Stadt.

wie eine Zaubertür, durch die man die technisierte Gegenwart verlässt und in ein Zauberreich gelangt – an jenen Ort nämlich, an dem sich die Heilige Treppe, Scala Sancta, befinden soll, die hinaufführt ins Allerheiligste, in die Kapelle Sancta Sanctorum. Der Überlieferung nach wurde diese Treppe bereits im Jahr 326 von der heiligen Helena aus Jerusalem nach Rom gebracht, wo sie zuerst als freistehender Aufgang für den Lateranpalast, den Wohn- und Amtssitz der Päpste, diente. Erst gegen Ende des 16. Jahrhunderts erhielt die Heilige Treppe ihren heutigen Überbau, seit dem 17. Jahrhundert werden ihre 28 Marmorstufen zum Schutz vor Abnutzung mit Holz verkleidet. Nur an der zweiten, elften und achtundzwanzigsten Stufe blieb jeweils ein Sichtfenster offen, durch das man auf angebliche Blutspuren Christi blicken kann. Diese Stufen also, die in Erinnerung an die Leiden Christi nur kniend bestiegen werden, sollen eine für die moderne Welt völlig unerklärliche Kraft haben, nämlich Segen spenden – weil vor zweitausend Jahren der Gottessohn über sie zum römischen Statthalter Pontius Pilatus gegangen ist.

Was ist das für eine Kraft?, frage ich mich jedes Mal, wenn ich im Halbdunkel zusehe, wie alte, gebrechliche oder sehr kranke Menschen auf Knien diese Treppe hinaufrutschen.

Was sollen diese Steine schon ausstrahlen können?

Ich weiß es nicht, aber ich kenne einige der Andenkenverkäufer ganz gut, die sich im Umfeld des Laterans abmühen, um sich und ihren Familien einen Lebensunterhalt zu sichern, und diese erzählen mir immer wieder davon, dass oft Pilger zur Treppe kommen, um sich dafür zu bedanken, dass ihnen nach einem Gebet auf der Treppe ein Wunder widerfahren sei – die plötzliche Genesung von einer Krankheit etwa oder dass sie nach jahrelangem Suchen endlich einen neuen Job gefunden haben. Allerdings ist es lange her, dass ich selbst auf Knien die Treppe hinaufgerutscht bin. Inzwischen gehe ich meist links oder rechts der heiligen Stufen nach oben, um ins Allerheiligste zu schauen, in die Kapelle Sancta Sanctorum. Ursprünglich war dies die Hauskapelle des Papstes, in der das »Foto« Christi hing, ein Bild des Erlösers, von dem vermutet wurde, dass es nicht von Menschenhand angefertigt worden sein könne. Zwar soll der Evangelist Lukas das Bild entworfen haben, aber Gott selbst, heißt es, habe durch ein Wunder das Bild so vollendet, dass es dem Antlitz seines Sohnes perfekt glich – und Engel hätten es schließlich koloriert.

Seltsamerweise war dieses heiligste Bild der Päpste, ihr größter Schatz im päpstlichen Palast, zugleich auch das geheimste, am wenigsten gezeigte Bild: Außer dem Papst selbst und einigen Kardinälen durfte es niemand sehen. Jahrhundertelang wurde es in einem Schrein versteckt, mit Tüchern bedeckt und schließlich mit einer großen Silberplatte überzogen, sodass nur noch das Gesicht zu sehen war. Urkundlich nachweisbar ist, dass bereits Papst Stefan II. im Jahr 756 dieses heilige Bild in einer feierlichen Prozession durch Rom trug, um die langobardischen Truppen, die die Stadt angegriffen hatten, zu vertreiben. Wo der Papst das Bild fand und wie es nach Rom gelangte, ist unklar. Leider lässt sich auf der Holztafel, auf die das Bild gemalt wurde, heute fast nichts mehr erkennen: Die Farben verloren im Lauf der Jahrhunderte ihre Kraft. Übrig blieb eine nahezu schwarze Fläche. Auch außerhalb Roms war das heilige Bild schon früh berühmt – Nikeforus, der Patriarch von Edessa, schrieb im Jahr 817, dass es überhaupt nur zwei Porträts Christi auf der Welt gebe, die nicht von Menschenhand gemalt worden seien: jenes, das in der Papstkapelle im Lateran verehrt wird, und ein zweites, das in Edessa aufbewahrt wird und auf das wir später noch eingehen werden.

Über dem Altar in der Papstkapelle steht in goldenen Lettern auf Latein geschrieben: »NON EST IN TOTO SANCTIOR ORBE LOCUS« – »Kein Ort ist heiliger als dieser auf dem ganzen Erdkreis.« Jahrhundertelang betraten die Päpste sofort nach ihrer Wahl diese Kapelle am heiligsten Ort der Welt. Das *Päpstliche Buch* (*Liber Pontificalis* – eine bis ins 4. Jahrhundert zurückreichende chronologisch geordnete Sammlung von Papstbiographien) hält fest, dass dieses erste Gebet vor dem heiligen Bild ungewöhnlich lange dauerte. Wer heute am oberen Ende der Heiligen Treppe steht und in das Halbdunkel der prächtigen Kapelle schaut, fragt sich, was sich darin abgespielt haben mag, welche seltsamen Riten hier am heiligsten Ort der Welt stattgefunden haben mögen, vor dem göttlichen Bild. Dank des von Cencio Savelli, dem späteren Papst Honorius III., 1226 veröffentlichten Messbuchs *Ordo Romanus* wissen wir allerdings ganz genau, welche Riten in dieser Kapelle üblich waren, und interessanterweise ergibt sich hier eine Unstimmigkeit, die gut zu einem ultramodernen Phänomen des Christentums passen würde – zu Ron Howards im Mai 2006 angelaufenem Film *The Da Vinci Code – Sakrileg* nach dem weltweit erfolgreichen Bestseller-Roman von Dan Brown, in dem die Legende verbreitet wird, dass Jesus erstens mit Maria Magdalena verheiratet gewesen sei und zweitens sogar Kinder mit ihr gehabt habe, deren Nachkommen in Frankreich zu finden seien. Ich persönlich halte das für baren Unsinn und finde, dass Dan Brown seine Story angesichts einer Milliarde Katholiken auf der Welt wenig respektvoll erzählt, aber ausgerechnet in dieser düsteren und geheimnisvollen ehemaligen Papstkapelle begegnen auch wir der Frage, ob der auferstandene Jesus zuerst einer Frau, Maria von Magdala, oder doch einem ganz bestimmten Mann erschienen ist. Dabei heißt es im *Johannes-Evangelium* (Kapitel 20, Verse 11 bis 18), wo die erste Begegnung des Jesus von Nazaret nach seiner Auferstehung mit einem seiner Vertrauten geschildert wird, doch eindeutig:

11 Maria (Magdalena) aber stand draußen vor dem Grab und weinte. Während sie weinte, beugte sie sich in die Grabkammer hinein.

12 Da sah sie zwei Engel in weißen Gewändern sitzen, den einen dort, wo der Kopf, den anderen dort, wo die Füße des Leichnams Jesu gelegen hatten.

13 Die Engel sagten zu ihr: Frau, warum weinst du? Sie antwortete ihnen: Man hat meinen Herrn weggenommen, und ich weiß nicht, wohin man ihn gelegt hat.

14 Als sie das gesagt hatte, wandte sie sich um und sah Jesus dastehen, wusste aber nicht, dass es Jesus war.

15 Jesus sagte zu ihr: Frau, warum weinst du? Wen suchst du? Sie meinte, es sei der Gärtner, und sagte zu ihm: Herr, wenn du ihn weggebracht hast, sag mir, wohin du ihn gelegt hast. Dann will ich ihn holen.

16 Jesus sagte zu ihr: Maria! Da wandte sie sich ihm zu und sagte auf Hebräisch zu ihm: Rabbuni!, das heißt: Meister.
17 Jesus sagte zu ihr: Halte mich nicht fest; denn ich bin noch nicht zum Vater hinaufgegangen. Geh aber zu meinen Brüdern und sag ihnen: Ich gehe hinauf zu meinem Vater und zu eurem Vater, zu meinem Gott und zu eurem Gott.
18 Maria von Magdala ging zu den Jüngern und verkündete ihnen: Ich habe den Herrn gesehen. Und sie richtete aus, was er ihr gesagt hatte.

Seltsamerweise halten sich die Päpste ausgerechnet am heiligsten Ort der Welt nicht an diese Worte der Bibel. Denn folgt man dem erwähnten mittelalterlichen Messbuch, dann war in der päpstlichen Kapelle lange der folgende Ritus üblich: Zunächst kniete der Papst nieder und betete, dann stand er auf, öffnete den Schrein, in dem das Bild verborgen war, und küsste ihm [dem abgebildeten Jesus Christus] »dreimal die Füße«. Danach betete er mit lauter Stimme: »Der Herr ist auferstanden aus dem Grab«, und die Kardinäle antworteten: »Er, der für uns ans Kreuz gehängt wurde. Halleluja.« Anschließend durften alle Kardinäle und Diakone die Füße des Christus auf dem heiligen Bild küssen, bis zuletzt wieder der Papst betete: »Der Herr ist wirklich auferstanden«, und die Begleiter aus Kardinälen und Diakonen antworteten: »Und dem Simon Petrus erschienen.«

Simon Petrus?

In der Bibel steht keineswegs, dass Petrus Jesus als Erster nach seiner Auferstehung sah. Und doch beendeten die Päpste des Mittelalters mit diesem Gebetsritus in ihrem Allerheiligsten – das Frauen übrigens noch bis Mitte des 20. Jahrhunderts nicht betreten durften – regelmäßig den Ostersonntag.

Von außen betrachtet, wirkt dieser »heiligste Ort auf dem ganzen Erdkreis« heute wie aus der Zeit gefallen, so ganz ohne Parkdecks und Super-Megastores – ein Fremdkörper in einer Stadt ohne Sinn für die bedeutendsten Symbole vergangener Tage. Doch dem ist gar nicht so: Seltsamerweise sehen gerade die Mächte des Bösen immer noch die Symbolkraft des Laterans, was sich auch in der Nacht des 27. März 1993 demonstrieren ließ, als sich die Mafia ausgerechnet diesen Ort aussuchte, um ein Attentat zu begehen, das ganz Italien einschüchtern sollte.

Damals habe ich gedacht: Vielleicht ist genau das die Stärke des Heiligen, dass es dem Bösen etwas entgegensetzt. Ich erinnere mich noch genau: Für die Jahreszeit war es eine außergewöhnlich warme Nacht, und ich stand gerade mit einem Glas Weißwein auf dem Balkon meiner damaligen Wohnung in der Via dei Santissimi Quattro Coronati. Von dort bis zum Palazzo Laterano sind es nur wenige hundert Meter, und der Knall, der kurz nach Mitternacht die Stille der Nacht zerriss, war gut zu hören. Gleich darauf stieg eine gewaltige Rauchwolke über dem Lateran auf. Exakt vier Minuten später, so stand es später im Polizeibericht, sah man über Rom die zweite Rauchwolke aufsteigen, denn die Mafia hatte eine weitere Autobombe vor der Kirche San Giorgio al Velabro platziert, nur wenige Meter entfernt von meinem Büro am Forum Romanum. Sofort raste ich mit meiner Vespa los, um mir anzusehen, was geschehen war. Die Loggia von San Giovanni in Laterano – jener Ort, an dem die Päpste über Jahrhunderte die Menge gesegnet hatten – schien schwer beschädigt. Später stellte sich heraus, dass fünfzig Kilogramm Sprengstoff tschechischer Produktion gezündet worden waren: Neben der Bischofskirche des Papstes klaffte dort, wo die Mafia das Auto für den Anschlag geparkt hatte, ein zwei mal zwei Meter großer, etwa einen halben Meter tiefer Krater.

Für mich aber brachte diese Nacht noch ein überraschendes Ergebnis, vielleicht sogar so etwas wie eine Vorentscheidung darüber, eines Tages dieses Buch zu schreiben: So oft hatte ich schon erleben müssen, dass Besucher oder Bekannte, aufgeklärte Durchschnittsbürger über »das Heilige in Rom« nur milde lächeln konnten. Schon damals kannte ich sehr viele Mediziner, die sich über die angeblichen »Wunderheilungen« der katholischen Kirche ungeheuer aufregen konnten, weil damit den Schwerkranken, wenn die Fachwissenschaft nicht mehr weiterwusste, eine falsche Hoffnung vorgegaukelt werde. All das bedeutete für sie nichts als Aberglauben. Aber warum, fragte ich mich in dieser Nacht, störten diese angeblich allesamt längst überflüssigen Heiligtümer dann das absolut Böse, die sizilianisch-amerikanische Cosa Nostra, immer noch so sehr, dass sie genau an einem solchen heiligen Ort ihr Attentat verübte?

Was hatten die Paten gegen Menschen, die an die Macht des Guten glaubten – meinetwegen an die heilende, auf unerklärliche Weise eingreifende Macht des Guten?

Wovor fürchteten sich die Schergen der organisierten Kriminalität, skrupellose Profikiller, gewissenlose Drogenhändler, brutale Menschenhändler?

Vielleicht lautet die Antwort auf alle diese Fragen wirklich, dass der Glaube an die Macht des Guten dem Bösen Angst machen muss: In diesem Zusammenhang erinnere ich mich gut an zwei Predigten gegen die Mafia, die Papst Johannes Paul II. auf Sizilien hielt – einmal am 9. April 1993 in Agrigent und ein weiteres Mal am 5. November 1994 in Catania. Eindringlich warnte der Papst die Mafiosi vor der Gerechtigkeit Gottes. In Catania sagte er: »Wer Blut eines Menschen an seinen Händen kleben hat, der wird sich vor dem Gericht Gottes verantworten müssen.« Außerdem rief Johannes Paul II. die Mafiosi jeweils zur Umkehr auf, was zunächst absolut naiv erschien. Denn warum sollten Serienmörder, die sehr gut davon lebten, Mitglieder der Mafia zu sein, und die ihr Leben riskierten, wenn sie der Mafia den Rücken kehrten, auf die Worte eines alten Papstes hören? Erstaunlicherweise hatte dieser scheinbar verzweifelte Appell aber eine tiefe Wirkung, mit der kaum jemand gerechnet hätte – jedenfalls sicher nicht die Polizei. Ausgerechnet die Anti-Mafia-Abteilung der Polizei (DIA) gab später zu, dass der dramatische Appell des Papstes weit mehr Wirkung hatte als viele entschlossene Polizeiaktionen: Ein gutes Dutzend Mafiabosse – darunter sogar Carmine Alfieri, das Oberhaupt der Camorra – beschloss damals, sich zu stellen, dem Kronzeugenprogramm beizutreten und mit der Justiz zusammenzuarbeiten. Auch der Mafiakiller Salvatore Grigoli, der noch am 15. September 1993 den katholischen Priester Don Pino Puglisi erschossen hatte, stellte sich. Auf eine gewisse Art und Weise wiederholte der Papst also im Umfeld der Mafia den Erfolg, den er bereits im totalitären System des Ostblocks erzielte: Auch dort hatten die Machthaber geglaubt, dass der Appell an das Gute nichts bewirken könne, und mussten mit ansehen, wie das atheistische Großreich sang- und klanglos unterging. In diesem Zusammenhang weiß ich noch gut, was der polnische General und Staatschef Wojciech Jaruzelski während des Besuchs von Papst Johannes Paul II. im polnischen Parlament im Juni 1999 zu mir sagte. Jaruzelski war ein Jahrzehnt nach dem Mauerfall zu dem historischen Besuch des Papstes in das Parlamentsgebäude geladen worden, der Papst hatte dem alten Gegner längst verziehen. Jaruzelski sagte mir bei dieser Gelegenheit, dass er damals nicht glaubte, dass die »paar Mütterchen, die in den Kirchen zur Muttergottes beten und den Papst verehrten, irgendetwas gegen das allmächtige Sowjetreich bewirken könnten« – bald darauf dürfte Jaruzelski das Lachen gründlich vergangen sein, als ebendiese Mütterchen und ihre Söhne und Töchter den Kommunismus wegfegten...

Ich glaube, genau deswegen haben mich Wunder immer interessiert: An der Seite von Papst Johannes Paul II. hatte ich erlebt, wie die Macht des Guten Gesellschaften, ja Staaten verbessert hatte. Ich hatte nicht den geringsten Zweifel daran, dass es so etwas wie die Macht des Guten gibt; meine Frage war nur:

Kann diese Macht wirklich die Gesetze der Natur außer Kraft setzen?

Kann der Glaube an Gott nicht nur sprichwörtlich Berge versetzen?

Gibt es also Wunder?

War die Tatsache, dass gefürchtete Mafiosi – Mitglieder der gefährlichsten Kriminellen-Organisation der Welt – sich stellten, weil ein Papst sie mit nichts anderem als der Autorität seiner Worte und des Glaubens dazu aufforderte, nicht so etwas wie ein Wunder?

War nicht auch der Erfolg des unabhängigen polnischen Gewerkschaftsverbandes Solidarność, dessen Glaube an das Gute, an Gott und die Größe eines eben doch nur scheinbar machtlosen Papstes schließlich zum Zusammenbruch der polnischen und letztlich auch der sowjetischen Diktatur führte, so etwas wie ein Wunder? Hatte Gott einen Kampf gegen einen militärisch bis an die Zähne gerüsteten Staat, das vor Atomwaffen strotzende Sowjetreich, mit »geistigen« Waffen« unterstützt? Diese Vorstellung, dass Gott Wunder als Waffe einsetzen könnte, um für die Christen und die Sache der Christen zu kämpfen, gehört sicherlich zu einer der absonderlichsten Seiten der Wunder, doch von kaum etwas anderem waren die Menschen so fasziniert wie von der wundersamen Waffe Gottes.

16

Die Waffe Gottes

Die gefährlichsten Waffen der Welt – Atombomben, alle diese entsetzlichen Instrumente, vor deren Einsatz die Menschheit zittert – lagern heute an geheimen Orten. Über Jahrhunderte hinweg aber befand sich die am meisten gefürchtete Waffe der Welt in einer Kirche: im Petersdom in Rom. Und sie liegt noch heute dort: Die Welt hat nur aufgehört, an ihre vernichtende Wirkung zu glauben. Dabei handelt es sich um die Waffe Gottes, die auf geheimnisvolle Art und Weise in der Lage sein soll, feindliche Armeen zu töten: um die Spitze jener Lanze, die Jesus von Nazaret am Kreuz in der Seite verletzt haben soll. Im *Johannes-Evangelium* (Kapitel 19, Verse 33 und 34) erfahren wir darüber:

33 Als sie aber zu Jesus kamen und sahen, dass er schon tot war, zerschlugen sie ihm die Beine nicht,
34 sondern einer der Soldaten stieß mit der Lanze in seine Seite, und sogleich floss Blut und Wasser heraus.

Täglich beten Zehntausende frommer Pilger an dem Ort, an dem die katholische Kirche diese Waffe aufbewahrt hat, denn sie erhielt einen Ehrenplatz in der wichtigsten Kathedrale der Christenheit – gleich neben dem Hauptaltar des Petersdoms. Dort wird jene Lanzenspitze, die Armeen unbesiegbar machen soll, direkt neben den anderen vier Hauptreliquien der Peterskirche aufbewahrt: den Gebeinen des heiligen Petrus, dem Schweißtuch der Veronica, dem Kreuz Christi und der Reliquie des heiligen Andreas.

In der Geschichte der Christenheit gibt es eine ganze Anzahl von Entscheidungsschlachten, die durch die rätselhafte Macht dieser Lanze entschieden worden sein sollen. Viele Soldaten sollen durch die Wirkung dieser Lanze im Krieg getötet worden sein – sie galt als das Symbol des Schreckens, über Jahrhunderte und erstaunlicherweise sogar bis ins 20. Jahrhundert hinein.

12. März 1938. Schauplatz: Die Schatzkammer in der Hofburg von Wien. Der Diktator Adolf Hitler reiht sich ein in die lange Kette von Kriegsherren, die annehmen, dass die hier aufbewahrte Lanze unbesiegbar machen soll. Wenig später wird er vor der Wiener Hofburg den »Anschluss« Österreichs feiern. Doch zuvor wiegt Hitler die Lanze in seiner Hand und befiehlt: »Mitnehmen!« Die rätselhafte Lanze wird nach Nürnberg gebracht, an den Ort der Reichsparteitage. 1946, als die Welt in Schutt und Asche liegt, finden US-Soldaten die Lanze in einem Nürnberger Bunker...

Ihren legendären Ruf, die Waffe Gottes zu sein, erhielt diese Lanze im Sommer 1098, etwa 1060 Jahre nachdem sie in die Seite des Jesus von Nazaret gestochen worden sein soll, in Antiochia, dem heutigen Antakya in der Türkei. Damals befand sich das christliche Heer in einer verzweifelten Lage. Papst Urban II. hatte am 27. November 1095 in Clermont in Frankreich unter der Losung »Deus lo vult«– »Gott will es« – zum ersten Kreuzzug aufgerufen und allen Teilnehmern das Paradies versprochen. Also machte sich im Frühjahr 1096 ein bunt gemischter Haufen unter Führung des Peter von Amiens auf den Weg.

Peter von Amiens ist ein merkwürdiger Mann: ein Mönch, dem prophetische Gaben zugesprochen werden und der anscheinend wirklich daran glaubt, dass Gott diese schlecht bewaffnete und völlig unzureichend ausgerüstete Truppe bis nach Jerusalem führen wird. Tatsächlich erreicht man Konstantinopel und zieht von dort weiter in das feindliche, von muslimischen Kriegern kontrollierte Gebiet.

Den Bewohnern Kleinasiens muss diese abgerissene, halb verhungerte Truppe, die einem überaus seltsamen Pater folgte, vorgekommen sein wie Wesen aus einer anderen Welt. Die

Landbevölkerung, über die diese Kreuzfahrer – zu denen sogar Kinder gehörten – herfielen, ahnte sicher nicht einmal ansatzweise, was diese Menschen aus dem fernen Europa überhaupt von ihr wollten.

Im Oktober 1096 kommt es bei Nicäa zur ersten echten Schlacht, einem entsetzlichen Gemetzel, und der erste Kreuzzug scheint gescheitert zu sein. Erst im Frühjahr 1097 vereinigt sich in Konstantinopel ein reguläres Kreuzritterheer von vermutlich 50000 bis 60000 Mann, um in Richtung Jerusalem vorzurücken. Im Oktober des Jahres 1097 erreichen die Kreuzritter die strategisch wichtige Stadt Antiochia. Die christlichen Ritter wissen, dass sie diese Stadt einnehmen müssen, bevor die Muslime anrücken, aber erst am 2. Juni 1098 gelingt ihnen die Eroberung der Stadt. Nur drei Tage später, am 5. Juni, erreicht das muslimische Heer Antiochia. Das Ende des christlichen Heeres scheint nah.

Doch da geschieht etwas Seltsames. Zu den Kreuzfahrern gehört auch ein fränkischer Pater, Peter Bartholomäus. Im Traum erscheint ihm der Apostel Andreas und flüstert ihm zu, dass hier in der Stadt Antiochia die »Waffe Gottes« zu finden wäre – eben jene Lanzenspitze, die Christus an der Seite verletzte und unbesiegbar machen soll. Daraufhin findet man unter dem Boden der Kirche von Antiochia tatsächlich eine Lanzenspitze.

Ist das die »Superwaffe« des Himmels?

Die Ritter glauben es: Am 28. Juni versuchen sie ein mörderisches Unternehmen. Die ausgehungerte und erschöpfte Armee der Kreuzfahrer verschanzt sich an diesem Tag nicht länger in der sicheren Burg, sondern greift stattdessen völlig überraschend das vielfach überlegene muslimische Heer an: Ein aussichtsloser Kampf, scheint es, aber dann soll den Rittern auf einmal eine »Geister-Truppe« zu Hilfe geeilt sein. Angeführt von den Heiligen Georg, Demetrius und Mauritius gewinnen die christlichen Truppen die Schlacht und behalten die Stadt Antiochia unter ihrer Kontrolle. Damit ist der Weg nach Jerusalem frei…

Was auch immer damals geschehen und woher auch immer die Lanzenspitze gekommen sein mag: Die siegreiche Schlacht von Antiochia begründete den Ruf der »Superwaffe Gottes«, und als die Lanzenspitze nach der Eroberung Jerusalems in die Hände der Muslime fiel, bedeutete das für den Kirchenstaat eine Katastrophe. Natürlich ließen die Päpste nichts unversucht, um die Lanzenspitze wieder zurückzubekommen. Doch erst knapp 400 Jahre später erhielten sie dazu eine Gelegenheit. Allerdings mussten sie sich dabei an einer der schmutzigsten Intrigen am Hof der Sultane von Konstantinopel beteiligen.

Es beginnt mit einem Bruderkrieg. Sultan Bajazid II. liefert sich nach dem Tod des Herrschers Mehmed II. einen blutigen Krieg mit seinem Bruder Djem. Der flieht auf die Johanniterfestung nach Rhodos. Bajazid erklärt sich bereit, 40 000 Dukaten im Jahr zu zahlen, wenn die Johanniter auf den ungeliebten Bruder »aufpassen«.

Den Johannitern muss niemand erklären, wie wertvoll der Schatz ist, der damit in ihre Hände gelangt: Erstmals erhält der Westen ein echtes Druckmittel gegen den mächtigen Sultan. Daraufhin veranstaltet der Orden eine Art Versteigerung Djems: Die europäischen Königshäuser überbieten sich, um den Prinzen in ihre Hand zu bekommen. Da viele Johanniter Franzosen sind, wollen sie sich schon mit dem König von Frankreich einigen, als ein Mann alle anderen überbietet: der Papst. Sein Gebot: die Bretagne. Anna von Bretagne, die letzte Erbin des Landes am Atlantik, hat den deutsch-römischen Kaiser Maximilian I. geheiratet, doch Papst Innozenz VIII. annulliert die Ehe. Daraufhin wird Anna verpflichtet, den Nachfolger des französischen Königs Karl VIII. zu heiraten, Ludwig XII. Seitdem gehört die Bretagne zu Frankreich, das auf Prinz Djem verzichtet. Dieser aber zieht im Vatikan ein, und bis heute können Besucher der vatikanischen Museen dort ein von Pinturicchio (eigentlich Bernardino di Bettodi Biagio) gemaltes Bild sehen, das den dreimal täglich vom Vatikan aus gen Osten, nach Mekka, betenden muslimischen Prinzen in den Appartements Alexanders VI. zeigt.

Jetzt ist Papst Innozenz VIII. endlich an seinem Ziel angelangt: Er droht Bajazid II. damit, den Prinzen an die stärksten Feinde des Sultans auszuliefern, zum Beispiel an den Sultan von Ägypten. Die Feinde Bajazids könnten versuchen, Djem als legitimen Sultan von Konstantinopel auf den Thron zu heben, um dann auf seine Dankbarkeit zu bauen. Bajazid erkennt die Gefahr und fragt nach dem Preis: Was will der Papst dafür, wenn der ungeliebte Bruder als Geisel bleibt, wo er ist, nämlich weit weg von Konstantinopel im Vatikan?

Der Papst verlangt die Lanzenspitze, die in Konstantinopel aufbewahrt wird, und er erhält sie auch. Für ihn ist das der wichtigste Triumph seines Lebens. Er bedeutet ihm so viel, dass er anordnet, sein Grab mit einer Nachbildung der Lanzenspitze zu schmücken. Noch heute kann man sein Grab im Petersdom besuchen, und noch immer hält seine Statue die Nachbildung der Lanzenspitze in der Hand. Auch das Original der Lanzenspitze soll hier im Petersdom aufbewahrt werden. Aber handelt es sich dabei wirklich um jene Lanzenspitze, die den Leichnam Christi durchbohrte?

Erinnern wir uns: Im *Matthäus-Evangelium* (Kapitel 27, Verse 45 bis 54), wird Jesu Tod mit den folgenden Worten beschrieben:

45 Von der sechsten bis zur neunten Stunde herrschte eine Finsternis im ganzen Land.

46 Um die neunte Stunde rief Jesus laut: Eli, Eli, lema sabachtani?, das heißt: Mein Gott, mein Gott, warum hast du mich verlassen?

47 Einige von denen, die dabeistanden und es hörten, sagten: Er ruft nach Elija.

48 Sogleich lief einer von ihnen hin, tauchte einen Schwamm in Essig, steckte ihn auf einen Stock und gab Jesus zu trinken.

49 Die anderen aber sagten: Lass doch, wir wollen sehen, ob Elija kommt und ihm hilft.

50 Jesus aber schrie noch einmal laut auf. Dann hauchte er den Geist aus.

51 Da riss der Vorhang im Tempel von oben bis unten entzwei. Die Erde bebte, und die Felsen spalteten sich.

52 Die Gräber öffneten sich, und die Leiber vieler Heiligen, die entschlafen waren, wurden auferweckt.

53 Nach der Auferstehung Jesu verließen sie ihre Gräber, kamen in die Heilige Stadt und erschienen vielen.

54 Als der Hauptmann und die Männer, die mit ihm zusammen Jesus bewachten, das Erdbeben bemerkten und sahen, was geschah, erschraken sie sehr und sagten: Wahrhaftig, das war Gottes Sohn!

Dieser römische Soldat wird heute als heiliger Longinus verehrt, wobei die Legende vermutlich zwei Personen – den Soldaten mit der Lanze und den Hauptmann, der unter dem Eindruck der Kreuzigung zum bekennenden Christen wurde – zu einer zusammenfasst. Bis heute ist ihm im Petersdom ein Ehrenplatz direkt unterhalb der Kuppel reserviert. Dort befindet sich der Papstaltar mit Berninis Bronzebaldachin über dem Grab des heiligen Petrus. In den vier rund um den Baldachin gruppierten Kuppelpfeilernischen stehen vier Kolossalstatuen – die heilige Veronica, die heilige Helena, der heilige Longinus und der heilige Andreas. Sie verweisen auf die – neben dem Petersgrab selbst – kostbarsten Reliquien der katholischen Kirche, die ursprünglich alle einmal hier an diesem heiligen Ort aufbewahrt worden sein sollen. Longinus schaffte es in diese Spitzengruppe der Heiligen, weil er der Legende nach einer der ersten römischen Christen war. Aber kann die Lanzenspitze dieses Hauptmanns tatsächlich die Jahrtausende überstanden haben, sodass sie jetzt im Petersdom liegt?

Vermutet wird, dass sie nach Jesu Tod in Jerusalem aufbewahrt wurde, bis der Apostel Thaddäus sie nach Armenien brachte, in das Kloster Geghard (um 1250 umbenannt in Geghardavank, »Kloster zur Heiligen Lanze«, bis heute ist es einer der wichtigsten Wallfahrtsorte armenischer Christen).

Gelangte die Lanze von dort in die Kirche des heiligen Petrus nach Antiochia, wo sie die Kreuzfahrer fanden?

Untersuchungen der Reliquie in Rom ergaben lediglich, dass es sich tatsächlich um eine römische Lanzenspitze handelt, die etwa zur Zeit Christi gebräuchlich war. Sicher ist auch, dass jene Lanze, die Adolf Hitler in der Hand hielt und die bis heute in Wien als Teil des Schatzes des Heiligen Römischen Reiches aufbewahrt wird, eine andere Lanze und somit eine Fälschung ist: Denn dabei handelt es sich definitiv um eine karolingische Flügellanze, die erst um das Jahr 800 geschmiedet wurde – lange nach den Ereignissen auf der Kreuzigungsstätte Golgota.

Ob der römische Soldat, der die Lanze in die Seite Christi stieß, daraufhin im Dunkel der Geschichte verschwand oder den »Speer Gottes« sorgsam aufbewahrte, ist ebenso unklar wie die Beantwortung der Frage, ob es ihn und den Hauptmann Longinus überhaupt gab. Vielleicht wollten die Evangelisten mit dieser Geschichte ja nur betonen, dass der Augenblick von Jesu Tod, als die Erde bebt, die Toten auferstehen und der Vorhang im Tempel zerreißt, so beeindruckend war, dass sogar ein römischer Hauptmann unter dem Kreuz zum Glauben findet?

Alle diese Fragen werden sich wohl nie mehr klären lassen, denn seltsamerweise interessierten sich diejenigen, die Jesus noch persönlich kennenlernten, überhaupt nicht für die Kraft des Wundertätigen: Wenn die Apostel doch mit eigenen Augen gesehen haben, dass es reichte, den Saum von Jesu Gewand zu berühren, um von schlimmen Krankheiten geheilt zu werden – warum haben sie dann nicht versucht, alles, was er besaß, sorgfältig zu sammeln und aufzubewahren?

Heute ist es bei jeder Heilig- oder Seligsprechung gang und gäbe, dass die persönlichen Dinge des jeweiligen Kandidaten sorgfältig aufbewahrt werden. Die Kapuzinerzelle des Pater Pio wurde exakt in dem Zustand belassen, in dem sie sich in der Todesstunde des Mönchs befand. Jeder einzelne Gegenstand, den Pater Pio je besessen hatte – die Binden um seine Hände, die Kleider, seine Bibel, alles – wurde sorgfältig gesammelt und wie Reliquien verehrt. Das Gleiche gilt für Mutter Teresa: In der päpstlichen Wohnung wird ein mit ihrem Blut durchtränkter Verband als Reliquie der Ordensgründerin verehrt. Doch was für Pater Pio und Mutter Teresa selbstverständlich war, galt offenbar nicht für den Sohn Gottes: Dessen Apostel kümmerten sich überhaupt nicht um seinen irdischen Besitz.

Wieso eigentlich nicht?

Warum bewahrten sie nicht die wenigen weltlichen Gegenstände, die Jesus besaß, für die Nachwelt auf: seinen Zimmermannshammer, seinen Holzteller, den Kelch des letzten Abendmahls?

Für den langjährigen Weggefährten des Jesus von Nazaret, Simon bar Jonas, den Jesus auf Altaramäisch »Kephas« nennt – was »Fels« heißt, »Petrus« auf Lateinisch –, wäre es doch ein Leichtes gewesen, irgendetwas aus dem Besitz Jesu, den er als Sohn Gottes anerkannte, aufzubewahren. Er dürfte etwa drei Jahre lang auf engem Raum mit ihm zusammengelebt und dabei unvorstellbare Begebenheiten erlebt haben: Wäre es da nicht naheliegend gewesen, wenn er versucht hätte, einige persönliche Gegenstände aufzubewahren, um sie nach dem mehrfach angekündigten nahe bevorstehenden Tod von Gottes Sohn der jungen Gemeinde zeigen zu können? Aber nicht nur Petrus tat das nicht – keiner seiner engsten Weggefährten scheint auf die Idee gekommen zu sein, irgendetwas aus dem Besitz von Gottes Sohn für die Nachwelt erhalten zu wollen. Das verwundert, auch wenn es sicher richtig war, dass Jesus selbst keinen großen Wert auf materiellen Besitz legte. Er lehnte es ja sogar ab, Sandalen zu tragen. Außer seinem Gewand besaß er sicher nicht viel – vielleicht eine Decke, da er regelmäßig mit seinen Jüngern unter freiem Himmel übernachtete, und so etwas wie einen Sack, um Lebensmittel oder Schläuche mit Wasser bei sich tragen zu können: Das Heilige Land ist eine heiße Wüstenei voller Staub und Sand. Und er muss doch eine Unzahl von Dingen mit seinen eigenen göttlichen Händen berührt haben: Später werden hunderte Dinge auftauchen, die er angefasst oder berührt haben soll. Zum Beispiel wird in der Kirche Santa Prassede in Rom eine Säule verehrt, an der er gegeißelt worden sein soll. Das ist eine Fälschung. Aber warum haben die Zeitgenossen Jesu nicht versucht, Splitter der echten Säule, an der er gegeißelt wurde, in ihren Besitz zu bringen? Der Ort der Geißelung muss den ersten Christen doch bekannt gewesen sein!

Wie gesagt, all das verwundert sehr, wenn man weiß, welcher Kult durch die Jahrhunderte mit den Reliquien von Heiligen getrieben wurde. Von der Steineiche, auf deren Ästen in Fátima die Muttergottes erschienen sein soll, ist nichts übrig geblieben.

Dabei wäre es doch selbst in der Generation nach Jesu Tod noch ein Leichtes gewesen, Spuren Gottes auf Erden zu sichern.

Paulus zum Beispiel hätte noch Jahre nach Jesu Tod nach Dingen suchen können, die Gottes Sohn gehörten oder mit denen dieser in Berührung kam. Aber Paulus schreibt kein Wort darüber, was mit ihnen geschah. Er sucht nicht einmal die wichtigsten Stationen im Leben des Jesus auf, beginnend in dessen Geburtshaus in Nazaret, endend in Golgota: Kein Wort erfährt man von Paulus über das Kreuz mit der Inschriftentafel, auf die I.N.R.I., die Abkürzung für das spöttisch gemeinte Iesus Nazarenus Rex Iudaeorum (lateinisch für »Jesus von Nazaret, König der Juden«) geschrieben wurde. Nichts erfährt man über Jesu Leichentuch, über das leere Grab. Jahrhunderte, sogar noch Jahrtausende später werden die Menschen von allen Gegenständen, die Gottes Sohn in seinen eigenen Händen gehalten haben könnte, vollkommen fasziniert sein. Seine Zeitgenossen und unmittelbaren Nachfahren hätten noch nicht mal seine Briefe aufgehoben, falls es solche geben sollte: Einen Hinweis auf handschriftliche Briefe des Jesus von Nazaret gibt es nämlich wirklich: Eusebios von Caesarea (um 263–339), Verfasser der ersten Kirchengeschichte, erwähnt tatsächlich einen Briefwechsel zwischen Jesus von Nazaret und dem König von Edessa (dem heutigen Sanliurfa in Südostanatolien). Dieser König soll Abgar Ukama geheißen und den Beinamen »der Schwarze« getragen haben. Um das Jahr 30 erkrankt der damals etwa 25 Jahre alte König sehr schwer. Als er von den Wunderheilungen des Jesus von Nazaret in Galiläa hört, schickt er einen Briefboten zu Jesus, um ihn zu bitten, zu ihm nach Edessa zu kommen und ihn zu heilen. Eusebius von Caesarea behauptet nun, im Archiv von Edessa einen in syrischer Sprache verfassten Antwortbrief des Jesus von Nazaret gefunden zu haben, in dem er den König seligpreist und erklärt, dass er nicht selbst zu dem König kommen könne, aber einen seiner Jünger zu ihm schicken wolle. Nach der Himmelfahrt Jesu schickt dann Thomas den Judas, einen Sohn des Thaddäus (in der syrischen Überlieferung Apostel Addai genannt), nach Edessa. Dort gelingt es ihm, den König für das Evangelium zu gewinnen.

Im Mittelalter war diese (Abgar-)Legende sehr populär, auch wenn der angebliche Briefwechsel (zu dem sogar ein »Bild« gehört, das Jesus seiner Antwort beigegeben haben soll und das dann das erste bekannte Bildnis Jesu wäre) vielleicht nie stattgefunden hat. Jedenfalls wurde der Brief des Jesus von Nazaret nie gefunden, aber möglicherweise steckt in der Legende ja trotzdem ein wahrer Kern: dass Jesus Texte geschrieben hat, die der Nachwelt überliefert werden hätten können – wenn sich denn jemand darum gekümmert hätte.

Dass Jesus schreiben konnte, ist nämlich unbestritten. Viele Gleichnisse – wie das Gleichnis mit der Steuer, die an den Kaiser abgeführt werden muss – ließen sich nicht erklären, hätte Jesus nicht lesen können. Im *Matthäus-Evangelium* (Kapitel 22, Verse 19 bis 21) sagt Gottes Sohn:

19 Zeigt mir die Münze, mit der ihr eure Steuern bezahlt! Da hielten sie ihm einen Denar hin.
20 Er fragte sie: Wessen Bild und Aufschrift ist das?
21 Sie antworteten: Des Kaisers. Darauf sagte er zu ihnen: So gebt dem Kaiser, was dem Kaiser gehört, und Gott, was Gott gehört!

An dieser Stelle wird ausdrücklich nicht nur das Bild des Kaisers erwähnt, sondern auch die Aufschrift: Hätte Jesus nicht lesen können, so machte diese Bibelstelle wenig Sinn.

Unfassbar ist, dass Jesu Zeitzeugen sich nicht einmal für die wichtigste aller Reliquien interessieren, das leere Grab. Offenbar wussten viele Christen in Jerusalem nicht einmal, wo genau das leere Grab lag. Denn Johannes schreibt in dem nach ihm benannten Evangelium (Kapitel 19, Verse 41 und 42), das Grab habe in einem Garten gelegen:

41 An dem Ort, wo man ihn gekreuzigt hatte, war ein Garten, und in dem Garten war ein neues Grab, in dem noch niemand bestattet worden war.
42 Wegen des Rüsttages[5] der Juden und weil das Grab in der Nähe lag, setzten sie Jesus dort bei.

5 der Tag vor dem Sabbat

Beim Evangelisten Markus heißt es dazu (Kapitel 15, Vers 46):

46 Josef kaufte ein Leinentuch, nahm Jesus vom Kreuz, wickelte ihn in das Tuch und legte ihn in ein Grab, das in einen Felsen gehauen war. Dann wälzte er einen Stein vor den Eingang des Grabes.

Warum erwähnt Markus den Garten nicht, den Johannes beschreibt, und warum ist das Grab des Markus in einen Felsen gehauen, während Johannes weder den Felsen noch den Stein davor erwähnt?

Warum also beschreiben die beiden Evangelisten den wichtigsten Ort der Christenheit – den Ort des Sieges des Lebens über den Tod – nicht genauer?

Warum nennen sie nicht den Stadtteil oder den Ort bei Jerusalem, wo das Grab lag?

Sind sie nicht selbst viele Male an den magischen Ort gepilgert? Wussten sie vielleicht selbst nicht sicher, wo sich das Grab befand?

Im Jahr 70 nach Christus zerstören die Römer Jerusalem. Der Tempel, in dem Jesus zweifellos gewesen ist, existiert also nicht mehr. Doch andere Orte, andere Gegenstände, die Jesus in der Hand gehabt haben muss; Orte, an denen er gewohnt haben muss, überstanden sehr wahrscheinlich die Zerstörung Jerusalems – vor allem sein Geburtshaus in Nazaret, die Orte in Galiläa, an denen er predigte, das Haus des Petrus, das er aufsuchte, und die Synagoge von Kafarnaum. Und doch vergehen seltsamerweise Jahrhunderte, bevor sich überhaupt irgendjemand für die faszinierendsten Reliquien aller Zeiten interessiert: die Reliquien Jesu.

17

Spuren Gottes am Golf von Neapel?

Schauplatz: der Golf von Neapel. Zeit: im Sommer des Jahres 79. Eine Katastrophe bahnt sich an: Viele Bewohner der antiken Städte Pompeji und Herculaneum werden diesen Herbst nicht mehr erleben. Aber noch herrscht Ruhe hier in der Region um den Vesuv, die zu den schicksten Wohngegenden der damals bekannten Welt gehört. Reiche und Mächtige des römischen Imperiums haben hier ihre Sommerhäuser – auch ein Mann, der nie erfahren wird, dass man noch zwei Jahrtausende später von ihm als dem einzigen Hüter des größten Geheimnisses der Welt sprechen wird: dem Geheimnis von Gottes Sohn. Dieser Mann heißt Lucius Calpurnius Piso, ist der Schwiegervater von Gaius Julius Caesar und besitzt eine Traumvilla an der Küste von Herculaneum. Zu dieser Villa gehört ein riesiger Garten, in dem wunderschöne Skulpturen stehen. Im Inneren der mindestens vier terrassenförmig zum Meer hin abfallenden Stockwerke befinden sich, wie das damals in den Häusern wohlhabender Leute üblich ist, gleich zwei Bibliotheken: eine griechische und eine lateinische. Diese Bibliotheken gehören zu den wichtigsten der antiken Welt. Der bedeutende Archäologe und Papyrologe Professor Richard Janko vom London University College wird zwei Jahrtausende nach Pisos Tod feststellen, dass diese Villa deshalb so einzigartig ist, weil »wir sonst antike Schriften fast ausschließlich aus mittelalterlichen Abschriften kennen, die tausend Jahre später entstanden sind. Hier haben wir die einzigartige Möglichkeit, eine komplette Bibliothek auszugraben, und das in einer Villa, die dem Schwiegervater von Julius Caesar gehörte und in der vermutlich Vergil, Horaz und Cicero verkehrten.«

Im Sommer 79 ist Lucius Calpurnius Piso schon über hundert Jahre lang tot. Aber seine Nachkommen halten die Villa gut in Schuss. Niemand denkt daran, diese häufig von Erdbeben heimgesuchte Gegend zu verlassen. In diesem Sommer müssen Sklaven die Schäden der Erdbeben vergangener Jahre beheben, und als schließlich am 24. August 79 gegen 13.00 Uhr der Vesuv mit der Wucht mehrerer Atombomben ausbricht und die Städte südlich des Vulkans unter sich begräbt, steht die Villa nahezu leer. Wie ein gigantisches Leichentuch legen sich die Asche und der Schlamm über die Städte und konservieren die antike Welt des 24. August für die Nachwelt. Noch steht das Mittagessen auf den Tischen, an den Hauswänden der Kneipen ist gekritzelte Wahlpropaganda zu erkennen, in der Kaserne der Arena sind die Spuren eines mutmaßlichen Seitensprungs einer reichen Dame mit einem Gladiator zu entdecken.

Unter diesem aschfarbenen Leichentuch aber liegt vielleicht auch der größte Schatz der Welt: Augenzeugenberichte aus einer Zeit, die wir nur aus den Schilderungen der viel später entstandenen Evangelien kennen. Augenzeugenberichte von Menschen also, die dabei waren, als Jesus Brote und Fische vermehrte; die gesehen haben, wie Jesus Lahme und Blinde heilte. Wer weiß, vielleicht gibt es in dieser einzigartigen antiken Bibliothek sogar eine Handschrift von ihm selbst? Oder Augenzeugenberichte von Menschen, die Jesus nach seiner Auferstehung gesehen haben? Oder gab es doch nur einen Leichnam, der verfiel wie jeder andere menschliche Leichnam auch? Mit anderen Worten: Finden wir unter all dem meterhohen Lavaschlamm vielleicht eines Tages eine Antwort auf das größte Rätsel des Christentums: die Existenz von Gottes Sohn?

Entdeckt wurde diese vermutlich im 1. Jahrhundert v. Chr. erbaute Villa erst im Jahr 1750 bei Ausgrabungen in Herculaneum. Dort fand der Schweizer Archäologe Karl Weber eine riesige antike Bibliothek verkohlter Papyrusrollen, nach denen die Villa auch ihren Namen, Villa dei Papiri, erhielt. Dem Pater Antonio Piaggio von der vatikanischen Bibliothek gelang es im 19. Jahrhundert als Erstem, einige der verkohlten Schriftrollen zu entziffern. Dabei stellte sich heraus, dass es sich überwiegend um Werke griechischer Philosophen handelte. Seitdem fragen sich die Archäologen, was wohl in der lateinischen Bibliothek der Villa liegen mag: Kann es sein, dass es dort erste Berichte von Christen gibt? Vielleicht sogar von solchen Christen, die tatsächlich eine Reise zu den heiligen Stätten nach Palästina machten?

Unglücklicherweise stocken die Ausgrabungen seit Jahren, da ein Teil der modernen Stadt Herculaneum (heute: Ercolano) über der verschütteten Villa steht. Um voranzukommen, müssten Häuser abgerissen, ungeheuer aufwendige Untersuchungen vorgenommen, nicht minder aufwendige Grabungstechniken eingesetzt und die Hürden der Bürokratie sowie lokalpolitischer Interessen überwunden werden. Dabei fasziniert der Traum, dort unten einen Schatz zu finden – etwa Schriftrollen mit Angaben der ersten Christen – ungemein. Einer der Letzten, der diesen Traum ernsthaft träumte, war David Woodley Packard, der Erbe der Informatik-Dynastie Hewlett-Packard. Er hatte im Frühjahr des Jahres 2000 zufällig Herculaneum besucht und zum ersten Mal von der Existenz der Villa dei Papiri gehört. Auf der Stelle bot er eine Spende von 25 Millionen US-Dollar an, wenn die Villa ausgegraben würde, um die Bibliothek zu retten. Doch die Stadt lehnte ab mit dem Argument, dass die Kosten einer Ausgrabung noch viel höher seien.

Für mich als Journalist ist das zum Aus-der-Haut-Fahren: Jedes Mal, wenn ich durch den bereits ausgegrabenen Teil der Stadt Herculaneum gehe, in dem noch immer Sandalen über das Kopfsteinpflaster zu schlurfen scheinen, in dem man noch immer die Schritte der alten Bewohner zu hören meint, das Rauschen ihrer Wolltogen, sehe ich mir die Häuser der Menschen an, die dort vor rund zweitausend Jahren gelebt haben, ihre Küchen, ihre Betten, ihre Bäder; die wunderschönen Fresken an den Wänden der Patriziervillen, in denen heute noch die Dächer halten und die Wasserrohre funktionieren. Und jedes Mal frage ich mich wieder: Sollte wirklich keiner der hier lebenden wohlhabenderen Christen auf die Idee gekommen sein, seine Villa hinter sich zu verschließen und eine Reise nach Palästina anzutreten, um Augenzeugen des großen und einzigartigen Wunders, das Jesus Christus für alle Christen ist, zu finden?

Was ist, wenn wirklich eines Tages der Bericht einer solchen Reise nach Palästina in der Villa dei Papiri gefunden würde?

Gesichert ist immerhin, dass vor dem Vulkanausbruch genau in dieser Gegend am Golf von Neapel Christen lebten. Der Apostel Paulus beschreibt nämlich bei seiner Ankunft in Italien, die etwa um das Jahr 61 herum stattgefunden haben muss, dass ihn »Brüder«, also Christen, aufnahmen (*Die Apostelgeschichte*, Kapitel 28, Verse 12 bis 14):

12 Wir liefen in Syrakus ein und blieben drei Tage;
13 von dort fuhren wir die Küste entlang weiter und erreichten Rhegion. Nach einem Tag setzte Südwind ein und so kamen wir in zwei Tagen nach Puteoli.
14 Hier trafen wir Brüder; sie baten uns, sieben Tage bei ihnen zu bleiben. Und so kamen wir nach Rom.

Puteoli (heute: Pozzuoli) liegt ebenfalls am Golf von Neapel und war damals von Herculaneum aus auf einem Pferd in ein paar Stunden gut zu erreichen. Gut möglich, dass auch Christen in der Villa dei Papiri verkehrten. Bisher konnten nie Augenzeugenberichte der ersten Christen entdeckt werden, aber bedeutet das auch, dass es keine gibt?

Im Römischen Reich gab es eine Vielzahl von Pilgerstätten, die die Gläubigen aufsuchten. Eine Pilgerreise zu den Wurzeln ihrer neuen Religion wäre für einen wohlhabenden christlichen Römer nur allzu verständlich gewesen. Denn nehmen wir einmal an, er hätte sich um das Jahr 60 auf den Weg gemacht: Jerusalem war damals für einen Römer ein relativ leicht zu erreichendes Ziel. Reisen nach Athen galten unter wohlhabenden Römern fast schon als alltäglich – selbst Reisen nach Ägypten waren unter den gut situierten römischen Bürgern nichts Ungewöhnliches. Jerusalem über den Hafen Tyros zu erreichen war damals auch kein großes Problem. Ist es da nicht überaus wahrscheinlich, dass die ersten christlichen Gemeinden nach Reliquien der Heilsgeschichte fragten, nach einem Stück vom Kreuz Christi, einem Teil seines Rocks, dem Kelch, den er während des Abendmahls benutzte?

Musste eine Reise an die Originalschauplätze nicht schon deshalb verlockend sein, weil damals noch die konkrete Aussicht bestand, etwas in die Hand zu bekommen, das Gottes Sohn selber benutzt hatte?

Ein früher Pilger hätte doch die für uns heute unfassbare Chance gehabt, noch mit Augenzeugen der spektakulärsten Wunder des Jesus von Nazaret zu sprechen. In den 60er-Jahren nach Christi Geburt hätte sich ein römischer Pilger nach Betanien bringen lassen können, das »etwa 15 Stadien von Jerusalem entfernt lag«, wie es im *Johannes-Evangelium* (Kapitel 11, Vers 18) heißt. Der Pilger hätte das Haus der Schwestern des Lazarus, Maria und Marta, suchen und einfach fragen können, ob noch jemand lebte, der vor etwa 30 Jahren dabei war, als Lazarus von den Toten auferstanden war. Damals hätte es sogar noch eine gute Chance gegeben, dass Lazarus selbst noch lebte, um seine eigene Sicht der wundersamen Ereignisse zu schildern, wie sie im *Johannes-Evangelium* (Kapitel 11, Verse 37 und 44) dargestellt werden:

37 Einige aber sagten: Wenn er dem Blinden die Augen geöffnet hat, hätte er dann nicht auch verhindern können, dass dieser hier starb?
38 Da wurde Jesus wiederum innerlich erregt und er ging zum Grab. Es war eine Höhle, die mit einem Stein verschlossen war.
39 Jesus sagte: Nehmt den Stein weg! Marta, die Schwester des Verstorbenen, entgegnete ihm: Herr, er riecht aber schon, denn es ist bereits der vierte Tag.
40 Jesus sagte zu ihr: Habe ich dir nicht gesagt: Wenn du glaubst, wirst du die Herrlichkeit Gottes sehen?
41 Da nahmen sie den Stein weg. Jesus aber erhob seine Augen und sprach: Vater, ich danke dir, dass du mich erhört hast.
42 Ich wusste, dass du mich immer erhörst; aber wegen der Menge, die um mich herumsteht, habe ich es gesagt; denn sie sollen glauben, dass du mich gesandt hast.
43 Nachdem er dies gesagt hatte, rief er mit lauter Stimme: Lazarus, komm heraus!
44 Da kam der Verstorbene heraus; seine Füße und Hände

waren mit Binden umwickelt, und sein Gesicht war mit einem Schweißtuch verhüllt. Jesus sagte zu ihnen: Löst ihm die Binden und lasst ihn weggehen!

Wenn diese Auferstehung in Betanien wirklich so geschehen ist, wie sie hier geschildert wird, dann muss es doch drei Jahrzehnte später noch jemanden gegeben haben, der sich daran erinnerte und etwas darüber sagen konnte. Nach allem, was die Theologen heute wissen, wurde das *Johannes-Evangelium* erst um das Jahr 100 n. Chr. geschrieben – ein früher Religionstourist, der in den ersten Jahrzehnten nach Christi Tod nach Palästina reisen wollte, hätte diese Texte also noch nicht gekannt. Aber es muss andere Aufzeichnungen gegeben haben, die unter den ersten Christen kursierten und später von den Evangelisten zusammengestellt wurden. Und mit Sicherheit gab es eine breite mündliche Überlieferung von Ereignissen wie jenem, das sich in Naïn zugetragen haben soll, über das im *Lukas-Evangelium* (Kapitel 7, Verse 11 bis 16) geschrieben steht:

11 Einige Zeit später ging er in eine Stadt namens Naïn; seine Jünger und eine große Menschenmenge folgten ihm.

12 Als er in die Nähe des Stadttors kam, trug man gerade einen Toten heraus. Es war der einzige Sohn seiner Mutter, einer Witwe. Und viele Leute aus der Stadt begleiteten sie.

13 Als der Herr die Frau sah, hatte er Mitleid mit ihr und sagte zu ihr: Weine nicht!

14 Dann ging er zu der Bahre hin und fasste sie an. Die Träger blieben stehen, und er sagte: Ich befehle dir, junger Mann: Steh auf!

15 Da richtete sich der Tote auf und begann zu sprechen, und Jesus gab ihn seiner Mutter zurück.

16 Alle wurden von Furcht ergriffen; sie priesen Gott und sagten: Ein großer Prophet ist unter uns aufgetreten: Gott hat sich seines Volkes angenommen.

Wenn in dieser Darstellung von einer großen Menschenmenge die Rede ist, die Jesus folgte – war es dann aus der Sicht eines

Pilgers im Jahre 60 nach Christus nicht überaus wahrscheinlich, dass entweder der junge Mann selbst, der von den Toten erweckt wurde, oder einer der vielen Augenzeugen des Wunders noch lebte? Und das ist nicht das einzige Beispiel für ein öffentliches Wunder Jesu vor großem Publikum. Man denke etwa an die Speisung der Fünftausend oder an jene Geschichte im *Lukas-Evangelium* (Kapitel 6, Verse 17 bis 19):

17 Jesus stieg mit ihnen den Berg hinab. In der Ebene blieb er mit einer großen Schar seiner Jünger stehen, und viele Menschen aus ganz Judäa und Jerusalem und dem Küstengebiet von Tyrus und Sidon
18 strömten herbei. Sie alle wollten ihn hören und von ihren Krankheiten geheilt werden. Auch die von unreinen Geistern Geplagten wurden geheilt.
19 Alle Leute versuchten, ihn zu berühren; denn es ging eine Kraft von ihm aus, die alle heilte.

Um das Jahr 60 müssen also viele Menschen in der damaligen römischen Provinz Palästina gelebt haben, die Jesus noch selbst gesehen hatten, die vielleicht sogar selbst von seiner Kraft geheilt worden waren – und die auch einem frühen Pilger Auskunft hätten geben können. Ein Wallfahrer des Jahres 60 nach Christus hätte mit sehr großer Wahrscheinlichkeit noch den Raum des Abendmahls, das Grab Christi und die Kreuzigungsstätte sehen können. Einige Pilgerstätten müssen noch fast in dem Zustand gewesen sein, in dem Jesus sie verlassen hat, zum Beispiel sein Elternhaus in Nazaret. Das Evangelium lässt keinen Zweifel daran, dass Jesus in Nazaret aufgewachsen ist und lange dort gelebt hat. Für die jüdischen Nachbarn der Familie des Jesus von Nazaret muss sein skandalöses Ende am Kreuz ein Ereignis gewesen sein, an das sie sich noch lange erinnerten. Wo Jesus aufwuchs, muss man in Nazaret zumindest bis zu den Wirren der jüdisch-römischen Kriege im Jahr 70 mit großer Wahrscheinlichkeit noch gewusst haben. Antike Religionstouristen mochten vielleicht noch das Bett gesehen haben, den Strohsack, auf dem Jesus geschlafen hatte; vielleicht lebte der heilige Josef noch in dem Haus in Nazaret, vielleicht befanden sich dort noch Werkzeuge, die Jesus benutzte, sein Hammer, seine Säge. Doch bisher tauchten nie Beweise dafür auf, dass irgendwer das Geburtshaus Jesu in den ersten Jahrhunderten nach seiner Kreuzigung betrat. Hatte sich wirklich niemand für das Haus des Zimmermanns und seiner Frau Maria interessiert, deren Sohn es gewagt hatte, sich als Messias auszugeben?

18

Das Haus der Heiligen Familie

Das Haus der Heiligen Familie war für die Gläubigen im fernen Europa eine Reliquie, die kaum einfach vom Erdboden verschluckt worden sein konnte. Da Jesus fast nichts besessen hatte, leuchtete es den Gläubigen ein, dass es schwierig war, Gegenstände zu beschaffen, die er berührt hatte – aber sein Geburtshaus konnte ja kaum einfach verschwunden sein. Erst die heilige Helena soll dafür gesorgt haben, dass über dem Haus der Heiligen Familie in Nazaret eine Kirche errichtet wurde: vermutlich im Jahr 336. Jedenfalls erwähnt der heilige Hieronymus im Jahr 384 in seinen Reiseerinnerungen die »Kirche an der Stätte, wo der Engel zur heiligen Maria kam«. Im Mittelalter und in der frühen Neuzeit muss dann der Druck auf die Kirche, Informationen über das Haus der Heiligen Familie in Nazaret zu beschaffen, stark gestiegen sein. Als im Jahr 1291 die Hafenstadt Akko als letzte Bastion der Kreuzfahrer fiel, mussten die Christen die heiligen Stätten Palästinas ihrem Schicksal überlassen. In diesem Zusammenhang wäre es zumindest denkbar, dass die Kreuzritter das Haus der Heiligen Familie abgetragen hatten, um es in Sicherheit zu bringen. Tatsächlich soll der zwischen den Jahren 1271 und 1296 regierende Nikephoros Angelos I., der Herrscher von Epirus, einer im Nordwesten Griechenlands gelegenen, an Albanien angrenzenden Region, behauptet haben, das Geburtshaus Jesu besessen zu haben. Und nicht nur das: Nikephoros soll seiner Tochter Ithamar zu deren Eheschließung mit Philipp von Tarent, dem Sohn des Königs Karl II. von Anjou, im Jahr 1294 sogar »Steine, die zum Haus der verehrten Muttergottes gehörten«, als Brautgeschenk mitgegeben haben. Völlig unklar ist, wie diese Reliquie in den Besitz der Herrscherfamilie von Epirus gekommen sein soll. Aber angesichts des Familiennamens Angelos (»Engel«) leuchtet zumindest die Entstehung der Legende des Heiligen Hauses ein: Engel sollen es nämlich durch die Luft nach Tersatto (Trsat) im heutigen Kroatien getragen haben. Zweimal noch sollen die himmlischen Heerscharen das Haus durch die Lüfte bewegt haben, bis sie es in der Nacht vom 9. auf den 10. Dezember des Jahres 1294 in Loreto absetzten – einem Ort an der Adria, wo das Haus der Heiligen Familie bis heute von mehr als einer Million Pilger im Jahr verehrt wird.

Dieses »Wunder« aber galt lange Zeit als die verrückteste aller Wundererscheinungen der katholischen Kirche – kurioserweise wurde die Madonna von Loreto sogar zur Schutzpatronin der Luftfahrt ernannt, weil ihr Haus ja schließlich gleich dreimal durch die Lüfte gesegelt sein soll…

Die Päpste haben sich immer gefragt, ob diese unglaubliche Geschichte wirklich einen wahren Kern haben kann. Als Erster wollte Papst Pius IX. im Jahr 1860 Klarheit schaffen, indem er eine Untersuchung der Steine des Hauses anordnete. Das Ergebnis der Untersuchung veröffentlichte der Chemiker Professor Ratti im Jahr 1861: Dabei versuchte er zu beweisen, dass sowohl die Steine des Hauses als auch der Mörtel aus Nazaret stammen.

Zuletzt sorgte im Frühjahr 2006 eine von dem Architekten Nanni Monelli und dem Direktor der Generalkongregation des Heiligen Hauses von Loreto, Pater Giuseppe Santarelli, durchgeführte archäologische Studie für Aufmerksamkeit, die ergeben haben soll, dass die Steine eines Altars im Heiligen Haus denselben Ursprung hätten wie Gesteine in der Verkündigungsgrotte in Nazaret. Und Papst Benedikt XVI., berichtet man in Loreto stolz, unterstütze das persönliche Beten der Wallfahrer in Loreto. Dies habe er in einem wunderschönen Gebet zum Ausdruck gebracht, das er dem Bischof von Loreto zum Jahrestag der »himmlischen Übertragung« des Heiligen Hauses am 10. Dezember 2005 übermittelt habe.

Ist also doch etwas dran an dieser so ganz und gar unglaublich klingenden Geschichte?

Heute werden in der Regel vier »Beweise« für die Echtheit des Hauses angeführt, die auf modernen, wenngleich zum Teil umstrittenen Untersuchungsmethoden beruhen.

Erstens: In den Wänden des Hauses sind eindeutig Graffiti zu erkennen, die vermutlich von Gläubigen des 5. Jahrhunderts eingeritzt wurden – auf Hebräisch.

Zweitens: Die Steine und der Mörtel des Hauses entsprechen der Bautechnik der Nabatäer, die in Nazaret ansässig waren.

Drittens: Das in Loreto verehrte Haus passt haargenau in die Nische der Grotte von Nazaret, in der das Haus gestanden haben soll, bevor die Kreuzfahrer es abtrugen.

Viertens: Das Haus in Loreto steht tatsächlich auf keinem Fundament; die Mauern wurden offenbar wie aus dem Nichts zusammengefügt.

Gemäß der christlichen Überlieferung kehrte Maria nach dem Tod von Jesus nicht in ihr Haus in Nazaret zurück, sondern zog mit Johannes – dem Jünger, den Jesus liebte – nach Ephesus in Westanatolien. Welche anderen an Jesus erinnernden Aufenthaltsorte hatten eine Chance, die Zeit zu überdauern?

In Kafarnaum, an den Ufern des Sees Genezareth, wollen Archäologen das Haus Petri entdeckt haben, in dem Jesus sich mit Sicherheit aufgehalten und möglicherweise auch in einer Art Privatkapelle der Familie gebetet hat. Dies war der Ort, an dem Jesus seine ersten Wunder vollbracht haben soll, wie sie im *Matthäus-Evangelium*, Kapitel 8, Verse 14 bis 17, beschrieben werden:

14 Jesus ging in das Haus des Petrus und sah, dass dessen Schwiegermutter im Bett lag und Fieber hatte.

15 Da berührte er ihre Hand, und das Fieber wich von ihr. Und sie stand auf und sorgte für ihn.

16 Am Abend brachte man viele Besessene zu ihm. Er trieb mit seinem Wort die Geister aus und heilte alle Kranken.

17 Dadurch sollte sich erfüllen, was durch den Propheten Jesaja gesagt worden ist: Er hat unsere Leiden auf sich genommen und unsere Krankheiten getragen.

In Jerusalem wurden viele Orte, an denen Jesus gewesen sein muss, entweder von den Römern zerstört, oder die Erinnerung daran verblasste auffallend schnell. Das Hauptproblem der modernen Archäologie ist, dass sich die Apostel wie die ersten Christen zumindest in den ersten Jahrzehnten offenbar kaum für die irdischen Spuren Gottes interessierten. Weder zeichneten sie auf, wo genau die Orte lagen, an denen Jesus lebte, wirkte, litt und starb, noch versuchten sie, irgendwelche Erinnerungsgegenstände in ihren Besitz zu bringen. Sie kümmerten sich nur um die Verbreitung der Heilsbotschaft, um die theologische Dimension, nicht um die historischen Fakten.

Als Journalist macht es mich ganz krank, wenn ich daran denke, dass ein großer Teil der Menschheit seit bald zwei Jahrtausenden über diesen Jesus von Nazaret rätselt – und damals hat sich offenbar niemand um seine irdischen Spuren gekümmert. Nach jüdischer Tradition muss Jesus zuerst den Beruf seines Vaters, eines Zimmermanns, ausgeübt haben. Er dürfte also Werkzeuge besessen haben – vielleicht nicht viele, aber einige doch.

Wieso hat keiner seiner Zeitgenossen sie aufbewahrt?

Heute würden sie zu den wertvollsten Gegenständen der Erde gehören und vom irdischen Dasein von Gottes Sohn zeugen.

19

Das Kreuz Christi

Für mich ist es unerklärlich, dass sich die Menschheit so lange Zeit lässt, nach den Spuren Gottes zu suchen: fast 300 Jahre. Relativ sicher weiß man erst von der Kaiserin Helena, der Mutter Konstantins des Großen, dass sie in das Heilige Land gereist sein soll, um nach Spuren des Jesus von Nazaret zu suchen. Wenn es stimmt, dass sie um das Jahr 250 geboren wurde und mit 77 Jahren nach Palästina reiste, dann traf sie um das Jahr 327 dort ein. Jesus Christus starb vermutlich um das Jahr 33 bis 35. In all diesen Jahren hatte sich das Land verändert, Kriege waren darüber hinweggefegt, und Helena suchte nach den Spuren eines armen Mannes, der weder einen Palast gebaut noch Schriftstücke hinterlassen hatte – zumindest sind nie welche aufgetaucht. Dass diese Reise der Helena nach Jerusalem wirklich stattfand, lässt sich historisch relativ sicher beweisen, auch wenn sich eine Vielzahl von Legenden um diese Reise ranken, die keine echten Erkenntnisse darüber erlauben, was damals wirklich passiert ist.

Helena soll um das Jahr 250 in Depranon, dem heutigen Karamürsel in Bithynien in der Türkei, geboren worden und eine ausgesprochen attraktive Gastwirtstochter gewesen sein. Sie heiratete den römischen Offizier Constantinus Chlorus und brachte zwischen dem Jahr 272 und 280 einen gemeinsamen Sohn zur Welt, Konstantin den Großen. Constantinus Chlorus ließ sich später aus politischen Gründen von Helena scheiden, doch Sohn Konstantin vergaß die Mutter nicht: Nachdem ihn das Heer in York zum Kaiser ausgerufen hatte, nahm er sie mit an seinen Regierungssitz nach Trier. Nach der Schlacht gegen Maxentius an der Milvischen Brücke in Rom, bei dem Gott persönlich dem Konstantin beigestanden haben soll, erließ er im Jahr danach in Mailand sein Toleranzedikt, mit dem die Christenverfolgung endete (Konstantinische Wende). Damit war auch der Weg frei für eine Reise seiner frommen Mutter in das Heilige Land. Historisch belegt wird die Reise der Helena durch den Mailänder Bischof Ambrosius, der sie am 25. Februar 395 in seiner Totenrede auf Kaiser Theodosius den Großen erwähnte[6]: »Helena kam denn [nach Jerusalem] und begann die heiligen Orte zu besuchen. Da gab ihr der Geist ein, das Kreuzesholz aufzusuchen. Sie begab sich auf Golgota und sprach: ›Sieh, der Ort des Kampfes! Wo ist der Sieg? Ich suche das Panier des Kreuzes, aber ich finde es nicht. Ich‹, rief sie aus, ›auf dem Throne, und das Kreuz des Herrn im Staube? […] Sie lässt nun den Boden aufgraben«, heißt es in der Totenrede weiter, »das Erdreich wegnehmen: da stößt sie auf drei durcheinanderliegende Marterhölzer, die der Schutt bedeckt, der Feind versteckt hatte. Doch Christi Triumph konnte nicht in Nacht vergraben bleiben.«

Vermutlich traf Helena – mittlerweile getaufte Christin – also um das Jahr 327 in Jerusalem ein. Dort soll sie den Bischof Makarios darauf hingewiesen haben, wo das Grab Christi in Jerusalem verborgen lag. Nach der Niederschlagung des Bar-Kochba-Aufstandes[7] im Jahr 135 hatte der damalige römische Kaiser Hadrian über dem zerstörten Jerusalem die Kolonie Aelia Capitolina errichten lassen und Juden verboten, die Stadt zu betreten. Für den Göttervater Jupiter ließ Hadrian einen riesigen Tempel – vielleicht bewusst über den heiligen Stätten der ersten Christen – erbauen. Unter diesem Tempel soll nun Helena Grabungen veranlasst haben, bei denen angeblich das echte Kreuz des Jesus von Nazaret, der Golgota-Hügel, auf dem Jesus hingerichtet worden sein soll, sowie sein Grab zutage kamen. Danach soll Helena hier den Bau der ersten Grabeskirche in Auftrag gegeben haben.

6 Vermutlich handelt es sich um eine nachträgliche Einfügung des Bischofs für die Publikation seiner Trauerrede. Kaiser Theodosius I. (347–395), der 394 das Römische Reich noch einmal zu einigen verstand, hatte 381 das 2. Ökumenische Konzil nach Konstantinopel einberufen, das Christentum zur Staatsreligion erklärt und 391/392 alle heidnischen Kulte verboten.

7 Bar Kochba (hebräisch: »der Sternensohn«) ist der Beiname des jüdischen Freiheitshelden Simon ben Kosiba, der als »Messias« und »Fürst Israels« den jüdischen Aufstand gegen die Römer in Palästina (132–135) anführte.

In der sogenannten *Legenda Aurea*[8], die 1350 ins Deutsche übersetzt wurde, beschreibt Jacobus de Voragine in Form einer Legende, wie Kaiserin Helena das Kreuz Christi findet: Demnach habe sie bei den Grabungen unter dem Jupitertempel – direkt unter der Statue der Liebesgöttin – mehrere Kreuze entdeckt. Um herauszufinden, welches das echte, das wahre Kreuz Christi, sei, habe sie einen Toten auf das Kreuz legen lassen. Dieser soll kaum das wahre Kreuz berührt haben, da sei er schon auferweckt worden von den Toten. (Es existieren mehrere Varianten dieser Legende – auch eine etwas »entschärfte« Version, in der »nur« ein Kranker durch die Berührung des Kreuzes wieder gesund geworden sein soll.)

So absurd einem modernen Zuhörer diese Geschichte auch vorkommen mag, enthält sie doch sinnvolle, präzise und logische Zusammenhänge. Demnach hätte sich nach der Kreuzigung des Jesus von Nazaret folgendes Szenario abgespielt: Als Ort der Kreuzigung des Jesus von Nazaret wählten die Römer einen gut sichtbaren Hügel vor dem Gennat-Tor im Norden der Stadt Jerusalem. Eine kleine Schar der Anhänger von Jesus erlebte mit, wie dieser gekreuzigt wurde. Im *Johannes-Evangelium* (Kapitel 19, Verse 23 bis 30) lesen wir, was dann geschah:

23 Nachdem die Soldaten Jesus ans Kreuz geschlagen hatten, nahmen sie seine Kleider und machten vier Teile daraus, für jeden Soldaten einen. Sie nahmen auch sein Untergewand, das von oben her ganz durchgewebt und ohne Naht war.
24 Sie sagten zueinander: Wir wollen es nicht zerteilen, sondern darum losen, wem es gehören soll. So sollte sich das Schriftwort erfüllen: Sie verteilten meine Kleider unter sich und warfen das Los um mein Gewand. Dies führten die Soldaten aus.
25 Bei dem Kreuz Jesu standen seine Mutter und die Schwes-

---

8 Die *Legenda Aurea* (*Goldene Legende*) – nach der Bibel wohl das meistgelesene Werk des Mittelalters – ist eine um das Jahr 1270 von dem Dominikaner Jacobus de Voragine verfasste Sammlung von Heiligenviten, auf deren Grundlage Predigten verfasst, Stücke geschrieben und Geschichten erzählt wurden. Auch viele bildende Künstler ließen sich davon inspirieren. Jacobus de Voragine stieg später zum Erzbischof von Genua auf.

ter seiner Mutter, Maria, die Frau des Klopas, und Maria von Magdala.

26 Als Jesus seine Mutter sah und bei ihr den Jünger, den er liebte, sagte er zu seiner Mutter: Frau, siehe, dein Sohn!

27 Dann sagte er zu dem Jünger: Siehe, deine Mutter! Und von jener Stunde an nahm sie der Jünger zu sich.

28 Danach, als Jesus wusste, dass nun alles vollbracht war, sagte er, damit sich die Schrift erfüllte: Mich dürstet.

29 Ein Gefäß mit Essig stand da. Sie steckten einen Schwamm mit Essig auf einen Ysopzweig und hielten ihn an seinen Mund.

30 Als Jesus von dem Essig genommen hatte, sprach er: Es ist vollbracht! Und er neigte das Haupt und gab seinen Geist auf.

Seinen Leichnam legen die Jünger in ein noch unbenutztes Grab in der Nähe des Steinbruchs neben dem Golgota-Hügel. Auch diese Szene wird im *Johannes-Evangelium* (Kapitel 19, Verse 31 bis 42) ergreifend beschrieben:

31 Weil Rüsttag war und die Körper während des Sabbats nicht am Kreuz bleiben sollten, baten die Juden Pilatus, man möge den Gekreuzigten die Beine zerschlagen und ihre Leichen dann abnehmen; denn dieser Sabbat war ein großer Feiertag.

32 Also kamen die Soldaten und zerschlugen dem ersten die Beine, dann dem andern, der mit ihm gekreuzigt worden war.

33 Als sie aber zu Jesus kamen und sahen, dass er schon tot war, zerschlugen sie ihm die Beine nicht,

34 sondern einer der Soldaten stieß mit der Lanze in seine Seite, und sogleich floss Blut und Wasser heraus.

35 Und der, der es gesehen hat, hat es bezeugt, und sein Zeugnis ist wahr. Und er weiß, dass er Wahres berichtet, damit auch ihr glaubt.

36 Denn das ist geschehen, damit sich das Schriftwort erfüllte: Man soll an ihm kein Gebein zerbrechen.

37 Und ein anderes Schriftwort sagt: Sie werden auf den blicken, den sie durchbohrt haben.

38 Josef aus Arimathäa war ein Jünger Jesu, aber aus Furcht vor den Juden nur heimlich. Er bat Pilatus, den Leichnam Jesu abnehmen zu dürfen, und Pilatus erlaubte es. Also kam er und nahm den Leichnam ab.

39 Es kam auch Nikodemus, der früher einmal Jesus bei Nacht aufgesucht hatte. Er brachte eine Mischung aus Myrrhe und Aloe, etwa hundert Pfund.

40 Sie nahmen den Leichnam Jesu und umwickelten ihn mit Leinenbinden, zusammen mit den wohlriechenden Salben, wie es beim jüdischen Begräbnis Sitte ist.

41 An dem Ort, wo man ihn gekreuzigt hatte, war ein Garten, und in dem Garten war ein neues Grab, in dem noch niemand bestattet worden war.

42 Wegen des Rüsttages der Juden und weil das Grab in der Nähe lag, setzten sie Jesus dort bei.

Nun stellte sich für die Jünger die Frage, was mit dem Kreuz geschehen sollte, an dem immerhin das Blut jenes Menschen klebte, den sie für Gottes Sohn hielten. Die gleiche Frage galt der Holztafel, die die Römer am Kreuz befestigt hatten, um Jesus mit der Inschrift I.N.R.I. (Iesus Nazarenus Rex Iudaeorum – Jesus von Nazaret, König der Juden) zu verspotten. Beides einfach abzumontieren und mit in die Stadt zu nehmen, war verboten. Das Gesetz des Moses untersagte den Kontakt mit allem, was Tote berührt hatten. Gegen dieses Gesetz zu verstoßen und das Kreuz und die Inschriftentafel nach Jerusalem zu schmuggeln, wäre lebensgefährlich gewesen. Beides an der Hinrichtungsstätte liegen zu lassen, hätte geheißen, es dem baldigen Verfall preiszugeben. Deshalb taten die Anhänger Jesu also vermutlich das einzig Richtige, als sie das Kreuz – vielleicht auch die Kreuze der beiden anderen Männer, die mit Jesus hingerichtet worden waren – sowie die Inschriftentafel in einen nahen Brunnen warfen: Denn der Schlamm in dem Brunnen könnte sowohl das Kreuz als auch das Schild vor der Verwitterung bewahrt haben.

Was aber geschah dann?

Bewahrten sich die Anhänger Christi die Erinnerung an das Versteck?

Flüsterten sich die Christen heimlich zu, dass in diesem Brunnen außerhalb von Jerusalem das Kreuz des Herrn liege, tief unten im Schlamm begraben, zusammen mit dem Schild und seiner verhöhnenden Inschrift?

Wurde das dann alles von Hadrians Jupitertempel verdeckt?

Das wäre durchaus möglich. Möglich wäre es auch, dass die Geschichte der Kreuzeslegende stimmt: dass Helena also tatsächlich unter Hadrians Jupitertempel das Kreuz Christi fand. Genauso möglich wäre es aber auch, dass der reichen Kaiserin schlicht ein paar zufällig gefundene oder extra für sie versteckte Balken als »echtes« Kreuz« angedreht und zusammen mit einer ebenso wenig »echten« Inschriftentafel für viel Geld verkauft wurden. Doch was immer tatsächlich geschah: Wir wissen nur, dass Helena das angebliche oder tatsächliche Kreuz Christi in zwei Hälften teilen ließ. Eine Hälfte nahm sie mit nach Rom, die andere blieb in Jerusalem. Die Jerusalemer Hälfte des Kreuzes wurde später in viele weitere Teile zersägt und auf mehrere Orte der Welt verteilt. In Rom ließ Helena die beiden Reliquien in den Palast des in Syrien geborenen Kaisers Elagabal bringen, der zwischen den Jahren 218 und 222 das römische Imperium regiert hatte und für seine sexuellen Ausschweifungen bekannt gewesen war.

Im Buch der Päpste, das im Vatikan aufbewahrt wird, schreibt Papst Silvester I., der zwischen den Jahren 314 und 335 auf dem Thron Petri saß: »Kaiser Konstantin errichtete im Sessorianischen Palast eine Basilika, in der er Teile vom Heiligen Kreuz unseres Herrn Jesus Christus in einem mit Edelsteinen verzierten Goldschrein verwahrte.«

Die wertvolle Inschriftentafel galt lange Zeit als verloren. Erst als Kardinal Gerardus, der spätere Papst Lucius II., Mitte des 12. Jahrhunderts die Basilika umbauen ließ, fand sich die wertvolle Inschriftentafel wieder: Diese war in dem sogenannten »Bogen der Kaiserin Helena« eingemauert worden, sorgsam versiegelt in einem Metallkästchen. Das größte Stück des Kreuzes, das in der Basilika aufbewahrt worden war, ließ Papst Urban VIII. in den Petersdom bringen, wo es heute in dem Pfeiler über dem Grab Petri aufbewahrt wird, vor dem die Statue der heiligen Helena steht. An jedem Karfreitag werden die Gläubigen in der Peterskirche damit gesegnet, und wann immer ich kann, nehme ich daran teil. Denn an diesem Tag herrscht eine ganz besondere Atmosphäre im Petersdom: Geduldig warten die Gläubigen in langen Schlangen vor den Beichtstühlen, um sich die Absolution erteilen zu lassen. Die wenigsten wissen, dass in einem der Beichtstühle der Papst selbst sitzt – ein von Johannes Paul II. eingeführter Brauch. Am Nachmittag, wenn die Todesstunde des Jesus von Nazaret naht, kommt ein Priester auf den Balkon des gigantischen Pfeilers unter der Peterskuppel und hat einen Reliquienschrein in der Hand, in dem ein etwa fünfzig Zentimeter langes dunkles Stück Holz zu sehen ist. Es soll das größte Stück sein, das von jenem Kreuz Christi übrig blieb, das Helena nach Rom brachte. Dieser Moment ist für mich immer ganz besonders ergreifend, denn dieses Kreuz steht ja für eine ganz einzigartige Geschichte: Zu Jesu Lebzeiten gab es viele Gekreuzigte. Das waren die Verlierer der Gesellschaft: die Opfer, die Ausgeschlossenen – die Armen vor allem. Menschen, die nicht »dazugehörten«, deren Leben von Hunger, Leid, Krankheit und Ausgrenzung gezeichnet war. Und ausgerechnet so ein Gekreuzigter, ein Verlierer also, sollte der höchste Herr sein, der Sohn des ewigen Gottes: Es ist nicht schwer zu verstehen, dass dies vielen Menschen Trost gegeben haben muss. Da trat kein verherrlichter Kaiser, kein in Saus und Braus lebender Mächtiger als Gottes Sohn auf, sondern ein gebrochener, ohnmächtiger Mann, der leise verkündete, vom allmächtigen Vater auf die Erde geschickt worden zu sein, um zu sterben, damit den Menschen Trost gespendet werde mit der Nachricht, dass das Leben über den Tod zu siegen vermag.

Deshalb also rührt mich dieses karfreitägliche Ritual im Petersdom: Es scheint unbegreiflich, dass ein »Gekreuzigter« die Welt so radikal verändern konnte, dass sich seine Botschaft aus dem hintersten Winkel des Römischen Reichs über die ganze Welt ausbreitete und zwei Jahrtausende lang prägte. Heute käme wohl niemand mehr auf die Idee, mit diesem Stück Holz Tote zum Leben erwecken zu wollen – ich bezweifle auch, dass das klappen würde –, aber vielleicht ist das eigentliche Wunder ja das, dass sich unter diesem Zeichen des Kreuzes die Welt so drastisch verändern konnte.

Die Inschriftentafel wurde nicht in den Petersdom überführt. Sie blieb an ihrem Ursprungsort, der Basilika Santa Croce in Gerusalemme, wo sie bis heute gezeigt wird, und bis heute hofft die katholische Kirche auch, irgendwann doch noch klären zu können, ob tatsächlich das wahre Kreuz und die wahre Inschriftentafel des Kreuzes geborgen wurden.

Ein ganz simples, aber ausgesprochen einleuchtendes Argument dafür, dass die Inschriftentafel echt ist, ist darin zu sehen, dass sie in der falschen Reihenfolge beschriftet wurde.

Was bedeutet das?

Nehmen wir einmal an, ein Fälscher wollte Kaiserin Helena eine falsche Inschriftentafel für viel Geld verkaufen – eine Inschriftentafel, die er angeblich in der Zisterne, dem Wasserspeicher neben der angeblichen Hinrichtungsstätte Jesu, unter dem Tempel des Hadrian begraben gefunden hatte.

Was würde er tun?

Vor allem müsste er davon ausgehen, dass die Kaiserin Helena sehr gut darüber Bescheid wusste, was in den Evangelien steht, denn die Bücher der Evangelisten waren damals schon weit verbreitet. Was hätte ein Fälscher also getan? Er hätte sich zuerst einmal die einzige Stelle in den Evangelien, die diese Inschrift detailliert beschreibt, ganz genau angesehen. Diese steht im *Johannes-Evangelium* (Kapitel 19, Verse 17 bis 22) und lautet:

17 Er trug sein Kreuz und ging hinaus zur sogenannten Schädelhöhe, die auf Hebräisch Golgota heißt.
18 Dort kreuzigten sie ihn und mit ihm zwei andere, auf jeder Seite einen, in der Mitte Jesus.
19 Pilatus ließ auch ein Schild anfertigen und oben am Kreuz befestigen; die Inschrift lautete: Jesus von Nazaret, der König der Juden.
20 Dieses Schild lasen viele Juden, weil der Platz, wo Jesus gekreuzigt wurde, nahe bei der Stadt lag. Die Inschrift war hebräisch, lateinisch und griechisch abgefasst.
21 Die Hohenpriester der Juden sagten zu Pilatus: Schreib nicht:

Der König der Juden, sondern dass er gesagt hat: Ich bin der König der Juden.

22 Pilatus antwortete: Was ich geschrieben habe, habe ich geschrieben.

Ein Fälscher hätte sich also eine Holztafel besorgt und sich klarerweise an das *Johannes-Evangelium* gehalten; wissend, dass Kaiserin Helena den zwischen dem Ende des 1. Jahrhunderts und dem Jahr 150 niedergeschriebenen Text des Johannes mit Sicherheit kannte und die Holztafel daraufhin überprüfen würde. Also hätte er eine Inschrift in das Holz gekratzt, die, wie im *Johannes-Evangelium* beschrieben, zunächst auf Hebräisch, dann auf Lateinisch und dann auf Griechisch verfasst gewesen wäre. Tatsächlich folgt aber auf der in Rom aufbewahrten Schrifttafel auf die hebräische die griechische Inschrift, und erst danach kommt die lateinische. Die Reihenfolge ist also falsch: Warum hätte ein Fälscher einen so plumpen Fehler machen sollen? Und wenn er schon diesen Fehler gemacht hätte – hätte er dann auch gleich noch einen zweiten Fehler gemacht? Im *Johannes-Evangelium* wird nämlich die Ortsbezeichnung Nazaret im Griechischen korrekt als ΝΑΖΩΡΑΙΟΣ übersetzt. Auf dem Schild in der römischen Basilika aber lautet die Übersetzung: ΝΑΖΑΡΕΝΥΣ. Dass der römische Soldat unter dem Kreuz, dem diese griechische Inschrift diktiert wurde, vermutlich kein so gutes Griechisch sprach wie der gebildete Evangelist Johannes, leuchtet ein. Dass ein Fälscher, der der Kaiserin Helena einen Haufen Geld abknöpfen will, gleich zwei so dumme Fehler macht, ist dagegen weniger wahrscheinlich. Zudem hätte er dann auch noch einen dritten Fehler begangen: Im *Johannes-Evangelium* schreibt Johannes den Namen von Jesus ausdrücklich aus, er macht deutlich, dass auf der Inschriftentafel am Kreuz »Jesus von Nazaret« gestanden hat. Doch der vermeintliche Fälscher kürzt den Namen Jesus ab, hält sich also erneut nicht an den Text des Johannes, sondern schreibt lediglich die beiden griechischen Buchstaben ΙΣ in der griechischen Übersetzung für den Namen Jesus und ein schlichtes I für das lateinische Iesus. Genau so kürzten Römer damals Vornamen ab. Deshalb deutet nach allem, was man heute weiß, vieles darauf hin, dass ein nicht übertrieben gebildeter römischer Soldat die Inschrift verfasst haben könnte, die in der Basilika Santa Croce in Gerusalemme verehrt wird.

Dass die Inschriftentafel von den ersten Christen gefälscht wurde, scheint absolut ausgeschlossen, denn sie konnten gut Griechisch und hätten niemals eine so offenkundige Fälschung produziert. Dass die Tafel im späten Mittelalter gefälscht wurde, ist deswegen unwahrscheinlich, weil die wenigen erkennbaren hebräischen Buchstaben eindeutig darauf hinweisen, dass diese Tafel im ersten Jahrhundert nach Christus beschriftet wurde.

Was also ist geschehen?

Vieles deutet darauf hin, dass sich die abenteuerliche Geschichte der Inschriftentafel so abspielte: Ein römischer Soldat bekam den Auftrag, den Befehl des Pilatus umzusetzen und eine Inschrift anzubringen, die Jesus verhöhnen sollte. Wer auch immer den Text in das Holz ritzte, der schrieb, wie ein römischer Soldat eben schrieb – Abkürzungen verwendend und fehlerhaft. Danach brachte er die Tafel über dem Kreuz an. Wenn der Evangelist Johannes damals wirklich unter dem Kreuz gestanden hat, dann muss er erschüttert gewesen sein vom Tod seines Herrn. Das heißt: Als das möglicherweise auf seinen Augenzeugenbericht zurückgehende, nach ihm benannte Evangelium niedergeschrieben wurde, bezog man sich vielleicht auf einen Bericht, dessen Verfasser sich zwar an die Holztafel erinnerte, aber den Inhalt dessen, was darauf stand, verwechselt hatte. Bestimmt hatte er sich auch keine Rechtschreibfehler gemerkt und schrieb den Namen schon aus Respekt vor seinem Herrn aus.

Irgendwann wird es vielleicht möglich sein, das Holz der Inschriftentafel so genau zu datieren, dass wir sagen können, ob es wirklich aus der Zeit Jesu stammt. Heute geht das noch nicht. Aber nach allem, was die Wissenschaftler bisher in Erfahrung gebracht haben, ist es durchaus möglich, dass in der Kirche Santa Croce in Gerusalemme tatsächlich die echte Inschriftentafel verehrt wird, die über dem Kreuz des Jesus von Nazaret hing. Doch selbst wenn diese Frage geklärt wäre, bliebe immer noch ein viel größeres Mysterium: nämlich die Frage, was mit dem Leib Christi geschah.

20

Der Leib Christi

Was geschah mit dem Leichnam? Das ist das größte Mysterium der katholischen Kirche und ein ganz entscheidender Punkt: Niemand hat etwas gegen fromme Geschichten – aber ob Jesus von Nazaret wirklich leiblich von den Toten auferstanden ist oder nicht, gehört zu den Kernfragen des katholischen Glaubens. Die Evangelisten gehen auf eine rätselhafte Weise mit dieser Frage um. Auf der einen Seite betont die berühmte Episode vom ungläubigen Thomas, dass Jesus wirklich mit seinem Körper von den Toten auferstand. Im *Johannes-Evangelium* (Kapitel 20, Verse 26 und 27) wird das so erzählt:

26 Acht Tage darauf waren seine Jünger wieder versammelt, und Thomas war dabei. Die Türen waren verschlossen. Da kam Jesus, trat in ihre Mitte und sagte: Friede sei mit euch!
27 Dann sagte er zu Thomas: Streck deinen Finger aus – hier sind meine Hände! Streck deine Hand aus, und leg sie in meine Seite, und sei nicht ungläubig, sondern gläubig!

Jesus scheint hier einen Körper zu besitzen, gleichzeitig hat er etwas von einem Geist – er kann durch die verschlossene Tür in den Raum kommen. Noch rätselhafter ist, dass die Apostel Jesus nach seiner Auferstehung nicht erkennen, zumindest nicht sofort. Was wollen die Evangelisten damit eigentlich sagen: Ist Jesus eine Art Geist, der einen Körper annehmen kann? Ist er also doch nicht mit seinem Körper auferstanden? Im *Johannes-Evangelium* (Kapitel 21, Verse 2 bis 13) heißt es dazu:

2 Simon Petrus, Thomas, genannt Didymus (Zwilling), Natanaël aus Kana in Galiläa, die Söhne des Zebedäus und zwei andere von seinen Jüngern waren zusammen.

3 Simon Petrus sagte zu ihnen: Ich gehe fischen. Sie sagten zu ihm: Wir kommen auch mit. Sie gingen hinaus und stiegen in das Boot. Aber in dieser Nacht fingen sie nichts.

4 Als es schon Morgen wurde, stand Jesus am Ufer. Doch die Jünger wussten nicht, dass es Jesus war.

5 Jesus sagte zu ihnen: Meine Kinder, habt ihr nicht etwas zu essen? Sie antworteten ihm: Nein.

6 Er aber sagte zu ihnen: Werft das Netz auf der rechten Seite des Bootes aus, und ihr werdet etwas fangen. Sie warfen das Netz aus und konnten es nicht wieder einholen, so voller Fische war es.

7 Da sagte der Jünger, den Jesus liebte, zu Petrus: Es ist der Herr! Als Simon Petrus hörte, dass es der Herr sei, gürtete er sich das Obergewand um, weil er nackt war, und sprang in den See.

8 Dann kamen die anderen Jünger mit dem Boot – sie waren nämlich nicht weit vom Land entfernt, nur etwa zweihundert Ellen – und zogen das Netz mit den Fischen hinter sich her.

9 Als sie an Land gingen, sahen sie am Boden ein Kohlenfeuer und darauf Fisch und Brot.

10 Jesus sagte zu ihnen: Bringt von den Fischen, die ihr gerade gefangen habt.

11 Da ging Simon Petrus und zog das Netz an Land. Es war mit hundertdreiundfünfzig großen Fischen gefüllt, und obwohl es so viele waren, zerriss das Netz nicht.

12 Jesus sagte zu ihnen: Kommt her und esst! Keiner von den Jüngern wagte ihn zu fragen: Wer bist du? Denn sie wussten, dass es der Herr war.

13 Jesus trat heran, nahm das Brot und gab es ihnen, ebenso den Fisch.

Schon am Grab hatte Maria Magdalena, die den Auferstandenen als Erste sieht, ihn nicht erkannt. Ebenfalls im *Johannes-Evangelium* (Kapitel 20, Verse 1 bis 18) wird beschrieben, wie sie zuerst das leere Grab entdeckt und später dem Auferstandenen gegenübersteht:

1 Am ersten Tag der Woche kam Maria von Magdala frühmorgens, als es noch dunkel war, zum Grab und sah, dass der Stein vom Grab weggenommen war.

2 Da lief sie schnell zu Simon Petrus und dem Jünger, den Jesus liebte, und sagte zu ihnen: Man hat den Herrn aus dem Grab weggenommen, und wir wissen nicht, wohin man ihn gelegt hat.

3 Da gingen Petrus und der andere Jünger hinaus und kamen zum Grab;

4 sie liefen beide zusammen dorthin, aber weil der andere Jünger schneller war als Petrus, kam er als Erster ans Grab.

5 Er beugte sich vor und sah die Leinenbinden liegen, ging aber nicht hinein.

6 Da kam auch Simon Petrus, der ihm gefolgt war, und ging in das Grab hinein. Er sah die Leinenbinden liegen

7 und das Schweißtuch, das auf dem Kopf Jesu gelegen hatte; es lag aber nicht bei den Leinenbinden, sondern zusammengebunden daneben an einer besonderen Stelle.

8 Da ging auch der andere Jünger, der zuerst an das Grab gekommen war, hinein; er sah und glaubte.

9 Denn sie wussten noch nicht aus der Schrift, dass er von den Toten auferstehen musste.

10 Dann kehrten die Jünger wieder nach Hause zurück.

11 Maria aber stand draußen vor dem Grab und weinte. Während sie weinte, beugte sie sich in die Grabkammer hinein.

12 Da sah sie zwei Engel in weißen Gewändern sitzen, den einen dort, wo der Kopf, den anderen dort, wo die Füße des Leichnams Jesu gelegen hatten.

13 Die Engel sagten zu ihr: Frau, warum weinst du? Sie antwortete ihnen: Man hat meinen Herrn weggenommen, und ich weiß nicht, wohin man ihn gelegt hat.

14 Als sie das gesagt hatte, wandte sie sich um und sah Jesus dastehen, wusste aber nicht, dass es Jesus war.

15 Jesus sagte zu ihr: Frau, warum weinst du? Wen suchst du? Sie meinte, es sei der Gärtner, und sagte zu ihm: Herr, wenn du ihn weggebracht hast, sag mir, wohin du ihn gelegt hast. Dann will ich ihn holen.

16 Jesus sagte zu ihr: Maria! Da wandte sie sich ihm zu und sagte auf Hebräisch zu ihm: Rabbuni!, das heißt: Meister.

17 Jesus sagte zu ihr: Halte mich nicht fest; denn ich bin noch nicht zum Vater hinaufgegangen. Geh aber zu meinen Brüdern und sag ihnen: Ich gehe hinauf zu meinem Vater und zu eurem Vater, zu meinem Gott und zu eurem Gott.

18 Maria von Magdala ging zu den Jüngern und verkündete ihnen: Ich habe den Herrn gesehen. Und sie richtete aus, was er ihr gesagt hatte.

Auch in der Darstellung des *Lukas-Evangeliums* (Kapitel 24, Verse 13 bis 31) erkennen die Jünger den Auferstandenen nicht, nachdem sie zuvor das leere Grab entdeckt hatten:

13 Am gleichen Tag waren zwei von den Jüngern auf dem Weg in ein Dorf namens Emmaus, das sechzig Stadien von Jerusalem entfernt ist.

14 Sie sprachen miteinander über all das, was sich ereignet hatte.

15 Während sie redeten und ihre Gedanken austauschten, kam Jesus hinzu und ging mit ihnen.

16 Doch sie waren wie mit Blindheit geschlagen, sodass sie ihn nicht erkannten.

17 Er fragte sie: Was sind das für Dinge, über die ihr auf eurem Weg miteinander redet? Da blieben sie traurig stehen,

18 und der eine von ihnen – er hieß Kleopas – antwortete ihm: Bist du so fremd in Jerusalem, dass du als Einziger nicht weißt, was in diesen Tagen dort geschehen ist?

19 Er fragte sie: Was denn? Sie antworteten ihm: Das mit Jesus aus Nazaret. Er war ein Prophet, mächtig in Wort und Tat vor Gott und dem ganzen Volk.

20 Doch unsere Hohenpriester und Führer haben ihn zum Tod verurteilen und ans Kreuz schlagen lassen.

21 Wir aber hatten gehofft, dass er der sei, der Israel erlösen werde. Und dazu ist heute schon der dritte Tag, seitdem das alles geschehen ist.

22 Aber nicht nur das: Auch einige Frauen aus unserem Kreis haben uns in große Aufregung versetzt. Sie waren in der Frühe beim Grab,

23 fanden aber seinen Leichnam nicht. Als sie zurückkamen, erzählten sie, es seien ihnen Engel erschienen und hätten gesagt, er lebe.

24 Einige von uns gingen dann zum Grab und fanden alles so, wie die Frauen gesagt hatten; ihn selbst aber sahen sie nicht.

25 Da sagte er zu ihnen: Begreift ihr denn nicht? Wie schwer fällt es euch, alles zu glauben, was die Propheten gesagt haben.

26 Musste nicht der Messias all das erleiden, um so in seine Herrlichkeit zu gelangen?

27 Und er legte ihnen dar, ausgehend von Mose und allen Propheten, was in der gesamten Schrift über ihn geschrieben steht.

28 So erreichten sie das Dorf, zu dem sie unterwegs waren. Jesus tat, als wolle er weitergehen,

29 aber sie drängten ihn und sagten: Bleib doch bei uns; denn es wird bald Abend, der Tag hat sich schon geneigt. Da ging er mit hinein, um bei ihnen zu bleiben.

30 Und als er mit ihnen bei Tisch war, nahm er das Brot, sprach den Lobpreis, brach das Brot und gab es ihnen.

31 Da gingen ihnen die Augen auf, und sie erkannten ihn; dann sahen sie ihn nicht mehr.

An diesen Stellen beißen sich Theologen seit Jahrhunderten die Zähne aus: Was hat das zu bedeuten? Warum erkennen die Apostel Jesus nicht, dem sie doch jahrelang täglich gefolgt sind? Wie kann Jesus nach seiner Auferstehung einfach verschwinden, wenn er doch leiblich auferstanden ist, also einen Körper hat (bei Lukas heißt es doch: »Dann sahen sie ihn nicht mehr«)? Wie kann das sein, da er doch eben noch mit ihnen am Tisch saß und das Brot brach?

Giuseppe Barbaglio, ein hochgelehrter Bibel-Fachmann, der auch an der Universität des Vatikans unterrichtet hat, glaubt, dass uns die Evangelisten damit den Hinweis geben wollten, dass Jesus eben doch nicht wirklich leiblich auferstanden sei, sondern möglicherweise in einem übertragenen Sinn – nicht mehr als Mensch, sondern als ein göttliches Wesen, das die Apostel deshalb genauso wenig erkannten wie zuvor schon Maria Magdalena.

Was aber geschah dann mit dem wirklichen Leib Christi?

Asche zu Asche, Staub zu Staub, wie bei uns Normalsterblichen auch?

Das widerspräche der katholischen Lehrmeinung, nach der es keine Reliquie von Jesus geben kann, weil er *mit* seinem Körper in den Himmel aufgefahren sein soll wie Maria, die Muttergottes, auch.

Eine dritte, lange diskutierte Theorie geht davon aus, dass Jesus, als er vom Kreuz abgenommen wurde, gar nicht tot war. In diesem Zusammenhang verweisen kirchenkritische Kreise vor allem auf das *Markus-Evangelium* (Kapitel 15, Vers 44), in dem es heißt, Pilatus sei überrascht gewesen, als er hörte, dass Jesus schon tot war.

Wieso ist Pilatus überrascht? Weil die Kreuzigung nicht so lange dauerte wie andere? Weil man sich beeilen musste, da der Abend bereits anbrach und Gekreuzigte am heiligen Sabbat nicht mehr am Kreuz hängen durften?

Erinnern wir uns noch einmal an die bereits zitierte Stelle im *Johannes-Evangelium* (Kapitel 19, Verse 31 bis 34), wo es heißt:

31 Weil Rüsttag war und die Körper während des Sabbats nicht am Kreuz bleiben sollten, baten die Juden Pilatus, man möge den Gekreuzigten die Beine zerschlagen und ihre Leichen dann abnehmen; denn dieser Sabbat war ein großer Feiertag.
32 Also kamen die Soldaten und zerschlugen dem ersten die Beine, dann dem andern, der mit ihm gekreuzigt worden war.
33 Als sie aber zu Jesus kamen und sahen, dass er schon tot war, zerschlugen sie ihm die Beine nicht,
34 sondern einer der Soldaten stieß mit der Lanze in seine Seite, und sogleich floss Blut und Wasser heraus.

War Jesus vielleicht doch noch gar nicht tot, sondern schlicht bewusstlos geworden? Nahm man also einen Bewusstlosen vom Kreuz ab? Erholte sich der schwer verletzte Jesus von Nazaret in dem Grab, in das man den vermeintlich Toten gelegt hatte, bis er sich von den Leichentüchern befreite, um jemanden zu suchen, der ihm helfen konnte? Entstand daraus die Auferstehungslegende?

Denkbar ist das natürlich. Nichts wäre für die katholische Glaubenslehre so gefährlich wie ein Beweis dafür, dass Jesus nie von den Toten auferstanden ist, weil seine Gebeine entweder friedlich in einem Grab ruhten oder weil er eben doch noch gar nicht tot war und schließlich aus eigener Kraft sein Grab verlassen konnte. Nichts wäre aber auch für die mehr als eine Milliarde Katholiken auf der Welt so schmerzhaft wie die Erkenntnis, dass Jesus nicht wirklich den Tod besiegt hätte und auferstanden wäre.

Seltsamerweise ignorierte die Menschheit in diesem Zusammenhang jahrhundertelang einen unvergleichlichen Beweis in dieser Sache: das in Turin aufbewahrte Leichentuch des Jesus von Nazaret. Jenes Tuch also, das beweisen könnte, dass Jesus tatsächlich von den Toten auferstanden ist...

Bis heute kann kein Wissenschaftler erklären, wie das Abbild jenes Mannes, das in Turin zu sehen ist, auf das Leichentuch kam. Aber vielleicht kommen wir der Lösung des Rätsels einen Schritt näher, wenn wir an das Phänomen der »ständigen Schatten« denken: Ein Auto, das vor einer weißen Wand steht, wirft nur tagsüber einen Schatten. Doch nach den Atombombenangriffen auf Hiroshima und auf Nagasaki entdeckten Wissenschaftler, dass die Strahlen der Atombomben so stark gewesen waren, dass sie den Abdruck von Gegenständen wie »ständige Schatten« in die Wand einbrannten. So könnte auch jene Energie Gottes, die so stark war, dass sie Jesus von den Toten auferweckte, dessen Abbild in das Leichentuch von Turin gebrannt haben. Jedenfalls verglich der britische Autor Ian Wilson die Spuren im Leichentuch mit den Spuren eines thermo-nuklearen Blitzes. Demnach könnte sich Folgendes abgespielt haben: Eine den Menschen nicht bekannte Strahlenart wirkte einige Tausendstel Sekunden auf den Leichnam Jesu ein, um ihn von den Toten auferstehen zu lassen, und auf dem Leichentuch blieb eine Art »ständiger Schatten« zurück.

Auch der US-amerikanische Journalist Robert K. Wilcox kann sich vorstellen, dass eine für Menschen unerklärliche Strahlenform den Abdruck geschaffen hat: Wollte Gott, dass die Menschheit den Augenblick der Erweckung seines Sohnes von den Toten in Erinnerung behält? Wollte er, dass die Menschen einen »Beweis« für dieses Ereignis bekommen? Ist der Abdruck des Jesus von Nazaret im Turiner Leichentuch die wichtigste Reliquie der Erde, weil sie den Augenblick »ablichtete«, in dem Gott seinen Sohn über den Tod triumphieren lässt?

Ich beschäftige mich schon seit Jahren mit dem Leichentuch von Turin, und zwar aus einem ganz einfachen Grund: Ich bin seit Langem mit einem der wichtigsten Leichentuchexperten befreundet, der ebenso wie ich Vaticanista, also Vatikankorrespondent, ist. Orazio Petrosillo schrieb zwei Bücher über das Leichentuch und hatte die Ehre, dass sich selbst Papst Johannes Paul II. durch ihn über den neuesten Stand der Leichentuchforschung informieren ließ.

Das Turiner Grabtuch gilt als der am besten erforschte Gegenstand der Welt – es gab einer ganzen Forschungsrichtung den Namen: Sindonologie (von griechisch: Sindón = Tuch). Orazio und ich begleiteten Johannes Paul II. mehr als ein Jahrzehnt lang auf allen Auslandsreisen. Während dieser Reisen haben wir auch immer wieder über das Leichentuch diskutiert. Leider erlitt Orazio Petrosillo im Sommer 2006 – ausgerechnet bei einem Aufenthalt mit Papst Benedikt XVI. im Urlaub im Aostatal – einen Hirnschlag und leidet nach wie vor an den Folgen. Ich verdanke ihm viel.

Nach Jahrzehnten der Recherche ist Orazio davon überzeugt, dass in diesem Tuch tatsächlich einst der Leichnam Christi lag. (Auch Papst Johannes Paul II. ging übrigens immer von der Echtheit der Reliquie aus.) Tatsächlich ist das wichtigste Argument für die Echtheit der Reliquie bis heute nicht zu widerlegen: Noch niemandem ist es gelungen, das Leichentuch nachzumachen. Denn so etwas wie das Leichentuch in Turin gibt es kein zweites Mal auf der Welt: Es ist 4,36 Meter lang und 1,10 Meter breit, aus Leinen gefertigt und zeigt ein Ganzkörperbildnis des Jesus von Nazaret – und zwar sowohl verzerrungsfrei nach Art einer fotografischen Projektion auf eine ebene Fläche (wie das Negativ einer Fotografie, obwohl es kein Foto ist) und doch auch wie eine – Vorder- und Rückseite der abgebildeten Person in identischer Größe wiedergebende – Plastik (obwohl es keine Skulptur ist). Kein Mensch, keine uns bekannte Technik kann heute etwas so Kompliziertes herstellen. Widerlegen konnte zudem bisher niemand die Theorie, dass das Turiner Grabtuch durch eine nicht erklärbare Form der Energie im Augenblick der Auferstehung Jesu entstanden sein könnte.

Aber wer weiß: Vielleicht ist das Leichentuch des Jesus von Nazaret ja auch der beste Ausdruck für Gottes ganz eigenen Humor?

Ich denke – auch wenn das vermutlich alles andere als theologisch korrekt ist –, dass sich der Schöpfer im Himmel prächtig über uns Erdenbürger amüsiert, wenn wir alles daransetzen, seine größten Geheimnisse zu »knacken«. Jedenfalls muss ich gestehen, dass ich bereits öfter das Gefühl hatte, ein »Opfer« von Gottes ganz eigenem Humor zu werden. So ist es mir schon mehrfach passiert, dass ich als verheirateter Mann einer schönen Frau nachsah – und ausgerechnet an diesem Tag hielt der Papst dann eine Ansprache über die Unauflöslichkeit der Ehe. Ein anderes Mal wollte ich mich mit einer überaus attraktiven Frau verabreden – und genau an diesem Tag fiel mir beim Archivieren eine alte Papstrede in die Hände, in der es »zufällig« genau um jene Bibelstelle ging, in der Jesus allein schon die Tatsache, andere Frauen zu begehren, scharf verurteilt. (Daraufhin sagte ich die Verabredung lieber ab.)

Im Fall des Turiner Grabtuchs habe ich ein ganz ähnliches Gefühl, als würde Gott uns damit sagen wollen: Müht euch nur ab, etwas zu beweisen, das ihr nun einmal glauben müsst, wenn ihr es denn glauben wollt. Aber meine göttlichen Karten lege ich nicht auf den Tisch: Es muss euch genügen, dass ich Spuren hinterlasse, die es dem Gläubigen möglich machen, an mich zu glauben, auch wenn es niemals dafür Beweise geben wird.

Möglicherweise amüsiert sich Gott ja auch köstlich über die Streitereien, die seine »Spuren« auslösen. Was das Leichentuch

Christi angeht, waren sich nämlich bereits die Evangelisten uneins. Im *Matthäus-Evangelium* (Kapitel 27, Vers 59) heißt es: »Josef nahm ihn und hüllte ihn in ein reines Leinentuch.« Bei Markus steht fast das Gleiche (Kapitel 15, Vers 46): »Josef kaufte ein Leinentuch, nahm Jesus vom Kreuz, wickelte ihn in das Tuch und legte ihn in ein Grab, das in einen Felsen gehauen war.« Bei den beiden anderen Evangelisten aber erfahren wir nichts von einem Tuch – hier ist die Rede von Leinenbinden. Bei Lukas (Kapitel 24, Vers 12): heißt es: »Petrus aber stand auf und lief zum Grab. Er beugte sich vor, sah aber nur die Leinenbinden [dort liegen]. Dann ging er nach Hause, voll Verwunderung über das, was geschehen war.« Im *Johannes-Evangelium* (Kapitel 20, Verse 6 und 7) wird die Szene, in der Petrus in das leere Grab hineingeht, noch genauer beschrieben: »Da kam auch Simon Petrus, der ihm gefolgt war, und ging in das Grab hinein. Er sah die Leinenbinden liegen / und das Schweißtuch, das auf dem Kopf Jesu gelegen hatte; es lag aber nicht bei den Leinenbinden, sondern zusammengebunden daneben an einer besonderen Stelle.«

Vielleicht war diese Stelle bei Johannes immer das wichtigste Argument gegen die Echtheit des Turiner Grabtuchs: Darauf ist auch der Kopfabdruck eines Mannes zu erkennen. Aber wie soll sich dieser auf dem Tuch abgezeichnet haben, wenn Johannes doch von einem Schweißtuch spricht und nicht nur vage, sondern ganz präzise beschreibt, dass dieses Tuch nicht bei den Binden gelegen habe, sondern separat?

Das Mysterium des Grabtuchs von Turin beginnt schon in den Evangelien...

Seit meiner Ankunft 1987 in Italien habe ich immer davon geträumt, das Turiner Grabtuch einmal mit meinen eigenen Augen zu sehen. Aber ich musste ganze elf Jahre lang warten bis zur nächsten öffentlichen Zurschaustellung, denn das Turiner Grabtuch wird üblicherweise nur etwa alle 20 Jahre gezeigt (das nächste Mal wohl erst wieder im Jahr 2025). Also gehörte ich zu den immerhin gut zwei Millionen Menschen, die zwischen dem 18. April und dem 14. Juni 1998 nach Turin pilgerten, um das Grabtuch zu sehen, und ich erinnere mich gut daran, wie mich ein freundlicher Prälat durch einen Nebeneingang zu dem Leinentuch brachte.

Ich hatte es mir viel dunkler vorgestellt, vergilbter, nicht so strahlend hell. Es ist gar nicht so einfach, darauf einen Gesichtsabdruck zu sehen, doch wenn man ihn einmal erkannt hat, kann man sich nur sehr schwer wieder von dem Anblick losreißen: Ganz ruhig, entspannt und irgendwie sehr zufrieden scheint uns hier ein anscheinend bärtiger Mann mit langen Haaren entgegenzublicken. Mein Eindruck war, dass er einen langen, anstrengenden Kampf hinter sich hatte und es genoss, sich endlich etwas ausruhen zu können.

Das vermutlich größte Rätsel des Grabtuchs aber besteht wohl darin, dass sich die Menschen dreizehn Jahrhunderte lang überhaupt nicht um diese wichtigste aller Reliquien geschert zu haben scheinen. Die Kreuzreliquie will die Kaiserin Helena immerhin etwa um das Jahr 326 gefunden haben – doch das unendlich wertvollere Leichentuch mit dem Abbild von Gottes Sohn taucht erst im Jahr 1353 auf, als sei es mitten in Frankreich vom Himmel gefallen. Offenbar hat der Adelige Geoffroy de Charny das Leichentuch Christi erworben, von wem auch immer, aber erstaunlicherweise wird es erst ein Jahr nach seinem Tod, 1357, zum ersten Mal gegen Eintritt ausgestellt. Das beweist eine in der Seine gefundene Münze, die an das Ereignis erinnert. Der zuständige Bischof von Troyes, Henry de Poitiers, glaubt allerdings an einen Betrug und kann auch tatsächlich rasch einen Maler ausfindig machen, der behauptet, bei dem Leichentuch handle es sich um eine Fälschung. Daraufhin muss es wieder weggepackt werden, und bis heute schuldet uns die Familie des ersten Besitzers, Geoffroy de Charny, eine Antwort auf die Frage, woher sie dieses Tuch hatte.

Wieso hat Geoffroy de Charny das Tuch erworben, wenn er es dann niemals öffentlich zeigte?

Wagte er es nicht, und falls das zutrifft: warum nicht?

Welches Geheimnis kannte er?

Nahm er dieses Geheimnis mit ins Grab, ohne es auch nur seiner Frau anzuvertrauen, die offensichtlich nichts davon wusste, als sie die Gläubigen das Leichentuch gegen Bares sehen ließ und damit viel Geld verdiente?

Auch seine Frau kann oder will nicht erklären, wie das Leichentuch die weite Reise von Palästina nach Frankreich überstanden haben soll. Der Wert des Tuchs wäre beträchtlich gestiegen, wenn die Familie wenigstens irgendeine halbwegs plausible Erklärung dafür abgeliefert hätte, woher das Tuch kam. Sie machte sich aber noch nicht einmal die Mühe, eine Erklärung zu erfinden, sondern schwieg beharrlich zu dieser Frage.

Warum?

Weil das Tuch eine Fälschung war?

Oder konnte die Wahrheit über die Herkunft des Leichentuchs der Familie gefährlich werden?

Dafür gäbe es zumindest eine Theorie – und einen Verantwortlichen: den rätselhaften Templerorden. 1353 erwarb oder bekam Geoffroy de Charny das Tuch in Frankreich. Etwa vierzig Jahre früher, 1312, war der schwerreiche Orden der Tempelritter von Papst Clemens V. aufgelöst worden. Der letzte Großmeister dieses Ordens, Jacques de Molay, starb am 19. März 1314 auf dem Scheiterhaufen vor der Kirche Notre-Dame de Paris.

Milo de Charny, der aus derselben burgundischen Familie stammte wie Geoffroy de Charny, der erste Besitzer des Leichentuchs Christi, war einer der letzten Priester des Templerordens: Wusste er, wo die Tempelritter ihren größten Schatz aufbewahrten – das Grabtuch Christi –, und gab er dieses nach der Auflösung des Ordens und dem Tod des Großmeisters seinem Verwandten, um es in Sicherheit zu bringen?

Schwieg Geoffroy de Charny also deshalb beharrlich auf die Frage nach der Herkunft des Leichentuchs, weil er fürchten musste, von der Rache der Kirche getroffen zu werden, die alles beschlagnahmte, was den Tempelrittern gehörte?

Während des Prozesses, der zur Auflösung des Ordens führte, warf man den Angeklagten vor, »Köpfe anzubeten« – die Templer hatten behauptet, »diese Köpfe könnten sie retten«. War also der Abdruck des »Kopfes Christi« der größte Schatz der Templer gewesen?

Diese Spur könnte in jedem Fall bis nach Jerusalem führen. Nach der Eroberung der Stadt durch den ersten Kreuzzug im Jahr 1099 kehrte der größte Teil des Heeres der Kreuzritter nach Europa zurück. Jetzt stand den zahlreichen Pilgern, die nach Jerusalem wollten, auch der Seeweg offen. Viele Städte – vor allem Pisa und Venedig – boten regelmäßige Schiffspassagen nach Jerusalem an; der Seeweg war auch relativ sicher. Dagegen war der Landweg von der christlichen Festung Jaffa am Meer bis nach Jerusalem sehr gefährlich: Banden versuchten die Pilger auszurauben. Daher beschlossen vermutlich um das Jahr 1119 einige Ritter, einen Orden zu gründen, der neben den drei üblichen Gelübden Armut, Keuschheit und Gehorsam auch noch das Gelübde des Schutzes von Pilgern aufnahm. Der eigentliche Name des Ordens lautete »Arme Ritterschaft Christi vom salomonischen Tempel Jerusalems« (»Pauperes commilitones Christi templique Salomonici Hierosalemitanis«) und vereinte die Ideale zweier bis dahin streng voneinander getrennter Stände: des Adels (Ritter) und der Mönche. Ihr Gelübde legten die Ritter vor dem Patriarchen von Jerusalem ab, und der damalige König dieser heiligen Stadt, Balduin II., überließ ihnen einen Teil seines Palastes, der auf dem Gelände des alten Tempels Salomons errichtet worden sein soll (daher auch der Name der Tempelritter), und zog selbst in die Festung am Davidsturm.

Darüber, wie die Ritter nun in den Besitz des Leichentuchs gekommen sein sollen, gibt es viele Theorien. Sehr wahrscheinlich untersuchten sie die Schatzkammern und alten Höhlen unter dem Tempel des Salomon ganz genau. Ob und was sie dabei fanden, ist unklar. Sicher ist nur eines: Wenn es *überhaupt* jemals ein Leichentuch Christi gegeben haben sollte, dann können es die Anhänger des Jesus von Nazaret nicht besessen haben. Denn alles, was mit Toten in Berührung kommt, gilt nach dem Gesetz Mose als unrein. Ein Grabtuch, in dem tatsächlich eine Leiche gelegen hat, was noch dazu an den Spuren – dem Abdruck der Leiche – deutlich erkennbar ist, hätte kein gläubiger Jude nach Jerusalem oder sonst wohin geschmuggelt. Weshalb die auffallende »Zurückhaltung« der Apostel beim Sammeln von Reliquien in diesem Fall verständlich wäre – nicht aber bei jenen Gegenständen, die Gottes Sohn zu seinen Lebzeiten berührt hat.

Die einzige Möglichkeit, dass das Leichentuch die Zeit überstand, besteht also darin, dass irgendjemand – Maria Magdalena zum Beispiel – das Grabtuch beiseitegeschafft hätte. Wenn man einmal davon ausgeht, dass die Geschichte der Auffindung des Kreuzes Christi stimmt – wenn also irgendjemand dieses Kreuz in eine Zisterne warf, in der es Helena mehr als dreihundert Jahre später fand –, dann könnte genauso gut auch irgendjemand das Leichentuch versteckt haben: in einer Höhle zum Beispiel oder an irgendeinem anderen Ort, von dem die Christen Jerusalems über Jahrhunderte wussten, dass das Tuch dort aufbewahrt wurde. Von dort könnte es, nachdem die Tempelritter es »gefunden« oder auf eine andere Weise in ihren Besitz gebracht hätten, nach Edessa gebracht worden sein, dem heutigen Sanliurfa in der Osttürkei an der Grenze zu Syrien.

Edessa war für die Kreuzfahrer eine wichtige Festung. Wohl im 6. Jahrhundert tauchte dort ein anderes heiliges Bild Gottes auf, das nicht von Menschenhand gemalt worden sein kann und möglicherweise mit jener Abgar-Legende zu tun hat, die ich bereits im Zusammenhang mit dem Fund der Kreuzreliquie erwähnt habe. In der dort zitierten Fassung des Eusebios von Caesarea ist noch von keinem Bildnis die Rede, aber die im 5. Jahrhundert verfasste Geschichtensammlung *Doctrina Addai* erzählt die Legende so, dass der leprakranke König Abgar seinen Diener Hannan zu Jesus nach Jerusalem schickt, um ihn nach Edessa einzuladen. Jesus kann oder will aber dieser Einladung nicht folgen und formuliert einen entsprechenden Antwortbrief, dem er ein Bild von sich selbst beifügt, das heute sogenannte Mandylion von Edessa. Die Geschichte endet nun damit, dass der König das Bild Jesu in seinem Palast betrachtet und sich so sehr darüber freut, dass er urplötzlich geheilt ist…

Wieder eine andere Version lautet so: Als Abgar, der König von Edessa, einen Maler nach Jerusalem sandte, um ein Bildnis des Jesus von Nazaret anfertigen zu lassen, und der Maler wegen des strahlenden Glanzes von Jesu Antlitz nicht dazu in der Lage war, soll Jesus sein Oberkleid auf sein göttliches, Leben spendendes Antlitz gelegt, auf diese Weise sein Bild »im Kleide abgeprägt« und es dann dem danach verlangenden Abgar geschickt haben. Dieses Bild, das auf einem faltigen Tuch den Kopf von Gottes Sohn zeigen soll, kam angeblich im Jahr 944 nach Konstantinopel, verschwand aber nach der Eroberung dieser Stadt im Jahr 1204. In der Folgezeit stritten sich Rom, Genua und Paris um seinen Besitz.

Der ebenfalls bereits erwähnte britische Autor Ian Wilson aber versuchte zu beweisen, dass es sich bei dem Mandylion von Edessa wie bei dem Leichentuch um ein und dasselbe handeln könnte. Obwohl er selbst zugab, diese These nicht beweisen zu können, gibt es drei Indizien für ihre Richtigkeit.

Erstens: Das Mandylion von Edessa wird häufig auch »Tuch« genannt. Wenn es aber ein Bild war, warum sollte man es dann Tuch nennen? Damals wurden Bilder nahezu ausschließlich auf Holz gemalt.

Zweitens unterstreichen alle Christen von Anfang an, dass das Bild von Edessa offenbar nicht von Menschenhand gemalt wurde: Erkannten schon damalige Betrachter des Leichentuchs, dass es sich um eine sehr ungewöhnliche Form der Darstellung, auf keinen Fall aber um ein gewöhnliches (gemaltes) Bild handeln konnte?

Drittens: Das Mandylion von Edessa wurde oft abgemalt, immer wieder kopiert. Und die Kopien des Mandylions gleichen dem Antlitz Jesu auf dem Leichentuch frappierend.

Einen weiteren Hinweis darauf, dass das Mandylion von Edessa und das Turiner Leichentuch identisch sind, gibt es im Kloster der heiligen Katherina auf dem Sinai. Dort wird ein Wandbild gezeigt, das König Abgar darstellt, wie er das Bildnis von Jesu Antlitz erhält. Darauf kann man ganz genau erkennen, dass ihm ein bemaltes Tuch übergeben wird, auf dem ein dem Antlitz auf dem Turiner Grabtuch erstaunlich ähnliches Gesicht Jesu zu erkennen ist.

Tatsächlich müsste dieses Tuch, wenn es denn mit dem Turiner

Grabtuch identisch wäre, über Jahrhunderte hinweg mehrfach gefaltet und so in einen Rahmen gespannt gewesen sein, dass nur das Gesicht des Gekreuzigten zu sehen war.

Aber ist es möglich, dass in all dieser Zeit niemand auf die Idee kommt, den Rahmen zu öffnen?

Ist es also möglich, dass das Leichentuch über Jahrhunderte unerkannt blieb?

Dass sich überhaupt ein solches Bildnis des Erlösers, das »nicht von Menschenhand gemacht wurde«, in Edessa befand, ist unbestritten. Immer wieder gehen Chronisten darauf ein. Der Kirchenhistoriker Evagrius (eigentlich Euagrios von Antiocheia, ab 388 Bischof seiner Geburtsstadt Antiochia am Orontes, wo er um das Jahr 392 auch starb) schreibt, dass ein Angriff des persischen Heeres gegen Edessa fehlschlug, weil das »Bild, das nicht von Menschen Hand gemacht wurde«, die Stadt beschützt habe. Um diese Zeit tauchte wieder eine andere Variante der Abgar-Legende auf, in der Jesus gleichlautend mit den anderen Versionen die Bitte des kranken Königs, dass er zu ihm komme, ablehnt, dann aber »ein Tuch verlangt«, um sich waschen zu können. Und nachdem er sich abgetrocknet hat, soll darin »der Abdruck seines Gesichtes zu sehen gewesen« sein.

Hat der Autor dieser Variante das Gesicht des Mannes auf dem Turiner Grabtuch gesehen und die Geschichte mit der »Waschung« erfunden, um den Abdruck zu erklären?

Wie auch immer: Im Jahr 638 erobern die Muslime schließlich das christliche Edessa. Künftig ist von dem Mandylion, dem heiligen Bild, nur noch selten die Rede. Möglicherweise hatten es die Christen einfach versteckt, oder sie verehren es – da sich die Muslime gegenüber anderen Religionen tolerant verhalten – in irgendeiner Kirche weiter. Im 10. Jahrhundert regiert dann Kaiser Romanos I. Lakapenos in Konstantinopel, der sich den Thron des Byzantinischen Reichs mit Konstantin VII. teilen muss, tatsächlich aber über die eigentliche Macht im Reich verfügt. Er ist es auch, der den Feldherrn Johannes Kurkusa gegen die Heere des Kalifen schickt, und ihm gelingt wirklich, die Araber so weit zurückzudrängen, dass er Edessa erreicht. Als christlicher Feldherr verlangt er die Herausgabe des heiligen

Bildes, und der Kalif stimmt zu – im Gegenzug soll der Kalif die Freilassung von 300 Gefangenen und die Zahlung von 12 000 Silbermünzen verlangt haben. Der muslimische Historiker Ali ibn al-Husain al Masudi erwähnt in diesem Zusammenhang ein Tuch, »auf dem Jesu Gesicht aufgedrückt« war, »das nach Konstantinopel geschickt worden« sei. Diese Stadt soll das heilige Bild schließlich am 15. August 944 erreicht haben. Dort nennt man es »Tetradiplon« (das bedeutet schlicht »vier mal zwei«), ein extrem seltenes Wort, das in allen bekannten Schriften aus der Geschichte Konstantinopels überhaupt nur zweimal vorkommt, jeweils in Bezug auf das Tuch aus Edessa. Ein Tetradiplon bedeutet etwas, das »auf vierfache Weise verdoppelt« wurde. Tatsächlich wurde das Grabtuch von Turin – das kann man noch heute sehen – viermal gefaltet, sodass acht Lagen aufeinanderlagen, bevor das Ganze in der Mitte noch ein weiteres Mal gefaltet wurde…

Ich weiß nicht, ob man jemals dazu in der Lage sein wird, zu beweisen, dass das wundersame Bild von Edessa und das Turiner Grabtuch ein und dasselbe sind. Doch ohne Zweifel gibt es ab dem 15. August 944 etwas, das dem Turiner Grabtuch sehr ähnlich ist: Denn an diesem Tag hält der Erzdiakon Gregorius Referendarius in der Kirche der heiligen Sophia, der Hauptkirche von Konstantinopel, eine Predigt zu Ehren der Ankunft eines heiligen Bildes. Darin sagt er, dass er die heilige Ikone grüße, die »nur von den Schweißtropfen der Todesangst eingeprägt wurde, die von dem Antlitz herkommen, das der Ursprung des Lebens ist. […] Dies sind wirklich die Schönheiten, die die Färbung des Prägebildes Christi hervorgebracht haben, das noch weiter verschönert worden ist von den Blutstropfen, die sogar seiner Seite entquollen sind. Beides ist voller Lehren, Blut und Wasser dort, Schweiß und das Bild hier.« Im Anschluss an die feierliche Zeremonie lässt der bereits erwähnte Kaiser Konstantin VII. das heilige Bild in die Marienkirche seines Palastes bringen.

Was für eine herrliche Stadt muss Konstantinopel damals gewesen sein. Damals galt es als »das zweite Rom« – das erste und echte Rom lag längst in Schutt und Asche, mehrfach erobert und geplündert. Die Tempel und Paläste der Cäsaren, viele Jahre die Herrscher der damals gekannten Welt, waren nur noch Trümmerhaufen. Dort, wo Gaius Julius Caesar sich einst für seine Triumphe feiern ließ, grasten nun längst die Schafe. Im einstmals so stolzen Rom, wo zur Zeit des Augustus vermutlich mehr als eine Million Menschen lebten und täglich mit frischem Wasser und Lebensmitteln versorgt werden konnten, hausten jetzt nur noch knapp 20 000 Einwohner. Konstantinopel aber war nie zerstört worden. Die stolze Stadt mit dem Namen des Kaisers Konstantin besaß einen immensen Reichtum an Schätzen in luxuriösen Palästen, und nach dem Jahr 944 war sie um einen vielleicht unermesslichen Schatz reicher: das echte Leichentuch Christi. Doch die große Katastrophe des christlichen Konstantinopel stand noch bevor: Im 11. Jahrhundert beschloss der aus dem Elsass stammende Papst Leo IX. (eigentlich Bruno von Egisheim-Dagsburg) den Bruch mit dem Osten, weshalb der von ihm beauftragte Kardinal Humbert de Moyen während einer feierlichen Messe am 16. Juli 1054 in der Kathedrale der heiligen Sophia eine päpstliche Bulle auf den Altar legte, mit der die Exkommunizierung des Patriarchen von Konstantinopel, Michael Cerulario, besiegelt wurde. (Der Papst selbst war übrigens bereits am 19. April 1054 verstorben – eine solche Reise eines päpstlichen Legaten dauerte damals eben ihre Zeit.) Daraufhin berief der Patriarch von Konstantinopel seinerseits ein Konzil ein und beschloss die Exkommunizierung des Papstes sowie aller sogenannten »Lateiner«. Das bedeutete die Kirchenspaltung (Schisma), und diese beeinträchtigte auch die sehr guten Wirtschaftsbeziehungen Konstantinopels zu Genua, Pisa und Venedig. Viele Kaufleute aus diesen Städten lebten im damaligen Konstantinopel, doch bei dem sogenannten »Lateinerprogrom« im Jahr 1171 wurden hunderte von ihnen ausgeraubt, eingekerkert oder getötet. Das wollte sich Venedig, die »Supermacht auf See«, nicht bieten lassen: Unter dem Vorwand, in eine Thronstreitigkeit einzugreifen, gelangten im Jahr 1202 die Schiffe des vierten Kreuzzugs nach Venedig. Der Kreuzzug selbst war nur ein Vorwand – Venedig zahlte und organisierte alles und wollte nicht die Muslime angreifen, sondern an den christlichen Brüdern in Konstantinopel Rache nehmen. Also überfielen die vermeintlichen Kreuzfahrer die Stadt und raubten sie aus. Als sie eine Moschee entdeckten – von denen es wegen der vielen arabischen Händler in Konstantinopel etliche gab –, brannten die Kreuzfahrer sie nieder und zündeten dabei einen ganzen Stadtteil an. Zwar gelang es Kaiser Alexios V. von Konstantinopel zuerst, sie aus der Stadt zu vertreiben, doch dann kamen sie wieder, mit schrecklichen Folgen: Am 13. April 1204 überfielen die Kreuzfahrer von der Seeseite am Goldenen Horn aus die Stadt und plünderten sie drei Tage lang aus. In diesen drei Tagen erlebte die westliche Zivilisation eine ihrer größten Katastrophen: Eine Unzahl von unschätzbar wertvollen Kunstwerken noch aus der Zeit der römischen Weltherrscher wurde unrettbar vernichtet. Die von den Kreuzfahrern gelegten Brände verwüsteten zudem einen Großteil dieser wunderschönen Stadt. Zahllose Reliquien fielen in die Hände der Plünderer und wurden entweder gestohlen oder im allgemeinen Chaos einfach zerstört...

Für uns heute ist kaum noch nachvollziehbar, was dieser Angriff auf das heilige Konstantinopel wirklich bedeutete. Obwohl ich seit zwei Jahrzehnten mit der katholischen Kirche zu tun habe, verstand ich erst sehr spät seine Tragweite. Ich habe häufiger den von mir sehr geschätzten Chef des päpstlichen Rates zur Förderung der Einheit der Christen, Kardinal Walter Kasper, interviewt, der zuständig ist für den Dialog unter den verschiedenen christlichen Kirchen, und der sagte mir nach Gesprächen mit Kirchen aus Osteuropa, mit Vertretern der Orthodoxie in Rumänien oder Bulgarien immer wieder, dass für die orthodoxen Popen die Schuldfrage nach wie vor ein Thema ist. Der Überfall auf Konstantinopel ist mehr als achthundert Jahre her, aber noch immer empfinden sehr viele orthodoxe Kirchen ihn als den schlimmsten Verrat der römischen Kirche an der gemeinsamen christlichen Sache. Wohl deshalb brachte Johannes Paul II. während seines historischen ersten Besuchs in einem mehrheitlich orthodoxen Land, im Mai 1999 in Rumänien, diesen Angriff auf Konstantinopel ausdrücklich zur Sprache. Um die wahre Dimension dieses Ereignisses zu verstehen, hilft es vielleicht, sich vorzustellen, dass ein Kreuzzug orthodoxer Christen den Petersdom und den Vatikan zerstört hätte – das könnten die Päpste sicher auch über Jahrhunderte nicht vergessen.

Auch das Tuch, das im Jahr 944 in der Kirche der heiligen Sophia so inbrünstig angebetet wurde, verschwand damals. Unmittelbar nach dem Überfall auf Konstantinopel schreibt Theodore Ducas Angelos an Papst Innozenz III., um sein Entsetzen zum Ausdruck zu bringen: »Die Venezianer teilten den Schatz aus Gold, Silber und Elfenbein untereinander auf, das Gleiche taten die Franzosen mit den Reliquien und auch mit dem heiligen Leichentuch, in dem unser Herr gelegen hat vor der Wiederauferstehung.«

Wer von den Franzosen auch immer das Leichentuch gestohlen haben mag – da es sich um den größten Schatz der Kaiser von Konstantinopel handelte, wusste der Dieb vermutlich, dass es einen sehr großen Wert besaß. Wenngleich bis heute niemand genau sagen kann, was nach der Plünderung Konstantinopels mit dem Bildnis aus Edessa geschah, so scheint es doch zumindest plausibel zu sein, was zahlreiche Forscher annehmen: dass nur eine sehr wohlhabende Gruppe als Käufer dieser Super-Reliquie infrage kommt. Reicher als die Tempelritter aber waren zu dieser Zeit nur wenige. Deshalb gehen viele Wissenschaftler davon aus, dass die Templer den größten Schatz der Geschichte in ihre Festung brachten, nach Akko im Norden des heutigen Israel. Die dortige Festung galt als vollkommen sicher, und wenn das Bild aus Edessa wirklich nach Akko gelangt sein sollte, dann lässt sich auch einfach erklären, warum es in den nächsten hundertfünfzig Jahren von niemandem gesehen wird: Die Tempelritter waren eine verschworene Gemeinschaft, die kein Interesse daran hatte, ihren größten Schatz irgendwem zu zeigen, und sie mussten verschwiegen sein, um nicht den Neid des Papstes zu erwecken. Möglicherweise bewahrten sie das Leichentuch also in ihrer Hauptfestung auf, bis am 18. Mai 1291 endgültig alle Kreuzfahrer aus Palästina vertrieben wurden. Mit dem Scheitern der Kreuzzüge kehrten auch die Tempelritter nach Europa zurück. Dabei nahmen sie mit, was sie nur irgendwie aus dem Heiligen Land retten konnten – wohl auch das Leichentuch Christi, wenn sie es denn wirklich besaßen. Wie bereits erwähnt, starb der letzte Großmeister des Templerordens, Jacques de Molay, am 19. März 1314 auf dem Scheiterhaufen in Paris. Von den Schätzen der Templer fehlt jede Spur – es sei denn, der Priester des Templerordens Milo de Charny wusste doch etwas über den Schatz und überließ das wertvollste Stück, das Leichentuch des Herrn, seinem Verwandten Geoffroy de Charny. Jedenfalls taucht das lange verschollen geglaubte Leichentuch erst jetzt, im 14. Jahrhundert, auf – offenbar nach einer langen Reise kreuz und quer durch das Mittelmeer. Zum ersten Mal hat die katholische Kirche die Chance, das Tuch wirklich untersuchen zu lassen und staunend festzustellen, was für ein seltsames Gebilde dieses Leinentuch ist, das vielleicht einst aus dem Grab Christi geschmuggelt wurde. Aber der zuständige Bischof, Pierre d'Arcis, fühlt sich übergangen – er ist überzeugt davon, dass es sich um eine Fälschung handelt. So muss der Papst erklären, dass dieses Leichentuch zwar gezeigt werden dürfe, dass es sich dabei aber nicht um das Leichentuch Christi handle, sondern lediglich um ein Leichentuch…

Die Verwunderung der Bischöfe nach dem Auftauchen des Leichentuchs ist absolut verständlich. Wo soll eigentlich der erste offiziell bekannte Besitzer die bisher wichtigste Reliquie der Christenheit herhaben? Geoffroy de Charny, der das Grabtuch erworben haben will, war kein sonderlich reicher Mann. Es konnte also nur eine plumpe Fälschung sein, ein rasch auf eine Leinwand gepinseltes Bild. Damals wussten die Kirchenleute noch nicht, dass es sich bei dem Leichentuch Christi um alles Mögliche handeln könnte – aber sicher nicht um eine plumpe Fälschung. (Wie gesagt: Bis heute ist ungeklärt, wie das Bild genau entstanden ist, dessen Einzigartigkeit von kaum jemandem bestritten wird.) Im Jahr 1453 ging das Leichentuch schließlich in den Besitz der späteren italienischen Königsfamilie von Savoyen über. Diese ließ das Grabtuch an ihren Sitz nach Chambéry bringen und dort eine Sainte-Chapelle einrichten – ein Gegenstück zur Kapelle König Ludwigs IX., die dieser in Notre-Dame hatte errichten lassen. In den folgenden Jahren wird das Grabtuch einmal jährlich gezeigt, jeweils am 4. Mai. Im Jahr 1516 pilgert auch der Maler Albrecht Dürer an den Ort und fertigte eine Kopie, die heute in der Kirche St.-Gommaire in Lierre in Belgien zu sehen ist. In der Nacht vom 3. auf den 4. Dezember 1532 wäre die Geschichte des Leichentuchs dann plötzlich zu Ende gewesen: Die Kapelle fing Feuer, das Dach stürzte herab auf den silbernen Schrein, in dem sich das Leichentuch befand. Dabei schmolz der Schrein zum Teil. Auf dem bis dahin fast unversehrten Leichentuch bildeten sich Brandspuren, die man noch heute erkennen kann. In den kommenden Jahren nähten Ordensfrauen Flicken auf das Tuch, um es vor dem Verfall zu bewahren.

Seine bisher letzte Etappe legte das weit gereiste Leichentuch dann im 16. Jahrhundert zurück. Als im Jahr 1576 in Mailand eine furchtbare Pestepidemie wütete, versprach der später heiliggesprochene Erzbischof der Stadt, Carlo Borromeo, dass – wenn die Pestepidemie innerhalb eines Jahres endlich aufhören würde zu wüten – er eine Pilgerreise zum Leichentuch antreten werde. Tatsächlich endete die Pestepidemie binnen Jahresfrist, doch um dem Erzbischof den weiten Weg zu ersparen, ließ Herzog Emanuel Philibert von Savoyen das Leichentuch nach Turin bringen, wo es im Jahr 1578 eintraf. Am 1. Juni 1694 kam es schließlich in die – Johannes dem Täufer geweihte – Kathedrale von Turin (Duomo di San Giovanni), direkt neben der Residenz der italienischen Königsfamilie. Jahrhundertelang hielt man diese in Turin verehrte Reliquie für eine Fälschung. Der Jesuitenpater Herbert Thurston hielt noch im Kirchenlexikon des Jahres 1912 fest, dass es sich »zweifellos um eine Fälschung« handle, wobei er sich offenbar auf Unterlagen des bereits erwähnten Bischofs Pierre d'Arcis aus dem 14. Jahrhundert bezog.

Ich muss zugeben, dass auch ich dieses Leichentuch lange für eine Fälschung hielt. Genauer: bis zur Nacht vom 12. auf den 13. April 1997. Es muss kurz nach Mitternacht gewesen sein, als mich ein befreundeter Priester anrief, Pater Vincenzo, der fürchterlich aufgeregt schien. Ich erinnere mich, wie er ins Telefon schrie: »Mensch, du bist doch Journalist, du musst das doch wissen: Ist es wahr, dass das Leichentuch verbrannt ist, dass die Kapelle des Leichentuchs völlig ausgebrannt ist?«

Ich war schon auf dem Weg ins Bett und hatte keine Ahnung; es dauerte eine Weile, bis ich einen Mitarbeiter in Turin erreichte, der mir völlig erschüttert bestätigte, dass die Kapelle des Leichentuchs völlig ausgebrannt, das Leichentuch Christi offenbar irreparabel zerstört worden war.

Als ich Don Vincenzo zurückrief, um ihm diese Nachricht mitzuteilen, weinte er am Telefon, weshalb ich ihn zu trösten versuchte, indem ich zu ihm sagte: »Nimm es nicht so schwer, es ist doch nur eine Fälschung.« Daraufhin schrie er mich regelrecht an: »Und was ist, wenn es keine Fälschung ist, wenn es das Bild Gottes war?«

Diese Frage hat mich seitdem nicht mehr losgelassen. Im Lauf der Nacht stellte sich heraus, dass ich den Priester ganz zu Unrecht so erschreckt hatte: Die Kapelle des Leichentuchs war zwar völlig zerstört worden, aber das Leichentuch selbst hatte sich gar nicht in der Kapelle befunden. Da die Kapelle restauriert werden sollte, hatte man das Tuch in den Dom überführt. Dort begann nun ein dramatischer Kampf: Die Feuerwehr pumpte riesige Mengen Löschwasser in die brennende Kathedrale – einen Feuerwehrmann in diese Flammenhölle hineinzuschicken, trauten sich die Verantwortlichen nicht. Überall waren Metallgerüste aufgebaut worden, um die Kathedrale zu renovieren, und nun drohten diese in der Hitze einzustürzen. Auch ein Teil des Dachs drohte herabzustürzen und das Leichentuch für immer zu begraben. Um 1.36 Uhr entschloss sich die Gruppe 21 der Feuerwehr von Turin, mit sieben Freiwilligen in den brennenden Dom zu stürmen – einer von ihnen war Mario Trematore, ein Feuerwehrmann aus Apulien. »Natürlich hatte ich Angst, dass das Dach herabstürzen und uns unter sich begraben würde«, sagte mir der Feuerwehrmann später am Telefon. Da war er bereits in die Kirche gestürmt und hatte mit einem schweren Hammer mehr als hundertmal auf das 39 Millimeter starke Panzerglas eingeschlagen, unter dem das Leichentuch eingeschlossen war. Eine geschlagene Viertelstunde kämpfte er inmitten des infernalischen Feuers mit dem Panzerglas: »Gott hat mir diese Kraft gegeben«, sagte er, als es ihm endlich doch gelungen war, das Tuch zu retten und die brennende Kathedrale lebend zu verlassen – kurz darauf stürzten tatsächlich einige Metallgerüste ein. Ich aber hatte seit dieser Nacht etwas gutzumachen bei Don Vincenzo, und so fuhren wir im Jahr 1998 gemeinsam zur Ausstellung des Turiner Grabtuchs…

Da war es also, direkt vor uns: jenes Tuch, das vielleicht einst von einer überirdischen Energie berührt worden war, mit der Gottes Sohn neues Leben eingehaucht wurde; das versteckt worden war, zusammengefaltet nach Edessa gebracht wurde und von dort nach Konstantinopel, wo es vielleicht die Tempelritter stahlen und dann in die Festung von Akko brachten, bis sie auch diese Stadt verlassen mussten. Vor jenem Tuch also standen wir, das zweimal einer Brandkatastrophe entgangen war und ein so rätselhaftes Geheimnis birgt, dass dieses erst viele Jahrhunderte nach der ersten Ausstellung zufällig entdeckt wurde: Am 25. Mai 1898 fotografierte der Turiner Rechtsanwalt und Hobbyfotograf Secondo Pia als erster Mensch mit Erlaubnis des Besitzers des Leichentuchs, König Umberto I. von Savoyen, mit einem Voigtländer-Präzisionsobjektiv das Leichentuch: einmal mit vierzehnminütiger und danach mit zwanzigminütiger Belichtungszeit. Was er dabei ans Tageslicht brachte, ließ ihm zunächst einmal selbst den Atem stocken: Zum ersten Mal konnte man auf dem Negativ ein Gesicht erkennen. Auf den Negativplatten zeigte sich das Grabtuch im Positiv. War das Gottes Sohn? Jesus von Nazaret? Jedenfalls weist der auf dem Leinengewebe erkennbare Mann auf der Stirn und am Hinterkopf Spuren von Verletzungen auf, die von einer Dornenkrone verursacht worden sein könnten. Der ganze Körper scheint mit Peitschenhieben malträtiert worden zu sein, die Wunden im Bereich der Handgelenke und der Füße erinnern an eine Kreuzigung.

Secondo Pias Fotos waren eine Sensation, denn sie enthüllten, dass das Abbild des Mannes auf dem Grabtuch nicht aufgemalt worden sein kann. Was viele bis dahin für die Fälschung eines genialen Malers hielten – sogar der Name Leonardo da Vinci war ins Spiel gekommen, obwohl das Tuch schon zu einem Zeitpunkt bekannt war, als Leonardo noch gar nicht lebte –, konnte gar kein Gemälde sein. Es gleicht eher einer Fotografie – nur dass diese Technik noch nicht einmal im Ansatz bekannt war, als das Tuch in Europa auftauchte. (Später haben Makrofotografien bestätigt, dass das Abbild nicht wie die von einem Maler aufgetragene Farbe in die Vertiefungen des Gewebes eindringt, sondern im Gegenteil verschwindet, sobald sich der Leinenfaden entsprechend des Webmusters abwärts neigt: Das Abbild – oder der Abdruck des Menschen im Grabtuch – scheint sich förmlich auf das Leinen zu »legen«.)

Danach beschäftigte sich die Wissenschaft besonders intensiv mit dem Leichentuch, um dessen Geheimnis zu enträtseln. Max Frei, dem Chef der wissenschaftlichen Abteilung der Zürcher Polizei, gelang im Lauf einer jahrzehntelangen Recherche der wahrscheinlich erstaunlichste Beweis. Der Wissenschaftler erhielt die Erlaubnis, das Turiner Grabtuch auf Pollenspuren zu untersuchen, entnahm am 23. November 1973 die entsprechenden Proben und kam zu einem verblüffenden Ergebnis: Nach neun Jahren Forschung konnte er von 59 Pollensorten 58 bestimmen, von denen 44 in Jerusalem vorkommen. Das Erstaunliche dabei war: 14 davon stammen von Pflanzen, die in dieser Zusammensetzung nur im Großraum um Jerusalem vorkommen.

Die Universität Tel Aviv bestätigte Max Freis Ergebnisse und ergänzte, dass »alle 44 Pflanzenarten auch schon vor 2000 Jahren in Jerusalem vorhanden waren«. Genau 23 der analysierten Pollensorten sind in Südanatolien nachzuweisen, wo das damalige Edessa lag, weitere 14 in Konstantinopel.

Dieses 1983, kurz nach dem Tod des Wissenschaftlers, in einem Buch veröffentlichte Ergebnis, markierte für die katholische Kirche einen entscheidenden Wendepunkt. Denn nun stellte sich die Frage: Wie konnte das Turiner Grabtuch in Frankreich gefälscht worden sein, wenn Pollen aus der Gegend von Jerusalem auf dem Tuch waren?

Zuvor schon hatte im Jahr 1978 das Ehepaar Roger und Marty Gilbert am blutigen linken Knie und an der blutigen Ferse sowie an der gebrochenen Nase des Mannes auf dem Leichentuch winzige Schmutzspuren entdeckt, und als sie diesen »Schmutz« genauer untersuchten, stellte sich heraus, dass es sich um Aragonitenkristalle handelte – ein Mineral, das aus Kalziumkarbonat und Spuren von Strontium und Eisen besteht. Ein Vergleich mit Bodenproben aus Jerusalem ergab, dass dieses Mineral auch dort zu finden ist.

Im Herbst desselben Jahres enthüllte ein weiteres wissenschaftliches Projekt – STURP (Shroud of Turin Research Project) – ein weiteres unfassbares Rätsel des Leichentuchs, das mit bloßen Augen gar nicht zu sehen ist, also auch von keinem Maler je gemalt werden könnte: In dem Grabtuch hatte ohne jeden Zweifel jemand gelegen. Der Grad der Färbung (die Graustufen) leitet sich direkt aus dem Abstand ab, den das Tuch vom Körper hatte, und so war es mithilfe eines Computerprogramms möglich, dreidimensionale Bilder zu erstellen. Nach und nach tauchten dabei immer deutlicher die Züge desjenigen Menschen auf, der in dem Leichentuch gelegen hatte, und wer immer es auch gewesen sein mag: Er dürfte um die 35 Jahre alt gewesen sein, 1,83 Meter groß und die seltene Blutgruppe AB gehabt haben. Im Abschlussbericht von STURP heißt es denn auch: »Wir können heute schließen, dass das Abbild auf dem Grabtuch das eines wirklichen Menschen ist, der gegeißelt und gekreuzigt wurde. Es ist nicht das Werk eines Künstlers. Die Blutspuren enthalten Hämoglobin, ein Test auf Serum Albumin verlief positiv. Das Abbild bleibt weiterhin ein Geheimnis…«

Gerichtsmedizinische Untersuchungen ergaben zudem, dass die Stichwunde auf der rechten Seite des im Grabtuch von Turin bestatteten Leichnams dem Opfer erst nach seinem Tod zugefügt worden sein kann, und bei der Analyse des Leichentuchs mit Computern kam noch ein weiteres, bis heute heftig umstrittenes Detail ans Tageslicht: Wer vor dem mysteriösen Bildnis steht, wird die seltsam friedlichen großen Augen bemerken. Sie scheinen wie geschwollen. Professor Francis Filas will nun eine unglaubliche Entdeckung gemacht haben: Wie in Palästina üblich sollen dem Toten Münzen auf die Augen gelegt worden sein, deren Abdruck der Professor identifiziert haben will. Demnach lassen sich auf dem Leichentuch die Buchstaben UCAI erkennen und das Symbol eines Stabs. Tatsächlich waren zur Zeit des Pontius Pilatus Kupfermünzen mit dem Krummstab der römischen Auguren und der griechischen Inschrift TIBERIOU KAISAROS im Umlauf. Wenn die Entdeckung von Professor Francis Filas richtig gedeutet wird, dann legte man dem Mann im Leichentuch offenbar Fehlprägungen dieser Münzen auf die Augen, die damals wirklich im Umlauf waren: Auf ihnen hatte der Prägemeister statt der korrekten griechischen Buchstabenfolge TIBERIOU KAISAROS die lateinische Folge TIBERIOU CAISAROS gemacht, und einen Teil dieser Buchstabenkombination – U CAI aus TIBERIOU CAISAROS – will Filas auf dem Leichentuch erkannt haben. Wenn auch das richtig ist, dann dürfte allerdings kaum noch ein Zweifel an der historischen Echtheit des Leichentuchs bestehen – denn Pontius Pilatus durfte diese Münzen nur während seiner Regierungszeit prägen, also zwischen den Jahren 26 und 36.

Andere Untersuchungen ergaben, dass der Mann, der in dem Leichentuch lag, mit einer sogenannten dreischwänzigen Katze – einer von den römischen Legionären benutzten Peitsche – gezüchtigt worden sein muss, denn auf dem Abdruck sind die entsprechenden Wunden zu erkennen. Auch Spuren der Kreuzigung werden deutlich: Auf dem Rücken des Mannes sieht man, wo der Balken des Kreuzes dem Mann Quetschungen in der Schulterblattzone zugeführt hat. Der Querbalken, an dem er hing, muss etwa dreizehn Zentimeter breit gewesen sein – exakt so breit ist der Kreuzquerbalken, den Helena aus Jerusalem mit nach Rom gebracht haben soll. Die Hände des in dem Tuch bestatteten Mannes wurden offenbar übereinandergelegt, sodass man nur eine Handwunde sehen kann. Diese aber ist ungemein interessant für die Medizin. Denn seltsamerweise sieht man auf dem Turiner Grabtuch nur vier Finger – der Daumen fehlt. Zudem wurden dem Mann im Leichentuch die Nägel durch die Handwurzeln geschlagen. Dieses Detail passt zwar nicht zu den Abertausenden von Darstellungen von Jesus am Kreuz, bei denen ihm die Nägel durch die Handteller an das Holz geschlagen wurden – aber durchaus zu den Erkenntnissen der Wissenschaft: Schon im Jahr 1930 hatte der Mediziner Pierre Barbet gezeigt, dass das Gewicht des Gekreuzigten, wenn er mit Nägeln durch die Handteller an das Kreuz geschlagen worden wäre, dazu geführt hätte, dass die Hand, durch die der Nagel getrieben wurde, zerrissen worden wäre. Deshalb gibt es nur eine Möglichkeit: Die Nägel müssen durch das Handgelenk des Mannes gehämmert worden sein, um ihn an das Kreuz zu schlagen. Aber wenn die Soldaten den Nagel wirklich durch das Handgelenk schlugen, dann verletzten sie dabei den *Nervus Medianus*, was zu einer Lähmung des Daumens und dazu führte, dass dieser einfach auf den Handteller herabsank: Deswegen sind vermutlich auf dem Leichentuch auch nur vier Finger zu erkennen, schloss Dr. Pierre Barbet.

Nachdem alle diese Details bekannt geworden waren, glaubte schließlich sogar die katholische Kirche, dass das Tuch durchaus echt sein könnte, und kam im Jahr 1988 endlich einer alten Forderung der Wissenschaft nach, das Leichentuch mit der sogenannten Radiokarbonmethode (C-14-Methode) untersuchen zu lassen. Diese basiert auf einem ganz simplen Prinzip: Kohlenstoff zerfällt mit der Zeit – auch die Fasern des Grabtuchs von Turin bestehen aus Kohlenstoff. Wenn man jetzt im Labor misst, wie stark der Zerfall des Kohlenstoffs bereits vorangeschritten ist, kann man das Gewebe datieren.

Die Erzdiözese Turin stimmte zu, dass drei verschiedene Laboratorien, in Arizona (USA), Oxford (England) und Zürich (Schweiz), das abgetrennte Stück Gewebe untersuchen durften, und ich erinnere mich noch sehr gut an das spannende Warten auf das Ergebnis. Die Erzdiözese Turin wollte der Welt zeigen: Wir besitzen wirklich eine unglaubliche Reliquie des Jesus von Nazaret – dann aber war die Enttäuschung groß. Alle drei Laboratorien kamen zu dem Ergebnis, dass das Tuch eine Fälschung sein muss, denn sie datierten es auf das Jahr 1325 plus minus 65 Jahre. Heute weiß man, dass dieses Ergebnis stark bezweifelt werden muss. Professor Leoncio Garza Valdes aus Texas wies nach, dass die Messungen nicht stimmen können, weil mittlerweile ein dicker Mantel aus Mikroben die Gewebefasern überzieht. Andere Forscher weisen darauf hin, dass die Probe des Tuches genau da entnommen wurde, wo jahrhundertelang Gläubige das Tuch küssten. Der Kohlenstoff des Speichels und das Fett der Hände, die im Mittelalter auf dem Tuch gelegen haben, scheinen das Ergebnis beeinflusst zu haben. Auch die beiden Brände, denen das Grabtuch ausgesetzt war und die ihre Spuren auf dem Leinen hinterlassen haben, könnten (durch Isotopenaustausch) eine »Verjüngung« des Untersuchungsergebnisses verursacht haben. Im Jahr 1997 verteidigte dann die Archäologin Maria Grazia Siliato die Theorie, dass das Turiner Grabtuch tatsächlich einen Abdruck des Leichnams des Jesus von Nazaret zeigt, der von der verschmutzten Haut des Gekreuzigten geformt worden sei, die offenbar vorher weder gewaschen noch mit Ölen bestrichen worden ist. Das passt zu den jüdischen Begräbnisritualen jener Zeit, die keine Leichenwäsche (Taharah) für jene vorsahen, die eines gewaltsamen Todes mit Blutvergießen und durch die Hand von Nichtjuden – im Fall des Jesus von Nazaret verursacht durch den römischen Statthalter Pontius Pilatus – gestorben waren.

Inzwischen hat die Erzdiözese Turin beschlossen, dass vor der nächsten Zurschaustellung im Jahr 2025 eine neue Untersuchung des Tuches angeordnet werden soll. Zusammengefasst gibt es jeweils sechs Hauptargumente, die für und gegen die Echtheit des Leichentuchs sprechen.

Für die Echtheit sprechen die folgenden Argumente: Der Münzabdruck auf den Augen des Toten verweist auf die Zeit von Pontius Pilatus, die Pollenuntersuchungen zeigen, dass das Tuch aus Jerusalem stammt, die Abdrücke im Leichentuch stellen einen Gekreuzigten dar, kein Künstler des Mittelalters hätte ein solches dreidimensionales Bildnis »malen« können, die C-14-Untersuchungen waren fehlerhaft, der »Weg« des Tuches über Edessa, Konstantinopel und mit den Tempelrittern über Akko nach Frankreich erscheint plausibel.

Gegen die Echtheit sprechen diese Argumente: Der Münzabdruck ist für einen eindeutigen Beleg zu klein, die Pollenuntersuchung beweist noch nicht, dass es wirklich Jesus von Nazaret war, der in dem Tuch lag, genauso wenig wie die Abdrucke darauf beweisen, dass der Gekreuzigte wirklich Jesus ist – solange unklar ist, wie das Bild entstand, bleibt immer noch die Möglichkeit einer uns bislang unbekannten Fertigungstechnik; die C-14-Methode datiert das Tuch auf das 14. Jahrhundert, und was mit ihm vor dem Jahr 1356 geschah, liegt bis heute im Dunkel der Geschichte.

Eines der wichtigsten Argumente gegen die Echtheit des Tuches ist also, dass sich bis heute nicht schlüssig erklären lässt, wie es von Jerusalem nach Frankreich gekommen sein soll und was dort damit geschah. Dieses Problem betrifft auch die bedeutendste in Deutschland aufbewahrte Reliquie: den sogenannten »Heiligen Rock von Trier«.

Erinnern wir uns in diesem Zusammenhang zuerst an eine Stelle im *Johannes-Evangelium* (Kapitel 19, Verse 23 und 24):

23 Nachdem die Soldaten Jesus ans Kreuz geschlagen hatten, nahmen sie seine Kleider und machten vier Teile daraus, für jeden Soldaten einen. Sie nahmen auch sein Untergewand, das von oben her ganz durchgewebt und ohne Naht war.
24 Sie sagten zueinander: Wir wollen es nicht zerteilen, sondern darum losen, wem es gehören soll. So sollte sich das Schriftwort erfüllen: Sie verteilten meine Kleider unter sich und warfen das Los um mein Gewand. Dies führten die Soldaten aus.

Dieses »Untergewand« soll urplötzlich tausende Kilometer entfernt von Jerusalem und mehr als tausend Jahre nach der Kreuzigung wieder aufgetaucht sein. Und zwar in Trier: Am 1. Mai 1196 fand die Weihe des Hochaltars im damals neu errichteten Ostchor des Trierer Domes statt. Dabei wurde der »Heilige Rock« vom Westchor zum Hauptaltar des Domes geführt. Wie lange er zuvor im Westchor aufbewahrt worden war, ist ebenso ungewiss wie seine Herkunft. Aber der Legende nach soll Kaiserin Helena[9] auf ihrer Reise nach Jerusalem auch den Heiligen Rock gefunden und ihn nach Trier gebracht haben. Dort ruhte er dann angeblich bis zur erwähnten ersten urkundlichen Erwähnung im Mai 1196, und auch danach ließ man sich wieder einmal sehr viel Zeit: Erst 316 Jahre später, im Jahr 1512, bekam den Heiligen Rock wieder ein Mensch zu Gesicht. Kaiser Maximilian kam zu einem Reichstag nach Trier und verlangte bei dieser Gelegenheit, den Heiligen Rock zu sehen. Am 14. April 1512 ließ der damalige Erzbischof Richard von Greiffenklau den Hochaltar im Beisein des Kaisers sowie vieler Bischöfe und Prälaten öffnen. (Diese Zurschaustellung des Heiligen Rocks und das Öffnen des Altars ist auf zwei Holzschnitten festgehalten; einer davon stammt von Albrecht Dürer.) In den nachfolgenden Jahrhunderten strömten Millionen Pilger nach Trier, um den Heiligen Rock zu sehen. Ob sie dabei eine echte Reliquie bestaunten oder nicht, lässt sich nach dem heutigen Kenntnisstand der Wissenschaft nicht mehr überprüfen. Das Bistum Trier verweist in diesem Zusammenhang auf eine Analyse der Schweizer Textilhistorikerin Mechthild Flury-Lemberg, in der sie über den Heiligen Rock schreibt: »Es ist davon auszugehen, dass die Wollfasern, die heute einen teils zusammenhängenden, teils zerbröckelnden Filz bilden, das Kerngewebe darstellen. Dessen Alter kann nicht mehr genau bestimmt werden. Insgesamt hat das Gewand seine textile Oberfläche vollkommen verloren.«

9 Der Mönch Altmann von Hautvillers verfasste im 9. Jahrhundert eine Lebensbeschreibung der Flavia Julia Helena, in der er Trier als Geburtsort der späteren Kaiserin angibt. Allerdings wird diese Behauptung weder durch schriftliche Quellen, Münzen, Inschriften noch durch bedeutende kaiserliche Bauwerke in Trier verlässlich belegt; üblicherweise gibt man Drepanon (das heutige Helenopolis in der Türkei) als Geburtsort der um 250 geborenen, wohl im Jahr 329 in Rom gestorbenen Helena an.

21

Das Phantom des Klosters

Wunder waren fast zwanzig Jahre lang ein Teil meines Jobs. Als Vatikankorrespondent kann man seiner Arbeit nicht nachgehen, ohne über Wunder sprechen zu müssen. Selbst hochpolitische Zusammenhänge sind im Vatikan oft mit diesem Themenkreis verbunden. So habe ich zum Beispiel über die Widerstände Israels gegen die geplante Seligsprechung von Papst Pius XII. berichtet, der zur Shoa, dem unfassbaren industriellen Massenmord an den Juden, geschwiegen haben soll, und selbst in diesem schwierigsten politischen und diplomatischen Umfeld ging es auch um Wunder – um jene Wunder nämlich, die dieser Papst nach seinem Tod gewirkt haben soll. Im Zusammenhang mit dem Seligsprechungsverfahren für Johannes Paul II. habe ich mich auch ausführlich über jene Wunder informiert, die der polnische Papst gewirkt haben soll. Außerdem habe ich jahrelang Wallfahrtsorte der katholischen Kirche besucht und versucht, neue Einzelheiten über Wunder herauszufinden, bis ich dann auf einmal selbst so etwas wie ein »Wunder« erlebte.

Bis heute frage ich mich, ob mir damals nur meine Auffassungsgabe einen Streich gespielt hat, ob ich mir also schlicht etwas eingebildet habe. Aber wenn ich ganz ehrlich bin und aufmerksam in mich hineinhorche, dann muss ich sagen: Ich glaube wirklich, es war ein Wunder, was ich erlebt habe…

Es begann nicht im Zeichen des Guten, sondern des Bösen. Eine Gruppe Naturschützer hatte sich bei Tageszeitungen, Nachrichtenagenturen und auch bei mir darüber beschwert, dass ein wunderschöner Naturschutzpark, in dem es viele seltene Tiere gibt, durch einen großen Neubau verschandelt werden sollte. Die Naturschützer konnten sich meiner Unterstützung sicher sein: Italien ist ein herrliches Land, aber über die Jahrzehnte verschandelten skrupellose Geschäftemacher, die meist noch nicht einmal eine Baugenehmigung hatten, vielerorts die Natur. Ich hatte eine Unzahl von Beispielen gesehen – auf Sizilien gibt es eine ganze Stadt, Gela, die fast ohne jede offizielle Planung und Baugenehmigung errichtet wurde.

Also brachten mir die Naturschützer Informationsmaterial über den Park der Sibyllinischen Berge bei Ascoli Piceno in der Nähe der Adriaküste. Seit 1993 existiert dieser Park, er liegt auf einer Fläche von etwa 70 000 Hektar, und nach vielen Versuchen konnten hier mittlerweile sogar ausgestorbene Tierarten wieder angesiedelt werden. Nun aber hatte irgendjemand einen Betonklotz mitten in diese herrliche Natur gesetzt, und zwar ohne jede Baugenehmigung.

Ich konnte die Empörung der Naturschützer gut nachvollziehen und überhaupt nicht verstehen, warum die Polizei nicht einschritt: Wenn irgendjemand auf die Idee kam, mitten in einem Naturschutzpark Beton zu verbauen, musste doch die Polizei eingreifen, das Ordnungsamt, oder wer auch immer sonst dafür zuständig war. Aber erst nach einem zweiten Treffen enthüllten die Naturschützer ein nicht unwichtiges Detail, das sie mir bis dahin verschwiegen hatten: Die Bausünde, um die es ging, war ein Kloster. Ich sollte meinen Einfluss im Vatikan geltend machen. Empört stellte ich mich auch in diesem Fall auf die Seite der Naturschützer, denn die katholische Kirche hat sich an Regeln zu halten wie jeder andere auch. Nur weil ein Kloster ein Kloster ist, darf die Kirche es doch nicht ohne Baugenehmigung errichten.

Tatsächlich hatte ich schon oft erlebt, dass Städte und Gemeinden ein Auge zudrücken, wenn die katholische Kirche als Bauträger auftritt. Und ich sah durchaus, dass auch der Druck auf die religiösen Orden, Geld zu verdienen, in den vergangenen Jahren immer größer geworden war: Zwar gehört Armut zum Gelübde der Ordensleute, aber in der Realität können auch diese frommen Männer sich nicht allein auf ihre Gebete verlassen. Die meisten Orden sind hoffnungslos überaltert, die Pflege der alten Ordensbrüder kostet Geld, und keiner von ihnen hat im Kloster Geld verdient – also hat auch keiner von ihnen Geld in irgendein Sozialversicherungssystem eingezahlt, das ihn unterstützen könnte, wenn er alt und krank ist. Zudem unterhalten viele Orden Klöster, die längst viel zu groß für sie geworden sind. Aus all diesen Gründen ist es ein weit verbreitetes Phänomen, dass viele Orden versuchen, Armutsgelübde hin oder her, aus ihrer finanziellen Klemme zu kommen und Geld zu verdienen, wo sie können. Das beginnt bei Klosterprodukten wie der berühmten Schokolade der Trappisten und dem hervorragenden Kräuterlikör der Franziskaner und hört bei der Vermietung von Seminarräumen nicht auf. Dass jetzt ein Orden mitten in einem Naturschutzgebiet ein neues Kloster gebaut hatte, schien mir genau auf dieser Linie zu liegen: Vermutlich sollten damit einfach Touristen angezogen werden, die in dem Kloster auch übernachten konnten. Aber das war natürlich genauso wenig in Ordnung wie bei jedem anderen Bauherrn, der sich nicht an die Vorschriften hält. Deshalb beschloss ich, den Kirchenmännern in diesem Naturpark einmal auf den Leib zu rücken und mir genau anzusehen, was sie da eigentlich machten. Ich stellte mir eine Reportage über einen verschandelten Park vor und formulierte schon einmal in Gedanken meine Anklage, dass sich die Kirche hier Rechte herausnehme, wo doch alle anderen zurückstecken müssten, um der Natur eine Chance zu lassen. Vor meinem geistigen Auge sah ich bereits, wie die Mönche vor dem neuen Kloster Parkplätze anlegten, Restaurants, Souvenirläden und andere Geschäfte eröffneten, in denen Produkte aus dem Kloster verkauft werden sollten – ich hatte schon viele solcher Anlagen gesehen. Aber dann dauerte es noch ein paar Wochen, bis ich zum ersten Mal in die Gegend musste, in der das Kloster stehen sollte. Ich hatte an der Adria zu tun und nahm mir einen Tag frei, um den Schandbau mit eigenen Augen betrachten zu können…

Verschlafene Dörfer, viel unberührte Natur: Stundenlang fährt man im Nationalpark der Sibyllinischen Berge durch schmale grüne Täler, vorbei an einigen kleinen Ansiedlungen wie aus einem Bilderbuch. Ich wusste nicht, dass diese so nah an der Adria liegenden Berge so hoch sind; bis dahin hatte ich nur das hügelige Hinterland der Adriaküste gekannt. Es war Frühjahr, ich war mit einem befreundeten Fotografen unterwegs, und das letzte Dorf vor dem Schandbau hieß Montemonaco. Dort ließen wir uns den weiteren Weg erklären und fuhren zuerst eine schmale, sich in Serpentinen immer weiter nach oben schraubende Straße entlang, bis der Asphalt in Schotter überging. Dann war auf einmal Schluss. Dort, wo einst eine Schotterstraße gewesen sein mag, wand sich jetzt ein Bergpfad nach oben, den man mit den Augen bis zu einer Schlucht verfolgen konnte. Dann verschwand er irgendwo zwischen hohen Felsen.

Ich war davon ausgegangen, dass das Kloster ganz einfach zu erreichen sein und bequem neben einem großen Parkplatz liegen würde, aber nicht mitten in den Bergen. Wie sollten sich die Pilger über diesen Pfad quälen? Das konnte unmöglich der richtige Weg sein. Also kehrten wir noch einmal um, fragten im Dorf nach und erhielten doch keine andere Auskunft als zuvor. Ich kam zu dem Schluss, dass die Mönche offenbar vorhatten, erst noch eine Zufahrtsstraße zu bauen; also fuhren wir erneut die Serpentinen hinauf, bis der Weg endete, und machten uns gleich darauf zu Fuß auf den Weg…

Auf einen solchen Anstieg war ich nicht vorbereitet. Ich hatte einfache Straßenschuhe an. Ich habe Bergtouren noch nie etwas abgewinnen können und bin auch völlig unerfahren darin. An diesem Tag hätte ich also besser umdrehen und mir vernünftige Schuhe besorgen sollen – stattdessen stolperte ich mit dem Fotografen immer weiter aufwärts.

Es ging an steilen Felswänden vorbei, und als ich unterwegs die Erinnerungstafeln sah, die der Menschen gedachten, die hier bei Lawinen ums Leben gekommen waren, wurde mir ziemlich mulmig zumute. Wir stiegen immer weiter bergan, mit meinen Straßenschuhen rutschte ich andauernd aus, fiel ständig in den Matsch, sah aus wie ein Schwein und war denkbar schlechter Laune.

Ich weiß nicht mehr, wie lange wir diesen Bergpfad hinaufgestiegen sind – es kam mir endlos vor, aber es waren wohl nicht mehr als drei Stunden. Dann standen wir urplötzlich auf einem

Hochplateau, auf einer Wiese vor einem Kloster, das wie aus dem Nichts vor uns aufgetaucht war. Es schien wie ein Ort aus einer anderen Welt, als hätte man ein Zauberland betreten, in dem die Zeit stehen geblieben war. Da stand ein großes Kloster, wie ich hunderte gesehen hatte, aber dennoch unterschied sich dieses Kloster von allen anderen, denn die Welt von heute hatte den magischen Ort nicht erreicht: Es gab keinen Parkplatz, keine Buden, in denen Andenken verkauft wurden, keine Toilettenhäuschen, nichts. Die hohe Bruchsteinfront der Kirche schien reiner zu sein als irgendeine andere Kirchenfassade, die ich je gesehen hatte. Der Ort wirkte dennoch gleichzeitig unheimlich. Fensterläden klapperten, sonst war kein Laut zu hören: Dieser zauberhafte Flecken Erde schien verlassen worden zu sein, als hätten die Bewohner sich vor irgendetwas Rätselhaftem gefürchtet.

Rundherum entfaltete sich eine dramatische Landschaft, und als ich die vielen der im Winter unter der Last von Lawinen umgeknickten Bäume sah, kam es mir so vor, als hätte ein Riese den Berg abkratzen wollen.

Ich hatte keine Ahnung, wie hoch wir waren, aber mir schien es sehr hoch zu sein. Erst später erfuhr ich, dass das Kloster auf gerade mal 1200 Metern Höhe liegt.

Die Klosterkirche hatte einen überdachten Eingang. Die Türen waren nicht verschlossen, der aus Naturstein gemauerte Innenraum war sehr hoch, und oben trugen riesige Balken das Dach. Wenn die Besucher der Kirche zusammenrückten, fanden hier bestimmt dreihundert Menschen Platz.

Die Eingangstür zum Kloster war nur angelehnt. Eine Treppe führte nach oben in den ersten Stock, wo die Zellen der Mönche oder Ordensfrauen liegen mussten. Dort konnte man einen Gang sehen, der in das Innere führte, wo vielleicht der Speisesaal und Wirtschaftsräume lagen. Ich wusste, dass es den Naturschützern immerhin gelungen war, den Bau des geplanten Glockenturms per Gerichtsbescheid zu stoppen, aber auch so war es eine beeindruckend große Anlage, und ich gab den Naturschützern innerlich recht: Zwar fügte sich das Kloster mit seinen Bruchsteinmauern ganz harmonisch in die Umgebung ein, aber diesmal ging es ums Prinzip: In einem Naturschutzgebiet durfte ohne Genehmigung niemand bauen.

»Hallo, ist da jemand?«, rief ich in das Innere des Klosters hinein. Daraufhin wartete ich ein paar Minuten, doch als keine Antwort kam, gingen wir noch einmal zurück, um die Kirche herum, und ich suchte nach einer Zufahrtsstraße, die irgendwo hier heraufführen musste: Spuren von Lkws, Baggern, Raupenfahrzeugen, schwerem Gerät eben, das die Steine und Dachbalken bewegt hatte. Doch es gab keine Zufahrtsstraße. Nur zwei Pfade führten nach unten: der, auf dem wir gekommen waren, und ein zweiter, der noch steiler war als unserer – und selbst der wäre mir sogar für ein Muli zu steil erschienen. Außerdem hätte kein Jeep der Welt die engen Schluchten passieren können, durch die wir uns heraufgequält hatten, geschweige denn ein Lkw. Aber wie hatten die Mönche dann diese Anlage hoch oben auf dem Berg errichtet?

Ich maß die Kirche und das Kloster mit Schritten ab. Der Umfang der ganzen Anlage betrug etwa hundertfünfzig Meter. Um ein so großes Gebäude zu errichten, war viel Zement nötig gewesen – aber wie hatten sie die Betonmischer hier heraufgebracht? Wie hatte man tonnenweise Bruchstein hierhergebracht, schwere Eisengerüste, riesige Deckenbalken? Ich sah mich noch einmal um, und dann fiel mir die Lösung ein: durch die Luft. Eine andere Möglichkeit gab es nicht: Wer auch immer hier oben ein Kloster bauen wollte, der musste sich hunderte Tonnen Baumaterial ins Gebirge fliegen lassen.

Ich wusste, dass das durchaus möglich war. Der Bischof hätte sich zum Beispiel an einen ganz besonders frommen Armeegeneral wenden können, damit dieser den Transport des Baumaterials anordnete. Vermutlich hatten sie die großen Chinook-Helikopter der italienischen Armee benutzt: Bingo, dachte ich, Treffer. Die Naturschützer haben völlig recht: Das Ganze ist ein Skandal! Die Kirchenmänner haben nicht nur ohne Baugenehmigung ein Kloster gebaut, sie haben auch die Tiere des Naturschutzgebiets über Monate hinweg mit dem Lärm schwerer Transporthelikopter verstört.

Jetzt wurde es wirklich spannend: Der Bau dieses Klosters hatte sicher nicht weniger als vier oder fünf Millionen Euro gekostet, schätzte ich. Und was für einen Sinn sollte der Bau eigentlich haben? Welchem Pilger war so ein beschwerlicher Anstieg zuzumuten? Ich hatte das überdeutliche Gefühl, dass hinter dem Ganzen irgendeine Schweinerei steckte; dass sich irgendwer mit diesem sinnlosen Kirchenbau bereichern wollte – bis ihm die Naturschützer auf die Schliche gekommen waren.

Wir warteten noch eine Weile vor dem Kloster, aber wir trafen keine Menschenseele. Da wir fürchteten, beim Abstieg in die Nacht hineinzukommen, durch den Wald zu irren, den Pfad zu verlieren und in eine der Schluchten zu stürzen, machten wir uns auf den Heimweg. Tatsächlich war es dann auch schon dunkel, als wir endlich wieder am Auto ankamen…

Immerhin hatte ich genug gesehen, um an der Sache dranbleiben zu wollen. Das Ganze schien mir ziemlich einfach aufzuklären: Zunächst musste ich herausfinden, wer das viele Geld in den Bau gesteckt hatte. Schnell stellte sich heraus, dass das zuständige Bistum Ascoli Piceno mit der Sache nichts zu tun hatte. Ein freundlicher Sprecher erklärte mir sogar klipp und klar, dass man mit dem Bau nichts zu tun haben wolle: Ein Kloster ohne Baugenehmigung in ein Naturschutzgebiet zu stellen, heiße der Bischof genauso wenig gut wie alle anderen Verstöße gegen das Gesetz, sagte man mir. Löbliche Aussagen, dachte ich, und natürlich zweifelte ich nicht an den Worten des Bischofs, wollte aber sichergehen. Deshalb informierte ich mich bei der Staatsanwaltschaft, ob in der Sache jemals Anklage erhoben worden war. Am Telefon erhielt ich keine Auskunft außer der, dass ich gern vorbeikommen und persönlich nachfragen könne. Also fuhr ich nach Ascoli Piceno, wo mich ein ebenfalls sehr freundlicher Chef des Pressebüros empfing.

Ich hatte ein paar Fotos von dem Kloster dabei, die er sich interessiert ansah. Dann sagte er: »Mensch, ich hätte nicht gedacht, dass es so groß ist. Ich habe es selbst noch nie gesehen, aber ich kenne den Fall; er ist gelinde gesagt seltsam. Die Betreiber des Naturschutzparks haben sich bei der Staatsanwaltschaft gemeldet, weil irgendwer in ihrem schönen Park ein Kloster gebaut hat, ohne dass es jemand gemerkt hat, weil der Kasten so abgelegen liegt. Im Grunde haben wir keine Ahnung, was da passiert ist. Es gibt nur Anzeichen, dass ein Pater Pietro dahinterstecken könnte.« Daraufhin suchte er in der Akte nach dem bürgerlichen Namen des Paters und fügte hinzu: »Ein gewisser Armando Lavini. Mehr weiß ich auch nicht. Ich habe keine Ahnung, wer das ist. Was wir uns aber am wenigsten erklären können, ist, wie das Kloster da oben überhaupt hinkam; es scheint vom Himmel gefallen zu sein. Sicher ist nur, dass weder das Bistum noch der Orden, zu dem der Pater gehört, die Kapuziner, von einem Wallfahrtsort da in der Nähe, irgendetwas damit zu tun haben.«

»Was ist das für ein Orden?«, fragte ich nach, und der Pressesprecher gab mir bereitwillig Auskunft: »Dieser Armando Lavini gehört zum Heiligtum der Muttergottes dell`Ambro, das ist hier ganz in der Nähe.«

Also fuhr ich zu dem Stammkloster dieses Pater Pietro. Dort waren in den vergangenen Jahren rege Aktivitäten unternommen worden. Die Mönche hatten Pilgerfahrten organisiert, Parkplatz und Shops gebaut, Internetauftritte gestaltet: Auch diese frommen Männer schienen sehr daran interessiert zu sein, mithilfe von allerlei kommerziellen Projekten genug Geld in die Kasse zu bekommen, um ihr Überleben zu sichern. Aber dass sie ein Megaprojekt für drei oder vier Millionen Euro auf eine Bergspitze setzen würden, dieser Gedanke schien mir dann doch ziemlich verrückt zu sein.

Tatsächlich verliefen alle meine Nachfragen erst einmal im Sande; das Kloster hatte offenbar wirklich nichts mit dem Schwarzbau im Naturschutzpark zu tun.

Aber irgendwer musste das Geld doch aufgetrieben haben!

Ich hatte das Gefühl, in einer Sackgasse zu stecken, und überlegte: Wenn das Bistum das Kloster nicht gebaut hat und auch nicht der Orden, zu dem der Mönch gehörte, der verdächtigt wurde, hinter dem Bau zu stecken – wer dann? Es mussten ja ganz konkrete Arbeiten stattgefunden haben: Irgendein Unternehmen hatte eine Menge Angestellte dort hochgebracht, um in vielen Monaten Arbeit so ein Kloster in die Wildnis zu stellen. Also klapperte ich ein gutes Dutzend Bauunternehmer ab, ohne Erfolg. Entweder wollte keiner der Unternehmer zugeben, mit dem illegalen Bau etwas zu tun gehabt zu haben, was nur allzu verständlich gewesen wäre, oder sie hatten wirklich nichts damit zu tun.

Erneut hatte ich das Gefühl, mit meinen Recherchen an einem toten Punkt angekommen zu sein, aber inzwischen hatte ich keinen Zweifel mehr daran, dass da oben in den Bergen irgendeine Riesenschweinerei passiert war.

Woher kamen nur die Millionen Euro für den Bau?

Ging es etwa um Geldwäsche?

Steckte der Vatikan da irgendwie mit drin?

Wer auch immer mit dieser Sache zu tun hatte, überlegte ich, musste ein großes Tier sein: Allein das viele Geld aufzutreiben war vermutlich schon schwierig gewesen – noch schwieriger musste es gewesen sein, die Armee dazu zu überreden, tonnenweise Baumaterial in ein Naturschutzgebiet zu fliegen, in dem nicht gebaut werden durfte. Ich tippte auf einen Kardinal oder mindestens einen Erzbischof, der genug Einfluss hatte, um so einen verrückten Plan durchzusetzen, dort oben eine Kirche zu bauen.

Ich sah mir noch einmal in Ruhe die Fotos an, die der Fotograf gemacht hatte, und fragte mich: Gibt es wirklich keine andere Möglichkeit, das Baumaterial auf den Berg zu bringen, als durch die Luft?

Ich hatte jahrelang mit der Welthungerhilfe WFP (World Food Programme) der Vereinten Nationen zu tun gehabt und wusste, dass die meisten Kosten durch Lufttransporte verursacht werden – eine Luftbrücke von Kenia in den Südsudan hatte damals fast alle Ressourcen des WFP aufgebraucht. Dabei flog das WFP noch relativ leichtes Material, keine tonnenschwere Ausrüstung wie hier in den Sibyllinischen Bergen.

Völlig unklar war mir zudem, wo die Helikopter gelandet waren. Ich hatte nichts gesehen, was wie ein Landeplatz aussah – keine Steinterrasse, keinen betonierten Kreis. Dabei wusste ich doch, dass so schwere Helikopter in den Boden einsinken können – noch heute erzählt man sich im Vatikan die Geschichte, wie der damalige US-Präsident Harry S. Truman nach dem Zweiten Weltkrieg Papst Pius XII. besuchte und mit seinem schweren Militärhelikopter in den vatikanischen Gärten landete: Der Hubschrauber sank dort bis über die Räder ein und musste freigeschaufelt werden, um wieder starten zu können. (Erst danach wurde ein Hubschrauberlandeplatz in den vatikanischen Gärten angelegt.)

Hatten die Hubschrauber ihre schwere Last etwa in Netzen unter dem Rumpf getragen und auf dem Boden abgesetzt, ohne zu landen?

Allmählich kam es mir so vor, als hätten Geister das Kloster gebaut: Wer sonst konnte einen solchen Bau auf eine Bergspitze setzen, ohne eine einzige Spur zu hinterlassen?

Hatte doch ein Einzelner – dieser Pater Pietro alias Armando Lavini – die ganze Sache angezettelt? Dann waren die für den Bau notwendigen Millionen vielleicht auch über seine Konten geflossen.

Mir kam eine Idee: In Italien braucht jeder – wirklich jeder, der nicht als Urlauber hierherkommt, sondern in Italien lebt, egal, ob Ausländer oder Einheimischer – einen sogenannten *Codice fiscale*, eine Steuernummer. Ohne Codice fiscale kann man weder zum Zahnarzt gehen noch eine Wohnung mieten, ein Telefon anmelden oder ein Zeitschriftenabonnement abschließen. Um Baumaterial zu kaufen, braucht man natürlich auch einen Codice fiscale. Auf diese Weise können die Steuerbehörden jederzeit nachvollziehen, was man wo erworben hat, es sei denn, man kauft schwarz ein – ohne Rechnung, ohne Beleg – und zahlt in bar. Aber das ist in Italien strafbar, und dass ein Mönch das Risiko eingehen würde, wegen eines Gesetzesverstoßes ins Gefängnis zu wandern und zugleich auch seinen Orden schwer in Verruf zu bringen, das konnte ich mir nicht vorstellen.

Um die Steuernummer einer Person in Italien herauszufinden, braucht man nur deren Namen und das Geburtsdatum. Den Namen des Paters kannte ich, und sein Geburtsdatum stand in der Akte der Staatsanwaltschaft, weil er ja verdächtigt worden war, am Bau des Klosters beteiligt gewesen zu sein...

Vor vielen Jahren habe ich einmal gut mit einem Carabiniere zusammengearbeitet, und seitdem helfen wir uns gegenseitig, wenn wir können. Da es dieses Mal um einen katholischen Mönch ging, den er für mich überprüfen sollte, musste ich ihn erst überreden, aber dann rief er mich doch schon nach ein paar Minuten wieder an, um sich die Angaben aus der Akte der Staatsanwaltschaft noch einmal bestätigen zu lassen. Angeblich stimmte das Geburtsdatum nicht, also las ich ihm die Angaben noch einmal vor; aber unsere Daten stimmten überein. Er legte auf, meldete sich aber bald darauf erneut: »Du musst dich irren.«

»Wie meinst du das? Dieser Pater soll doch etwas mit einem nicht genehmigten Bau in einem Naturschutzpark zu tun haben?«

»Das kann nicht sein«, erwiderte mein Freund.

»Und warum nicht?«

»Dieser Mensch existiert nicht«, antwortete mein Freund. »Es gibt keinen Armando Lavini alias Pater Pietro.«

»Das kann nicht sein«, meinte ich konsterniert, »in der Akte der Staatsanwaltschaft steht doch, er sei in Potenza Picena geboren worden und schon mit neun Jahren als Novize in das Kapuzinerkloster in Fermo eingetreten.«

»Bleib am Telefon«, entgegnete mein Freund, und ich wartete einen Augenblick, dann war er schon wieder am Apparat und sagte: »Unmöglich. Diesen Menschen gibt es nicht. Er hat nie einen Ausweis beantragt, nie einen Pass besessen, sein ganzes Leben lang keine einzige Rechnung erhalten, weder je einen Führerschein gehabt, noch ist er in einem Krankenhaus gewesen, er hat nie Steuern gezahlt, nie einen Wohnsitz gehabt und keinen Pfennig in die Rentenkasse eingezahlt. Vergiss es: Dieser Armando Lavini ist ein Gespenst.«

Ich war völlig perplex: »Das kann nicht sein«, sagte ich, »die Staatsanwaltschaft sagt doch, dass es ihn gibt.«

»O.k.«, antwortete er, »ich schaue noch einmal nach, vielleicht liegt der Fehler ja bei uns im Computer.«

Wenig später meldete er sich erneut: »Mein Lieber. Ich habe jetzt den Eintrag der Staatsanwaltschaft gefunden, du hast recht. Aber laut unserem Computer ist die Anzeige gegen diesen Armando Lavini absoluter Unfug, weil es ihn nicht gibt. Es kann ihn gar nicht geben. Hör zu: Er hat in seinem Leben nicht gearbeitet, nie einen Cent Gehalt bekommen. Das heißt: Wenn es ihn wirklich geben würde, hätte er nach unserem Computer ein Anrecht auf eine Nachzahlung von Sozialhilfe für die vergangenen 50 Jahre. Das wären rund 400 000 Euro. Kannst du dir vorstellen, dass sich das jemand, der völlig mittellos ist, entgehen ließe? In dem Kloster, in dem er gelebt haben soll, ist er nicht. Das heißt: Er bekommt von niemandem einen Cent Hilfe. Wovon soll der Mensch denn leben? Von der Luft? Es stimmt, dass seine Geburt vermerkt ist, aber danach hört er offenbar auf zu existieren. Meiner Meinung nach gibt es dafür nur eine plausible Erklärung: Er muss als Kind gestorben sein, und seine Eltern haben das nicht gemeldet. Wie soll er denn 70 Jahre alt geworden sein, ohne je in seinem Leben zum Arzt zu gehen?« Noch einmal wiederholte er: »Vergiss es, es gibt ihn nicht«, dann legte er auf.

Nun war ich mir sicher, einer Riesengeschichte auf die Spur gekommen zu sein. Irgendein Mitglied der katholischen Kirche hatte ein gewaltiges Kloster in einen Naturschutzpark gesetzt, und wenn es irgendwo doch noch Rechnungen geben sollte, die diesen Bau betrafen, dann waren sie vermutlich auf die Steuernummer eines Toten ausgestellt – genauer: auf die Steuernummer eines Phantoms, denn für die Behörden lebte der Pater ja einerseits noch, während es ihn andererseits gar nicht geben konnte. Kurios!

Es schien das perfekte Verbrechen zu sein, und ich war mir sicher, dass die Mönche in diesem mysteriösen Kloster von all dem gar nichts wussten: Offenbar hatte das Phantom zuerst das Kloster in dem Naturschutzgebiet errichten lassen und danach vermutlich völlig unbedarfte Ordensleute mit einwandfreiem Leumund dazu eingeladen, darin zu wohnen.

Allerdings fragte ich mich: Wozu das alles?

Wollte das Phantom einfach zeigen, dass die Kirche ein Kloster quasi »herbeihexen« kann – sogar in ein Naturschutzgebiet und selbst wenn alles, was zum Bau notwendig ist, durch die Luft angeliefert werden muss?

Aber wenn das Material wirklich geflogen worden war, dann mussten sich doch die Piloten auftreiben lassen, die an der Sache beteiligt waren, überlegte ich. Deshalb beschloss ich als Nächstes, alle Militärbasen in der Umgebung der Sibyllinischen Berge abzuklappern. Dabei stellte sich heraus, dass nur eine einzige Basis infrage kam, weil sie über entsprechend schwere Transporthubschrauber verfügte.

Mir war klar, dass es keinen Sinn haben würde, dort anzurufen. Am Telefon bekäme ich bestimmt keine Antwort. Ich fand aber einen ziemlich einfachen Weg, um unauffällig Kontakt mit den Piloten der Basis aufzunehmen. Dazu musste ich nur an deren Wohnungen vorbeifahren, dort standen überall Getränkeautomaten. Darauf klebte die Telefonnummer der Betreiberfirma: Ich gab an, ein Praktikum machen zu wollen, und wie erhofft sahen sie in mir eine Gratis-Arbeitskraft – sofort hatte ich einen unbezahlten Job. Ich half also, Cola-Dosen in die Apparate zu packen, und konnte mich dabei mit zufällig vorbeikommenden Helikopterpiloten unterhalten. Leider hatte keiner von ihnen etwas von den Transporten gehört, nach denen ich suchte. Fehlanzeige. Ich war keinen Zentimeter weitergekommen.

22

Eine unerwartete Begegnung

Was war in den Sibyllinischen Bergen passiert? Wer hatte aus dem Nichts ein großes Kloster auf die Spitze eines Berges gezaubert, und vor allem: warum? Diese Frage ließ mich nicht mehr los. Im Winter hatte ich an der Adria zu tun und beschloss, noch einmal zu dem Kloster hochzufahren. Der Winter in Rom ist trügerisch, weil er die Römer glauben lässt, es gebe ihn eigentlich gar nicht. Ich war an diesem Tag noch mit Freunden in kurzen Hosen am Strand Fußball spielen gewesen, stieg dann mit einem normalen Straßenanzug ins Auto und fuhr los. Als ich vier Stunden später in Montemonaco ankam, hätte ich gewarnt sein müssen: Es war empfindlich kalt, und die Luft roch nach Schnee. Ich fuhr eine Tankstelle an, in der Hoffnung, etwas über das Kloster in Erfahrung zu bringen. Ich war der einzige Kunde, und der Tankwart las in seinem kleinen Glashäuschen neben einem Gasofen die *Gazzetta dello Sport*.

Wenn ich einen Mann wie diesen Tankwart sehe, habe ich immer das Gefühl, die gibt es nur in Italien. Sie werden sozusagen sitzend geboren, sitzen ihr ganzes Leben auf einem Stuhl, schlingen heißhungrig ihre Pasta hinunter, wischen sich genüsslich den Mund ab und lesen um den Teller und die Tomatensoßekleckse herum unaufhörlich weiter in ihrer Sportzeitung. Wer auch immer etwas von ihnen will – Kunde hin oder her –, ist ein Störenfried: Er stört sie beim Sitzen.

In dem Glashäuschen roch es streng nach Motoröl, an der Wand hingen Kalender, die kein Mönch der Welt gebilligt hätte. Ich klopfte an und ging hinein.

»Ich wollte eigentlich nur eine Auskunft«, sagte ich, »aber volltanken können Sie gern auch.«

Keine Antwort. Etwa nach einer Minute sah der Mann auf: »Also – was wollen Sie wissen?«

»Waren Sie schon mal da oben in dem Kloster?«

Ich deutete vage in die Richtung, in der ich die Berge vermutete.

»Oben auf dem Berg? Nein, noch nie. Wollen Sie da hin? Bei diesem Wetter? Sind Sie verrückt?«

»Warum sollte ich verrückt sein?«

»Da oben liegt Schnee, jede Menge Schnee; ab und zu gehen Lawinen runter. Die haben schon viele…«

Er sprach den Satz nicht zu Ende, aber es war klar, was er meinte: Die haben schon viele Irre wie Sie, die im Winter im Straßenanzug in die Berge klettern wollten, begraben.

»Mit Ihrem Auto kommen Sie nicht einmal bis zur Gola, da fängt der Pfad in die Berge erst an. Sie brauchen Schneeketten.«

Die Gola, der Schlund, ich erinnerte mich an den Aufstieg vom letzten Mal im Frühling. Das Tal hieß »Gola dell`Infernaccio« – »Höllenschlund«.

»Dann können Sie mir ja auch noch Schneeketten verkaufen.«

»Ich verkaufe Ihnen gern die Schneeketten, aber wenn Sie meine Meinung wissen wollen, dann gehen Sie da besser nicht hoch, zumindest nicht so, wie Sie aussehen. Sie brauchen Bergschuhe, Handschuhe, einen Rucksack.«

»O.k.«, sagte ich, »tanken Sie, und legen Sie die Schneeketten hinten hinein, ich besorge mir das Nötigste unterdessen.«

Er rührte sich nicht: »Marco wird nachher kommen, der tankt das Auto voll und gibt Ihnen Schnee…« Bevor er auch nur das letzte Wort zu Ende sprach, las er schon wieder in seiner Sportzeitung.

Ich ging über die Straße, besorgte mir einen Rucksack, ein Paar alte Bergschuhe, die mir eine Nummer zu groß waren, Handschuhe, einen Parka, ein paar Brötchen und ein paar Dosen Bier. Für all das zahlte ich einen viel zu hohen Preis und ging zurück zu meinem Auto. Dort hatte ein quirliger junger Mann, offenbar Marco, inzwischen den Wagen vollgetankt und Schneeketten bereitgelegt; im Moment putzte er gerade die Windschutzscheibe.

»Seien Sie vorsichtig«, sagte er, als ich näher kam, »es gibt wahrscheinlich Schneewehen auf den Straßen. Da oben ist seit Wochen niemand mehr gewesen.«

Ich ließ mir noch einmal den Weg erklären und schraubte mich dann bald darauf Serpentine um Serpentine immer höher und höher. Die Straße war längst unter einer weißen Decke verschwunden, das Auto schlingerte trotz der Schneeketten, und als ich am Ende des befahrbaren Wegs angekommen war, begann es leicht zu schneien. Ich zog mich um, schnallte mir den Rucksack auf den Rücken, schloss den Wagen ab und ging los.

Italien, ein Wintermärchen. Wer hätte das – in Rom – gedacht?

Tief hingen die verschneiten Äste der Bäume bis auf den Boden… Es war schwer, sich zu orientieren; unter dem Schnee ließ sich der Pfad nur erahnen. Nirgendwo konnte ich Spuren entdecken. Hier schien seit Wochen niemand mehr entlanggegangen zu sein. Der Weg schlängelte sich zwischen eng stehenden Felswänden, über zugefrorene Bäche. Ich schwitzte. Wahrscheinlich ist die ganze Aktion völlig sinnlos, dachte ich. Bei diesem Wetter konnte es dort oben doch kein Mensch lange aushalten. Mehrfach kam ich vom Pfad ab, stand unvermittelt im dichten Wald und musste wieder zurückgehen.

Aber irgendwann war es dann doch so weit: Endlich stand ich auf der Hochebene vor dem Kloster. Mochte es auch illegal errichtet worden sein: So weiß bezuckert mit Schnee, sah es wirklich wunderschön aus.

Ich ging die letzten Meter bis zum Zaun, wo ein Gatter offenstand, und rief: »Ist da jemand?«

Dann sah ich, wie im Kloster die Tür aufging. Ein Mann kam heraus. Er hatte weiße Haare, einen ebensolchen Bart und trug eine dunkle Brille. Offenbar hatte er mehrere verschlissene Arbeitsoveralls übereinander angezogen – jedenfalls erinnerte er mich ein bisschen an das reifendicke Michelin-Männchen. Er war klein, höchstens Anfang sechzig, und mit seiner großen Kapuze sah er aus wie ein mythischer Mönch in einem Ritterfilm. Allerdings lächelte er mich freundlich an, als ich näher kam, und ich fühlte mich gleich willkommen.

»Guten Tag«, sagte ich.

»Ja, guten Tag«, erwiderte er.

»Leben Sie hier in diesem Kloster?«, wollte ich von ihm wissen.

»Ja, ich bin Pater Pietro. Herzlich willkommen.«

»Pater Pietro?«, wiederholte ich, wie vom Donner gerührt, »Sie sind Armando Lavini?«

»Ja«, antwortete er, »so hieß ich einmal, bevor ich Pater Pietro wurde.«

»Ich glaube, ich habe eine Menge Fragen an Sie«, meinte ich, und er entgegnete freundlich: »Gern. Aber kommen Sie doch erst einmal herein. Der Aufstieg ist anstrengend, Sie werden Hunger haben.«

Gleich darauf gingen wir durch dieselbe Tür, die ich schon einmal durchschritten hatte, in das Kloster, das immer noch einen seltsam unfertigen Eindruck machte: Alle Wände waren kahl, hier und da lag Baumaterial auf dem Boden, viele Türrahmen waren leer. Der Mönch führte mich einen Gang entlang zu einer Küche. Im Kamin brannte Feuer, darüber hing ein Kessel, der Raum war spartanisch eingerichtet: Es gab einen Tisch, drei Stühle und einen winzigen Holzschrank. Aus einem Wasserhahn floss ständig Wasser. Was für eine Verschwendung, dachte ich: Warum dreht er den Wasserhahn nicht zu? Aber ich war hier der Gast, und es stand mir nicht zu, meinen Gastgeber zu kritisieren. Der Pater gab mir ein Glas Wasser und sagte einladend: »Setzen Sie sich doch.«

Ich nahm Platz, trank dankbar ein Glas klaren Wassers, zog die neu erworbene Winterjacke aus und sah ihm zu, wie er etwas aus dem Kessel schöpfte, der über dem offenen Feuer hing. Gleich darauf stellte er einen Blechnapf vor mich hin und sagte: »Essen Sie nur. Ich habe um diese Zeit noch keinen Hunger.«

»Wie viele Patres außer Ihnen leben denn hier?«, erkundigte ich mich.

»Ich bin der einzige Pater hier«, antwortete er lapidar.

Armer Mann, dachte ich: So ganz allein in dieser Wildnis.

Ich hatte in der Tat einen Bärenhunger und aß mit Appetit: »Was für eine leckere Suppe«, lobte ich ihn.

»Das sind die vielen Kräuter, die hier oben wachsen.« Er lachte und sagte nicht ohne Stolz: »Für Geld können Sie so eine Suppe nicht kaufen.«

Während ich meine Suppe aß, stand er auf, ging zum Brotschrank und nahm ein Stück Brot daraus, das er auf eine ganz seltsame Art und Weise verspeiste: Wie ein Eichhörnchen eine Nuss frisst, so hielt auch er die Hand über das Brot, als fürchtete er, dass es ihm jemand wegnehmen wollte. Während er aß, fielen mir seine großen, starken Hände auf, die so aussahen, als hätten sie schon eine Menge gearbeitet. Dann klapperte draußen etwas. Der Mönch sprang sofort auf und wirkte jetzt wie ein junger, sportlich-drahtiger Mann: »Ich muss mal kurz nachsehen«, sagte er und fügte hinzu: »Bitte warten Sie einen Augenblick.«

Gleich darauf verschwand er eilig aus der Küche, und ich nutzte die Gelegenheit, um in den Schrank zu sehen: Das Brot war voller Schimmel. Deshalb hat er es so versteckt gegessen, überlegte ich mir – er schämt sich. Als Nächstes schoss mir der Gedanke durch den Kopf, was das für eine Schweinerei war: Da setzte irgendwer dieses riesige Kloster auf den Berg, und dann schickte er diesen alten einsamen Mann dorthin, ohne sich um ihn zu kümmern. Sollte er hier verhungern?

Ich warf einen Blick in den Kessel über dem Feuer – er war leer. Dann sah ich im Vorratsschrank nach, aber auch dieser war leer. In einem Glas hatte er offenbar ein paar Nudeln aufbewahrt, aber bis auf einen winzigen Rest mussten das die letzten gewesen sein, die er besaß. Offenbar hatte er nun alles mir gegeben, statt auch selbst etwas davon zu essen. Nun durchsuchte ich die ganze Küche, fand aber nichts außer Wasser und einem halben Glas Tomatensoße.

Plötzlich stand er wieder in der Tür. Er hatte eine seltsam gebückte Art, sich zu bewegen, alles an ihm schien Demut auszudrücken, so als wollte er ständig fragen: »Was kann ich für Sie tun? Was immer es ist, ich mache es gern.«

Nach einer Weile sagte er: »Ruhen Sie sich ruhig noch ein wenig aus; ich habe jetzt noch etwas Dringendes zu erledigen.«

»Ich würde gern mit Ihnen reden«, versuchte ich ihn aufzuhalten und fügte hinzu: »Sie sind nämlich das erste Phantom, das ich kennenlerne. Und dann auch noch eines, gegen das die Staatsanwaltschaft ermittelt.«

»Tut mir leid«, wehrte er ab, »ich habe jetzt wirklich etwas Dringendes zu erledigen – reden wir später.«

»Kann ich Ihnen dabei nicht vielleicht helfen?«

Er lächelte verlegen und meinte: »Aber nein, Sie sind doch mein Gast. Wenn Sie wollen – sehen Sie sich doch die Kirche an!«

»Das können wir doch später noch zusammen«, beharrte ich. »Geben Sie mir etwas zu tun, das würde mir eine Freude machen. Etwas, mit dem ich mir mein Essen verdienen kann.«

»Aber nein«, wehrte er erneut ab, lachte aber dabei, und nach einigem weiteren Hin und Her lenkte er doch noch ein und sagte: »Wenn Sie darauf bestehen, dann könnten Sie ein wenig Holz für mich hacken. Ich habe nicht mehr viel.«

»Gern«, antwortete ich und ließ mich von ihm hinaus zu der Stelle führen, wo er das Holz aufbewahrte. Dort steckte eine Axt in einem Baumstumpf; daneben lagen Holzscheite, die gespalten werden mussten.

»Ich kann aber nicht bei Ihnen bleiben«, meinte er, nachdem er mir alles gezeigt hatte. »Wie gesagt, ich muss noch einmal weg, etwas erledigen. Das macht Ihnen doch nichts aus?«

»Nein, nein«, erwiderte ich.

»Wenn Ihnen kalt wird, gehen Sie einfach wieder hinein«, sagte er noch. »Ich bin in ein paar Stunden wieder da.«

»In Ordnung«, meinte ich, legte mir die Holzscheite zurecht und fing an zu hacken.

Aus den Augenwinkeln sah ich ihm zu, wie er im Wald verschwand. Dann hackte ich erst einmal eine ganze Weile Holz, um später auch etwas vorzeigen zu können…

Dieser arme alte Pater hat mit der Sache bestimmt nichts zu tun, überlegte ich. Für mich schien sonnenklar, was passiert war: Irgendjemand hatte über Jahre hinweg diesen Betonklotz von einem Kloster mitten in die Wildnis gesetzt, auf welche Weise auch immer. Danach hatte man diesen einsamen alten Mönch hier heraufgeschickt – und erst jetzt bekam die Polizei Wind von dem Skandalbau und reagierte endlich. Vermutlich hatten sie eine Polizeistreife hierhergeschickt, und da sie außer diesem Pater niemanden antrafen, den sie hätten anklagen können, richteten sie die Strafanzeige gegen ihn.

Nachdem ich einen ganz ordentlichen Berg Holz gehackt hatte, beschloss ich, mir den beeindruckenden Bau noch einmal genauer anzusehen. Irgendwo musste es ja Spuren von den Arbeitern geben, die hier gewesen waren: Abfälle, Werkzeuge, leere Zementsäcke – was auch immer. Dazu lief ich noch einmal um das ganze Hochplateau herum, und dieses Mal entdeckte ich einen versteckten zweiten Pfad, der mir bisher entgangen war. Vorsichtig tastete ich mich ihn entlang, er schien aber sehr gut befestigt zu sein – an einigen Stellen konnte ich erkennen, wie jemand Äste zur Abstützung verbaut hatte –, und als ich eine Weile in Serpentinen nach unten gestiegen war, sah ich es.

Bis dahin hatte ich so etwas Ähnliches nur ein einziges Mal gesehen: in den Slums von Kairo, wo die Ärmsten der Armen vom und im Müll leben. Es war eine Art Unterstand. Müll jeder Art, Blechteile, Holzteile, alles Mögliche war zu einem rudimentären Dach zusammengezimmert worden. Ich ging hinein.

Ich habe schon eine Menge Armut in meinem Berufsleben gesehen, aber was ich hier sah, das erschütterte mich zutiefst. Eine uralte Plastikplane lag fein säuberlich zusammengefaltet auf einer Holzpritsche, als sei sie ein Schatz, etwas überaus Wertvolles. Irgendjemand hatte offenbar nichts als diese Plastikplane besessen, um sich Abend für Abend damit zuzudecken und vor dem Regen, den dieses zusammengestückelte Dach sicher nicht völlig abhalten konnte, zu schützen. An zahlreichen Stellen war die Plane löchrig geworden, was irgendjemand mit Pflastern notdürftig zu überdecken versucht hatte. Auch ein kleiner Tisch war anscheinend mit einfachsten Mitteln zusammengezimmert worden. Für den Boden und die Wände dagegen hatte sich jemand auffallend viel Mühe gegeben: Der Boden bestand nicht einfach aus festgetretenem Lehm – jemand hatte Platten verlegt, Steine verarbeitet, und das alles überaus sorgfältig. Auch die Holzwände des Unterstands waren Zentimeter für Zentimeter mit winzigen Lehmstücken abgedichtet worden.

Einzelne Äste steckten in den verbliebenen Ritzen – irgendjemand musste Jahre, viele Jahre lang immer wieder an dieser ärmlichen Behausung gearbeitet haben, und ich überlegte: Wie viele Menschen mochten hier drin wohl gehaust haben? Auf keinen Fall mehr als zwei, dachte ich, aber möglicherweise gab es ja mehrere solcher Unterstände.

Nicht weit entfernt fand ich dann zwar keinen zweiten Unterstand, aber etwas anderes: eine Art Steinbruch, der so aussah, als habe ein Riese den Boden aufgewühlt. Löcher klafften in der Erde, die mich ein wenig an Bombentrichter erinnerten – irgendjemand hatte hier systematisch Steine aus einem Felsen gebrochen. Ein paar Schritte weiter konnte ich auch noch die spärlichen Reste der Grundmauern eines ehemaligen Gebäudes erkennen.

Hier war also eindeutig gearbeitet worden: Auf dem Boden lag altes Werkzeug, abgeschlagener Mörtel, Teile von zerbrochenen Plastikwannen. Langsam begriff ich, was geschehen war: Hier hatte wohl mal eine Ruine gestanden, und irgendjemand hatte die Steine einen nach dem anderen abgetragen, um sie für den Bau des Klosters dort oben zu verwenden.

Ich sah mich noch einmal um und erkannte: Dieser Steinbruch war weit größer, als er auf den ersten Blick erschien. Die Arbeiter hatten sich tief in den Hügel gegraben, um weitere Steine zu gewinnen, und vor meinem geistigen Auge sah ich schon die Schlagzeilen: Was für ein Skandal! Welcher Orden ließ hier auf 1200 Metern Höhe Menschen wie Vieh in einem erbärmlichen Unterstand hausen, damit sie mit den einfachsten Mitteln, zum Teil wohl sogar mit bloßen Händen, in einem Steinbruch schuften konnten? Mitten in Europa, mitten in einem Naturschutzgebiet hatten Menschen unter unmenschlichen Bedingungen in einem Steinbruch gearbeitet! Dafür gab es eigentlich nur eine Erklärung: Ich hatte von vielen Ordensleuten gehört, dass immer öfter junge Mönche aus den ärmsten Ländern nach Rom geholt werden, um in völlig überalterten Klöstern hart zu arbeiten.

War das auch hier der Fall gewesen? Hatten sie junge Mönche auf diesen Berg gelockt und wie Sklaven in jämmerliche Verschläge gesteckt, damit sie ein hier in der Einöde völlig sinnloses Kloster bauten?

Ja, so konnte es gewesen sein. Das erklärte vieles. Deshalb hatte es also keine Rechnungen von Baufirmen gegeben, weil es gar keine Baufirma gab. Und die Arbeiter waren vielleicht versklavte Kirchenmänner gewesen...

Ich beschloss, den Wald zu durchstreifen, um nach weiteren Unterständen zu suchen. Es *musste* sie ja geben: Um einen solchen Steinbruch auszubeuten, mussten Dutzende Arbeiter über Jahre hinweg ihre Hämmer in den Felsen getrieben haben. Ohne Presslufthämmer, ohne andere besondere Hilfsmittel: Wie viele mussten unter diesen erbärmlichen Bedingungen krank geworden sein? Wie viele waren vielleicht sogar gestorben? Und: Wer hatte eigentlich dafür gesorgt, dass die Mönche aus so unmenschlichen Bedingungen nicht flohen? Hatte es so etwas wie Aufseher gegeben?

Das ist eine Riesengeschichte, dachte ich: Sklaverei, um ein Kloster zu bauen. Mitten in Europa! Ohne Toiletten, ohne Waschgelegenheiten in einem Loch hausend, rücksichtslos ausgebeutet in einem Steinbruch, im Sommer bei sengender Hitze, im Winter bei Eiseskälte.

Ich hatte eine kleine Digitalkamera dabei und begann Fotos zu machen. Dann streifte ich kreuz und quer durch den Wald, um nach den Spuren weiterer Unterstände Ausschau zu halten, fand aber nichts. Möglicherweise verdeckte ja der Schnee die Eingänge, dachte ich und stapfte zurück zum Kloster. Offenbar war der freundliche Pater unterdessen hier gewesen; er hatte mir einen Zettel auf den Küchentisch gelegt, in dem er sich für meine Arbeit bedankte und hinzufügte, er habe noch einmal weggemusst.

Erst jetzt bemerkte ich, wie erschöpft ich war – und hundemüde. Ich durchsuchte das Erdgeschoss – in einem Raum hingen uralte Hämmer und Sägen an der Wand, ein paar Säcke standen auf dem Boden; dann fand ich einen zweiten großen Raum, offenbar der Speisesaal für die Mönchsgemeinschaft. Außer einem aus vielen Einzelteilen zusammengebastelten langen Tisch stand aber nichts darin. Schließlich fand ich irgendwo eine aus alten Jutesäcken zusammengenähte Decke, legte mich in eine Ecke und wollte eigentlich nur kurz die Augen schließen, schlief dann aber fest ein...

Als ich aufwachte, war es stockdunkel. Es dauerte eine Weile, bis ich begriffen hatte, wo ich war, dann hörte ich auf einmal jemanden laut sprechen. Ich stand auf – meine Glieder schmerzten wie verrückt, und ich hatte das Gefühl, völlig durchgefroren zu sein. Ich tastete mich durch die Dunkelheit, fand eine schmale Treppe und die Tür. Draußen glitzerte der Schnee im Mondlicht hell, und ich sah Pater Pietro auf und ab gehen.

Er hat Besuch bekommen, dachte ich zuerst, da ist doch jemand. Laut und deutlich hörte ich jetzt den Pater sprechen: »Was machst du denn da, großer Gott im Himmel? Du schickst mir einen Besucher, und jetzt habe ich doch nichts mehr zu essen. Was soll ich ihm geben? Was schickst du mir Gäste und gibst mir nichts, womit ich sie bewirten kann? Was soll denn das? Das hast du doch nie gemacht. Was soll ich dem jungen Mann denn jetzt sagen? Du weißt genau, dass jetzt Winter ist und dass im Winter keine Bergsteiger vorbeikommen werden wie im Sommer, die etwas dalassen könnten, weil sie keine Lust haben, die Reste mit ins Tal zu schleppen. Nein, Herr, es ist eben nichts mehr da!«

Mir war, als stünde mein Herz still. Der arme Mönch hatte doch selbst nichts, und trotzdem sorgte er sich um mich. War das zu fassen?

Pater Pietro sprach noch eine Weile weiter, doch als ich auf einmal niesen musste, hörte er auf und kam aus der mondhellen Nacht auf mich zu.

»Ich bin eingeschlafen«, sagte ich zu ihm, »tut mir leid.«

»Ich habe es gesehen«, antwortete er, »wollte Sie aber nicht wecken.« Er sah besorgt aus.

»Zum Hinuntergehen ist es jetzt wohl schon ein bisschen zu spät, oder?«

»Ja, es ist gefährlich im Dunkeln.«

»Könnte ich denn über Nacht hierbleiben?«

»Aber gern«, antwortete er, und ich sagte rasch: »Darf ich Ihnen als Gegenleistung für Ihre Gastfreundschaft etwas zu essen anbieten? Ich muss noch etwas in meinem Rucksack haben.«

»O nein«, antwortete er. »Um diese Zeit esse ich nichts mehr. Aber wenn Sie wollen, leiste ich Ihnen gern Gesellschaft.«

»Sie *müssen* etwas mit mir essen, Pater, sonst esse ich auch nichts.«

Gleich darauf setzten wir uns in die Küche. Ich holte die Brötchen aus dem Rucksack, hatte auch ein paar Dosen Bier und beschloss, selbst so gut wie nichts zu essen. Ich konnte ja morgen wieder hinuntersteigen, dachte ich, und mir etwas Neues besorgen. Meine *Panini* waren vielleicht nichts für einen Gourmet – aber für jemanden, der verschimmeltes Brot aß, mussten sie einfach köstlich sein. Ich hatte mir gleich acht davon geben lassen und wollte nun selbst nicht mehr als eines essen, dann würde ihm das meiste für die nächsten Tage bleiben.

Ich hatte angenommen, dass er das Gleiche denken würde wie ich, dass auch er im Kopf überschlagen würde, wie lange die Brötchen für ihn ausreichen könnten, aber ich hatte mich getäuscht: Er aß mit Appetit, trank Bier dazu, und als wir fertig waren, war alles aufgegessen.

»Und was essen Sie morgen?«, fragte ich den Pater.

»Gott wird für uns sorgen«, erwiderte er. »Heute hat er Sie geschickt, morgen wird er jemand anderen schicken.«

Ich musste lachen: »Ich glaube nicht, dass der liebe Gott ausgerechnet mich als sein Werkzeug benutzt. Ich bin nur ein ziemlich einfacher und eher sündiger Mensch.«

»Wir sind alle Werkzeuge Gottes, und wir sind alle Sünder«, meinte der Pater.

»*Sie* scheinen mir kein allzu großer Sünder zu sein«, sagte ich.

»Na ja«, meinte er bescheiden, »ich frage mich immer, ob ich nicht *mehr* tun könnte.«

Der Pater war nach wie vor sehr freundlich, und ich versuchte den Wunsch zu unterdrücken, ihn auszuhorchen. Aber ein paar Fragen wollte ich ihm schon stellen: »Es muss ziemlich schwer gewesen sein, hier oben dieses Kloster zu bauen«, leitete ich meine Fragen ein. »Es gibt ja keine Straße hier herauf, nur sehr schmale, sehr schwierig zu gehende Pfade. Wie hat man denn das ganze Baumaterial, die Maschinen, Werkzeuge und all das hier heraufgebracht? Durch die Luft?«

Der Pater lachte laut auf: »Durch die Luft? Ja, das ist gut: Das wäre eine Möglichkeit gewesen.« Dabei prustete er so stark, dass ihm die Tränen kamen. Gleich darauf war er aber wieder ganz ernst und sagte leise: »Es war Gottes Wille, dass dieses Kloster hier entstand. ER hat alles möglich gemacht.«

Ich verstummte, wollte ihn nicht weiter aushorchen und merkte zudem, dass ich immer noch sehr müde war.

Da sagte der Pater auf einmal in die Stille hinein: »Ich habe noch eine Verabredung.«

»Hier oben?«, wunderte ich mich. »Gehen Sie jetzt in die Kneipe?«

»Nein«, antwortete er ganz ernst, »ich habe noch eine Verabredung mit jemandem, der auf mich wartet. Da oben ist jemand, mit dem ich noch sprechen möchte.«

»Haben Sie noch einen anderen Besuch hier?«

Der Pater sah mich an: »Wenn Sie so wollen, ja. Aber er war schon immer hier, schon vor mir, und er wird auch nicht mehr weggehen.«

Aha, dachte ich: Gott. Natürlich!

Pater Pietro stand auf, gab mir noch eine weitere Decke und ging dann die Treppe hinauf, während ich mich wieder in den verwaisten Speisesaal legte. Dort muss ich wie ein Stein geschlafen haben, denn als ich aufwachte, war es bereits 9.00 Uhr.

Wie still es hier oben war! Nur der Wind pfiff durch die Gänge. Ich blieb noch eine Weile liegen, dann stand ich auf, suchte meinen Rucksack und putzte mir in der Küche die Zähne. Das Wasser war so eiskalt, dass es mir das Zahnfleisch zusammenzog. Immerhin gab es hier fließendes Wasser, wenn auch keinen Strom. Das fiel mir erst jetzt auf: Wie konnte das eigentlich sein? Wer pumpte das Wasser in die Leitung und mit welcher Energie? Lief doch irgendwo ein Stromgenerator? Ich beschloss, gleich nachzusehen – von einer Tasse warmen Kaffee und einem einfachen Hörnchen konnte ich jetzt ohnehin nur träumen. Also kratzte ich die letzten paar Krümel unseres üppigen Abendmahls von gestern vom Tisch, zog alles an, was ich hatte, und stapfte hinaus in den Schnee. Von Pater Pietro war nichts zu sehen.

Ich fand das Zulaufrohr an der Küche und folgte ihm. Es verschwand immer wieder zwischen Felsen; ich musste um eine Biegung gehen, dann konnte ich es sehen: Hoch über dem Kloster waren hunderte Meter Leitungen verlegt worden, um das Wasser bis zum Kloster laufen zu lassen. Man sah, dass die Rohre durch Lawinen beschädigt und wieder geflickt worden waren: Wer immer dieses System gebaut hatte – es musste Jahre gedauert haben, das Wasser bis zum Kloster zu schaffen.

Deswegen lässt er das Wasser immer laufen, dachte ich. Es ist Quellwasser, es gibt gar keine Pumpe.

Nun begann es wieder etwas zu schneien, und ich zog meine Kapuze über den Kopf, deshalb sah ich den Mann nicht kommen. Weder hörte ich seine stapfenden Schritte im Schnee noch seinen keuchenden Atem oder die kaum unterdrückten Flüche – all das konnte ich mir nur vorstellen, als er plötzlich mit seinem großen Rucksack vor mir auftauchte, nachdem er die letzte Windung des Pfades hinter sich gebracht hatte. Sein Gesicht war vor Anstrengung krebsrot und schweißüberströmt. Er sah angeschlagen aus, musste wie ich damals mehrfach ausgerutscht und in den Schnee gefallen sein; jedenfalls war er patschnass, und die Haare klebten ihm in Strähnen auf der Stirn. Er war von kräftiger Statur, sah aus wie ein Mittelgewichtsboxer nach einem viel zu langen und viel zu anstrengenden Training, und offenkundig hatte er den steilen Anstieg nicht zum Vergnügen hinter sich gebracht: Er war stocksauer.

»Wo ist er?«, fragte er dann auch ohne lange Vorrede, noch immer schwer keuchend.

»Wer?«

Sein Atem stieß kleine weiße Wolken in die Luft, als er sagte: »Ich weiß nicht, wer *Sie* sind, aber normalerweise ist außer Pater Pietro niemand hier oben. Also: Wo ist er?«

»Ich weiß es nicht«, antwortete ich wahrheitsgemäß.

Nun ließ der Mann seinen Rucksack in den Schnee fallen. »Ich trage das Zeugs keinen einzigen Schritt weiter. Sagen Sie ihm, dass ich es satthabe, hinter ihm herzulaufen. Sagen Sie ihm bitte auch: Wenn er unbedingt verhungern will, kann er das meinetwegen tun. Ich habe die Nase gestrichen voll.«

Er wandte sich um, als wollte er gleich wieder nach unten steigen; aber dann hielt er doch noch einmal in der Bewegung inne und fragte: »Wollen Sie mit mir zusammen nach unten kommen? Es kann sicherer sein, wenn wir gemeinsam gehen, zumal ich den Weg kenne. Ich muss aber gleich los.«

Ich überlegte. Sollte ich wirklich einfach so verschwinden? Mein Blick fiel auf seinen Rucksack, der aufgegangen war und anscheinend fast überquoll. Frische Koteletts lagen da, Brot, Äpfel, Wein. Nicht schlecht für einen hungrigen Einsiedler, dachte ich und fragte den Mann: »Soll ich das mal eben in die Küche tragen? Pater Pietro möchte sicher wissen, wer ihm diese wunderbaren Sachen gebracht hat. Soll ich Ihren Namen auf einen Zettel schreiben?«

Er lachte grimmig. »Den Zettel können Sie sich sparen. Wenn er die Koteletts sieht, weiß er schon Bescheid. Ich bin jahrelang hinter ihm hergelaufen, das weiß er ganz genau.«

»Wie meinen Sie das?«, fragte ich, doch statt zu antworten, fragte der Mann unvermittelt: »Was machen *Sie* eigentlich hier oben?«

»Ich wollte mir das Kloster anschauen.«

»Mitten im Winter?«

»Darf ich fragen, wer *Sie* sind?«, wollte ich wissen.

»Ein Vollidiot bin ich«, sagte er mit sarkastischem Unterton. »Hier hochzusteigen! Jahrelang, *jahrzehntelang* bin ich immer hinter ihm hergelaufen, wenn er durch Montemonaco schlich. Er ging so schnell, dass ich das Fleisch gar nicht rasch genug zusammenpacken konnte; ich musste hinter ihm herrennen und ihm das Zeug in die Hand drücken. Das war ja noch in Ordnung, aber seit er nicht mehr nach unten kommt, muss ich wohl immer zu ihm hochsteigen.«

»Ich verstehe immer noch nicht ganz«, sagte ich.

»Was verstehen Sie nicht?«

»Wieso sind Sie Pater Pietro hinterhergelaufen?«

»Mensch, dieser Pater ist doch ein Verrückter oder ein Heiliger – ein verrückter Heiliger, das ganz bestimmt. Er kam immer im frühen Morgengrauen in seinen zerrissenen Klamotten durch Montemonaco. Man sah ihm an, dass er schon fast verhungert war, wenn er an meinem Fleischerladen vorbeiging; aber ich wusste ja, dass er viel zu stolz sein würde, auch nur einen Suppenknochen zu erbetteln. Also habe ich, sobald ich ihn sah, immer Fleisch für ihn zusammengepackt. Er wusste das, blieb aber nicht stehen, sondern marschierte weiter durch Montemonaco, sodass ich die ganze steile Straße hinter ihm herlaufen und ihm mein Paket geradezu aufnötigen musste. Er sagte immer: ›Ich nehme das nicht‹, und wenn ich ihm nicht damit gedroht hätte, dass ich das Fleisch in den Dreck werfen würde, hätte er wirklich nichts angenommen. Mit Sergio, unserem Bäcker, war es übrigens das Gleiche. Pater Pietro marschierte immer wie ein D-Zug durch das Dorf: Wenn man nicht schnell genug hinter ihm herrannte, war er gleich wieder weg, und dann saß man zu Hause und fürchtete: Diesmal wird er da oben verhungern, und keiner wird es merken, wenn er aus Schwäche zusammenbricht.«

»Wie lange geht das schon so?«

»Mein Vater ist schon hinter ihm hergelaufen, als ich noch ein Kind war. Als er älter wurde und nicht mehr so gut gehen konnte, um Pater Pietro einzuholen, schickte er mich ihm hinterher. Ich schätze mal, dreißig Jahre werden es schon gewesen sein, dass er frühmorgens durchs Dorf lief und danach hier hochstieg. In der ganzen Zeit habe ich ihn nicht ein einziges Mal um etwas bitten sehen. – Kommen Sie jetzt mit mir nach unten oder nicht?«

Pater Pietro musste also doch über alles Bescheid wissen, schoss mir durch den Kopf. Er war gar kein armer alter Mönch, den sie erst dann hier heraufgeschickt hatten, als das Kloster schon fertig war. Er hatte vielleicht schon von Anfang an Bescheid gewusst, und mit Sicherheit kannte er auch die Chefs, die für das hier verantwortlich waren.

»Was ist jetzt?«, fragte der Mann ungeduldig. »Wenn Sie sich nicht entscheiden können, dann gehe ich jetzt alleine.«

»Danke«, sagte ich, »für das Angebot. Aber ich habe noch etwas mit Pater Pietro zu besprechen. Ich bleibe hier oben.«

»Na gut«, seufzte er, »dann grüßen Sie ihn von mir.« Er wartete noch, bis ich den Rucksack in die Küche gebracht und dort ausgeleert hatte, dann schnallte er ihn sich wieder auf den Rücken, drehte sich auf dem Absatz um und verschwand leise fluchend im Schnee…

In der Küche drohte inzwischen das Feuer auszugehen. Deshalb holte ich neue Holzscheite und überlegte, ob Pater Pietro sich vielleicht freuen würde, wenn ich etwas für ihn kochte. Oder um ehrlich zu sein: *Mein* Magen knurrte gewaltig. Ich sah mir die Sachen, die ich vorhin alle nur schnell auf den Tisch geworfen hatte, genauer an und beschloss dann, erst einmal alles in dem einzigen Schrank zu verstauen: Nudeln, Salz, Sardinen und Thunfisch, getrocknete Tomaten, Rosinen, Zucker, Brot, sogar Wein, Kaffee und gleich zehn Koteletts waren in dem Rucksack gewesen. Letztere waren ein Problem – der Pater hatte keinen Kühlschrank, im Schnee vergraben konnte er das Fleisch auch nicht einfach, das würde Tiere anlocken; ich wollte ihn nachher fragen, was er damit machte, beschloss aber, schon mal drei davon zu braten. Tatsächlich fand ich einen Metallspieß in einer Ecke, auf den ich die Koteletts aufspießen und über dem Feuer braten konnte, während das Fett in die Flammen tropfte. Danach deckte ich den Tisch und betrachtete stolz das üppige Mahl: Es gab getrocknete Tomaten, die Koteletts und Brot; ich hätte auch große Lust auf ein Glas Wein gehabt, hielt mich aber zurück und dachte: Jetzt wäre es nicht schlecht, wenn der Pater käme. Die Koteletts konnte man zwar auch kalt essen, aber warm schmeckten sie sicher besser. Zum Glück dauerte es nicht lange, bis ich Pater Pietros Schritte hörte. Er schien guter Dinge zu sein und trotz der Kälte draußen nicht zu frieren; seine Hände waren aufgerissen, als hätte er hart gearbeitet, aber er wirkte überhaupt nicht erschöpft. Stattdessen sah er mich fröhlich an und fragte mit einem Blick auf den gedeckten Tisch: »Was ist das denn für ein wunderbarer Duft?«

Ich war ein bisschen verlegen. Schließlich waren es seine Koteletts, die ich über dem Feuer gebraten hatte; vielleicht hätte er es vorgezogen, sie irgendwo zu lagern. Deshalb beschloss ich

leise für mich, ihm bald schon selbst neue Lebensmittel hochzu-
bringen, bevor ich sagte: »Ein Mann war für Sie hier. Er sagt, Sie
wüssten schon, wer er ist.«

Pater Pietro setzte sich, wirkte etwas beschämt und sagte:
»Biccherino! Mitten im Winter ist er bis hier heraufgekommen!
Ich muss ihm sagen, dass er das nicht mehr tun darf…«

»Sie scheinen ein ziemlicher Dickschädel zu sein«, sagte ich
zu ihm: »Er meinte, dass Sie nie etwas annehmen würden, es sei
denn, man dränge es Ihnen auf.«

»Die Menschen sind immer so gut zu mir! Aber dass er im
Winter bis hier raufkommt, das darf er nicht mehr machen. Was
hat er denn alles mitgebracht?«

»Ich habe mir erlaubt, alles in den Schrank zu stapeln.«

Pater Pietro sah nach und meinte: »Oh, was für schöne Sachen!«

Dann nahm er eine Flasche Wein und sagte: »Heute feiern
wir!«

»Nein, nein«, wehrte ich ab, »heben Sie sich den Wein besser
auf für schlechtere Zeiten.«

Pater Pietro schmunzelte, dann meinte er: »Sie haben es immer noch nicht verstanden, aber Gott sorgt für mich. Er sorgt
sich nicht nur *um* mich, er sorgt auch *für* mich, ganz bestimmt.
Das hat er mein Leben lang getan, sonst würden hier oben weder die Kirche noch das Kloster stehen.«

Er ging zum Waschbecken und wusch sich die Hände. Ich hielt
die Koteletts noch einmal kurz über das Feuer, danach setzten
wir uns. Er sprach ein Tischgebet, dann aßen wir und tranken
den herrlichen Wein. Nie hat mir etwas so gut geschmeckt wie
an diesem Tag.

»Darf ich Sie etwas fragen?«

»Aber sicher«, antwortete er.

»Sie waren doch dabei, als man dieses Kloster gebaut hat,
oder?«

Er lachte. »Allerdings.«

»Wie ist nur all das Baumaterial hier heraufgeschafft worden?«

»Ich habe es getragen, auf dem Rücken. Ich habe immer gedacht, ich bin der Muli Gottes.«

»Wie viele Mönche waren denn an diesem Bau beteiligt?«

»Hier oben hat nur einer gebaut: Gott.«

»Okay«, meinte ich, »aber der ewige Herr im Himmel hat doch sicher nicht selbst den Mörtel gemischt.«

»Nein, das brauchte er ja auch nicht. Dazu hatte er ja mich«, erwiderte Pater Pietro.

»Und wer hat außer Ihnen noch mitgearbeitet?«

»Außer dem Herrn gab es nur noch mich.«

»Wollen Sie damit sagen, dass Sie das ganze Kloster und die Kirche allein auf diesen Berg gesetzt haben?«

Er nickte und meinte: »Mit Gottes Hilfe.«

Pater Pietro alias Armando Lavini hat mir schließlich seine ganze Geschichte erzählt. Nicht auf einmal und nicht nur an diesem Tag, als wir die Koteletts aßen: Der Pater ist ein hart arbeitender Mann und wird bei einem ausführlicheren Gespräch bald müde. Aber ich bin in diesem Winter immer wieder zu ihm hinaufgestiegen, brachte Lebensmittel mit, saß mit ihm an vielen Abenden vor der offenen Feuerstelle in seiner Küche, und dabei hat er mir von seinem Leben berichtet und von Gott.

Seine Eltern waren bitterarm und hungerten fast immer; die Kinder wurden schon mit sieben Jahren zur Nachtarbeit an Bauern »ausgeliehen«. Im Dunkeln mussten sie pflügend über die Felder ziehen, und dabei zerschnitten die Stoppeln dem kleinen Armando immer wieder die Füße. So sehr litt er unter den ständig blutenden Wunden, dass er später, als er seine ersten Sandalen geschenkt bekam, sie hütete wie einen Schatz: »Als ich die Sandalen bekam, zimmerte ich mir eine Kiste und stellte sie dort hinein. Das mache ich immer noch so: Jeden Abend stelle ich meine Schuhe in meine Schatztruhe«, erzählte mir Pater Pietro.

Nach getaner Nachtarbeit bekamen die Kinder frühmorgens Wasser und etwas altes Brot. So ging das etwa ein Jahr lang, und als Pietro acht wurde, gaben ihn seine Eltern in ein Kloster.

»Ich erinnere mich an viele durchweinte Nächte«, sagte Pater Pietro mit dunklem Blick, und ich fragte mich, was das für eine Zeit gewesen sein mag, als Eltern so arm waren, dass sie sich gar nicht mehr anders zu helfen wussten, als ihren Sohn in ein Kloster zu stecken – ein Kind, das doch die Zärtlichkeit seiner Eltern gebraucht hätte und Zeit, um über Felder zu tollen und Spiele zu erfinden, statt eingesperrt hinter Klostermauern nachts seiner Verzweiflung freien Lauf lassen zu müssen. Auch im Nachhinein, nach einem ganzen Leben im Orden der Kapuziner, kann Pater Pietro das, was sein Orden früher Kindern antat, nicht gutheißen: »Ich bin froh, dass es heute nicht mehr möglich ist, kleine Kinder wie mich damals einfach in ein Kloster zu geben.«

Seine Eltern besuchten ihn nie; sie kamen nicht einmal, um seinen Geburtstag zu feiern – Pater Pietro weiß gar nicht genau, wie alt er ist, denn er hat weder eine Geburtsurkunde noch jemals einen Ausweis besessen. Die Mönche wollten ihm Latein und Griechisch beibringen, Armando aber mochte nicht nur dasitzen und schreiben – er wollte etwas bauen. Barfuß, um die Schuhe nicht abzunutzen, arbeitete er auf den Feldern des Klosters und half gelegentlich Jägern, die Tasche zu tragen, wenn sie durch die Sibyllinischen Berge zogen. Dabei kam er zum ersten Mal hierher.

Jahrzehnte später saß Pater Pietro mir gegenüber und erinnerte sich daran, wie das war, als er versteckt zwischen Bäumen die Ruine einer Kirche entdeckte: Viele Franziskanerpatres waren auf ihrem Weg nach Montemonaco schon an dieser Ruine vorbeigegangen, aber für den jungen Armando Lavini sollte dieser Augenblick etwas ganz Besonderes bedeuten: etwas, das sein ganzes Leben veränderte.

23

Eine Spur Gottes?

Im Jahr 1205 war der heilige Franz von Assisi in die kleine Kirche San Damiano gegangen, deren Dach zum Teil eingestürzt war, und dabei soll ihm ein erstaunliches Wunder zuteil geworden sein: Er hörte das Kreuz sprechen. In Assisi dachten zuerst alle, dass er jetzt völlig verrückt geworden sei, aber er bestand darauf, dass er gehört hatte, wie das Kreuz zu ihm sagte: »Francesco, gehe und repariere mein Haus. Wie du siehst, ist es schwer beschädigt.«

Rund 750 Jahre später, in den Fünfzigerjahren des 20. Jahrhunderts, wiederholte sich dieses Wunder in den Sibyllinischen Bergen, und diesmal richtete sich die Botschaft nicht an Giovanni Battista Bernardone, Sohn adliger Eltern und später besser bekannt als Franz von Assisi, sondern an Armando Lavini, in die Obhut Gottes gegeben von seinen mittellosen Eltern: »Da auf einmal sah ich die Ruine einer Kirche«, berichtete Pater Pietro mir viele Jahrzehnte später, »ich war noch sehr jung, aber ich spürte ganz deutlich, wie der Herr seine Hand auf meine Schulter legte und zu mir sagte: ›Bau mein Haus wieder auf.‹«

Aus dem Novizen wurde der Kapuzinerpater Pietro – ein guter Pater; einer, auf den man sich verlassen konnte. Nur ab und zu träumte er von dem Ort in den Bergen; er spürte ganz tief, dass Gott ihm eine Weisung gegeben hatte, dass dort in den Bergen eine Ruine auf ihn wartete, mit der sein Schicksal untrennbar verbunden war.

Doch zunächst wurde Pater Pietro nach Afrika in die Mission geschickt. Auch dort war er ein braver Diener Gottes, der tat wie ihm geheißen und der ohne zu klagen stets an der Seite der Ärmsten arbeitete. Erst als er erkrankte, kam er nach Italien zurück, wo sein Orden gerade dabei war, einen Wallfahrtsort ausbauen zu lassen. Während seine Mitbrüder heilige Bücher studierten, stand unser Mönch morgens auf und lief zur Baustelle, um den Maurern zu helfen.

Im Jahr 1971 wagte er schließlich den entscheidenden Schritt: Pater Pietro sprach mit seinem Abt und erklärte ihm, was er vorhatte. Zwar musste sein Plan jedem halbwegs vernunftbegabten Menschen gänzlich illusorisch erscheinen: Wie sollte ein 1,62 Meter kleiner, schmächtiger und völlig mittelloser Mönch in der Lage sein, dort oben in den Sibyllinischen Bergen ein Kloster wieder aufzubauen? Aber trotzdem wollte sich Pater Pietro nicht davon abhalten lassen. Die letzten Worte, die der Abt zu ihm sagte, lauteten: »Diesen Weg gehst du allein.« Dieser Abschied schmerzt Pater Pietro noch immer: »Sie haben mir nicht einmal ein Stück Brot mitgegeben.«

Am Anfang hatte er selbst keine rechte Vorstellung davon, wie er es anstellen sollte: »Von Stunde zu Stunde wurde mir immer klarer, welche Schwierigkeiten vor mir lagen. Es hatte keinen Sinn, hier mit der Arbeit zu beginnen, wenn ich kein fließendes Wasser hatte, um Zement zu mischen. Der Bach lag zwar einigermaßen in der Nähe, aber jeden Liter Wasser hier hochzuschleppen wäre unmöglich gewesen. Wenn man ein großes Gebäude bauen wollte, brauchte man Abertausende Liter Wasser. Aber woher sollte das ganze Wasser kommen? Nach ein paar Tagen hier oben war mir klar, dass ich es nicht schaffen konnte. Ich weiß noch, dass ich unter einem Baum saß und auf die Ruine schaute. Du willst ein Kloster bauen, dachte ich, ein großes Kloster, und du hast noch nicht einmal eine Schaufel. Ich beschloss hinunterzugehen und eine Arbeit anzunehmen, Geld zu verdienen und dann mit dem Bau anzufangen.«

»Aber das haben Sie nicht getan«, sagte ich zu ihm.

»Woher wissen Sie das?«

»Weil Sie für die Behörden ein Phantom sind. Sie haben nie Steuern gezahlt und nie eine Leistung des Staats in Anspruch genommen; Sie haben nie Arbeitslosengeld bekommen oder Sozialhilfe; Sie haben nicht einmal die staatlichen Zuwendungen für Mönche bekommen, weil Sie nicht mehr in Ihrem Kloster waren. Für den Staat gibt es Sie nicht mehr: ohne Ausweis, ohne irgendwelche Papiere.«

»Ja, das stimmt. Ich habe eine Weile überlegt, ob ich hinuntergehen und auf dem Bau arbeiten soll. Ich hatte mich sogar schon auf den Weg gemacht, um eine Baustelle zu suchen, als ich plötzlich einen Hirten mit seiner Herde traf. Er lächelte mich an, gab mir ein Stück Brot, und ich war ganz bestürzt.«

»Warum?«

»Weil ich auf einmal verstand: Gott hatte mir eine ganz bestimmte Aufgabe an einem ganz bestimmten Ort gegeben, und ich war schon dabei, den Mut zu verlieren. Da schickte er mir einen Hirten, der mir Brot gab, und das bedeutete, dass er zu mir sagen wollte: Wenn ich dir eine Aufgabe gebe, dann werde ich auch dafür sorgen, dass du sie bewältigen kannst. Zweifle nicht an deinem Gott!«

Pater Pietro blickte mich an, als er weitererzählte: »Da habe ich mir einen Unterstand gebaut, ganz in der Nähe der Ruine, aus der ich dann später die Steine für den Bau des Klosters abgetragen habe.«

»Ich habe den Unterstand gefunden«, sagte ich. »Wie lange haben Sie darin gelebt?«

»Ich weiß es nicht genau, aber ich denke: über fünfundzwanzig Jahre.«

»In diesem Erdloch?«

»Für mich war es mein Zuhause.«

»Ich habe eine uralte Plastikplane darin gefunden.«

Pater Pietros Augen begannen zu leuchten: »O ja, sie war mein größter Schatz. Ich bekam das Dach des Unterstandes nie wirklich dicht, es regnete immer herein. Die Plane war nicht groß genug, als dass ich mich ganz damit bedecken konnte. Über meine Beine musste ich zusätzlich noch einen Plastiksack legen, um mich zu schützen. Nachts konnte ich oft nicht schlafen, weil der Regen auf meine Beine trommelte. Dann bin ich immer besonders früh aufgestanden.«

Nach und nach zeigte mir Pater Pietro in diesem Winter, wie seine Welt hier oben funktionierte. Er zeigte mir auch die Zeichnungen, die er für das Kloster angefertigt hatte, und er zeichnete vor meinen Augen einen Glockenturm in den Schnee. Das war sein größter Traum: einen Glockenturm neben das Kloster zu bauen.

Pater Pietro ist sehr stolz auf seinen Bau; besonders stolz aber ist er auf seine Wasserleitung: Vier Jahre lang hatte er darum gekämpft, das Wasser aus den Bergen für sein Kloster nutzen zu können. Und das alles nur, weil er sich nicht einmal einen alten Stromgenerator und eine Pumpe leisten konnte, womit das viel einfacher gewesen wäre. Heute müsste er dafür vielleicht hundert Euro ausgeben – ein Witz im Verhältnis zu vier Jahren Arbeit, aber auch sehr viel Geld für jemanden, der überhaupt keines hat. Außerdem dachte er ohnehin in völlig anderen Kategorien: »Ich arbeite ja nicht«, sagte er einmal zu mir, und ich schüttelte den Kopf: »Sie arbeiten nicht? Soll das ein Witz sein? Sie haben ganz allein ein ganzes Kloster gebaut und sagen, Sie arbeiten nicht?«

»Ich bekomme kein Geld dafür, und ich muss das Kloster auch nicht zu Ende bauen. Wenn Gott das so will, wird es fertig; wenn nicht, dann eben nicht. Es ist sein Haus.«

Für mich schien das immer noch alles unvorstellbar zu sein: Inmitten einer hoch technisierten Welt voller Wohlstandsmüll lebte ein Pater, für den jeder Tropfen Wasser, jeder einzelne Stein, alles, was er zum täglichen Leben und für seinen Bau brauchte, keine Selbstverständlichkeit, sondern eine absolute Kostbarkeit war: sein ganz persönlicher Schatz. Ich bewunderte ihn dafür – vielleicht gerade, weil mir das alles so fremd war und weil es mir klarmachte, wie verwöhnt wir heute sind –, und irgendwann in diesen langen Gesprächen begannen wir uns zu duzen.

»Die langen Zeiten, in denen ich mit dem Bau nicht weiterkam, waren die schlimmsten für mich«, erzählte Pater Pietro mir. »Manchmal konnte ich beim besten Willen kein Werkzeug auftreiben – überhaupt nichts, was ich für diesen Bau brauchte, und dann habe ich zu Gott gebetet und ihm gesagt: ›Herr, es ist dein Bau. Wenn du willst, dass er fertig wird, dann besorg mir das Material.‹«

Tatsächlich kamen immer wieder Leute vorbei, die ihm etwas Brauchbares daließen, und manchmal stieg er auch selbst nach unten und fand eine Baustelle, auf der ihm weitergeholfen werden konnte.

»Vor allem wenn auf einer Baustelle gerade die Arbeit beendet worden war«, erzählte Pater Pietro mir, »war die Ausbeute reich. Die Maurer waren meist froh, wenn sie den übrig gebliebenen Zement nicht selber wegschleppen mussten. Ich habe ihn dann auf meinen Rücken geladen und nach oben gebracht.«

»Deswegen gab es auch keine Spuren«, sagte ich mehr zu mir selbst als zu Pater Pietro, der aber nachfragte: »Wie meinst du das?«

»Als ich das Kloster hier oben sah«, erklärte ich ihm, »fragte ich mich die ganze Zeit, wie es möglich ist, dass das ganze Material für den Bau hier heraufgebracht wurde, ohne Spuren zu hinterlassen. Auf die Idee, dass das alles ein Mann auf seinem Rücken getragen haben könnte, wäre ich nie gekommen.«

Tatsächlich hatte sich kein anderer als Pater Pietro Tag für Tag für seinen Bau abgequält, der in all dieser Zeit in einem feuchten Unterstand hauste und viele Abende gar nichts zum Essen hatte oder nur verschimmeltes Brot: »Mir haben sie einmal gesagt, dass Antibiotika aus Schimmel gewonnen werden«, erklärte er mir später, »und ich habe so viel Schimmel gegessen, dass es kein Wunder ist, dass ich nie krank geworden bin.«

Irgendwann zeigte mir Pater Pietro auch sein Zimmer im ersten Stock des Klosters – ein karger Raum mit einem großen, selbst geschnitzten Kruzifix an der Wand und einem einfachen, blitzsauberen Bett. Dort hütete er in einem Schrank seine alte Mönchskutte, die er nur anzog, wenn es einen Festtag zu feiern gab. Ich habe ihn später ein paarmal darin gesehen, und auf mich wirkte das wie eine Verkleidung – dem Maurer Gottes schien die saubere Kutte auch selbst eher unangenehm zu sein; zu sehr hatte er sich schon an seine Plastiküberzüge gewöhnt, die zumindest den Regen, wenn auch kaum die Kälte hier oben abhielten.

»Fühltest du dich in all den Jahren hier oben nicht schrecklich allein?«, fragte ich ihn einmal, und Pater Pietro lächelte: »Allein? Niemals, nicht einen Tag: Gott war doch immer bei mir. Ich weiß noch, wie mich einmal eine Ordensfrau, die hier heraufgekommen war, fragte, wann ich eigentlich bete, und ich sagte zu ihr: ›Ich bete immer. Jeder Stein, den ich lege, ist ein

Gebet; jeder Balken, den ich bewege. Immer wieder bitte ich Ihn, mir die nötige Kraft zu geben.‹«

»Aber will Gott ernsthaft, dass du dich so quälst?«, fragte ich nach.

»Ich quäle mich nicht, es ist meine Bestimmung. Hier ist der Ort auf der Welt, an den ich gehöre. Andere Menschen mögen eine andere Bestimmung haben, sie werden vielleicht als Väter oder Mütter gebraucht; aber mein Platz ist hier. Der Herr hat ihn mir gezeigt, und es kommt darauf an, das Schicksal auch anzunehmen; zu akzeptieren, wohin man geschickt wird. Ich habe es akzeptiert und das Wichtigste geschafft, was man im Leben schaffen kann.«

»Was ist das?«

»Ich bin glücklich gewesen, all die Jahre lang, weil ich mich in Gottes Plan gefügt habe, und jetzt, wo die Kirche und das Kloster fast fertig sind, liegt mir nur noch eines auf der Seele: Ich möchte auch etwas für andere tun.«

»Willst du da hinunter, Padre?«, fragte ich ihn und meinte: »Das solltest du lieber lassen. Dort würdest du nicht glücklich werden.«

»Aber ich muss auch etwas für die anderen tun«, beharrte er. »Sie haben so viel für mich getan. Sie haben sogar Gott geholfen, mich zu retten.«

Als ich ihn fragte, was er damit meinte, erzählte er mir, dass er beim Bau der Kirche zweimal abgestürzt war und tagelang auf dem Boden lag, weil er sich nicht mehr bewegen konnte. Doch jedes Mal, als er schon sicher glaubte, den Unfall nicht zu überleben, rettete ihn ein Wanderer, der gerade noch zur rechten Zeit seinen Weg in diese abgelegene Gegend fand. Es war tatsächlich so, als hätte sich eine schützende Hand über ihn gelegt…

Immer wieder beschwor der Pater mich, ihm dabei behilflich zu sein, dass er etwas Gutes tun könne, und immer wieder sagte ich zu ihm: »Ich verstehe überhaupt nicht, wovon du redest, Padre. Du hast dein Leben lang für den Herrn geschuftet, deine Gesundheit, dein Leben riskiert und ein sensationelles Beispiel geschaffen.«

»Ja, aber die anderen«, sagte er leise, »was haben die anderen davon?«

»Lass das meine Sorge sein«, antwortete ich ihm, denn inzwischen hatte ich genug Material zusammen, um eine Artikelserie zu schreiben, die schließlich, als sie veröffentlicht wurde, unglaublich erfolgreich war: Katholische Priester predigten mit meinen Zeitungsartikeln in der Hand über Pater Pietro, die Menschen schienen fasziniert von seiner Geschichte zu sein, und ich bekam eine Flut von Leserbriefen. Dabei hatte ich doch nur das aufgeschrieben, was ich mit meinen eigenen Augen gesehen und erlebt hatte: ein grenzenloses Vertrauen in Gott. Ich hatte in seinen eigenen einfachen Worten beschrieben, was ich von Pater Pietro gelernt habe: dass wir nie allein sind, wenn wir an Gott glauben. Offensichtlich faszinierte es die Menschen, von einem Mann zu lesen, der überhaupt nichts besaß, aber einen mächtigen Verbündeten hatte: Gott.

Im nächsten Winter fuhr ich dann erneut nach Montemonaco. Ich wollte mich bei Pater Pietro bedanken und ihm etwas zu essen bringen. Also packte ich meinen Rucksack randvoll, und als ich oben ankam, arbeitete Pater Pietro gerade am Eingang des Klosters. Es war mal wieder ziemlich kalt hier oben, doch ich setzte erleichtert den schweren Rucksack ab, und der Pater legte sofort die Kelle in einen Eimer mit Wasser, was absolut ungewöhnlich war: Sonst, wenn ich hier hochgekommen war, hatte er stets einfach weitergearbeitet, und dann hatte ich die Wahl, ihm entweder als Handlanger zu helfen oder zu warten, bis es dunkel wurde und er die Arbeit unterbrach.

»Du bist schon ein ziemlicher Dickschädel«, sagte ich zu ihm. »Du arbeitest hier immer weiter, und dort unten bist du ein Star. Weißt du das? Übrigens habe ich einen Sohn bekommen. Er heißt Leonardo.«

Der Pater stand langsam auf und sah mich an. Dann kam er auf mich zu, umarmte mich und schien regelrecht erschüttert zu sein.

»Was hast du denn?«, fragte ich ihn. »Was ist passiert? Padre, ich wollte doch nur einen Scherz machen, aber berühmt bist du jetzt wirklich.«

Er hielt mich immer noch fest, und ich fragte erneut: »Was hast du denn? Was ist passiert? So rede doch.«

Minutenlang hielt er mich fest, erst dann lockerte er die Umarmung, sah mich an und meinte: »Du gehörst zu Gottes Plan, weißt du das? Gott wollte, dass du einen Seelsorger aus mir machst. Verstehst du, was das heißt? Das alles hat hier auf einmal einen Sinn.«

Ich lachte verlegen, doch er sprach einfach weiter: »Eine Weile nachdem du weg warst, kamen auf einmal ganz viele Menschen hier hoch. Zunächst war mir das peinlich, ich hatte ja nichts, was ich ihnen bieten konnte. Sie hatten alle gelesen, was du über mich geschrieben hast, und sie hatten alle Lebensmittel dabei, viel zu viel. Aber sonst wollten sie nur hier oben bei mir ihre Ruhe haben und beten.«

Pater Pietro fuhr fort: »Es waren so viele, und ich habe ja nur ganz einfache Zimmer – ich fürchtete, dass ich sie enttäuschen würde. Aber sie wollten gar nichts anderes als hier bei mir sein. Manche sind lange geblieben, und dieser Ort, dieses Kloster, hatte auf einmal nicht mehr nur für mich einen Sinn, sondern auch für andere. Dafür danke ich dir.«

Ich winkte ab: »Ich habe doch nur meinen Job gemacht und aufgeschrieben, was ich mit dir erlebt habe.«

»Das war aber kein Zufall, dass du gekommen bist«, betonte Pater Pietro. »ER hat dich geschickt. Du gehörtest zu seinem Plan.«

»Mit Verlaub, Padre, ich bin nur hier hochgekommen, um die Leute zu entlarven, die ein Kloster mitten in ein Naturschutzgebiet gebaut haben sollten.«

»Und dann hast du mich gefunden. Und diesem Ort einen Sinn gegeben.«

»Padre«, erwiderte ich, »ganz ehrlich: Ich persönlich habe mit diesem wunderbaren Ort hier überhaupt nichts zu tun. DU hast all das geschaffen, und ich bin nur zufällig hineingestolpert. Ich war kein Teil von einem Plan, schon gar nicht von einem göttlichen. Ich bin nicht besonders fromm, und ich bin auch nicht hier hochgepilgert, weil ich Gott suchte. Ich suchte eine Story, das war alles.«

Pater Pietro sah mich an wie ein störrisches Kind und sagte: »So, du kommst in der ganzen Geschichte hier oben also gar nicht vor? Du hast mit all dem gar nichts zu tun? ER hat dir auch nichts geschenkt, wofür du dankbar sein müsstest? Obwohl ER dir doch die Chance gegeben hat, ihn hier oben zu spüren?«

»Ich weiß nicht, ob ich hier oben überhaupt etwas spüre außer Kälte«, erwiderte ich trocken. »Alles, was ich weiß, ist, dass ich persönlich mit all dem nichts zu tun habe.«

Jetzt lachte der Pater auf und sagte: »Weißt du noch, dass ich dir gesagt habe, ich würde meine Kirche nach dem heiligen Josef nennen, dem Schutzpatron der Bauarbeiter? Vor ein paar Wochen habe ich es mir plötzlich anders überlegt. Bis heute hatte ich keine Ahnung, wieso. Aber jetzt weiß ich es: Komm, geh in diese Kirche, der Herr hat eine Überraschung für dich.«

Verwundert sah ich ihn an.

»Geh hinein, aber geh allein: ER hat eine Überraschung für dich, nicht für mich.«

Ich wusste zwar nicht, was das sollte, aber wenn ihm so sehr daran gelegen war, dann würde ich eben in seine Kirche gehen…

Offenbar hatte er die Kirche in der Zwischenzeit weihen lassen. Der Bischof musste hier oben gewesen sein, es war jetzt eine richtige Kirche. Kerzen brannten auf dem Altar. Ich musste mich zuerst einmal an das Dunkel gewöhnen, setzte mich in eine Kirchenbank und beschloss, nur ganz kurz zu bleiben. Ich wollte Pater Pietro bloß einen Gefallen tun. Wahrscheinlich dachte er, dass ich hier irgendein religiöses Erlebnis haben würde – aber es war lausig kalt in dieser Kirche, wenn man nur so dasaß, und ich sehnte mich nach dem offenen Feuer in seiner Küche. Dann aber sah ich es endlich: ein großes Bild an der Wand hinter dem Altar. Das war er also, der Schutzpatron der Kirche, gemalt mit seinen klassischen Attributen: den Ketten, weil er die Gefangenen befreit hatte, und dem Stab des Abts – das Bild des Heiligen, auf dessen Namen Pater Pietro die Kirche hatte weihen lassen.

Das kann doch nicht wahr sein, dachte ich.

Fast ein Jahr lang hatten wir keinerlei Kontakt miteinander gehabt; es gab niemanden, der ihm von der Geburt meines Sohnes erzählt haben konnte, und trotzdem hatte er seine Kirche auf den Namen des heiligen Leonardo weihen lassen – den Namen jenes kleinen Mannes also, der mein Leben inzwischen völlig verändert hatte, weil er mir wie ein Geschenk des Himmels vorkam: Ich hatte mir so sehr ein Kind gewünscht, aber es wollte nicht klappen, bis ich schließlich alle Hoffnung aufgegeben und gedacht hatte, es liegt ohnehin in Gottes Hand. Dann war mein ganz persönliches Wunder wahr geworden, meine Frau und ich bekamen einen Sohn, den wir Leonardo nannten, und jetzt tauchte auf einmal hier in dieser abgelegenen Kirche sein Name wieder auf. Das traf mich wie ein Schlag: Das Bild des heiligen Leonardo dort vorn schien mir etwas ganz Persönliches sagen zu wollen; mir war, als hätte dort irgendjemand mit riesigen, leuchtend roten Buchstaben den Namen »Leonardo« in die Kirche gemalt. Und auf einmal schoss mir der Gedanke durch den Kopf, dass der rätselhafte Gott vielleicht gerade jetzt in diesem Raum sein könnte, mich ansah und mir etwas sagen wollte. Dabei lief es mir eiskalt den Rücken hinunter: War ER wirklich hier in diesem Raum? Sah er mich, Andreas Englisch, für den Wunder doch einfach nur ein Teil seines Jobs waren, jetzt gerade an? Wollte er vielleicht gerade jetzt zu mir sagen, dass ER hinter all dem steckte? Wollte er zu mir sagen: »Du hast die ganze Zeit die Kraft gesucht, die ein Kloster bauen kann, nur mit der Hilfe eines Paters, der nicht einen Cent besitzt? Bitte, hier ist sie.« Wollte dieser Gott mir sagen: »Ja, Andreas, ich meine schon *dich*: Um deine tauben Ohren zu erreichen, musste ich den Namen ›Leonardo‹ in diese Kirche schreiben, weil du weißt, dass er ein Geschenk des Himmels ist.«

Ich erschauderte erneut, aber nicht wegen der Kälte.

Hatte ich jetzt endlich gefunden, was ich die ganze Zeit suchte: eine Spur Gottes?

Ich muss ziemlich blass ausgesehen haben, als ich aus der Kirche kam. Zuvor, noch in meiner Bank sitzend, hatte ich etwas in den Raum gerufen, als müsste ich mich von etwas befreien.

»Zufall!«, hatte ich gerufen und mich beim Hall meiner eigenen Stimme erschreckt. »Alles Zufall«, rief ich noch einmal in die dunkle Kirche mit dem heiligen Leonardo hinter dem Altar an der Wand hinein, als könnte ich dadurch eine Frage vertreiben, die mich bewegte: Konnte es nicht doch sein? Gab es vielleicht wirklich einen Gott, der zugesehen hatte, wie ich nach dem Geheimnis dieses Berges und des Klosters gesucht hatte; bis ich einen Mann fand, der vielleicht wirklich nur, weil ihn sein Glaube an den Allmächtigen unterstützte, einen solchen Bau in die Bergeinsamkeit setzen ließ? Hatte ich zufällig hier oben zum ersten Mal überhaupt eine Zeitungsserie über Gott geschrieben – darüber, dass es vielleicht tatsächlich Gott war, der diesen Pater Pietro schützte und ihm half? Ließ ER mich deshalb gerade jetzt ahnen, dass es ihn wirklich gibt? War ich zu taub gewesen?

Ich hatte geglaubt, alles erklären zu können. Bis ich auf einmal wie Milliarden anderer Väter vor mir auch daran glaubte, in den winzigen Händen und Füßen meines Sohnes die Größe Gottes zu sehen. Und nun hatte ER diesen Namen in die Kirche geschrieben.

Da dachte ich, dass eine Welt, in der es einen Gott gibt, zweifellos eine bessere Welt ist, und in dieser Kirchenbank auf dem Berg, in der Kälte vor dem Bild des heiligen Leonardo beschloss ich, dass das nun auch meine Welt sein sollte…

Pater Pietro sagte gar nichts, als ich von der Kirche zu ihm kam. Es begann bereits dunkel zu werden, und wir gingen in die Küche. Wie so oft setzten wir uns neben das offene Feuer, und er hatte eine Nudelsuppe gekocht wie damals, als wir uns das erste Mal begegnet waren.

Nachdem er jedem von uns einen Teller hingestellt hatte, sprach er das Tischgebet. Dann aßen wir stumm, bis ich auf einmal sagte: »Padre, als ich in deiner Kirche war, hatte ich das Gefühl, ER sei drin.«

Pater Pietro sah mich eine Sekunde lang an, dann brach er in schallendes Gelächter aus, schlug sich auf die Schenkel und verschluckte sich fast, als er zu mir sagte: »Gott, bist du dumm. ER ist doch überall!«

Epilog

Ich weiß noch, wie ich meinen Sohn aus der Schule abgeholt habe, und statt einfach nach Hause zu fahren, gingen wir mit unserem Hund Nuvola noch in einen Park. Ich hatte etwas mit ihm zu besprechen. Leonardo war inzwischen schon sieben Jahre alt und eben in die zweite Klasse gekommen.

Wir saßen auf einer Bank in der Sonne, aßen Pizza von einem Papptablett und ließen den Hund hinter einem Pinienzapfen herlaufen.

Als wir mit dem Essen fertig waren, sagte ich zu ihm: »Ich bin dir noch eine Antwort schuldig auf eine Frage, die du mir gestellt hast, als du noch klein warst. Damals waren wir gerade beim Papst gewesen.«

»Was für eine Frage?«

»Ob Petrus zaubern kann, so wie die Zauberfee bei Peter Pan.«

»Und, kann er?«

»Ich glaube, das musst du selbst entscheiden. Ich erzähl dir alles, was ich weiß.«

Leonardo setzte sich ganz gerade auf die Bank – ein unübersehbares Zeichen, dass er jetzt ganz genau zuhören würde. Vom Zaubern verstand er schließlich etwas. Zaubern gehörte zu seiner Welt.

»Also?«

»Ich habe einen Mann gefunden, der glaubte, dass seine Frau schon tot war. Und als er zu beten begann, da wurde sie wieder lebendig.«

»Und wenn sie in Wirklichkeit noch gar nicht tot war?«

»Die Ärzte im Krankenhaus waren sicher, dass sie tot war.«

»Vielleicht haben sie sich vertan?«

»Mag sein«, sagte ich.

»Was hast du noch für Zaubereien gefunden?«

»Ich habe Priester gefunden, die glauben, dass sie gegen das Böse kämpfen müssen.«

»Gegen den Teufel?«, fragte er interessiert.

»Ja, sie glauben an den Teufel. Aber ich weiß nicht, ob sie wirklich gegen das Böse kämpfen, vielleicht gibt es das gar nicht.«

»Was sagst du denn da?«, polterte mein Sohn. »Klar gibt es das Böse. Es gibt böse Leute, die Kriege machen, und böse, die petzen, und ganz böse, die andere hauen.«

»Und der Teufel?«

»Hab ich noch nie gesehen. Also weiter«, sagte er, »was hast du noch für Zaubereien gesehen?«

»Ich bin an Orte gefahren, wo viele Wunder geschehen sein sollen, in einem Wald in Frankreich und einer Stadt in Portugal.«

»Was ist da passiert?«

»Viele kranke Leute, denen keiner mehr helfen konnte, sind da geheilt worden.«

»Und wie?«

»Das weiß keiner. Maria soll da erschienen sein, die aus der Bibel.«

»Erschienen? Wie eine Fee?«

»Ja, ein bisschen wie eine Fee.«

»Na ja, wenn eine Fee uns ganz lieb hat, dann kann das schon sein. Was noch?«

»Ich habe mir Sachen angesehen, von denen es heißt, dass sie Wunder bewirken können. So etwas wie zaubern. Von denen keiner so recht weiß, woher sie kommen.«

»Und, konnten sie zaubern?«

»Ich weiß es nicht genau. Da gibt es zum Beispiel eine Treppe, die Menschen gesund manchen soll, wenn man auf ihr kniet.«

»Da waren wir doch schon ein paar Mal.«

»Ja, richtig.«

»Ich hatte ein Aua am Knie, weißt du noch? Aber das war auch nachher noch da, als wir von der Treppe weggegangen sind.«

»Na ja, es klappt wohl nicht immer.«

»Das ist beim Zaubern immer so«, sagte er. Er wusste offenbar Bescheid.

»Zum Schluss hab ich einen Mann gefunden, der hat ganz allein eine große Kirche und ein Kloster gebaut. Ohne Geld.«

»Ganz ohne Geld?« Leonardo riss die Augen auf.

»Ja, er hat einfach gedacht, er schafft das schon.«

»Ganz allein? Nur weil er gedacht hat, er schafft das schon? Aber du sagst doch immer, dass manche Menschen ihr ganzes Leben lang sparen müssen, bis sie sich ein Haus kaufen können. Und selbst dann reicht es manchmal nicht. Und der Mann hatte wirklich gar kein Geld?«

»Genau.«

Leonardo dachte nach. »Das könnte Zauberei sein«, nickte er. »Das würde ich gern mal sehen.«

»Ich bring dich mal hin, versprochen. Du wirst dich wundern.«

»Wieso?«

»Weil die Kirche so heißt wie du: San Leonardo.«

Das gefiel ihm. Er warf erneut einen Pinienzapfen hoch in die Luft, unser Hund rannte wie verrückt hinterher. Dann fragte er mich: »Du warst doch mit dem Papst in Deutschland, oder?«

»Ja, in Bayern.«

»Was sagt der denn: Kann er zaubern?«

»Der Papst sagt, dass wir alle zaubern können. Denn: Wenn wir jemanden lieb haben, ist das wie zaubern.«

Leonardo verstand sofort: »Weil, wenn man jemanden lieb hat wie ich die Nuvola, dann haut sie nicht mehr einfach ab, sondern bleibt immer da. Und wenn man jemanden lieb hat, dann hat man einen Freund und braucht keine Angst mehr vor der Schule zu haben. Und wenn man eine Familie hat, einen Papa und eine Mama, dann weiß man immer, wo man hingehen kann. Oder?«

»Na klar«, antwortete ich, »wenn dich jemand lieb hat, dann ist das das Tollste auf der Welt. Und es ist völlig gratis: Jeder kann das, auch die Ärmsten der Armen.«

Mein Sohn dachte nach: »Ich glaube, das stimmt schon alles, aber ob das wie zaubern ist, weiß ich nicht.«

»Das weiß ich auch nicht«, erwiderte ich, »aber du hast ein ganzes Leben lang Zeit, das herauszufinden.«

Danksagung

Mein Dank gilt in erster Linie meiner Frau Kerstin Englisch, die dieses schwierige Jahr 2006 mit mir durchstand, in dem dieses Buch entstand. Ich danke ihr für Geduld und Nachsicht, für die vielen guten und auch für die schlechten Tage. Ich danke meinem Sohn Leonardo für die Idee zu diesem Buch und vor allem meinen Eltern, Martha und Walter Englisch, die mich unterstützten. Ich danke dem im Sommer 2006 zurückgetretenen langjährigen Papstsprecher und Freund Joaquín Navarro-Valls sowie seinem Nachfolger Pater Federico Lombardi SJ für die tatkräftige Hilfe und ebenso einem seiner wichtigsten Mitarbeiter des Pressesaals am Heiligen Stuhl, Vik van Brantegem. Ich danke den Bewohnern des »Borgo«, die 14 Jahre lang die Nachbarn von Kardinal Joseph Ratzinger waren, und besonders seinem Elektriker Angelo Mosca, der mir an drei heißen Tagen im Sommer das Wunder aus der Nachbarschaft des Papstes erzählte. Ich danke der Organisation der Exorzisten im Vatikan, Pater Gabriele Amorth und vor allem Pater Gabriele Nanni. Für die theologische Fachberatung danke ich insbesondere Professor Giuseppe Barbaglio und Professor Markus Graulich. Für die Ausflüge ins Reich der Wunder danke ich der Gemeinde der wundersamen Madonnina in Civitavecchia. Außerdem danke ich dem Verlag C. Bertelsmann und Johannes Jacob für die hervorragende Zusammenarbeit, die bei der Olivenernte so fruchtbringend begann, meinem Lektor Robert Fischer, meinem Agenten Roman Hocke in der Hoffnung, dass wir weiterhin zusammen mit dem Bus zum Bertelsmann Verlag fahren, und meinem Freund, dem Vaticanista Marco Politi, der die besten Leadsätze der Welt schreibt. Einem Mann aber danke ich ganz besonders – Pater Pietro: Der Herr möge deinen Dickschädel da oben in den Bergen beschützen!

Rom, im November 2006

Register

Bildnachweis

1 Riccardo Musacchio & Flavio Ianiello, Rom
2 Interfoto, München/Mary Evans Picture Library London
3 Ullstein Bild, Berlin/AP
4 Mauritius Images, Mittenwald/Guy Durand/Photononstop
5 Alinari Archive Florence
6 Alinari Archive Florence
7 Grzegorz Galazka, Rom
8 Interfoto, München/Mary Evans Picture Library London
9 Interfoto, München/Mary Evans Picture Library London
10 Ullstein Bild, Berlin
11 Picture Alliance, Frankfurt/dpa-Fotoreport
12 Interfoto, München
13 Ullstein Bild, Berlin
14 Picture Alliance, Frankfurt/dpa-KANA bild
15 Alinari Archive Florence
16 Ullstein Bild, Berlin
17 Riccardo Musacchio & Giulio Napolitano, Rom
18 Ricardo Musacchio, Rom
19 Interfoto, München
20 Ullstein Bild, Berlin/AKG Pressedienst
21 Panda Photo, Rom/G. Marcoaldi
22 Panda Photo, Rom/G. Marcoaldi
23 Ullstein Bild, Berlin
24 Riccardo Musacchio & Flavio Ianiello, Rom
25 Riccardo Musacchio, Rom
26 AKG Images, Berlin

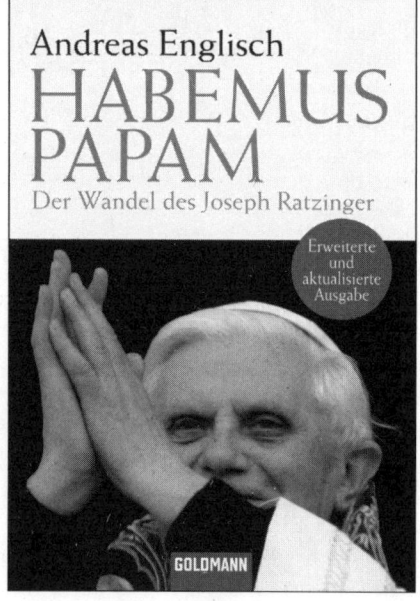